Der neue Online-Handel

Gerrit Heinemann

Der neue Online-Handel

Geschäftsmodell und Kanalexzellenz im Digital Commerce

8., aktualisierte Auflage

Springer Gabler

Gerrit Heinemann
Hochschule Niederrhein
Mönchengladbach
Deutschland

ISBN 978-3-658-15383-0 ISBN 978-3-658-15384-7 (eBook)
DOI 10.1007/978-3-658-15384-7

Die Deutsche Nationalbibliothek verzeichnet diese Publikation in der Deutschen Nationalbibliografie; detaillierte bibliografische Daten sind im Internet über http://dnb.d-nb.de abrufbar.

Springer Gabler

Lektorat: Barbara Roscher

Springer Gabler ist Teil von Springer Nature
Die eingetragene Gesellschaft ist Springer Fachmedien Wiesbaden GmbH
Die Anschrift der Gesellschaft ist: Abraham-Lincoln-Str. 46, 65189 Wiesbaden, Germany

Vorwort zur 8. Auflage

Seit Jahren warnen Handelsexperten davor, dass Online-Umsätze in der Exportnation Deutschland zunehmend importiert werden und damit immer mehr vom Handelsumsatz ins Ausland abfließt. Jetzt schrillen die Alarmglocken: Zahlen und Daten aus unterschiedlichen Quellen belegen aktuell, dass die Bedeutung ausländischer Händler bereits deutlich größer ist, als gemeinhin angenommen. Nach einer Meldung von etailment.de vom 8. März 2016 kommen nur noch 53 % der Amazon-Marktplatzhändler aus Deutschland. Das ist ein Alarmsignal. Der deutsche Handel muss also schleunigst digital aufrüsten, sonst machen nicht nur die großen Plattformen, sondern auch allerlei kleinere Shops aus dem Ausland ihr Geschäft. Alarmierend ist auch, dass vor allem die von dieser Entwicklung betroffenen lokalen Händler sowie weite Teile der mittelständischen Hersteller sich nach wie vor in einer Art „digitalen Abwehrhaltung" üben und meinen, mit den dreistufigen Vertriebssystemen in Deutschland die „digitale Kurve" unfallfrei zu überstehen. Hier stehen vor allem die großen Verbundgruppen, in denen der lokale Handel mehrheitlich organisiert ist und die bisher in digitaler Hinsicht komplett versagt haben, in der Pflicht. Die Angst vor Konflikten führt leider zum Mythos, die digitale Neuausrichtung nur in Harmonie erreichen zu können. Kooperative E-Commerce-Geschäftsmodelle stellen allerdings ein Risiko dar: Gelangen Verbundgruppen oder mehrstufige Vertriebssysteme aufgrund der zu starken Einbindung der Mitgliederfirmen zu einer Kompromisslösung, ist dieses schnell kontraproduktiv. Denn nicht die Kritik der Intermediäre ist das größte Risiko, sondern vielmehr der faule Kompromiss, zu dem Anbieter aus Rücksicht auf ihre Mitglieder gelangen. Vor allem in Hinblick auf den Anspruch, im Leistungsvermögen mindestens mit den disruptiven Pure Plays gleichziehen zu wollen. Denn wer bei diesem Thema zu vorsichtig agiert, wird auf Dauer nichts gegen Amazon & Co. ausrichten können. So vergrößert sich der Abstand zwischen dem Marktführer und dem vermeintlichen Verfolgerfeld zusehends. Moderne Kundenorientierung muss dementsprechend Leidenschaft und Glaubwürdigkeit der gesamten Unternehmensführung sowie ein bedingungslos am Kundenwunsch ausgerichtetes Unternehmen in das Zentrum der geschäftlichen Aktivitäten stellen. Es geht um die von Jeff Bezos visionär verfolgte Schlüsselfrage: „Wie kann ich das Leben meiner Kunden erleichtern?" Kernfrage deswegen: Wieso tun sich so viele Hersteller und Händler in Deutschland so schwer mit der neuen Kundenorientierung? Die Antwort kann nur – neben dem Festklammern an teilweise überlebten Strukturen und der Servicewüste in diesem unserem Lande – in einem mangelnden Verständnis für den modernen Kunden, das Internet, die Internetnutzung, dem sich ändernden Nutzungsverhalten und schließlich in einer regelrechten digitalen Allergie liegen. Umso erfreulicher ist es, dass sich die ersten deutschen Pure Plays auf internationaler Bühne etablieren und endlich auf Augenhöhe mit den Online-Händlern aus den englischsprachigen Ländern agieren. Das hilft zwar nicht den lokalen Händlern, aber es hilft, einem Amazon nicht kampflos das Feld zu überlassen. So befinden sich mit Zalando, Zooplus und Thomann mittlerweile drei deutsche Anbieter unter der Riege internationaler Best Practices, die im letzten Kapitel des Buches beschrieben werden.

Die ersten sieben Auflagen dieses Werkes unter dem Titel „Der neue Online-Handel" haben in Wissenschaft und Praxis gleichermaßen gute Resonanz gefunden. In der vorliegenden achten Auflage wurden nicht nur die zugrunde gelegten Zahlen sowie die Ausführungen zum Internet-Recht aktualisiert, sondern auch die Best Practices auf den neuesten Stand gebracht. Auch flossen bei den regionalen Marktplätzen die Ergebnisse des Ende Juni 2016 abgeschlossenen Pilotprojekts „MG bei eBay" mit ein. Wie in den Vorauflagen ist es mein vordringlichstes Anliegen, eine Brücke zwischen Theorie und Praxis zu bauen und dieses Buch benutzerfreundlich zu gestalten. Ich bitte um Nachsicht, sollte ich diesem Anspruch nicht gerecht geworden sein, aber auch um entsprechendes Feedback.

Mönchengladbach, Deutschland

Gerrit Heinemann

Vorwort zur 1. Auflage

Zwei Geburtstage in 2008: Das World Wide Web (WWW) ist fünfzehn Jahre alt geworden und mit ihm zusammen feiert „die revolutionärste Erfindung seit Gutenbergs Buchdruck", die Suchmaschine Google, ihr zehnjähriges Jubiläum. Gleichzeitig erreichen die Mitgliederzahlen der Online-Netzwerke Größenordnungen in nie da gewesener Dimension („Web-2.0"). Das Zauberwort für die Medienwelt heißt heute Community-Building. Es geht darum, das Web-2.0 als Werbeplattform und zur Kundengewinnung zu nutzen. Gewinner sind schon jetzt die Internet-Händler, die es verstanden haben, das Web-2.0 zur Kundenakquisition oder dessen Prinzip im eigenen Community-Building weitgehend zu nutzen. Dieses deutet auf eine Zeitenwende im Internet-Handel hin: Mit der Kombination aus „sozialer" Vernetzung, fortgeschrittener DSL-Breitbandvernetzung, mobiler Supervernetzung, digitaler Produktentwicklung, neuer Browser-Technologie, innovativer Anwendung und Fernsehen über Internet-Protokoll sowie akzeptierter Interaktivität, optimierter Usability, beschleunigter Abwicklung, revolutionierter Darstellungsform und erhöhter Sicherheit, ist der Online-Handel in eine neue Phase eingetreten („Der neue Online-Handel"). Das Buch nimmt diese Entwicklung zum Anlass, das Thema „Online-Handel der neuen Generation" zu platzieren.

Der Online-Handel vollzieht aber nicht nur einen Generationenwechsel, sondern erlebt auch einen dritten Frühling, denn nach dem Niedergang der New Economy und ihrer Wiederauferstehung wächst der Internet-Handel so schnell wie nie zuvor. Dieses hat zugleich auch einen weitreichenden „Nebeneffekt", denn durch den Online-Boom wird der seit Jahren rückläufige Versandhandel wiedergeboren. „Der zweite Aufschwung", so titelt die FAZ vom 8. Januar 2008 über den Versandeinzelhandel, der durch das Internet beflügelt wird, und zwar „gleich auf zweifache Weise": Auf der einen Seite konnte sich der Versandhandel einen modernen, zusätzlichen Bestellweg erschließen, auf der anderen Seite ist er damit auch für neue Anbieter wieder interessant geworden. Folglich boomt in Deutschland der Verkauf über den Distanzhandel, während der stationäre Einzelhandel seit Jahren nur auf der Stelle tritt. Eine Steigerung der Online-Anteile an den Einzelhandelsumsätzen ist offensichtlich auch für die nächsten Jahre sichergestellt. Dieses setzt allerdings voraus, dass der Online-Handel den aktuellen Generationenwechsel tatsächlich vollzieht und sich an den zugrunde liegenden Erfolgsfaktoren ausrichtet.

Die mittlerweile über dreizehnjährige Erfahrung im Online-Handel lässt es heute zu, Empfehlungen für eine erfolgreiche Neugründung oder aber auch (Neu-)Ausrichtung von Online-Handelssystemen zu geben. Hier setzt das vorliegende Buch an, das acht zentrale Erfolgsfaktoren für den Online-Handel der neuen Generation aufzeigt und um internationale Best-Practice-Beispiele aus diesem Bereich ergänzt. Für die Pure-Online-Händler entpuppen sich dabei vor allem Online-Bekleidungs- und Online-Modehändler als Erfolgsbeispiele. Die identifizierten Best Practices wurden praktisch erst nach dem Hype der „New Economy" als „Unternehmen der zweiten Stunde" aus der Taufe gehoben oder gerade gegründet, als die Internet-Blase in 2000 platzte. Die Frage, wie der Online-Handel der Zukunft aussehen sollte, orientiert sich stark an diesen Best Practices und soll mit dem vorliegenden Buch bestmöglich beantwortet werden.

Die Idee für dieses Buch entstand während des „Online-Handelskongresses 2008", den ich am 30. und 31. Januar 2008 in Wiesbaden besucht und auf dem ich für Management Forum das Referat „Erfolgsfaktoren im Multi-Channel-Handel" gehalten habe. Die Erfahrungsberichte auf der Veranstaltung machten deutlich, dass der Internet-Handel in die dritte Generation geht. Diese Erkenntnis traf auf „innere Vorbereitung", denn es lag umfassendes Forschungs- und vor allem Erfahrungsmaterial vor: Bereits 1996 durfte ich als Mitglied im Geschäftsleitungskreis der Douglas-Gruppe an Diskussionsrunden zum Thema „Douglas online?" teilnehmen. Als Leiter des Competence-Centers Handel der Droege & Comp. Unternehmensberatung wurde ich von 1997 bis 2003 mit den Themen E-Commerce und Online-Handel in nahezu allen Handelsprojekten konfrontiert. Unvergessen bleiben die Projekterlebnisse beim „Der Club"-Bertelsmann und BOL während des „Hypes" der „New Economy". Nachhaltige Wirkung für dieses Buch hinterlassen hat aber auch die Interimsgeschäftsführung von 2001 bis 2002 beim „Multi-Channel-Pionier" Kettner, der alle Fehler begangen hat, die im Internet-Handel nur denkbar sind. Meine wichtigsten „Online-Handels-Lehrjahre" stammen aus den Jahren 2003 bis 2004, in denen ich gemeinsam mit Philipp Humm, ehemaliger Geschäftsführer von Amazon Deutschland, als Gründungspartner der H&P-Consulting-for-Consumer-Goods beratend tätig war.

Mein Dank gebührt Frau Barbara Roscher, Frau Jutta Hinrichsen und Frau Barbara Möller vom Gabler-Verlag für die „Initialzündung" zu diesem Buch sowie die bisher ausgezeichnete Zusammenarbeit. Ohne meine Frau Kirsten, die mir während der Entstehungsphase den Rücken freigehalten hat, wäre das Buch allerdings nicht so reibungslos und schnell fertig geworden, wofür ich ihr ganz besonders danken möchte. Dank schulde ich auch meinem Bruder Rolf Heinemann, der auf Internet-Recht spezialisierten ANWALTSKANZLEI HEINEMANN aus Magdeburg sowie Frau Nora Gundelach und Herrn Matthias Witek für die kritischen und schnellen Durchsichten des Manuskriptes und die wertvollen Anregungen. Abschließend möchte ich gerne darauf verweisen, dass es mein vordringlichstes Anliegen war, mit diesem Buch wiederum eine Brücke zwischen Theorie und Praxis zu bauen und dieses benutzerfreundlich zu gestalten. Sollte ich diesem Anspruch jedoch nicht genügt haben, bitte ich um Nachsicht, aber auch um entsprechendes Feedback.

Gerrit Heinemann

Inhaltsverzeichnis

Der Autor

Prof. Dr. Gerrit Heinemann ist Professor für Betriebswirtschaftslehre, Management und Handel an der Hochschule Niederrhein und leitet dort das eWeb Research Center.

Abkürzungsverzeichnis

Adm	Administration
AGB	Allgemeine Geschäftsbedingungen
AGOF	Arbeitsgemeinschaft Online-Forschung
AMD	Age Related Makuladengeneration
App	Applikation
AR	Augmented Reality
BGB	Bürgerliches Gesetzbuch
bevh	Bundesverband des Deutschen E-Commerce- und Versandhandels e. V.
BGG	Behindertengleichstellungsgesetz
BITKOM	Bundesverband Informationswirtschaft Telekommunikation Neue Medien
bn	billion
B2B	Business to Business
B2C	Business to Consumer
BVH	Bundesverband des Deutschen Versandhandels e. V.
CAGR	Cumulated Average Growth Rate
CBC	Customer Buying Cycle
CCG	Centrale für Coorganisation
CD	Computer Disc
CDO	Chief Digital Officer
CeBIT	Centrum für Informationstechnologie, Büro- und Telekommunikation
CEO	Chief Executive Officer
CES	Consumer Electronics Show
CGA	Customer Generated Advertising
CIC	Customer Interaction Center
CM	Category Management
CNC	Costs New Customer
CPL	Costs per Lead
CPO	Costs per Order
CRM	Customer-Relationship-Management
CS	Customer Service

CU	Corporate Units
DACH	Deutschland, Österreich, Schweiz
d. h.	das heißt
DIY	Do IT Yourself
DOB	Damenoberbekleidung
dpa	Deutsche Presse-Agentur
DPDHL	Deutsche Post DHL
DSL	Digital Subscriber Line
DSS	Datensicherheit
DWH	Datawarehouse
e	expected
E	Electronic
EAN	Europäische Artikelnummerierung
EAV	Electronic Added Values
EBIT	Earnings before Tax and Interests
EBITDA	Earnings before Taxes, Interests, Depreciation and Amortisation
EC	Electronic Cash
ECC	E-Commerce-Center
ECR	Efficient Consumer Response
EDGE	Enhanced Data Rates for GSM Evolution
EDI	Electronic Data Interchange
EGBGB	Einführungsgesetz zum BGB
EH	Einzelhandel
EHI	Euro Handelsinstitut
ERP	Efficient Replenishment
et al.	et alii
EU	Europäische Union
EVP	Endverbraucherpreis
ff.	folgende
FernAbsG	Fern-Absatz-Gesetz
G	Generation
GfK	Gesellschaft für Konsumforschung
ggf.	gegebenenfalls
GmbH	Gesellschaft mit beschränkter Haftung
GPRS	General Packet Radio Service
GPS	Global Positioning System
GSM	Global System for Mobile Communications
h	Stunde
HAKA	Herrenkonfektion
HDE	Hauptverband des Deutschen Einzelhandels
HTML	Hypertext Markup Language
HMWVL	Hessisches Ministerium für Wirtschaft, Verkehr und Landesentwicklung
HSDPA	High Speed Downlink Packet Access

HSPA+	High Speed Packet Access+
http	Hyper Text Transfer Protocol
HML	High Medium Low
IFA	Internationale Funkausstellung
IfH	Institut für Handelsforschung
IMS	IP Multimedia Subsystem
Inc	Incorporation
IP	Internet Protocol
IPO	Initial Purchasing Offer
IPTV	Internet Protocol Television
ISDN	Integrated Services Digital Network
IT	Informationstechnologie
KB	Kilobyte
kBit/s	Kilobit pro Sekunde
KRW	Käuferreichweite
LBS	Location-based Services
LEH	Lebensmittel-Einzelhandel
LTE	Long Term Evolution
LUG	Lagerumschlagsgeschwindigkeit
m	million
M	Mobile
MAV	Mobile Added Value
max.	maximal
MB	Megabyte
mCRM	Mobile Customer-Relationship-Management
Mio.	Millionen
MIT	Massachusettss Institute of Technologie
Mrd.	Milliarden
MW	Mittelwert
NBA	Next Best Action
NFC	Near Field Communications
NOS	Never Out of Stock
OECD	Organisation for Economic Co-operation and Development
OS	Operating System
PCI	Peripheral Component Interconnect
PDA	Personal Digital Assistant
PDF	Portable Document Format
P&L	Profit & Loss
POS	Point of Sale
ProdHaftG	Produkt-Haftungs-Gesetz
QR	Quick Response
RFID	Radio Frequency Identification
ROI	Return of Investments

ROMPO	Research online – purchase mobile – offline
ROPO	Research online – purchase offline
RP	Rheinische Post
RSS	Really Simple Syndication
RTL	Radio Television Luxenburg
SDD	Same Day Delivery
S.	Seite
Sec	Sekunden
SEA	Search Engine Advertising
SEM	Search Engine Marketing
SEO	Search Engine Optimization
SHK	Sanitär, Heizung, Klima
SKU	Stock Keeping Unit
SMS	Short Message Service
SoLoMo	Sozialisierung – Lokalisierung – Mobilisierung
Std.	Stunde
SU	Service Units
TCP	Transmission Transport Protocol
TMG	Telemediengesetz
UGC	User Generated Content
UK	United Kingdom
UMTS	Universal Mobile Telecommunications System
UrhG	Urheber-Gesetz
URL	Uniform Resource Locator
US	United States
USP	Unique Selling Proposition
u. v. m.	und viel mehr
VDA	Verband der Deutschen Automobilwirtschaft e. V.
vgl.	vergleiche
VIP	Very Important Person
VK	Verkauf
VK	Verkaufspreis
W3C	World Wide Web Consortium
WAMS	Welt am Sonntag
WAP	Wireless Application Protocol
WAVE	Web Automatic Verification Enrolment
WIMAX	Worldwide Interoperability for Microwave Access
WLAN	Wireless Local Area Network
WWS	Warenwirtschaftssystem
WWW	World Wide Web
ZAW	Zentralverband der Deutschen Werbewirtschaft
z. B.	zum Beispiel
z. T.	zum Teil

Online-Handel der Zukunft

1

Zusammenfassung

Mit der stark zunehmenden Nutzung des „World Wide Web" als Informationsmedium und der massenhaften Verlagerung sozialer Beziehungen ins Netz steigen auch die Umsätze im Online-Handel weiterhin rasant an. Allerdings wird das digitale Universum zunehmend durch mobile Internet-Nutzung geprägt, die auch die Kundenerwartungen erheblich beeinflusst. Zugleich beschleunigt sich der Konzentrationsprozess, wodurch der Abstand zwischen dem Marktführer Amazon und dem Verfolgerfeld immer größer wird. Dennoch holt der Multichannel-Handel gegenüber den Pure Plays auf, wie auch die Umsatzentwicklung zeigt.

1.1 Entwicklung der Internet-Nutzung und des Online-Handels

Weltweit nutzen über 3,4 Mrd. Menschen das Netz, davon rund 85 Mio. User in der DACH-Region. Das sind 87 % der Bevölkerung. Deutschland gehört in Hinblick auf die Nutzerzahlen zu den acht größten Internet-Nationen. Die Internet-Penetration liegt beinahe gleichauf mit Großbritannien (92 %). Pro Tag verbringen Internet-Nutzer – über alle Länder hinweg – im Schnitt 4,4 h im Netz. In den USA liegt die Web-Nutzung bei fünf Stunden täglich. Die Philippinen (6,3 h), Thailand (5,5 h) und Brasilien (5,4 h) liegen noch deutlich darüber. In Deutschland dagegen beträgt die Nutzerzeit gerade einmal 3,7 h pro Tag. Hier hat die Internet-Nutzung offensichtlich noch Luft nach oben. Dementsprechend sind in der Bevölkerung mehr als 36 % oder knapp 40 % der Internet-Nutzer hierzulande in sozialen Netzwerken aktiv, weltweit dagegen zwei Drittel (Global Digital Report 2015/2016). Die enorme Zahl der Social Media User verbringt im Internet einen immer größeren Teil ihrer Freizeit. Global kommt Facebook bereits auf 1,6 Mrd. Nutzer per

G. Heinemann, *Der neue Online-Handel,* DOI 10.1007/978-3-658-15384-7_1

Januar 2016. Andere Netzwerke wie QZone (über 653 Mio.), Google + (über 343 Mio.), Instagram (über 400 Mio.) oder Twitter (über 320 Mio.) erreichen ebenfalls gigantischen Zuspruch. Hinzu kommen die Mitglieder der spezialisierten „Professional Social Networks", wie zum Beispiel LinkedIn oder Xing (Global Digital Report 2015/2016). Im Zuge dieses „Social Networking" unter den mehr als 2,3 Mrd. Social Media Accounts weltweit sowie des „Messenger, Chat-App und VoIP" entwickelt der Informationsaustausch eine zunehmende Dynamik, welche mit einer stark anwachsenden Informationssuche zur Kaufvorbereitung einhergeht (kaufDA 2016; kaufDA 2014). Sie lässt eine neue Art des Kaufverhaltens im Netz entstehen, das auch zunehmend von mobiler Internetnutzung und Suche nach lokalbezogenen Informationen geprägt ist (vgl. Abb. 1.1).

Die massenhafte Verlagerung sozialer Beziehungen ins Netz sowie die stark zunehmende Nutzung des „World Wide Web" als Informationsmedium lassen auch die Umsätze im Online-Handel weiterhin rasant ansteigen. Bereits heute macht der Online-Handel deutlich über 10 % des gesamten Handelsvolumens in Europa aus. Dieser Wert dürfte bei Non-Food doppelt so hoch liegen und könnte bis 2025 in den entwickelten Volkswirtschaften inklusive hybrider Anteile auf bis zu 40 %, in den heutigen Schwellenländern auf bis zu 30 % steigen (DPDHL 2014). Der Online-Handel wird bis zum Jahr 2025 nicht nur in den Industrienationen an Bedeutung gewinnen, sondern auch die Handelswelt in den

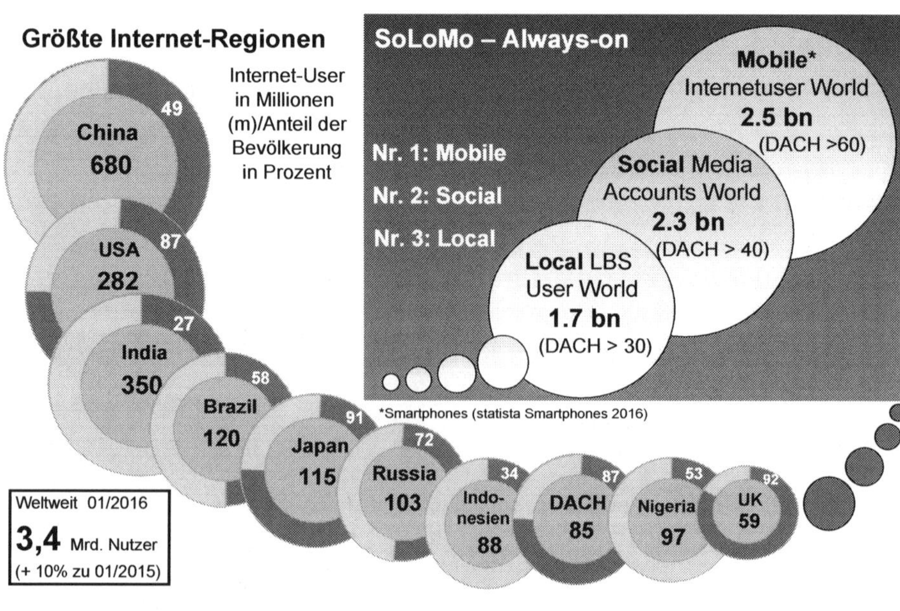

Abb. 1.1 Anzahl Internet-User und größte Internet-Nationen. (Quelle: Global Digital Report 2016; statista Smartphones 2016)

Entwicklungs- und Schwellenländern maßgeblich beeinflussen, und zwar weitaus stärker als bisher angenommen. Dies ist eines der zentralen Ergebnisse der Studie „Global E-Tailing 2025“, initiiert von Deutsche Post DHL, unter Beteiligung zahlreicher internationaler Experten aus Handel, Logistik und Forschung (DPDHL 2014). Dementsprechend kaufen auch immer mehr Bundesbürger immer öfter per Mausklick ein: Der Online-Handel droht zum Ladenkiller zu werden und wird dem klassischen Einzelhandel in den nächsten Jahren immer mehr und immer schneller Umsätze wegnehmen (Süddeutsche.de 2014a; dpa 2014). Viele – vor allem schwache – Händler werden wohl ihre Läden schließen oder aber sich schnellstens neu erfinden müssen. Nach einer aktuellen Umfrage des Kölner Instituts für Handelsforschung (IFH) hat bereits jeder dritte Verbraucher die Anzahl der Fahrten ins Stadtzentrum verringert und kauft stattdessen öfter im Internet ein (Handelsblatt 2015). Über 60 % der „normalen“ Einzelhändler klagen nach Angaben des Handelsverbandes Deutschland (HDE) über sinkende Besucherzahlen in ihren Geschäften (Süddeutsche.de 2014a; dpa 2014). Eine Trendwende ist vorerst nicht in Sicht, auch wenn der Verkauf über das Internet nicht mehr so schnell wie früher wächst (FAZ 2014e). In 2016 wird der Online-Handel nach Einschätzungen des HDE sowie des Bundesverbandes des Versandhandels (BVH) rund 11–12 % und damit mehr als sechsmal so stark wachsen wie der Einzelhandel insgesamt (HDE 2016; bevh 2016). Allerdings streuen die publizierten Umsatzzahlen nach wie vor enorm. Immerhin sind die prognostizierten Wachstumsraten von HDE und bevh erstmals identisch, was auf eine verbesserte Qualität in der Zahlenerhebung schließen lässt (vgl. Abb. 1.2).

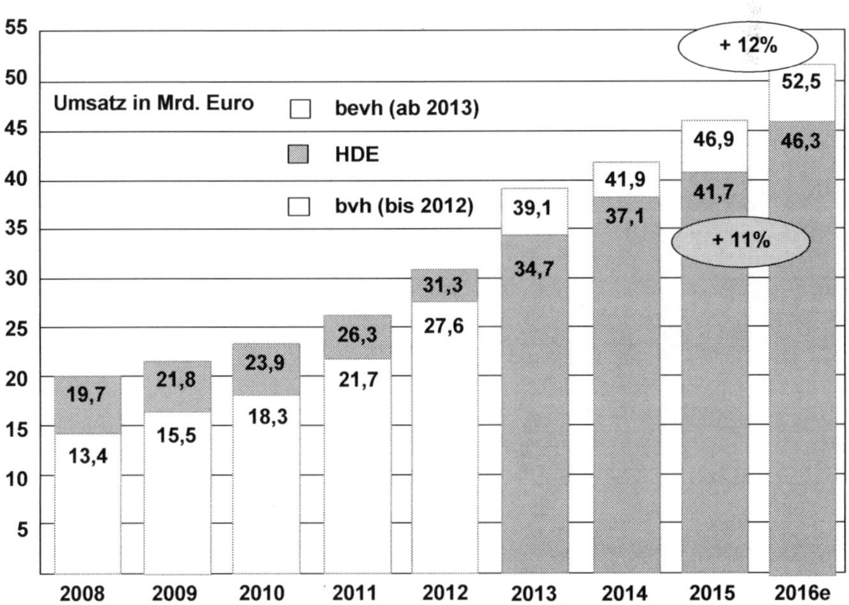

Abb. 1.2 Marktentwicklung des Online-Handels in Deutschland. (Quelle: HDE 2016; bevh 2016)

Eigentlich müsste davon ausgegangen werden können, dass Online-Umsätze grundsätzlich netto, also nach Retouren und ohne Umsatzsteuer, sowie separat für „Business-to-Consumer“ (B2C) oder „Business-to-Business“ (B2B) veröffentlicht werden. Demnach dürften nur noch geringe Streubreiten möglich sein, die auf Rundungsfehler oder Abgrenzungsgenauigkeiten zurückzuführen wären. Folgt man den – mit Amazon und eBay immerhin von börsennotierten Aktiengesellschaften kommenden – Unternehmenszahlen, dann sind die beispielsweise vom Einzelhandelsinstitut (EHI) genannten Amazon-Umsätze in Höhe von 6,6 Mrd. € nicht nachvollziehbar. So publizierte Amazon selbst für das Deutschlandgeschäft 11,8 Mrd. US-Dollar Umsatz, was bei einem Umrechnungskurs von 1,11 rund 10,64 Mrd. € entspricht. Bereinigt um nicht einzelhandelsrelevante Serviceumsätze dürfte Amazon Deutschland damit ca. 10,3 Mrd. € Umsatz gemacht haben, wovon die Exportumsätze nach Österreich und in die Schweiz abzuziehen sind. Demnach ergibt sich ein einzelhandelsrelevanter Amazon-Umsatz für Deutschland in Höhe von 9,2 Mrd. €, der allerdings nur die Provisionen aus dem Marktplatzgeschäft enthält. Nach Hochrechnung des Marktplatzgeschäftes, das knapp die Hälfte der Handelsaktivitäten von Amazon ausmacht, erzielte Amazon damit in Deutschland über 14,4 Mrd. € Volumen in 2014. Das ist doppelt so viel wie vom EHI genannt. Und in 2016 dürfte unter Amazon Deutschland höchstwahrscheinlich mehr als 16 Mrd. € Handelsvolumen gedreht worden sein. In der Regel taucht eBay – mit über 11 Mrd. € Handelsvolumen in diesem Land durchaus auf Augenhöhe mit Amazon – in Rankings überhaupt nicht auf, obwohl bis zu 80 % des Geschäftes mit Festpreisen im Marktplatzgeschäft erzielt werden. Davon abgesehen weisen die Gesamtumsatzzahlen, die für 2015 von den beiden Handelsverbänden veröffentlicht werden, nur noch geringe Differenzen auf. Ganz anders sieht es mit den veröffentlichten Umsatzzahlen der ausländischen Marktforscher wie u. a. eMarketer und E-Commerce Europe aus, die schon für 2014 jeweils über 70 Mrd. € Online-Umsatz für den deutschen Markt angeben (eMarketer 2015; European B2C E-Commerce Report 2015). Diesbezüglich bedarf es einer weiteren Spezifikation, ob es sich ausschließlich um Warenumsätze handelt oder aber ob Tickets und Downloads oder gar Reiseumsätze enthalten sind, die nicht als Einzelhandelsumsätze im engeren Sinne gelten.

Unabhängig von den Zahlendifferenzen dürfte sicher sein: Der Substitutionseffekt „Online versus Offline“ wird sich in den nächsten Jahren kontinuierlich fortsetzen und dem stationären Handel erheblich zusetzen (brandeins 2015a). Gemessen am Gesamtumsatz des Non-Food-Einzelhandels hat der Anteil des Online-Handels bereits in 2015 die Marke von 20 % überschritten (HDE 2015/2016). Einschließlich der Güter des täglichen Bedarfs dürfte dieser Wert in 2020 für den gesamten Einzelhandel erreicht werden, wie eine aktuelle Studie des IFH Köln bestätigt (Handelsblatt 2015). Auch wenn Medien, Bücher und Spielwaren bisher die höchsten Online-Anteile aufweisen, so kann mittlerweile jede Warengruppe als internetaffin angesehen werden (FAZ 2014e). Vor allem den volumenstarken Warengruppen Lebensmittel, Möbel sowie DIY/Baumarktbedarf werden hohe Wachstumspotenziale bestätigt, die in den nächsten Jahren gehoben und den Online-Handel zusätzlich befeuern werden.

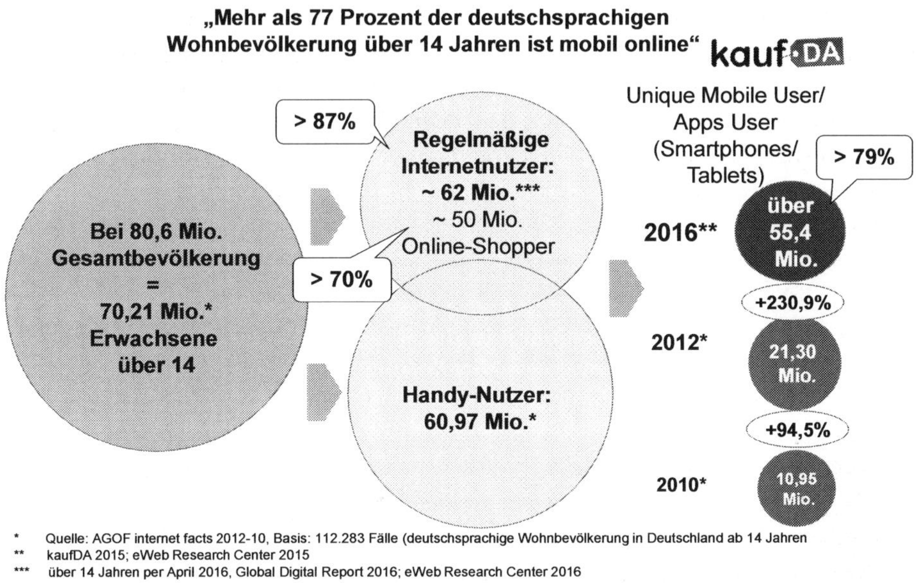

Abb. 1.3 Das digitale Universum in Deutschland 2016. (Quelle: kaufDA 2016; eWeb Research Center 2016)

1.2 Digitales Universum und Digital Commerce

Die Mobilität und das mobile Internet werden im Online-Handel der Zukunft eine herausragende Rolle spielen: Die Zahl der Smartphone-User hat sich in den letzten beiden Jahren explosionsartig entwickelt und ist von 2012 bis 2016 um über 235 % auf mehr als 55,4 Mio. gestiegen (kaufDA 2016). Bereits mehr als 77 % der deutschsprachigen Wohnbevölkerung über 14 Jahre nutzen regelmäßig internetfähige Mobiles und Tablets für den Zugang ins World Wide Web (vgl. Abb. 1.3). Sie nutzen ihr Gerät nicht mehr nur zum Telefonieren, E-Mail-Schreiben oder Chatten, sondern zunehmend auch zur Suche von Produktinformationen oder zum unmittelbaren Online-Kauf (kaufDA 2015/2016; AGOF 2013). Auch stationäre Käufer beginnen mittlerweile ihren Einkaufsprozess mit der Recherche im mobilen Netz und nutzen dafür verstärkt lokale Dienste. Zwar verwenden Smartphone-Besitzer dazu auch andere Gerätetypen, also Desktop, Mobile oder Tablet. Gestartet wird die Informationsrecherche aber überwiegend mit dem Smartphone, häufig in Leerzeiten wie zum Beispiel im Stau, in der Schlange oder im Wartezimmer. Aber auch parallel zum Fernsehen wird immer mehr im mobilen Internet gesurft, entweder per Mobile oder per Tablet (kaufDA 2015/2016; Google 2012). Dabei treffen Kunden immer häufiger bereits Kaufentscheidungen, die zum Teil im Online-Shop oder am nächsten Tag in einem stationären Geschäft zum Vollzug kommen (kaufDA 2015/2016; Google/Ipsos OTX MediaCT 2012). Wo aber liegen die Grenzen der Smartphone-Nutzung? Die Frage kann nur aus Sicht der User beantwortet werden (PBS 2013). Die Nutzung der Internet- und Mobile-Technologie steht aktuellen Studien zufolge vor allem in Deutschland erst am Anfang (kaufDA 2016; kaufDA 2014). Einige harte Wachstumsfaktoren werden erst noch wirksam, wie u. a. die allmähliche Verbesserung der immer noch schlechten und sich nur langsam aufbauenden Connectivity und Netzinfrastruktur in Deutschland. Hinzu kommt das sich erst noch entwickelnde Angebot stationärer Händler im Netz und die allmählich auf den deutschen Markt anrückende internationale Online-Konkurrenz, die zukünftig verstärkt aus den asiatischen Ländern kommen wird. Die nächsten Amazons und Googles werden wahrscheinlich aus China stammen, das digital enorm aufrüstet. Sie werden ein strategisches Fenster nutzen können, denn die meisten deutschen Online- und vor allem Mobile-Shops hinken dem Stand ausländischer Anbieter hinterher und werden sich in den nächsten Jahren erst noch professionalisieren müssen. Das werden vor allem die auf die Märkte drängenden „Digital Natives" oder besser „Smart Natives" einfordern. Insbesondere Letztere, denn diese „Smartphone-Intensivnutzer" sind jung und in den meisten Fällen noch nicht geschäftsfähig. Mit ihrem Eintritt als Kunden in die Handelslandschaft wird sich das Online- und Mobile-Wachstum in den nächsten Jahren noch beschleunigen und damit die disruptive Entwicklung der letzten Jahre weiter treiben. Im Zuge dieser Entwicklung wachsen derzeit die direkt über Smartphones realisierten Mobile-Commerce-Umsätze progressiv an, und zwar mindestens doppelt so stark wie die des „normalen Online-Handels" (Heinemann und Gaiser 2016; Heinemann 2014a, b). Denn die Kunden wollen im Rahmen ihres Kaufprozesses das Internet nutzen. Sie recherchieren zunehmend im Netz, um auch ihre stationären Käufe vorzubereiten. Das betrifft sowohl die Suche nach Produktinformationen als auch Preisvergleiche. Dabei werden Preise nicht mehr sequenziell verglichen, indem der Kunde mehrere stationäre Ladengeschäfte nacheinander abläuft. Mittels Internet und Preissuchmaschinen findet mittlerweile eher ein paralleler Preisvergleich statt, der durch einen Klick die Produkte und Preise sämtlicher Händler offen legt. Befindet sich der Kunde dann im stationären Ladengeschäft, vergleicht er über sein Smartphone den angegebenen Preis des Händlers mit dem Online-Angebot der Konkurrenz und bestellt gegebenenfalls direkt vor Ort über das mobile Internet das günstigste Angebot im Web. Der technologische Fortschritt auf der einen Seite sowie das veränderte Käuferverhalten auf der anderen Seite führen zu einer nie da gewesenen Transparenz im Handel, die den Preisdruck für klassische Betriebsformen erhöht. Zugleich kaufen immer mehr Konsumenten ihre Produkte und Dienstleistungen bei E-Commerce-Unternehmen bzw. Online-Händlern ein, die dadurch große Marktanteilsgewinne zu verzeichnen haben. Dennoch hält sich die Zahl der „reinen Online-Käufer", die alle Schritte ihres Einkaufprozesses online ausführen, noch in Grenzen. Aufgrund der Formatvielfalt im Online-Handel wird es zudem immer schwieriger, die reinen Online-Umsätze nach Gerätetyp zu differenzieren und Mobile-Commerce-Umsätze separat auszuweisen (Heinemann und Gaiser 2016; Heinemann 2013a, b, c; Schwarz

2014, S. 7 ff.). Insofern setzt sich verstärkt der Begriff Digital Commerce durch, der im Folgenden synonym mit Online-Handel und Mobile Commerce verwendet wird. Reine Online-Handelsumsätze machen im Non-Food-Handel mittlerweile 13 % aller Kunden aus. Weitere 7 % werden zwar ausschließlich online bestellt, jedoch suchen Käufer dafür vorher noch einmal ein Ladengeschäft auf („Showrooming"). Immerhin rund 50 % der Non-Food-Umsätze sind reine Offline-Umsätze, bei denen das Internet nicht beteiligt war. Am stärksten legen derzeit und in den nächsten Jahren die Multichannel-Umsätze zu, die inklusive Showrooming bereits 35 % der Non-Food-Umsätze ausmachen (vgl. Abb. 1.4). Diese sind auf Kanalwechsler zurückzuführen, die in der Regel ihren stationären Einkauf im Internet vorbereiten und dem ROPO-Muster („Research Online – Purchase Offline") folgen. Forrester (2015) geht davon aus, dass bis 2020 in Europa mehr als die Hälfte aller Einzelhandelsumsätze inklusive Lebensmittel einen Online-Bezug haben und damit Multichannel-Umsätze darstellen werden.

Stationäre Umsätze sind deswegen zunehmend online-induziert und führen damit zu sogenannten Multichannel-Umsätzen, die in den bisher ausgewiesenen Online-Zahlen nicht enthalten sind. Diese kommen durch Einkäufe zustande, die in stationären Geschäften ausgeführt werden, jedoch im Internet ihren Ursprung haben („Web to Store"). Sie machen bereits rund 28 % der stationären Umsätze im Non-Food-Handel aus, was mehr als 50 Mrd. € Umsatzvolumen entspricht und die hohe Relevanz des Internets für die stationären Händler unterstreicht.

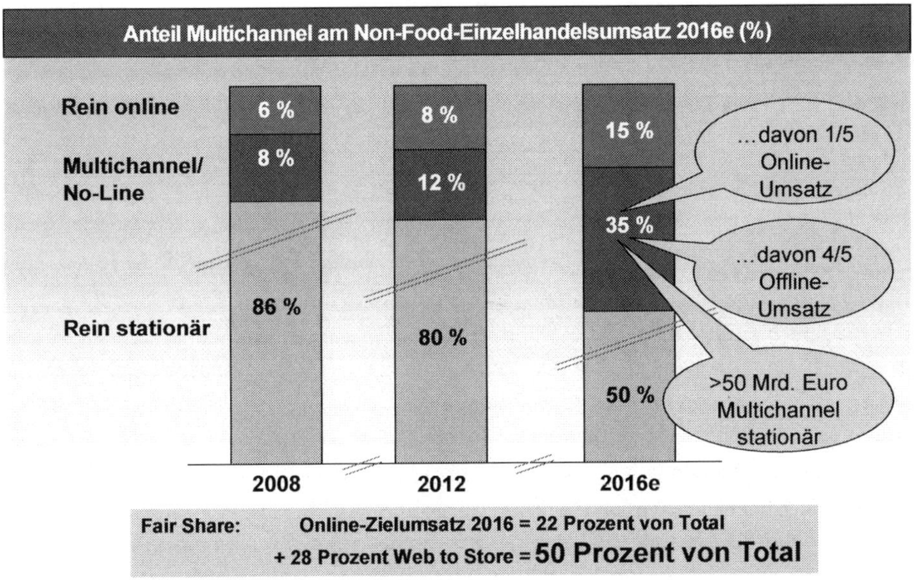

Abb. 1.4 ROPO treibt Multichannel-Umsätze. (Quelle: In Anlehnung an eWeb Research Center 2016 und dgroup 2014)

Neue Kundenerwartungen im Digital Commerce

- **Maximaler Angebotsumfang** – alle Produkte im Netz finden: Flagshipstore
- **Direkte Einkaufsmöglichkeit** – Transparenz, Verfügbarkeit, Disintermediation
- **Digitale Zeitvorteile** – ePace, Quick Pay, SDD, Zeitfenster, Flex-Zustellung
- **Multi-Screening** – mobile Formatevielfalt und benutzerfreundliche Bedienbarkeit
- **Mobile Nutzungsmöglichkeit** – Anytime, Anywhere, Digital in Store

Abb. 1.5 Neue Kundenerwartungen im Digital Commerce

1.3 Neue Kundenorientierung im Digital Commerce

Mittlerweile scheint auch bei den Traditionalisten der Zunft angekommen zu sein, dass die Digitalisierung des Handels nicht bloß ein Trend, sondern „zentraler Veränderungstreiber" für ganze Branchen ist. Große Unsicherheit herrscht allerdings noch bei der Einschätzung der Veränderungsgeschwindigkeit sowie Branchenrelevanz und der Frage, wie sich das eigene Unternehmen der beschriebenen Entwicklung stellen sollte. Diese Frage kann allerdings nur aus Sicht der Kunden beantwortet werden, denn sie treiben die Entwicklung (Heinemann und Gaiser 2016; Heinemann 2013b). Sie nutzen neue Technologien und stellen damit immer neue Anforderungen an die Anbieter, für die es um eine neue Art der Kundenorientierung geht, allerdings für einen Kunden, den es so bisher nicht gab. Insgesamt geht es um die Umsetzung von fünf neuen Kundenanforderungen (Heinemann und Gaiser 2015; Heinemann 2013b; brandeins 2014), die in Abb. 1.5 im Überblick gezeigt werden.

- **Maximaler Angebotsumfang:** Die erste Anforderung des Kunden betrifft den Angebotsumfang. Immer mehr Kunden erwarten, dass sie alle Produkte im Netz finden und sich beinahe jedes weltweit verfügbare Produkt relativ schnell und einfach beschaffen können. Dazu gehören auch hochwertige und beratungsintensive Gebrauchsgüter. Der enorme Erfolg von meinauto.de als mittlerweile wohl größter Neuwagenvermittler in Deutschland spricht Bände. Obwohl sicherlich noch verstärkt preisorientierte Geschäftsmodelle und Portale im Fokus stehen, entwickeln sich offensichtlich hochwertige, zum Teil beratungsintensive Gebrauchsgüter derzeit am erfolgreichsten. Unternehmen wie Fahrrad. de (Fahrräder), Reuter (Bad), Bett1 (Matratzen) oder auch Home24 (Möbel) decken diesen Sektor zwar bereits ab, haben aber häufig große Mühe, auf der Lieferantenseite an die hochwertigen Marken zu kommen und damit den Wünschen der Kunden zu entsprechen. Die „wahren Category Killer" erwarten die Kunden heute unter den digitalen Händlern. Nicht zuletzt deswegen kommt dem Online-Shop mittlerweile auch die Rolle des Flagshipstores zu, und zwar aus Sicht des Kunden.

- **Direkte Einkaufsmöglichkeit:** Die Kunden möchten unmittelbare Einkaufsmöglichkeiten wahrnehmen können und dabei in den Genuss neuer Mehrwerte kommen. Sie werden auf Dauer keine verkrusteten Distributionsstrukturen akzeptieren, die ihnen ihre Mündigkeit absprechen, direkt bzw. unkompliziert und serviceorientiert einkaufen zu können. Bestes Beispiel derzeit dürfte die Sanität-, Heizungs- und Klimabranche (SHK) sein. Hier sind erfolgreiche Pioniere wie Reuter.de dabei, veraltete und verkrustete Vertriebskanäle aufzubrechen und dem Endkunden direkte und serviceorientiertere Einkaufsmöglichkeiten anzubieten. Für die Endverbraucher gab es das bislang nicht, da der Großhandel die Produkte nur in Showrooms präsentierte, die Kunden aber zum Kauf und Bezug der Waren über den Handwerker zwang. Preistransparenz für den Endkunden gab es praktisch nicht. Insofern richten sich ganze Wertschöpfungsketten nun völlig verändert auf den Kunden aus und schaffen eine neue Art des Kundenmehrwertes: Zum einen reduziert sich die Anzahl der Wertschöpfungsstufen. Diese sogenannte Disintermediation ermöglicht ein Absenken der Preise und führt so zu steigender Preisleistung. Kunden müssen nicht mehr für vermeintliche, aber nicht erbrachte und auch nicht gewünschte „Leistungen" zusätzlich bezahlen. Zum anderen erhöht sich der Kundenmehrwert durch Ausweitung der Angebote bzw. Auswahl, steigende Informationstransparenz sowie verbesserte Bearbeitungsqualität.
- **Digitale Zeitvorteile:** Die dritte Kundenanforderung betrifft digitale Zeitvorteile. Diesbezüglich geht es um Schnelligkeit, Zeitzuverlässigkeit und situationsgerechte Angebote. Same Day Delivery (SDD) wurde letztes Jahr bereits als Standard gesetzt und wird sich – vor allem von den Marktführern eBay und Amazon getrieben – weiter durchsetzen. Kunden kaufen häufig stationär ein, um die Ware noch am gleichen Tag zu Hause zu haben. Das bekommen sie jetzt auch durch SDD geboten. Wunschterminzustellung oder zuverlässige Zeitfensterbelieferungen für Kunden, die nicht „auf gut Glück" zu Hause auf die Anlieferung der Produkte warten wollen, werden von den Kunden in Zukunft ebenfalls erwartet. Unabhängig davon sind für die Kunden auch alternative Zustellorte wichtig. Hinzu kommt der Wunsch der Kunden nach ständig neuen Angeboten und damit gesteigerter Kollektionsfrequenz. Der Begriff „Fast Fashion" bringt dieses treffend auf den Punkt: immer schneller neue Kollektionen und diese immer schneller geliefert. Für den Vertrieb bedeutet das, über innovative und vertikalisierte Geschäftsmodelle entsprechende Angebote bereitzustellen, aber auch, Zeitersparnis beim Einkauf durch Empfehlungen oder „tailormade" Vorauswahlen wie zum Beispiel beim Curated Shopping zu ermöglichen. Das betrifft situationsgerechte Angebote, die durch Lokalisierung des Kunden und Analyse seiner spezifischen Kaufsituation möglich und bereits in Location-based-Serviceangeboten erfolgreich umgesetzt werden. Diese dürften vor allem in serviceintensiven Branchen wie zum Beispiel Badbedarf zukünftig eine große Rolle spielen und sich hervorragend mit Liefer-, Beratungs- und/oder Installationsdienstleistungen kombinieren lassen.
- **Multi-Screening:** In der vierten Anforderung geht es darum, dem veränderten Nutzungs- und Kaufverhalten der Kunden Rechnung zu tragen. Während die Internet-Nutzung zu Hause zwar stagnieren mag, explodiert der Gebrauch des mobilen

Internets außer Haus – Tendenz stark steigend wie auch die Rolle des mobilen Netzes zur generellen Kaufvorbereitung im Laden. Fast ein Viertel der Smartphone-Besitzer haben ihr Gerät immer dabei, um Preise vergleichen und sich über Produkte informieren zu können. Immerhin 79 % der mobilen Internet-Nutzer gebrauchten bereits 2015 ihr Smartphone, um kaufrelevante Produktinformationen zu recherchieren (Heinemann und Gaiser 2016). Insofern haben Mobiles nicht nur für den Online-Shop eine herausragende Rolle als „Zubringer- und Servicefunktion", sondern ebenfalls für stationäre Formate. Dies gilt auch für die mobile Formatevielfalt: Die Internet-Nutzer lassen sich nicht mehr einem bestimmten Gerätetyp zuordnen, sondern nutzen unterschiedliche Formate in unterschiedlichen Situationen oder auch parallel. Diese Entwicklung wird neuerdings als „Multi-Screening" bezeichnet und weist darauf hin, dass zunehmend flexible Formatlösungen gefragt sein werden. Nach aktuellen Studien verschenken viele Online-Händler heute schon Umsatz, weil ihr Angebot noch nicht richtig mobilefähig ist. Deswegen führt es nicht selten zu Kaufabbrüchen seitens der User. Insofern ist Handlungsdruck gegeben.
- **Mobile Nutzungsmöglichkeit:** Die fünfte Kundenanforderung besteht darin, dass Kunden die digitale Realität und ihre damit einhergehende digitale Anspruchshaltung zu jeder Zeit leben können, egal wo sie sich gerade aufhalten. Das gilt auch für das Einholen zusätzlicher Produktinformationen am „Point of Sale" (POS). Die emanzipierten Kunden möchten auf Basis der neuen Technologien und Tools die Möglichkeiten der modernen Kommunikation auch in den Läden nutzen können: Facebook-Liken, Bewerten, Bookmarken, Kommentieren sowie Diskutieren und Kaufempfehlungen aussprechen. Hinzu kommt das Hochladen eigener Inhalte, Status-Updates sowie das Teilen oder Fragen. Die User wollen von dem erzählen, was sie gerade machen oder was sie interessiert. Sei es über das gerade angeschaute Produkt im Laden, Urlaubsfotos, lustige und skurrile Geschichten, Partnerschaftserlebnisse oder die gerade erlebte Kaufsituation. Entscheidungen werden zunehmend in Echtzeit auf der Meinungsbasis Anderer getroffen. Alles und jeder wird bewertet, nicht nur Händler, auch Ärzte, Spielplätze, Arbeitgeber, Restaurants oder sogar Toiletten. Diese Entwicklung hat bereits ein neues Zeitalter des Social Commerce mit neuen Geschäftsmodellen eingeleitet wie bei Fab.com. Sie erfordert von stationären Händlern aber auch eine Aufrüstung bei der sogenannten „Digital-in-Store"-Ausstattung, für die der amerikanische Warenhausanbieter Nordstrom sicherlich Benchmark sein dürfte.

Insofern sind eigentliche alle Warenhausbetreiber im englischsprachigen Raum auch Beweis dafür, wie durch die neue Kundenorientierung veralteten Formaten zu neuem Leben verholfen werden kann. Das betrifft die englischen Traditionshäuser wie Debenhams oder Jon Lewis, aber leider (noch) keinen deutschen Händler. Es stellt sich die Kernfrage: Wieso tun sich so viele Hersteller und Händler in Deutschland schwer mit der neuen Kundenorientierung? Wieso gibt es immer noch Versuche, den Online-Vertrieb zu beschränken und mit Preisbindungen zu fesseln? Wieso wird das Qualitäts- und Erlebnisniveau der Online-Anbieter häufig schlechter dargestellt, als es in Wirklichkeit ist? Die Antwort kann nur – neben dem Festklammern an teilweise überlebten Strukturen und der Servicewüste in diesem unserem Lande – in einem mangelnden Verständnis für den modernen Kunden, das Internet, die Internet-Nutzung und das sich ändernde Nutzungsverhalten liegen. Daran erinnert die Aussage von Angela Merkel, die das Internet einmal beiläufig als „Neuland“ bezeichnete und dafür nicht nur von der der Netzgemeinde eine Menge Spott erntete. Allerdings trifft die Bezeichnung „Neuland“ die Umwälzungen, die sich durch die digitale Revolution im Handel ergeben, eigentlich ganz gut. Denn für die meisten Anbieter, ob auf Hersteller- oder auf Händlerseite, ist E-Commerce nach wie vor Neuland.

1.4 Digitale (R)Evolution und digitale Innovation

Im E-Commerce entwickeln sich digitale Zeitvorteile zu zentralen Erfolgsfaktoren. Aus Unternehmenssicht geht es in Bezug auf digitale Zeitvorteile auch um die schnelle Erzielung von „First Mover“-Vorteilen. Für dieselben und bereits erfolgreich getesteten innovativen Geschäftsmodelle in einem Markt – und das sind in der Regel die USA – gibt es durchaus in anderen Märkten immer noch derartige Zeitvorteile. Auch hier geht es folglich um Schnelligkeit. „Ramp-ups“, also beschleunigte Auslandsexpansionen, wie sie zum Beispiel die Unternehmen Zalando, Glossybox oder Rocket Internet verfolgen, zielen exakt darauf ab. Als Copycats – also von erfolgreichen US-Pionieren wie zum Beispiel Zappos abgeschaute und nachgeahmte Geschäftsmodelle – handelt es sich dabei zwar um typische Follower, die aber in noch nicht besetzten Märkten zu „First Movern“ werden (Forbes 2014). Die von Zalando besetzten Auslandsmärkte dürften dabei nicht mehr interessant für den eigentlichen Pionier und ursprünglichen First Mover Zappos sein. Der digitale Zeitvorteil ist allerdings nicht auf eine bestimmte Funktion oder eine spezifische Zielgruppe zu begrenzen, sondern betrifft die gesamte Supply Chain und alle Märkte. Er führt sogar in ganzen Industrien zu disruptiven Strukturveränderungen, wie zum Beispiel derzeit im Verlagswesen. Die von Amazon getriebene Vertikalisierung, die sowohl Verlage als auch Buchhändler in ihren Grundfesten erschüttert, ist ein typisches Beispiel für eine derartige strukturelle Marktveränderung. Für die betroffenen Unternehmen ist die innere Organisation der eigenen Vertriebs- und Geschäftsprozesse absolut erfolgskritisch, denn ohne zeitoptimierte Prozesse und eine entsprechende Systemunterstützung sind derartige Geschäftsmodelle nicht umsetzbar. Hinzu gesellt sich die Notwendigkeit einer nahtlosen Automatisierung, ohne die es mittlerweile zu Wettbewerbsnachteilen kommt. Erfolgreiche E-Commerce-Geschäftsmodelle wie das von Amazon zeigen, dass automatisierte Abläufe nicht nur schneller, sondern auch besser funktionieren.

Der Aufbau derartiger Geschäftsmodelle erfordert hohe Systeminvestitionen und eine „totale Kundenzentrierung“, also eine konsequente Ausrichtung auf den Kunden, die nicht den bisherigen und tradierten Denkmustern folgen darf. Diesbezüglich ist auch zunehmend vom „Kundenmehrwert“ und von „Wertschöpfung“ die Rede, die Unternehmen anstreben müssen, um erfolgreich zu sein. Dieser Erfolgsfaktor ergibt sich aus zwei Neuerungen: Zum einen reduziert sich die Anzahl der Wertschöpfungsstufen, Disintermediation genannt. Es kommt zu einem Absenken der Preise und so zu einer steigenden Preisleistung. Echte Beratung wird in den traditionellen Handelsformaten häufig sowieso schon nicht mehr erbracht oder nur unzureichend erfüllt. Sie ist aber im stationären Handel immer noch Kostentreiber. Zum anderen erhöht sich der Kundenmehrwert durch Ausweitung der Angebote bzw. der Auswahl, die steigende Informationstransparenz sowie eine erhöhte Bearbeitungsgeschwindigkeit. Die Belieferung innerhalb von wenigen Stunden nach Auftragsabgabe ist in arbeitsteiligen Organisationsformen nicht möglich. Sortimente mit mehreren Millionen verschiedenen Artikeln sind wiederum im stationären Handel nicht abbildbar. Die „wahren Category Killer" sind heute digitale Händler.

Die effektivsten Innovationen werden allerdings wohl industrieübergreifend erfolgen, da der privilegierte Zugriff auf proprietäre Daten die Wettbewerbsstärken neu ausrichtet: Rund 90 % aller Daten weltweit wurden in den letzten zwei Jahren erzeugt. 2020 könnte die Menge der gespeicherten Daten mehr als fünfzigmal größer sein als zehn Jahre vorher. Innovative Durchbrüche in der Rechenleistung werden zu enormen Steigerungen bei der Datenspeicherung und -analyse führen (Barton 2013). In einer solchen Umgebung sollten erfolgsträchtige Organisationen mit der Verwaltung und Analyse von Daten vertraut sein. Eine Studie aus dem Jahr 2011 des MIT-Mitarbeiters Erik Brynjolfsson und seiner Kollegen legt nahe, dass Unternehmen, die ihre Entscheidungsfindung auf Daten aufbauen, fünf bis sechs Prozent produktiver sind als andere (Barton 2013). Die Fähigkeit, Daten zu erheben, zu organisieren, mit ihnen zu interagieren sowie folgerichtige Schlüsse aus ihnen zu ziehen, ist bereits heute zu einer Kernkompetenz für alle Industriebereiche und Sektoren geworden (Barton 2013). Unternehmen mit ganzheitlichen, über die eigenen Industrien hinausgehenden Datensammlungen werden eher in der Lage sein, Märkte außerhalb ihres Kernbereichs zu besetzen. Beim chinesischen E-Commerce-Giganten Alibaba zum Beispiel können kleine und mittlere Verkäufer auch Kredite beantragen. Mithilfe von Transaktionsdaten hat Alibaba deren Kreditwürdigkeit bestimmt und so mit über 16 Mrd. US-Dollar das Betriebskapital von 320.000 Unternehmen finanziert – und das wahrscheinlich viel effizienter als bei herkömmlichen Geschäftsbanken (Barton 2013). Als absolut erfolgskritisch bei der Umsetzung von Innovationsvorhaben gilt die geeignete Organisationsform für die Innovationsvorhaben (Haug und Hildebrand 2010). Bei deren Festlegung kommt grundsätzlich ein breites Optionsspektrum in Betracht.

Eine Differenzierung in interne, semi-interne und externe Organisationsvarianten ist zu Darstellungszwecken geeignet, um sowohl dem Aspekt der Nähe bzw. Ferne des Innovationsvorhabens zum bestehenden Stammgeschäft Rechnung zu tragen, als auch die Frage zu thematisieren, in welchem Umfang und auf welche Art externe Partner eingebunden werden sollen. Abbildung 1.6 stellt die unterschiedlichen Organisationsformen dar (Haug und Hildebrand 2010). Innovationen und operative Exzellenz sind allerdings im Zuge der Digitalisierung ein absolutes Muss für jedes Handelsunternehmen, egal ob online oder offline. Online-Projekte unterscheiden sich von Offline-Projekten insbesondere dadurch, dass Investitions- bzw. Systementscheidungen in der Regel irreversibel bzw. schlecht nachbesserbar sind und deswegen nicht inkremental getroffen werden sollten.

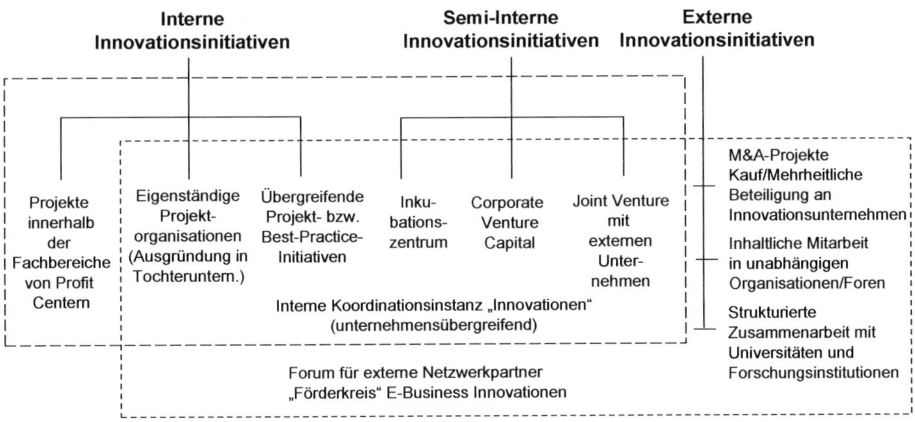

Abb. 1.6 Organisationsmodell für das Innovationsmanagement im Online-Handel. (Quelle: Haug und Hildebrand 2010)

Ausgehend von einem in Zukunft angestrebten visionären Endzustand sind die heute dafür notwendigen Entscheidungen zurückzudeklinieren und entsprechend optional auszulegen. Das erfordert Konzeptionsstärke, die die Bauchentscheider im Vertrieb häufig überfordert. Hinzu kommt, dass Online-Projekte agil aufgesetzt sein müssen, da durch die technologische Entwicklung und die vielfachen Messmöglichkeiten der Performance ein fortwährender Verbesserungsprozess ein wichtiger Erfolgsfaktor ist.

Angesichts des derzeitigen digitalen Hypes und des hohen Wettbewerbsdrucks kommen bereits die ersten Fragen auf, wann das Ende des Online-Booms erreicht sei. Dabei stehen wir erst am Anfang der digitalen Revolution. Der große Boom kommt erst noch, und wir können uns heute wohl nicht vorstellen, welche Geschäftsmodelle es in fünf oder zehn Jahren geben wird. Smartphones sind gut sechs Jahre alt, echter Mobile Commerce gut drei Jahre, Tablets ebenfalls etwa drei Jahre. Wer hat deren Boom damals vorausgesehen? Gerade in den nächsten Jahren tun sich weitaus mehr strategische Fenster und Opportunitäten für Unternehmensgründer und Pioniere auf als in den letzten Jahren.

1.5 Zukunftstrends und Zukunftsszenarien im Digital Commerce

Welche Aspekte werden zukünftig einen nachhaltigen Einfluss auf den neuen Online-Handel ausüben oder haben dies zum Teil bereits getan? Die folgenden Zukunftsthemen wurden auf Basis aktueller Kongressthemen (managementforum 2015; managementforum 2014), Diskussionen in Fachkreisen (Zukunftsdeshandels 2014; eBay 2014; IWB 2014), Veröffentlichungen in Fachmagazinen sowie als Ergebnis verschiedener Projekterfahrungen in 2014 und 2015 als Thesen zusammengestellt und strukturiert nach

- Top-5 der digitalen Megatrends,
- Top-5 der Trends im Online-Handel sowie
- Top-5 der Trends im Multichanneling.

Abbildung 1.7 stellt sämtliche Zukunftsthemen im Überblick dar.

Die Top-5 der digitalen Megatrends

Als Top-5 der Internet-Megatrends können die „totale Vernetzung durch das Internet der Dinge“, die „Digitalisierung des Alltags mit neuen Kommunikations- und Konsummustern“, „expansive Internationalisierung und Cross Border Trade im E-Commerce“, „digitale Regionalisierung mit zunehmendem Lokalbezug im E-Commerce“ sowie die „Transformation von Big Data zu Smart Data“ angesehen werden:

- **Totale Vernetzung durch das Internet der Dinge:** Das Internet der Dinge ist als Überbegriff für viele verschiedene Entwicklungen in allen Lebensbereichen zu sehen (Fraunhofer 2015; GFM 2014a; Die Welt 2012; FAZ 2014a). Es geht dabei vor allem um die Automatisierung von Haushalten („Smart Home“), vernetzte Autos („Connected Cars“) sowie sogenannte Wearables wie zum Beispiel internetfähige Armbanduhren(„Smartwatch“) oder Datenbrillen. Das Smarthome sieht die intelligente Einstellung der Heizungsanlage, ein Dimmen des Fernsehers oder die automatische Einschaltung der Kaffeemaschine vor und ist vor allem in Verbindung mit Beacon-Lösungen ausbaufähig. Connected Cars haben sogar das Potenzial, in den nächsten Jahren zum Standard zu werden, da neue Autos spätestens seit Oktober 2015 telefonfähig sind, sodass E-Call-Systeme bei Unfällen automatisch personen-, situations-, zeit- und ortsspezifische Nachrichten an die Notfallnummer 112 senden können (GFM 2014a). Wearables lassen Raum für Phantasien: Während Smartwatches oder Fitness-Tracker bzw. -Apps für eine breitere Masse vorstellbar sind, werden Datenbrillen (zum Beispiel Google Glasses) und intelligente BHs durchaus kritisch gesehen.

Die Top-5 der digitalen Megatrends

- **Totale Vernetzung durch das Internet der Dinge**
- **Digitalisierung des Alltags mit neuen Kommunikations- und Konsummustern**
- **Expansive Internationalisierung und Cross Border Trade im E-Commerce**
- **Digitale Regionalisierung und zunehmender Lokalbezug**
- **Transformation von Big Data zu Smart Data**

Abb. 1.7 Die Top-5 der digitalen Megatrends

Gleiches gilt für vernetzte Perücken mit Navigationsfunktion („SmartWig“) oder intelligente Zahnbürsten mit individualisierten Putzvorgängen über eine Smartphone-App. Aber auch die verschiedenen Smart Devices lassen sich untereinander verbinden. Auf der letzten Consumer Electronics Show (CES) in Las Vegas zeigte zum Beispiel Mercedes den Prototyp eines Fahrzeugs, das Fahrzeugdaten an eine Pebble-Smartwatch sendet und damit die Tankfülle oder den Zustand von Autoteilen anzeigt. Experten rechnen damit, dass in den nächsten fünf bis zehn Jahren Smartphones und Tablets zu Schaltzentralen im Haushalt ausgebaut werden und damit die totale Vernetzung Realität wird. Schon heute ist es möglich, per App über drahtlose Haustechniksysteme u. a. Fernsehen, Lampen oder Musik zu navigieren (WAMS 2014). Dennoch sind gerade in Deutschland die Voraussetzungen für das „Internet der Dinge“ noch nicht gegeben – mangels flächendeckendem Breitbandausbau (vgl. Abschn. 2.1.2).

- **Digitalisierung des Alltags mit neuen Kommunikations- und Konsummustern:** Für mindestens 36 % der Deutschen ist das Internet das wichtigste Medium überhaupt (Global Digital Report 2016; iBusiness 2014a). Bereits 76 % der täglichen Kommunikation in Deutschland ist digital. Der digitale Anteil an der privaten Kommunikation liegt bei 37 %, an der gewerblichen Kommunikation bei 35 % (German Digitalization Consumer Report 2014). Mobiles Surfing hat in 2013 um 27 % zugenommen und wächst weiterhin überproportional. Das pusht die mobile Nutzung von sozialen Netzen. Schon heute besuchen 73 % der Smartphone-User über ihre mobilen Geräte soziale Netzwerke, davon 38 % sogar täglich (Heinemann 2014a, b). Insbesondere der Smartphone-Boom begünstigt die Digitalisierung aller dafür geeigneten Produkte und dabei vorrangig Musikdownloads, Zeitschriften, Bücher und Tickets. Aber auch Finanzdienstleistungen und Versicherungen sind auf dem Sprung in die digitale Welt (Bain 2015). Und obschon der E-Book-Trend derzeit eine Verschnaufpause einlegt, wächst der Marktanteil digitaler Literatur nach wie vor und liegt in Deutschland per 2014 bei 4,3 % – so die aktuelle Studie „Buch und Buchhandel in Zahlen 2015“ des Börsenvereins des Deutschen Buchhandels (RP 2015a). Da der Durchschnittspreis für E-Bücher aber bis zu 30 % unter den Preisen für haptische Bücher liegt, dürfte der mengenmäßige Marktanteil damit schon bei rund 6,5 % gelegen haben und sich mit der Verbesserung der Reader Usability weiter vergrößern (FAZ 2013b); buchreport magazin Februar 2013, S. 51). Auch in den USA, wo der E-Buch-Marktanteil im letzten Jahr bei 20 % stagnierte, dürfte die Umsetzung neuer Vergütungsmodelle, wie zum Beispiel Buchflatrates, für einen weiteren digitalen Schub sorgen. Dabei genügt es nicht mehr, das haptische Buch in einer PDF-Variante als Download zu verkaufen. In Anbetracht von Mobiles, Tablets und Apps sind die Inhalte zukünftig auch im HTML-Format zu erstellen und damit „in alle Richtungen“ bzw. multiple zu digitalisieren. Abgesehen von Medien und Musiktiteln, die bereits zum Großteil in digitaler Form aus dem Netz heruntergeladen werden, ist vor allem die Spielebranche vom Digitalisierungstrend betroffen (HDE 2013). Aber auch der Kauf nichtdigitaler Produkte ist wesentlich von der Digitalisierung beeinflusst. Rund 41 % aller entscheidungsrelevanten Einkaufsinformationen kommen aus digitalen Informationsquellen.

Diesbezüglich erlangen digitale „Word-of-Mouth“-Empfehlungen herausragende Bedeutung. Für 39 % aller initialen Käufe sind diese wichtiger als traditionelle „Face-to-Face“-Empfehlungen (German Digitalization Consumer Report 2014).

- **Expansive Internationalisierung und Cross Border Trade im E-Commerce:** Bis zum Jahr 2020 wird der grenzüberschreitende Warenverkehr aus dem Online-Handel in den sechs größten E-Commerce-Märkten der Welt von derzeit 19 Mrd. € auf rund 96 Mrd. € steigen (FAZ 2014b). Für Gesamteuropa werden bis 2018 schon 116 Mrd. € Cross-Border-Umsatz im B2C-E-Commerce prognostiziert (eMarketer 2015). Deswegen werden vor allem ausländische Online-Shops zur Konkurrenz in Deutschland, dem zweitgrößten E-Commerce-Markt Europas. Im Zuge der Globalisierung werden immer mehr ausländische Shop-Betreiber versuchen, hierzulande Fuß zu fassen. Der angekündigte Eintritt von Alibaba in den europäischen Markt kann als Vorbote einer forcierten Internationalisierung im Digital Commerce gewertet werden. Während sich noch eine Vielzahl deutscher Online-Händler mit einer Internationalisierung schwer tut, haben internationale Shop-Betreiber umgekehrt längst den deutschen E-Commerce-Markt ins Visier genommen (eTailment 2016). So müssen in den nächsten Jahren heimische Online-Player verstärkt mit internationaler Konkurrenz rechnen. Aber auch die Internationalisierung deutscher Online-Shops wird sich deutlich beschleunigen, da ab 2014 die Umsetzung der EU-Richtlinie für Verbraucherrechte in Deutschland und den anderen EU-Mitgliedsstaaten erfolgt. Sie führt zu einer rechtlichen Harmonisierung im E-Commerce und reduziert für Shop-Betreiber den Aufwand, ihr Geschäftsmodell zu internationalisieren (iBusiness 2014a). Erklärtes Ziel der EU ist es, den Cross-Border-Handel im Internet in den kommenden Jahren intensiv zu fördern und dafür die notwendigen Rahmenbedingungen zu schaffen. Mehr als die Hälfte aller Online-Shops in Deutschland verfolgte 2013 eine planmäßige Internationalisierungsstrategie, der Rest ist bislang noch gar nicht international tätig (iBusiness 2014a). Dementsprechend haben deutsche Online-Händler Nachholbedarf bei der Internationalisierung ihres Shops. Zu diesem Ergebnis kommt eine Studie von OC&C Strategy Consultants und Google, die 1500 Händler aus den sechs weltweit größten E-Commerce-Märkten unter die Lupe genommen hat (Viellehner 2014). Der Analyse zufolge liegt das Exportvolumen der Online-Händler in den sechs größten E-Commerce-Märkten bei 19 Mrd. €, was acht Prozent des gesamten Online-Umsatzes in den untersuchten Ländern und etwa der Hälfte des weltweiten E-Commerce-Exportumsatzes entspricht. Während Großbritannien diesbezüglich im grenzüberschreitenden E-Commerce abzüglich Online-Handelsimporte mit 860 Mio. € in 2013 den höchsten Exportüberschuss erzielt hat, kommen die USA auf rund 132 Mio. € und Deutschland gerade einmal auf 13 Mio. € Exportüberschuss im E-Commerce. Insofern besteht Handlungsdruck, denn bis 2020 soll der grenzüberschreitende Handel, so die Prognose, auf 96 Mrd. € wachsen, was rund 18 % der gesamten Online-Handelsumsätze entspricht (Viellehner 2014).

- **Digitale Regionalisierung mit verstärktem Lokalbezug im E-Commerce:** Während größere E-Commerce-Plattformen permanent neue Technologien bzw. Features anbieten und damit neue Wege ausprobieren, um Kunden anzulocken, müssen sich kleinere Shops lokalisieren, um zu überleben (LZ 2015; emap 2015; Brandwatch 2014; Heinemann und Gaiser 2016). E-Commerce-Ladenbesitzer ohne nennenswerte Betriebsgröße werden die Suchmaschinenoptimierung nutzen, um sich auf Kunden in einem begrenzten geographischen Gebiet zu fokussieren und kombiniert mit Social Media für eine personalisierte Ansprache der lokalen Kunden zu sorgen. Ihr Branding und ihre Marketingstrategie werden sich durch eine lokale Orientierung mit regionalen Schwerpunkten von denen großer Anbieter unterscheiden (Brandwatch 2014; Heinemann und Gaiser 2016). Zunehmend wird deutlich, dass auch die Smartphone-Nutzung diesen Lokalbezug im E-Commerce verstärkt und damit dessen Regionalisierung fördert. Sie verbindet die regionalen Stärken stationärer Händler, wie u. a. die sofortige Verfügbarkeit gekaufter Waren, die Möglichkeit einer realen haptischen und visuellen Produktüberprüfung sowie das Einkaufserlebnis, mit den Vorteilen digitaler Kanäle (Heinemann 2014a, b). Dies betrifft vor allem die Möglichkeiten des „Search & Browse", der Kaufvorbereitung sowie der nahezu unbegrenzten Auswahl an Produkten. Darüber hinaus können dem Kunden auf digitalem Wege detaillierte Produktinformationen, Empfehlungen und ebenfalls Produktbewertungen für seine stationäre Kaufentscheidung zur Verfügung gestellt werden. Kunden können unterwegs in Transferräumen erreicht werden, was sich anbietet, wenn potenzielle Käufer eine kontextuelle Beziehung – wie zum Beispiel beim Sportereignis – oder eine lokale Nähe zum Produktangebot haben. Die Penetration der Smartphones führt außerdem zu einer Entkopplung des Kaufprozesses, der jetzt unabhängig von bestimmten Läden und/oder Einkaufssituationen durchgeführt werden kann. Das wird auch durch mobile Anwendungen forciert, die sich in die drei Bereiche „Optimierung der lokalen Suche", „Aggregationsplattformen und Angebotsbündelung" sowie „Lokales Empfehlungsmarketing über soziale Netze" unterteilen lassen (Haug 2013a, b). In Hinblick auf die lokale Suche ist es für potenzielle Käufer interessant, wenn die Verfügbarkeit des gewünschten Produktes bei einem Laden in der Nähe angezeigt werden könnte. Der Kunde wäre dann in der Lage, zielgerichtet den entsprechenden Anbieter aufzusuchen und das Produkt direkt mitzunehmen. Deswegen ist es für stationäre Händler erforderlich, bei digitalen Suchen mit ihren verfügbaren Produkten gefunden zu werden. Sie haben dadurch eine gute Profilierungsmöglichkeit, besonders, wenn ihre Sortimente zusätzlich eine lokale Relevanz haben. Vor diesem Hintergrund sollten sie alle Möglichkeiten, die Google für die Auffindbarkeit und Platzierung zur Verfügung stellt, vollständig nutzen (Heinemann 2014a, b; Haug 2013a, b). Aber auch in Bezug auf Angebotsbündelung und Aggregationsplattformen entwickeln mehrere große Online-Player derzeit Konzepte. Zu ihnen zählt zum Beispiel eBay. Durch gezielte Akquisitionen, wie u. a. Red Laser, Milo, Where und GiftsNearby, baut eBay aktuell Brückenköpfe in den stationären Handel auf. Schließlich schafft lokales und soziales Empfehlungsmarketing die Möglichkeit der viralen

Verbreitung von Informationen in kürzester Zeit. In Hinblick auf lokale Händler stellt Qype derzeit das größte Bewertungsportal in Deutschland dar. Qype hat rund 7,5 Mio. Besucher im Monat zu verzeichnen und liefert Bewertungen zu jeder Art von Dienstleistung, seien es Restaurants, Bars, Läden, lokale Dienstleistungen oder Ärzte (Haug 2013a, b; Qype 2012). Anbieter wie Qype fördern damit ebenfalls den Lokalbezug und die Regionalisierung.

- **Transformation von Big Data zu Smart Data:** Der Trend Big Data ist in aller Munde und wird den E-Commerce auch noch weiterhin beschäftigen (Computerwoche 2015). Durch das rasante Wachstum des Online-Handels werden mit jedem Klick, jedem Kauf und jedem „Like" eine Fülle von Kundendaten gesammelt, die oft brachliegen (iBusiness 2014a). Doch bei der Auswertung der gesammelten Daten scheiden sich vielfach die Geister, denn sie wird nicht immer zügig und einfach sowie erkenntnissteigernd erledigt. Je mehr Daten dem Unternehmen vorliegen, desto schwieriger gestalten sich entsprechende Analysen. Alle Online-Händler reden von der Nutzung der „Big Data" – doch stecken die Umsetzung und der erfolgreiche Einsatz zur kundengerichteten und -gerechten Ansprache in den Kinderschuhen. Dabei kann das Bewältigen, Sammeln und optimale Nutzen der Datenmengen – Big Data – viele Vorteile mit sich bringen, wie zum Beispiel höhere Abverkäufe durch zugeschnittenes Cross- und Up-Selling, geringere Retouren durch spezifische Angebote, gezieltere Ansprache durch individuelle Banner, Adwords oder auch Newsletter, eine höhere Kundenbindung und vieles mehr (iBusiness 2014a). Das künftige Kundenkaufverhalten vorherzusagen wird für Unternehmen immer erfolgskritischer. Diesbezüglich sind das wachsende Volumen von Echtzeitdaten (Big Data) und die reduzierte Zeit für die Entscheidungsfindung treibende Faktoren für die Implementierung von Analytics und Intelligence-Systemen (Computerwoche 2015). Kunden müssen entsprechend der verschiedenen Kontaktpunkte und den verschiedenen Präferenzen angepasst und konsistent angesprochen werden. Allerdings minimieren die immer komplexer werdenden Vertriebskonzepte und die sich weiter verkürzenden Innovationszyklen den Return von Maßnahmen (iBusiness 2014a). Die kluge Nutzung von Analysetools zur Simulation und Prognose wird zunehmend entscheidend, um die Transformation von Big Data zu Smart Data zu bewältigen. Diesbezüglich werden allerdings Cloud-Lösungen und Applikationen die Zusammenarbeit der Unternehmensbereiche, die mit der Auswertung von Kundendaten befasst sind, vereinfachen. Dementsprechend werden die Arbeiten von Analytikern, IT-Spezialisten, strategischen Managern sowie operativ verantwortlichen Mitarbeitern enger miteinander verknüpft. In Zukunft vereinfachen sich Prozesse und tragen somit entscheidend zur Auswertung unternehmensrelevanter Daten bei. Ziel wird es sein, Verbrauchergewohnheiten und -vorlieben zu studieren und somit die Trends von morgen zu erfassen (Onlinehaendler-News 2014). Händler können mithilfe der Auswertung großer Datenmengen Werbung für individualisierte Artikel schalten, die jeden einzelnen Kunden persönlich anspricht. Das kann als Vorbild für den gesamten Handel dienen: Durch den Austausch von Verbrauchern in entsprechenden Shopping Communities können Unternehmen künftig die Trends und individuellen Geschmacksvorlieben der Kunden analysieren und diese als Grundlage neuer Kollektionen und Produkte nehmen (Onlinehaendler-News 2014). Big Data ist schon seit einigen Jahren ein großes Thema und wird dies sicherlich auch noch einige Zeit bleiben (Computerwoche 2015).

Die Top-5 der Trends im Online-Handel

Als Top-5 der Trends im Online-Handel können „digitale Erlebnisorientierung und Emotionalisierung im Online-Handel“, „passgenaue Personalisierung und Kundeninteraktion im Online-Handel“, „Smart-Convenience-Geschäftsmodelle und Efficient Automation“, „Branded Shops aus dem herstellereigenen Online-Handel“ sowie „Mobile First mit mobilen E-Commerce-Solutions“ angesehen werden. Diese sind im Überblick in Abb. 1.8 dargestellt. Die skizzierten Entwicklungen werden als technologischer Fortschritt die bestehenden Handelsstrukturen in den nächsten Jahren disruptiv und nachhaltig verändern.

- **Digitale Erlebnisorientierung und Emotionalisierungder Online-Shops:** In vielen Online-Shops herrscht Gleichförmigkeit auf breiter Front: Akkurat aneinandergereihte Kästchenbilder auf weißem Grund, Model Composings ohne jeglichen optischen Kontext, kühles und technokratisches Layout statt emotionaler Anziehungskraft. Die digitale Marken-Shopping-Welt zielt damit am Bedürfnis der Käufer nach Erlebniswelten vorbei, die ihren Alltag auch online bunter machen und aufwerten könnten. Derzeit bieten die meisten Markenplattformen leider nur einen nüchternen Bedarfskauf an. Sie vermitteln weder Freude noch Erlebnis beim Kauf, obwohl Differenzierung im E-Commerce mehr noch als im stationären Handel eine Frage des Überlebens ist, denn die Online-Vergleichbarkeit heizt den Preiskampf an. Um mit den Global Playern wie Zalando, Amazon, eBay und Co. mithalten zu können, eifern die Markenhersteller den großen E-Commerce-Playern nach und gestalten ihre Shops ähnlich wie diese, obwohl sie ganz andere Voraussetzungen mitbringen. Ergebnis ist,

Die Top-5 der Trends im Online-Handel

- **Digitale Erlebnisorientierung und Emotionalisierung von Online-Shops**
- **Passgenaue Personalisierung und Kundeninteraktion**
- **Smart-Convenience-Geschäftsmodelle und Efficient Automation**
- **Branded Shops aus dem herstellereigenen Online-Handel**
- **App First und Shopping 4.0**

Abb. 1.8 Die Top-5 der Trends im Online-Handel

dass ein Marken-Online-Shop dem anderen gleicht (Böker und Bomm 2014). Eine Möglichkeit, sich aus der Vergleichbarkeitsfalle und dem dadurch verstärkten Preiskampf im Online-Handel herauszuhalten, bietet die Emotionalisierung des Online-Shops. Galt erlebnisorientiertes Einkaufen bisher als Schlüsselwort für den stationären Handel, so hält es jetzt auch Einzug in die digitale Welt. Insofern wird die Erlebnisorientierung im E-Commerce in den nächsten Jahren zu einem wichtigen Thema werden (emap 2015; Kolbrück 2014). Diesbezüglich sollten sicherlich die Basisleistungen der Usabilty erfüllt sein, wie u. a. eine gute Produktübersicht, intuitive Navigation durch Shop-Angebot und Warenkorb, ein problemloser Check-Out-Prozess sowie umfassende Serviceinformationen und klare, vielfältige Payment-Optionen (Kolbrück 2014). Bei der Erlebnisorientierung geht es allerdings stärker darum, Marke und Produkte zu inszenieren sowie mehr Profil und Persönlichkeit zu zeigen. Nur so lassen sich auf Dauer die Preissensitivität und die Akquisitionskosten verringern. Das steigert auch sicherlich Wiederkäufe, Cross Selling, Kundentreue und die Bereitschaft zur Weiterempfehlungen (Kolbrück 2014). Im Grunde muss der Besuch des Kunden im Web-Shop wie ein Wochenendbummeln in den Innenstädten verstanden werden. Dabei haben Kunden meistens noch keinen konkreten Kaufwunsch, sondern lassen sich inspirieren. Das sollte auch ein Online-Shop bieten können. Emotionen dürfen nicht der Usability geopfert werden. Beides muss Hand in Hand gehen, um Kaufimpulse zu wecken. Es kann davon ausgegangen werden, dass die heutigen Konsumenten nicht mehr digital unerfahren sind. Die meisten finden sich auch in einem extravagant gestalteten Shop zurecht. Vor allem geht es ihnen um Content (emap 2015; Böker und Bomm 2014), der sicherlich mehr gefragt ist als eine bloße Ansammlung von Artikeln und Styles. Demnach geht es für den Online-Händler um ein Verständnis dafür, wie man die Informationen in Geschichten und Bilder verpackt. Diese sollten natürlich zum eigenen Web-Shop und den Kunden passen und mit deren Freunden geteilt werden können. Auch unter Kostengesichtspunkten werden Sharing und Interaktion bei der Kundenakquise immer wichtiger. Das sollte allerdings passgenau erfolgen (Kolbrück 2014).

- **Passgenaue Personalisierung und Kundeninteraktion:** Smart Data wird nicht nur dafür sorgen, dass Shops dem Kunden bessere Werbung ausliefern und passendere Produkte zeigen, sondern auch dazu führen, dass der Web-Shop in Zukunft für jeden Kunden anders aussehen wird (emap 2015; Kolbrück 2014), spezielle Produkte und Discount-Angebote individuell zugeschnitten sind. Shop-Gestaltung wird sich stärker daran orientieren, wie Beratungs- und Verkaufssituationen im stationären Geschäft im Idealfall ablaufen. Viele Online-Shops nutzen zwar schon seit Jahren personalisierte Werbung für potenzielle Kunden. Personalisierte Produktplatzierungen und Produktvorschläge für registrierte Nutzer gehören aber (noch) zur Ausnahme. Allerdings teilen sich immer mehr Nutzer mit Marken und vertrauenswürdigen Online-Shops immer öfter persönliche Informationen. Die Shop-Besitzer werden sich daher in den nächsten Jahren verstärkt darum bemühen, eine noch bessere Personalisierung des Online-Auftritts für die Nutzer anzubieten (emap 2015; Brandwatch 2014). Auch die (Vor-)Selektion und Kuration von Produkten sowie ein Fokus auf große und thematisch stimmige Bilderwelten vor allem für Frauen ist ein wichtiger Teil eines neuen Online-Shopping-Erlebnisses. In Hinblick auf individualisierte Kaufempfehlungen gilt sicherlich Amazon als Vorreiter. Allerdings führen die Recommendations auf Basis der Kaufhistorie häufig zu seltsamen Ergebnissen, zum Beispiel wenn nach dem Kauf einer Waschmaschine gleich der Kauf einer weiteren Maschine empfohlen wird. Auch wegen dieser Unzulänglichkeit investieren einige größere Anbieter in verbesserte Lösungen. Dementsprechend hat eBay letztes Jahr den eBay Feed entwickelt, um Kunden auf Basis ihrer Interessen und Vorlieben eine Auswahl von Produkten individuell vorzuschlagen (IWB 2013b, S. 2). Und erklärtes Ziel von WalMart ist es, das Einkaufserlebnis im Internet zu personalisieren. Dafür wurden bereits Investitionen vorgenommen, wobei künftig jeder Kunde eigene Produktempfehlungen angezeigt bekommen soll. Zusätzlich zu den personalisierten Kaufempfehlungen möchte WalMart auch eine Kauf- und Suchhistorie der Kunden einbauen. Weiterhin soll sich die Web-Seite des Online-Shops individuell anpassen, je nachdem von welchem Ort aus der Kunde die Seite besucht. Dementsprechend wird der Online-Shop den Kunden individuelle Angebote und Veranstaltungen passend zum Wetter vor Ort anzeigen können. Zusätzlich soll der gesamte Einkaufsprozess beschleunigt werden. So sollen Walmart-Kunden künftig bis zum Kaufabschluss im Online-Shop nur zwei statt bisher sieben Seiten benötigen (Paletta 2014). Insgesamt werden sich zukünftig viele Online-Shops der sich ändernden Internet-Nutzung anpassen. Dabei geht es vor allem um die „Einkleidung" sich verändernder Kundeninteraktionen in eine optimierte Usability und auch in innovative Geschäftsmodelle. Diesbezüglich sind vor allem zukunftsfähige Multi-Screening-Lösungen in Ergänzung zu supplementen Offsite-Aktivitäten zu berücksichtigen. Zunehmen wird auch die Bedeutung der Cross-Device-Personalisierung, denn Online-Nutzer loggen sich immer häufiger über Tablet, Mobile und Desktop ein, zum Teil sogar gleichzeitig. Deswegen dürfte ein jeweils für das Medium zugeschnittener Auftritt bei gleichbleibender Personalisierung auf den individuellen Kunden zunehmend wichtiger werden (E-Commerce-Vision 2014).

- **Smart-Convenience-Geschäftsmodelle und Efficient Automation:** In Zukunft werden die Kunden in Hinblick auf die Produktionsabläufe und Logistikansprüche noch verwöhnter sein als heute (acquisa 2015; brandeins 2014; zukunftsinstitut 2014). Gleiches gilt für After-Sales-Aspekte wie Retouren oder Altwarenverwertung. Dies bedeutet in der modernen Gesellschaft vor allem Zeitersparnis, reibungslosen Transport und Hilfestellung bei der Produktauswahl sowie neue Serviceleistungen. Dabei kann Marketingautomation helfen. Immer mehr Prozesse wie Lead-Pflege, Remarketing, E-Mail-Personalisierung und Analytics werden automatisiert. Sie helfen damit auch kleinen Online-Shop-Besitzern, bessere Einblicke zu bekommen und mehr Kunden für sich zu gewinnen (Schwarz 2014; brandwatch 2014). Es geht um das „Auto Efficient Selling", das auch bei der Echtzeitlokalisierung von Produkten und Gegenständen unterstützen kann. Radio Frequency Identification (RFID) ist sicherlich die bekannteste Technologie, um Objekte zu tracken. Aber auch GPS, WLAN,

Ultraschall, Ultra-Breitband und/oder Infrarot ermöglichen die Echtzeitlokalisierung von Waren und Gütern. Für Online-Händler bringen derartige Tracking-Tools eine immense Kosten- und Zeitersparnis sowie eine Lagerplatzoptimierung durch automatisierte Abläufe. Auch kommt es den Wünschen der Kunden entgegen, erworbene Produkte möglichst schnell in den Händen zu halten, ohne tagelang auf die Lieferung warten zu müssen. Allerdings erfordert es physische Hightech-Logistikzentren mit hochgradig optimierten und automatisierten Abläufen (brandeins 2014; zukunftsinstitut 2014). Um diese „logistische Automation" zu bewältigen, werden vor allem Megalogistikzentren mit über 100.000 Quadratmetern auf der grünen Wiese, aber auch lokale Depots in den Städten und/oder in der Nähe der Kunden erforderlich werden. Hinzu kommen ständig steigende Flexibilitätsanforderungen. Nach einer Studie des E-Commerce Center Handel (ECC) erwarten rund 90 % der Kunden von einem Online-Händler verständliche und gut sichtbare Informationen über Versandbedingungen sowie eine unkomplizierte Retourenabwicklung. Knapp 86 % der Konsumenten lassen sich das Paket zwar noch am liebsten nach Hause liefern, allerdings steigen die Kundenerwartungen in Hinblick auf Flexibilität. So wünschen immer mehr Besteller die Lieferung an eine abweichende Adresse (23 %), Packstation (16 %) oder einen Paketshop (5 %). Jeder Fünfte möchte entscheiden können, wann und wohin er eine Bestellung geliefert bekommt (zukunftsinstitut 2014). Auch Routineeinkäufe für den täglichen Bedarf und Pflichteinkäufe, die aus Kundensicht kein Erlebnis sind, sollten zukünftig so angenehm wie möglich gestaltet werden. Die Entwicklung begünstigt den Abo-Commerce vor allem für Waren des täglichen Bedarfs und Pflichteinkäufe. Abomodelle machen nicht nur für die Kunden, sondern auch für die Anbieter Sinn, da sie dadurch eine dauerhafte Kundenbindung aufbauen und langfristig planen können. Die effiziente Verwaltung von Abonnements stellt viele Online-Händler allerdings vor komplexe Herausforderungen, angefangen bei den Zahlungsmitteln bis hin zur automatisierten Steuerung eines Abos (Hüllemann 2013). Idealerweise kommt bereits ein Shop-System mit integriertem Payment-Modul zum Einsatz, sodass sich Abos unkompliziert und vor allem flexibel verwalten lassen. Dazu gehört auch, den regelmäßigen Zahlungseingang automatisiert anstoßen und etwaige Fehlbuchungen einfach bearbeiten zu können. Eine Art Abomodell stellen auch Flatrates dar: Gegen eine monatliche fixe Gebühr erhalten die Kunden von ShopRunner in den USA alle Bestellungen innerhalb von 48 h entweder direkt nach Hause oder zu ausgewählten Pick-up-Points in der Nachbarschaft geliefert. Auch Retouren bleiben für die Kunden kostenfrei. ShopRunner kooperiert mit einer Vielzahl an Online-Shops in den USA und kopiert im Grunde das Amazon-Prime-Modell (zukunftsinstitut 2014). Die Möglichkeit der Lieferung an eine mobile Adresse, eine Paketbox oder Cardropping ins abgestellte Auto verlangen immer mehr Flexibilität. Dazu müssen die Parkplätze der Nutzer getrackt werden, um Pakete während der Parkzeiten direkt ins Auto liefern zu können. Oder eben im Sinne einer Serviceleistung dort abzuholen, sofern es sich um Retouren oder in Zahlung gegebene Artikel handelt. Smart Convenience bedeutet diesbezüglich auch, gebrauchte Produkte in Zahlung zu geben oder von zu Hause abholen lassen zu können. Dementsprechend erleben Re-Commerce-Geschäftsmodelle derzeit einen regelrechten Boom.

- **Branded Shops aus dem herstellereigenen Online-Handel:** Das Prinzip der „Nichtvergleichbarkeit" wird in einer Zeit, in der Web-Shops, Sortimente und Konzepte schnell nachgeahmt werden können, zu einer Blaupause für die Online-Shops von morgen (emap 2015; Kolbrück 2014). Zukünftig werden sich die Shops zunehmend um Differenzierung bemühen. Sei es mit besonderen Marketingaktionen, speziellen Preiskampagnen, exklusiven Angeboten und Deals, eigenständigen Inhalten oder besonderen Produkten (zum Beispiel der Duschkopf Doosh von Stefan Raab bei Butlers). Damit werden auch Eigenmarken online verstärkt forciert werden. Dieser Vertikalisierungstrend begünstigt sicherlich den herstellereigenen Online-Handel. Nicht ohne Grund wachsen die Web-Shops der Hersteller seit Jahren deutlich schneller als der Online-Handel insgesamt. Einer Studie des Instituts für Handelsforschung IFH der Universität Köln zufolge konnte der gesamte Online-Handel zwischen 2008 und 2013 um den Faktor 2,5 zulegen, während sich der Umsatz der Herstellershops in diesem Zeitraum fast vervierfacht hat (IfH 2014). In 2014 waren herstellereigene Online-Shops der am stärksten zulegende Betriebstyp des Online-Handels (eWeb Research Center 2015b). Insofern ist der Online-Direktvertrieb von Marken und Herstellern auch ein entscheidender Wachstumstreiber für den E-Commerce insgesamt (zukunftsinstitut 2014). Zugleich werden Hersteller zu Gewinnern im Online-Preiskampf, denn durch den Wegfall des Händlers als Intermediär können Produkte günstiger angeboten werden. Hinzu kommt, dass ein Drittel der deutschen Konsumenten eine hohe Markenaffinität aufweist. Immerhin 43 % von ihnen bestätigen, Markenprodukte in der Regel im Online-Store des Herstellers zu kaufen, während 38 % zum Kauf den stationären Laden des Herstellers besuchten (zukunftsinstitut 2014). Insofern kaufen Konsumenten lieber in Markenshops als beim Händler. Sie geben an, dort ausführlichere Informationen zu erhalten, eine größere Auswahl an Markenprodukten vorzufinden sowie einen besonders guten Service geboten zu bekommen. Experten bestätigen den Trend zum Branded Shopping. Demnach soll der direkte Kauf beim Markenhersteller in den nächsten fünf Jahren stark ansteigen und den Handel empfindlich treffen (zukunftsinstitut 2014). Zugleich werden die Hersteller das Thema B2B-Online-Handel forciert ausbauen. Dabei werden sie nicht nur die Basisfunktionalitäten für den Handel zwischen Geschäftskunden abbilden, sondern ihnen auch ein ähnliches Shoppingerlebnis anbieten können wie im B2C-Geschäft. Der B2B-Bereich wird ansprechender und einfacher gestaltet werden als bisher und damit mehr Praxisnähe bieten (E-Commerce-Magazin 2014).
- **App First und Shopping 4.0:** Zukünftig wird von überall und vorwiegend mit mobilen Endgeräten eingekauft werden (emap 2015; Schramm-Klein et al. 2014). Über 20 % der Online-Umsätze werden in Deutschland mittlerweile über Smartphones erzielt. Dieser Anteil erhöht sich überproportional zum Online-Wachstum und wird sich bis 2020 noch einmal verdoppeln. Erfolgskritisch dafür sind eine leichte Bedienbarkeit und schnelle Ladezeiten. Vor allem führt kein Weg mehr an der App vorbei:

Fast 80 % der Internetnutzer shoppen via App (Presseportal Stylefruits 2016). Neben dem "App First" wird der Einkauf zukünftig noch interaktiver, lokaler und sozialer, als es bislang schon der Fall war. Kaufinteressierte informieren sich vor dem Kauf über Smartphones verstärkt im Social Web. Dort holen sie Kundenmeinungen ein, die zu Produkten und Services verfügbar sind (estrategy 2014). Diverse Anbieter wie Ekomi oder Trusted Shop verwalten bereits Kundenmeinungen und bieten diese als Widget für Shop-Betreiber an. Der Kunde wird aktiv aufgefordert, nach einem Kauf ein Feedback beim jeweiligen Anbieter abzugeben. Dieser kanalisiert die Rückmeldungen und gibt sie dann aus. SocialVoice verfolgt demgegenüber keine Rückmeldungen aktiv, sondern extrahiert diese aus dem Social Web automatisch (estrategy 2014). Insgesamt werden Smartphones und Tablets zur treibenden Kraft im E-Commerce. Sie übernehmen zunehmend eine Zubringerfunktion für andere Kanäle, da Kunden ihren Einkaufsprozess mit Produktrecherchen im mobilen Internet starten, den Kauf dann aber im Online- oder Offline-Shop ausführen. Dass damit auch mobiles Marketing zunehmend wichtiger wird, erkennen immer mehr Online-Anbieter. Sie werden verstärkt damit beginnen, für ihre Produkte und ihren Service mobile Werbung zu schalten. Damit werden dann auch stationäre Kunden in der Fußgängerzone per Smartphone angesprochen oder den stationären Händlern über mobile Preisvergleiche abgeworben. Zudem wird es damit möglich, zu jeder Zeit Verkäufe über mobile Geräte anzustoßen, zum Beispiel wenn sich der Kunde auf der Couch parallel zur Fernsehwerbung im Genussmodus befindet. Vor allem in Verbindung mit mobiler Videowerbung besitzt mobiles Marketing das Potenzial, sich in den sozialen Netzwerken schnell viral zu verbreiten (estrategy 2014). Auch wenn Wearables wie Google Glass, Smartwatch oder andere tragbare Endgeräte vorerst auf eine Massenpenetration warten, werden viele dieser Geräte in nächster Zeit das Angebot bereichern. Mittelfristig ist davon auszugehen, dass die Online-Händler über tragbare Endgeräte ihre Kunden mit Werbung, Rabatten, Aktionen, Angeboten und Updates ansprechen werden. Mit dem Smartphone ist der digitale Kunde quasi im Komfortzustand und ununterbrochen mobil vernetzt. Dabei erwartet er, dass sich der Shop auch an ihn erinnert, egal, ob er zuletzt via Tablet oder Desktop vorbeigeschaut hat. Das wird sich mit Mobile Payment wahrscheinlich noch verstärken, zumal sich bei Mobile Payment jetzt auch in Deutschland etwas tut (Computerwoche 2016; Kolbrück 2014). Darüber hinaus fördert es den Touch Commerce, wenn Kunden am Schaufenster per QR-Code shoppen oder am Display im Laden einkaufen und mittels QR-Code bezahlen. Das führt zu einem vernetzten Einkaufserlebnis, vor allem im Zusammenspiel mit Location-based Services und lokalisierten Angeboten, wenn die Kunden dadurch ihre Produkte schneller und näher erhalten. Das könnte zu einem Baustein für den zukünftigen Multichannel-Handel werden.

Die Top-5 der Trends im Multichanneling

Als Top-5 der Trends im Multichanneling können der „Siegeszug von Portalen und Marktplätzen", der „360-Grad-Commerce mit No Line Experience", „Mobile Payment und Seamless Payment Experience", „Offline-Offensiven von Online Pure Plays" sowie die „Neuerfindung von Services mit Digitalbezug" angesehen werden. Diese sind im Überblick in Abb. 1.9 dargestellt.

- **Siegeszug von Portalen und Marktplätzen:** Marktplätze und Portale gelten als „Gewinner des Online-Handels" und decken in Deutschland bereits rund ein Drittel des Online-Marktes ab, in Teilsegmenten sogar bis zu 50 % des Gesamtmarktes (emap 2015; Linnhoff-Popien et al. 2015; Der Handel 2014). Neben Preisvergleichsportalen wie idealo.de, Vermittlungsportalen wie meinauto.de, My-Hammer.de, der Taxi-App „mytaxi" oder neuerdings der Taxiersatz-App „Uber Pop" sowie Vermietungsportalen wie tolooma.de oder renttherunaway.com erleben vor allem Reiseportale wie booking.com, trivago.com oder Fluege.de einen großen Boom. Kritisch für große Reiseanbieter ist, dass sie dadurch immer mehr den Erstkontakt zu den Endkunden verlieren und zu regelrechten Erfüllungsgehilfen mit „reinem Fulfillment-Status" degenerieren könnten. Insofern ist es kein Zufall, dass auch die Big Player im E-Commerce das Marktplatzmodell oder Vermittlungsportale für sich entdecken. Nach dem Vorbild von Amazon geht es primär darum, die Kundenfrequenz quasi an Kooperationspartner „unterzuvermieten". Die bisher bekannten offenen Plattformen – ob eBay, Amazon, Facebook Connect, Twitter oder Open Social – erhalten damit derzeit vor allem durch Online-Händler Zuwachs. In Deutschland forciert vor allem die Otto-Group sowohl im „stand alone" mit quelle.de als auch über assoziierte Plattformen wie bei otto.de das Marktplatzgeschäft. In den USA erlauben Sears und WalMart zum Beispiel auch externen Händlern den Verkauf von Waren auf der eigenen Seite. Dafür bezahlen die Händler eine monatliche Gebühr und eine Kommission, so wie bei Amazon und eBay auch. Die Angebote der Händler erscheinen in Format und Aufbau als Artikel von Sears mit dem kleinen Tag „Marktplatzhändler". Die Verkäufer erhalten Ratings und Feedback über Kundenbewertungen, ähnlich wie bei eBay und Amazon (Heinemann 2014a, b; BV Capital 2011). Marktplätze bieten sich insbesondere bei hoher Besuchsfrequenz auf der eigenen Website an, um die Angebote „ohne

Die Top-5 der Trends im Multichanneling

- **Siegeszug der Portale und Marktplätze**
- **360-Grad-Commerce mit No-Line Experience**
- **Mobile Payment mit Seamless Payment Experience**
- **Offline-Offensiven von Online Pure Plays**
- **Neuerfindung von Services mit Digitalbezug**

Abb. 1.9 Die Top-5 der Trends im Multichanneling

riskanten Aufbau der Infrastruktur" auszuweiten, das Eigengeschäft zu befeuern und auch den eigenen Online-Shop zu rentabilisieren. Zalando bietet mit seinem Partnerprogramm ein ähnliches Modell an, das jedoch eher geschlossener Natur ist und vor allem preisaggressive Angebote verhindern soll (Zalando 2013). Bislang bewegten sich die Betreiber solcher Plattformen eher in einer juristischen Grauzone, wenn sie in ihrer Vermittlerfunktion Geldtransaktionen durchführten. Mittlerweile hat die BaFin allerdings klare Richtlinien verabschiedet, wie das Transaktionsmanagement von Marktplätzen zu handhaben ist. Erste Banken haben bereits Registrierungsportale eingerichtet, damit Online-Händler ihre Vertragsdaten einfach und schnell eingeben können (Hüllemann 2013). Marktplätze erfolgreich zu starten gilt unter Inkubatoren gemeinläufig mit als das Schwierigste, was man im Internet versuchen kann. Gelingt es allerdings, wird in der Regel ein überproportional hoher Wert generiert, wie die Internet-Portale Etsy und Dawanda zeigen. Beide Marktplatzbetreiber entwickeln sich derzeit erfolgreich aus einer Nischenposition hin zu einem neuen eBay (FAZ 2013a). Ohne eine Spezialisierung und einen dem Marktplatz vorausgehenden und später ergänzenden Frequenztreiber – sei es sortimentsbezogen oder geographisch – gelten derartige Konzepte allerdings als wenig erfolgsträchtig. Neben der Gründung bzw. Forcierung eigener Marktplatzaktivitäten wird auch die Präsenz auf fremden Marktplätzen stark verfolgt. Dazu sollte aber die Zielrichtung klar sein, ob zum Beispiel vorrangig die Kundengewinnung und Marketingziele oder aber zusätzliche Abverkäufe im Vordergrund stehen. Häufig geht es darum, weitere Absatzkanäle zu schaffen. Dieser Aspekt wird im Rahmen der Erfolgsfaktoren (Kap. 4) noch einmal aufgegriffen. Auch Börsen- und Tauschplattformen können als eine Art Marktplatz angesehen werden. Ein derartiges Online-Tauschmodell stellt zum Beispiel die englische Tauschbörse Bigwardrobe dar. Sie bietet männlichen und weiblichen Mitgliedern an, ihre (eher hochpreisigen bis luxuriösen) Markenartikel, die zum Teil nagelneu oder nur einmal getragen worden sind, mit anderen Mitgliedern zu tauschen (estrategy 2014).

- **360-Grad-Commerce mit No Line Experience:** Vor allem vom stationären Handel dürfte noch einiges in Sachen Online zu erwarten sein, wenn er seine Stärken in Verbindung mit einer forcierten Digitalisierung ausbaut und damit dem Kunden in seiner „Kanalegalheit" ein 360-Grad-Angebot macht. Er kann davon profitieren, dass er einerseits die Einkaufs- und Kostenprozesse gut beherrscht, andererseits die technische und kulturelle Revolution der Online-Offline-Integration zeitig in den Griff bekommt. Das dürfte ihn in die Lage versetzen, aus der Echtzeitanalyse von Online-Daten, Kassenbon und Regaldaten enorme Wettbewerbsvorteile gegenüber reinen Online-Händlern aufzubauen (emap 2015; Kolbrück 2014). Da dies immer mehr Händler erkennen, wird die kontinuierliche Entwicklung des Handels in Richtung Omnichannel in den nächsten Jahren weiter anhalten (Schramm-Klein et al. 2014). Auch die Konsumenten möchten verschiedene Einkaufs- und Informationskanäle parallel nutzen. Sie informieren sich beispielsweise in webbasierten Produktdatenbanken zuerst über die Spezifikationen eines Laptops oder PCs und nutzen dann E-Commerce- und M-Commerce-Angebote für einen Preisvergleich, bevor sie im stationären Handel das reale Produkt testen. Diese Erwartung fördert die Verschmelzung von E-Commerce und klassischem Handel (Hüllemann 2013). In Hinblick auf Multichannel-Händler wird es deswegen immer weniger möglich, von den reinen Online- und Offline-Welten zu sprechen. Insbesondere die parallele Mediennutzung erfordert aus Kundensicht die Integration von Online- und Offline-Kanälen zu einem „Gesamtsystem aus einem Guss". Es geht darum, die Kanäle derart zu vernetzen, dass der Kunde gar keine getrennten Verkaufsformen mehr wahrnimmt. Dies ermöglicht den Kunden die Nutzung sogenannter Multichannel-Leistungen. Dass solche kanalverbindenden Leistungen von Kunden intensiv und kontinuierlich genutzt werden und damit auch zum Erfolg der Unternehmen beitragen, zeigen diverse internationale Beispiele. Neben „Check & Reserve" bieten im englischen Fashion-Handel mit Marks & Spencer, John Lewis, Oasis und Warehouse gleich mehrere namhafte Händler den Kunden auch mit dem „Click & Collect" die Möglichkeit an, bereits online den Warenkorb zusammenstellen zu können (Heinemann 2013b). Die unterschiedlichen Multichannel-Leistungen lassen sich nach „Web-to-Store-", „Store-to-Web-" sowie „Web-in-Store-"Leistungen differenzieren. Hinzu kommen innovative Leistungen wie zum Beispiel der Einkauf über QR-Code („QR Scan Retail") oder Augmented-Reality-Funktionen in Verbindung mit Produktabbildungen („AR App Retail"). Diese ermöglichen ebenfalls den Aufbau von Empfehlungsmarketing. Darauf zielen auch neue Online-Dienste ab, wie die kalifornische Plattform Curebit, die ihren Service auf Offline-Geschäfte ausgeweitet hat. Ist ein Kunde mit seinem Geschäft zufrieden, kann er seinen Freunden dieses Geschäft via Smartphone weiterempfehlen. Kaufen dann die Freunde auch in diesem Geschäft ein, erhalten sie genauso wie der Empfehlungsgeber einen Rabatt beim Kauf (best-practice-business.de 2014). Eine neue Dimension der „No Line Experience" eröffnet sicherlich die Funktion „Firefly" des neuen Fire Phone von Amazon. Damit lassen sich Millionen verschiedener Produkte scannen bzw. identifizieren sowie direkt bei Amazon bestellen. Auch Zalando erweitert seine App um Bilderkennungstools, ähnlich den Apps von Style Thief und Asap 54. Das dürfte vor allem für stationäre Händler eine neue Herausforderung werden (FAZ 2014d). Auf der anderen Seite honorieren es die Kunden offensichtlich, wenn stationäre Händler auch einen mobile-optimierten Online-Shop zu bieten haben. So konnten Händler, die sowohl über ein stationäres Ladengeschäft als auch über einen Online-Shop verfügen, ihre mobilen Verkäufe im ersten Halbjahr 2014 durchschnittlich um 70 % steigern. Reine Online-Shop-Betreiber kamen demgegenüber „nur" auf eine Wachstumsrate von 59 %, wie eine Studie der britischen Handelsorganisation IMGR und Capgemini zeigt (iBusiness 2014b). Die Größe der Warenkörbe ist allerdings bei den Online Pure Playern größer, wenn auch nur geringfügig mit 82 statt 80 Britischen Pfund.

- **Mobile Payment mit Seamless Payment Experience:** Ende 2013 gab es weltweit rund 245 Mio. Mobile Payment User. Diese Zahl soll sich bis Ende 2016 auf 450 Mio. Nutzer erhöhen. Das über Mobile Payment abgewickelte Transaktionsvolumen wird schon in diesem Jahr rund 507 Mrd. US-Dollar erreichen, so Gartner (GFM 2014b). Insofern ist weltweit die Penetration des mobilen Bezahlens nicht aufzuhalten. Auch in Deutschland kommt Mobile Payment langsam in Gang, auch wenn mit starkem Zeitverzug (Computerwoche 2016). 2014 erfolgten in Europa bereits 12,4 % der Transaktionen über Mobile Payment und zwar vorrangig für Reisen, Ticketing und digitale Güter. Führend ist hier Großbritannien vor Spanien und weit vor Deutschland. Immerhin hat die Hälfte der Nutzer bereits einmal eine Bezahlung über ihr mobiles Gerät getätigt. Einen vergleichsweise hohen Anteil an mobilen Bezahlungen erreichte Russland im Gegensatz zu Deutschland mit 24 % in 2013 (GFM 2014b). Sämtliche Wachstumsvorhersagen deuten allerdings auf ein großes Potenzial hin, sofern sich die Märkte über ihre jetzigen Praktiken und Anwendungen hinaus entwickeln. So gibt es bereits etliche alternative Zahlungsmethoden und -dienstleister. Auch ist davon auszugehen, dass viele Start-ups entsprechende Apps auf den Markt bringen werden. Einige Payment Service Provider haben bereits Lösungen für das Mobile Payment entwickelt, die es Händlern ermöglichen, ihr Smartphone als mobiles Payment Terminal zu nutzen, und Kunden über ihr eigenes Mobilgerät bezahlen zu lassen. Voraussetzung dafür ist allerdings, dass die mobil getätigten Transaktionen dem weltweiten PCI-DSS-Datensicherheitsstandard genügen (Hüllemann 2013). Die große Herausforderung für Multichannel-Händler dürfte allerdings sein, dass die Konsumenten problemlos verschiedene Einkaufskanäle nutzen und dort identische Zahlungsarten vorfinden möchten. Dem tragen einige Zahlungsinstitute und Banken bereits Rechnung, indem sie Zahlungsmittel wie Kredit- oder Debitkarte, Lastschrift, Vorkasse, Überweisung, Wallet-Transfer und Payment App miteinander verknüpfen, sodass den Konsumenten dieselben Zahlungsarten auf allen Kanälen zur Verfügung stehen. Paypal hat beispielsweise eine eigene mobile Paymentlösung entwickelt, mit der man künftig auch ohne den eigenen Geldbeutel in stationären Geschäften „seamless" bezahlen kann. Ähnlich wie im Abo-Commerce und im internationalen Online-Handel müssen sich die neuen Möglichkeiten zahlungstechnisch adäquat abbilden und abwickeln lassen, etwa indem Zahlungen am Point of Sale und im Online-Shop mithilfe derselben Payment Software erfasst, durchgeführt und überwacht werden. Dementsprechend arbeitet auch Facebook an einer eigenen Bezahllösung. Und die virtuelle Währung Bitcoin könnte in Zukunft vor allem im internationalen Online-Handel eine entscheidende Rolle einnehmen. Allerdings lassen bisher erst wenige Online-Händler die Bezahlung via Bitcoin zu. Wann und inwiefern das Potenzial hierfür gehoben wird, ist nach Ansicht von Experten sehr stark von der weiteren Entwicklung rund um die virtuelle Währung und die Akzeptanz durch die Nutzer abhängig. Bisher ist der Bitcoin bei uns in Deutschland eher unbekannt (E-commerce-vision.de 2014).

- **Offline-Offensiven von Online Pure Plays:** Zunehmend eröffnen bisherige Online Pure Plays auch Outlets oder stationäre Läden, so wie Cyberport, Notebooksbilliger oder MyMüsli (Wiwo 2014). Vor allem der erste amazon bookstore, der Ende 2015 in Seattle eröffnet wurde, macht derzeit von sich reden (amazon 2016). Zalando machte 2014 durch die Eröffnung des – nach Berlin – zweiten Factory Outlets in Frankfurt von sich reden. Kunden möchten noch immer bei vielen Produkten ausprobieren, anschauen, vergleichen und anfassen. Dieses „Touch-and-Feel"-Erlebnis können Pure Plays ihren Kunden per se nicht bieten. Insofern ist das Thema „Online goes Offline" bei vielen Online-Händlern auf der Tagesordnung. Gerade für Online Pure Plays kann ein Ladenlokal ein idealer Ort der Kundenbindung und -analyse sein. Vor allem solche Kunden, die sich nur sporadisch im Netz bewegen, nehmen einen gut inszenierten Store wahr. Derartige „Point of View" Stores können somit auch der Entwicklung eines positiven, avantgardistischen Markenimages dienen, auch wenn sie in Form von Pop-up Stores nur temporär öffnen (zukunftsinstitut 2014). Sie kommen vor allem dem steigenden Bedarf des Showrooming entgegen. Dieses bezeichnet einen „dualen Trend", der sowohl auf Kunden- als auch auf Anbieterseite zu beobachten ist und wahrscheinlich eine Schlüsselrolle im zukünftigen Handel spielen wird. Rund einem Drittel der Online-Käufe geht der Besuch eines Ladenlokals voraus (Heinemann 2013a; Enderle und Voll 2011). Es ist sehr wahrscheinlich, dass viele der zukünftigen Online-Käufer, die bisher vor allem Offline-Kunden waren, die Möglichkeit eines Touch and Feel erwarten, bevor sie online einkaufen. Dazu sind nicht große und fixkostenlastige Konsumtempel in teuren Innenstadtlagen erforderlich, sondern es reichen Showrooms aus. Hier sind alle Produkte des Anbieters ausgestellt, aber jedes nur einmal. Der Kunde kann diese nach Belieben testen, aus- und anprobieren. Entscheidet er sich für das Produkt, kann er es problemlos und ohne zu warten direkt im Showroom mit seinem Smartphone über einen QR-Code kaufen. Ihm wird dann ein neues Exemplar geliefert – in den Laden, nach Hause oder an jeden anderen Ort seiner Wahl. Showrooms können den Kunden demnach auch ein „Touch-and-Feel"-Erlebnis bieten, ohne dass die Ware sofort gekauft und mitgenommen werden muss. Um eine flächendeckende Erreichbarkeit zu bieten, ist dennoch kein flächendeckendes Filialnetz erforderlich. Das dürfte ohnehin nicht mit den effizienten Strukturen eines Pure Plays zusammenpassen. Experten schätzen, dass in Deutschland rund 30 Standorte ausreichen, um für den Großteil der Bevölkerung innerhalb von einer Stunde erreichbar zu sein. Dazu bieten sich eher „drüne Wiesen" an, die gut mit dem Auto angefahren werden können und außerdem nicht so teuer sind. Diese lassen sich durchaus mit Zentrallager- oder Regionallagerzentren verbinden und sind aus Servicegründen sicherlich auch für technische Produkte sinnvoll. Aus diesem Grund gehen vor allem Elektronik-Online-Händler offline.

- **Neuerfindung von Services mit Digitalbezug:** Der Online-Handel kann als konsequente Weiterentwicklung des Selbstbedienungsprinzips angesehen werden. Dennoch benötigen und erwarten viele Online-Kunden Serviceleistungen, die Pure Plays ihnen nicht ohne Weiteres bieten können. Dies lässt Raum für eine „Neuerfindung des Services" mit Digitalbezug (Bruhn und Hadwich 2016; Haufe 2014). Vor allem stationäre Händler bzw. Multichannel-Anbieter könnten hier aus Sicht der Kunden punkten, zumal diese in Zukunft mehr Convenience erwarten. Alles, was der klassische Einzelhandel in Hinblick auf Services tut, um besser zu sein als die starke Konkurrenz im Internet, kann ihm Zukunftspotenziale eröffnen. Dazu zählt grundsätzlich auch, sich mit weiteren Dienstleistern zusammenzutun, um eine Gesamtleistung zu generieren, die ein einzelner Anbieter nicht aufbringen kann. Dies betrifft u. a. die persönliche Anlieferung bis zur Haustür, den Aufbau von Geräten oder Möbeln beim Kunden vor Ort, die Anleitung oder auch Wartung sowie Reparaturleistungen. Möglich ist auch die Beratung beim Kunden zu Hause an Beratungsterminen, die im Internet vereinbart wurden, ähnlich wie bei Restaurantreservierungen. Diesbezüglich gibt es noch viele unbesetzte Nischen (brandeins 2014), und das Anbieten solcher Leistungen könnte ein großer Trend werden. Bei reinem Produktkauf und einem üblichen Preisvergleich sind Online-Händler oft im Vorteil, vor allem bei vergleichbaren Sortimenten. Stationäre Einzelhändler mit zusätzlichen Dienstleistungen können sich allerdings dagegen behaupten. Viele Konsumenten sind nämlich prinzipiell bereit, etwas für zusätzliche Serviceleistungen rund um ein Produkt – wie etwa die Installation – auszugeben. Übrigens auch für die Möglichkeit, ihren stationären Kauf im Internet vorbereiten zu können, wie etwa mit Verfügbarkeitsabfragen oder Reservierungen. Wenn irgendwie möglich, sollte der Händler alles aus einer Hand anbieten und es möglichst ohne externe Partner erst einmal selbst versuchen. Denn aus Kundensicht sollte es sich bei Serviceleistungen um eine Kernkompetenz handeln, die exzellent erfüllt wird und zu 100 % am Kunden ausgerichtet ist. Das Problem ist, dass viele Einzelhändler in früheren Jahrzehnten nach und nach einige Zusatzleistungen, zum Beispiel Reparaturdienste, eingespart haben. Doch was ist im Zeitalter des Internet-Booms die Rolle des stationären Fachhandels? Über den Service kann er besser überleben als nur mit dem reinen Produktverkauf. Abgesehen von diesen eher „traditionellen und wiederzubelebenden Dienstleistungen" bietet der Siegeszug des Online-Handels enorme Chancen für neue Services mit Digitalbezug. So ist es möglich, für die Kunden Abholstationen einzurichten, an denen sie auch bei anderen Online-Händlern georderte Pakete abholen oder zwischenlagern können. Eine kostenlose WLAN-Nutzung, wie zum Beispiel Starbucks sie anbietet, lockt Kunden an. Auch die „Ship-from-Store"-Belieferung, die schneller als von irgendeinem Zentrallager funktioniert, ist ebenfalls denkbar. Eine große Nische aus Kundensicht stellen darüber hinaus Retouren-Services dar. Hier wird in den Filialen ein „Service Point" als Anlaufstelle für die Kunden eingerichtet, an dem sie dann schnell und unkompliziert bedient werden bis hin zur Cash-Auszahlung auch bei Kreditkartenkauf. Ernsting's family schafft es angeblich, dass 80 % der Online-Shop-Retouren in Filialen retourniert werden, wo den retounierenden Kunden dann durchschnittlich wieder zwei bis drei neue Artikel verkauft werden.

1.6 Neue Herausforderungen für den Online-Handel

Wie das IfH Köln prognostiziert, werden 90 % der reinen Online-Händler nicht überleben und sich der Markt der Pure Player aufgrund extrem niedriger Margen konsolidieren (neuhandeln 2016). Eine ähnliche These stellte 2014 bereits iBusiness auf (iBusiness 2014). Für die Zweit- und Drittbesten in einem Segment wird es demnach immer schwieriger, den Kunden zum Einkauf zu bringen, denn immer größere Umsatzanteile verlagern sich auf immer weniger Händler. Diese Entwicklung ist auch anhand der Zahlen nachvollziehbar: Demnach steigerten die zehn größten Online-Händler Deutschlands ihren Marktanteil 2009 bis 2012 um mehr als fünf Prozent, während die Top-500-Händler von 69,5 auf 62,7 % zurückfielen. 2013 hat sich dieser Konzentrationsprozess sogar noch verschärft. In Abb. 1.10 sind die 15 größten E-Commerce-Anbieter dargestellt, die zusammen mehr als zwei Drittel der Online-Handelsumsätze auf sich vereinen. Überdurchschnittlich konnten dementsprechend vor allem die größten Händler wie Amazon und Zalando wachsen. Einer Feuerwalze gleich überrollt der US-Internet-Händler Amazon unter Jeff Bezos bereits den amerikanischen Einzelhandel. Das ist auch am Horizont des deutschen Einzelhandels sichtbar. Mit über 14 Mrd. Euro Handelsvolumen in 2015 reicht das Wachstum von Amazon in Höhe von ununterbrochen mehr als 20 % – durch Ausweitung des Marktplatzgeschäftes wahrscheinlich eher 25 % pro Jahr – aus, um dem gesamten Non-Food-Einzelhandel in Deutschland in nur einem Jahr mehr als ein Prozent Marktanteil abzunehmen (Wiwo 2014). Bei weiterhin stabilen Wachstumsraten vergrößert sich diese Zahl progressiv, da der Sockeleffekt überproportional zu greifen beginnt. Dabei hat Amazon nicht nur den deutschen Buchhandel regelrecht zerhackt, sondern in der Belletristik sowie in den Fachbuchsortimenten mit jeweils rund 40 % Marktanteil

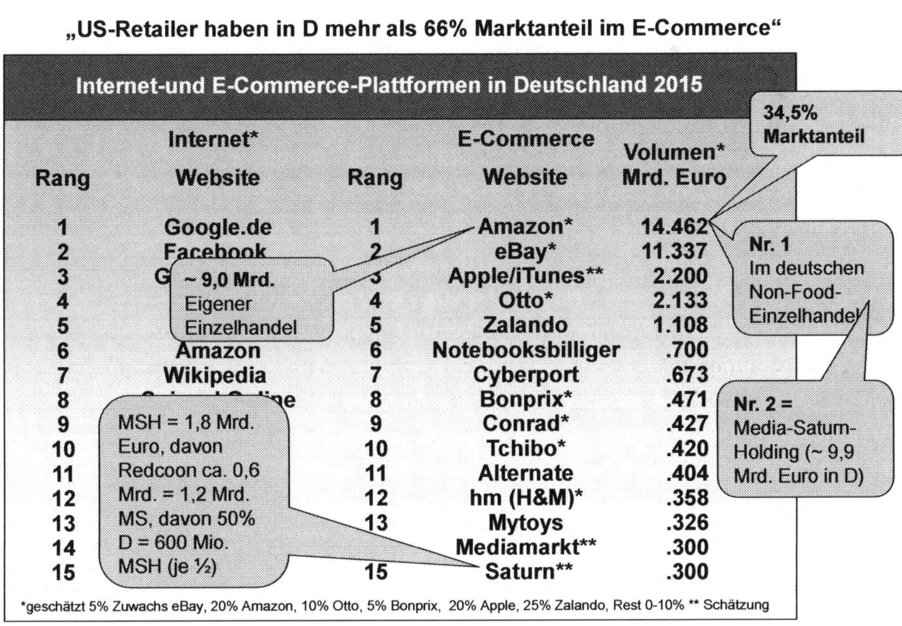

Abb. 1.10 Ranking der größten E-Commerce-Anbieter in Deutschland. (Quelle: eWeb Research Center 2016; Statista Top Hundert 2016)

bereits eine marktbeherrschende Stellung eingenommen. Insgesamt liegen nach Dominik Grollmann von iBusiness (2014c) fünf Gefahrenpunkte für kleinere und mittlere Online-Shops vor:

- **Shop-Gefahr Nr. 1: Mittlere Größe.** Stark gefährdet sind mittelgroße Online-Händler der ersten Generation – also mindestens 15 Jahre alt –, wovon es in Deutschland rund 30.000 bis 40.000 mit einem Umsatz von 100.000 bis fünf Millionen Euro gibt. Ihre Probleme sind mit denen vieler stationärer Händler vergleichbar, und zwar in Hinblick auf mittelgroße Sortimente mit durchschnittlichen Preisen und damit Profillosigkeit. Wenn Produkte, Service, Lieferzeiten, Bezahlarten und sogar die Optik der meisten Shops austauschbar sind, bleiben als Differenzierungsmerkmal nur die Sortimentsvielfalt und der Preis. Diesen Wettbewerb kann nur der größere und aggressivere Marktteilnehmer gewinnen. Besser sieht es in der Nische aus. So kann ein hochspezialisierter Shop ungeachtet des Preisdrucks sogar sehr attraktive Renditen erwirtschaften. Die Devise heißt also Ultraspezialisierung – allerdings mit überschaubaren Umsätzen, wie zum Beispiel der Markt für Angelköder (iBusiness 2014c).
- **Shop-Gefahr Nr. 2: Endliches Wachstum.** Im stationären Handel genügen oft nur fünf bis 10 % Umsatzrückgang, bis der Laden aufgeben muss. Für Online-Händler ist die Situation noch schwieriger, denn bei ihnen reicht es oft schon, wenn das Wachstum überhaupt ausbleibt. Während Amazon sich mit einer Minimarge von nicht einmal ein Prozent zufrieden gibt, lässt diese anderen Online-Shops kaum Luft zum Überleben, sodass sie zwangsweise auf kontinuierliches Wachstum als Überlebensstrategie setzen müssen. Das kostet allerdings Investitionen, die aber erst noch verdient werden bzw. zurückfließen müssen in den nächsten Jahren (iBusiness 2014c).
- **Shop-Gefahr Nr. 3: Immenser Innovationsdruck.** Der Innovationsdruck im E-Commerce ist so enorm, dass man sich praktisch nur als Innovationsführer dauerhaft an der Spitze halten kann. Die Innovationsführerschaft bezieht sich sowohl auf das Frontend als auch das Backend mit den entsprechenden Prozessen. Im Grunde kann es sich kein Online-Shop mehr leisten, hinter die gesetzten Qualitätsstandards zurückzufallen. Das kann aber auch die Austauschbarkeit und damit den Stress erhöhen, wenn alle Mitbewerber in dieselben Dinge investieren. Prozesse und Systeme müssen kontinuierlich überprüft bzw. verbessert werden. Nicht jeder Online-Shop und vor allem nicht jeder Jungunternehmer hält das auf Dauer durch. Vor allem Web-Shops der ersten Generation sitzen nicht selten in der Innovationsfalle. Während anfangs Grundkenntnisse in SEO und Performance-Marketing schon fast als Geheimwissenschaft galten, hat sich die Situation inzwischen komplett geändert und die Branche professionalisiert sich von Jahr zu Jahr (iBusiness 2014c).
- **Shop-Gefahr Nr. 4: Der Weiße Ritter.** Ähnlich wie Zalando als Pionier in Deutschland die Schuhbranche von der Online-Seite her aufgemischt hat, dürfte das auf Dauer auch in vielen anderen Branchen von anderen Anbietern zu erwarten sein, zumindest von Inkubatoren und als ernstzunehmende Bedrohung. So sorgte vor kurzem zum Beispiel der Delticom-Tirendo-Deal für Aufsehen. Die Delticom AG betreibt seit dem

Jahr 2000 das Portal Reifendirekt.de. Bis zum Frühjahr 2012 war Delticom unangefochtener Marktführer mit einer Art Alleinstellung. Dann aber trat mit Tirendo.de ein äußerst preisaggressiver Konkurrent überraschend in den Markt ein. Dahinter steckte die European Media Holding, also eine Reihe einflussreicher E-Commerce-Investoren. Tirendo kopierte das profitable Geschäftsmodell von Delticom, steckte jedoch zusätzlich viel Geld in das Online-Marketing in Kombination mit massiver Fernsehwerbung, die über die SevenVentures-Beteiligung günstig zur Verfügung stand. Nur eineinhalb Jahre nach dem Start von Tirendo sah sich Delticom gezwungen, den unliebsamen Konkurrenten vom Markt wegzukaufen, und zwar für 50 Mio. €. Das Szenario eines „Weißen Ritters", der in ein lukratives, aber unterentwickeltes Geschäftsfeld einreitet, um dort Category Killer zu werden, ist heute in vielen Segmenten denkbar. Als besonders gefährdet können Kategorien angesehen werden, die noch nicht stark von Amazon besetzt sind, die aber ein hohes Wachstum bei gleichzeitig geringer Online-Durchdringung haben. Allerdings sind die Anforderungen an einen solchen Category Killer inzwischen sehr hoch und kapitalintensiv (iBusiness 2014c).

- **Shop-Gefahr Nr. 5: Konsolidierung findet nicht statt – es kommt schlimmer.** Konsolidierung findet in der Regel statt, wenn Marktanteile bereits fest verteilt sind. Zukäufe sind dann der einzige Weg für ein profitables Wachstum. Im E-Commerce-Markt ist das allerdings bislang nicht der Fall. Auch wenn viele von einer Konsolidierung sprechen, wird es sich in Wahrheit eher um einen Konzentrationsprozess handeln. In den weniger entwickelten E-Commerce-Märkten lassen sich Marktanteile noch vergleichsweise leicht über eine aggressive Wachstumsstrategie gewinnen. Übernahmen sind dort deswegen (noch) nicht nötig. In den ausdifferenzierten Märkten, zum Beispiel der Computer- und Unterhaltungselektronikbranche, lohnen sich Übernahmen dagegen kaum. So ist eine Unternehmensbewertung über den Umsatz selten sinnvoll, weil die meisten Kunden in diesen Segmenten zu einem Großteil über Preissuchmaschinen gewonnen werden und deswegen höchst volatil sind. Insofern werden Online-Händler, die in den kommenden Jahren aufgeben müssen, nicht verkauft werden, sondern verschwinden wahrscheinlich ganz einfach vom Markt (iBusiness 2014c).

Was nun Online-Händler tun können, um den skizzierten Gefahren zu begegnen, ist Gegenstand der folgenden Kapitel. Zunächst geht es darum, das Geschäftsmodell des Online-Handels zu verstehen (Kap. 2 und 3). Dieses bildet die Basis zur Entwicklung von Kanalexzellenz, die wiederum als wesentliche Voraussetzung für das Bestehen im Wettbewerb angesehen werden muss (Kap. 4). Internationale Erfolgsbeispiele aus dem Online-Handel verdeutlichen, wie Erfolgsfaktoren zukunftsfähig umgesetzt werden können (Kap. 5).

2 Geschäftsmodell des Online-Handels

Zusammenfassung

Die Kundenzentriertheit muss Basis für das Geschäftsmodell eines jeden Online-Händlers sein. Losgelöst von der funktional orientierten Marketinglehre rücken Leidenschaft und Glaubwürdigkeit der gesamten Unternehmensführung und ein bedingungslos am Kundenwunsch ausgerichtetes Unternehmen in das Zentrum der geschäftlichen Aktivitäten. Diese Art der „neuen Kundenorientierung" durchdringt das komplette Geschäftssystem des Unternehmens und gibt Mitarbeitern zugleich einen Orientierungsrahmen für ihre täglichen Entscheidungen vor.

2.1 Grundlagen des Online-Handels

Bei genauer Betrachtung der Entwicklung des E-Commerce lassen sich bis heute sechs unterschiedliche Phasen identifizieren, in denen das Geschäftsmodell des Online-Handels evolutionsartig weiterentwickelt wurde und von denen die letzten drei Phasen andauern und sich überlagern (Heinemann 2013a; BV Capital 2011). In der Anfangsphase von 1993 bis 1999 wurde eine Reihe einfacher Konzepte gelauncht und in Traffic investiert. Dieser Lernphase folgte von 1999 bis 2005 das Zeitalter der Shopping-Vergleiche, in dem auch zahlreiche Preisvergleichsseiten gegründet wurden. Seit 2005 dauert die Phase der Shop-Optimierung an, in der die Websites auf Perfektion getrimmt werden. Zusätzlich tat sich seit 2008 die Zeit der Mitgliederseiten auf, in der die Shopping-Clubs gegründet und die meisten der Web-2.0-Funktionalitäten installiert wurden. 2010 startete die Mobile-Phase, die die Online-Shops in das mobile Internet katapultierte und jetzt erst die Penetration des Responsive Designs in Gang kommen lässt. Die letzte und jetzt durchstartende Phase ist durch das Omnichanneling bzw. die Vernetzung des Online-Handels mit anderen Verkaufskanälen zu sehen.

G. Heinemann, *Der neue Online-Handel,* DOI 10.1007/978-3-658-15384-7_2

- **Start-/Anfangsphase 1993–1999:** In dieser Phase wurden die meisten der heutigen Top-10 E-Commerce-**Plattformen** wie u. a. Amazon, eBay und Toys R'us gegründet. Sie war geprägt durch „Trial & Error", zahlreiche Launches, Akquirieren von Traffic sowie Aufbau von Know-how und Ressourcen. Neben dem Online-Handelspionier Amazon feierte auch der E-Marketplace-Pionier eBay seinen 20. Geburtstag in 2015.
- **Phase der Vergleichsportale/Suchmaschinen 1999–2005:** Der Beginn von „Search & Browse" mit der Gründung von Suchmaschinen und offenen Marktplätzen ist eng verbunden mit Namen wie Expedia, PriceGrobbler oder Shopping.com. Der Start der Produktsuchen, Produktrankings und -filter sowie der **Bewertungen** und Kundenbeteiligungen fällt in diese Zeit. Deren „First-to-Market"-Pioniere Yahoo und Expedia mussten sich mittlerweile von ihren „Followern" Google und Booking.com überholen lassen, die besser in der Lage waren, den schnellen Wandel der Folgephasen zu adaptieren.
- **Phase der Optimierung und Skalierung 2005 bis heute:** Um 2005 begann das Zeitalter der **Professionalisierung** und Skalierung, maßgeblich geprägt durch neue Systemanbieter und Service-Provider. Namen wie ClickTale oder Loomia sind dieser Zeit zuzuordnen, in der die ersten Ramp-ups bzw. beschleunigten Auslandsexpansionen durchstarteten sowie größere Shop-Optimierungen mit deutlich verbesserter Usability und User Experience folgten.
- **Phase des Web 2.0 und der Mitgliedschaften 2008 bis heute:** In diese Zeit fällt im Grunde der Wechsel von starren **hin** zu bewegten Websites und damit der Beginn des neuen Online-Handels. Dieser zeichnet sich vor allem durch Communities und Mitgliedschaften aus, die von den Clubshops wie u. a. Vente Priveé oder Rulala aufgegriffen und in neue Geschäftsmodelle transformiert wurden.
- **Phase des Mobile Commerce 2010 bis heute:** Die Devise „Mobile First" von Eric Schmidt, Chairman von Google, kennzeichnet das Zeitalter des Mobile-Commerce. Vor allem die großen Anbieter wie Amazon und insbesondere eBay wenden seit Erfindung des Smartphones enorme Systeminvestitionen auf, um dieser vor allem von den Kunden getriebenen Entwicklung Rechnung zu tragen. Mobile optimierte Websites gelten mittlerweile als Standard, obwohl dieses erst von rund 50 Prozent der Online-**Händler** in Deutschland erkannt wurde (Heinemann und Gaiser 2016; Heinemann 2014).
- **Phase des Omnichanneling 2013 bis heute:** Mobiles Internet und Smartphones prägen das Shopping von heute. In Kombination mit Social Media führen sie zu einer neuen Art der Interaktion und revolutionieren das Einkaufsverhalten, indem Nutzer zunehmend Informationen zu ihrem Aufenthaltsort und zu lokalen Angeboten teilen. Dabei findet die soziale Mediennutzung immer mehr im Zusammenspiel mit Lokalisierung und Location-based Services sowie mobiler Internet-Nutzung statt. Die parallele Nutzung aller Informations- und Einkaufskanäle, das Omnichanneling, wird vor allem von stationären Händlern im englischsprachigen Raum wie zum Beispiel Tesco, John Lewis oder WalMart in neuen No-Line-Handelsformaten umgesetzt und nötigt Pure Online Plays dazu, auch über Offline-Strategien nachzudenken (Wiwo 2014; Heinemann 2013a; Schramm-Klein 2016).

Den Online-Handel der neuen Generation kennzeichnen die letzten vier Phasen, die im Grunde eine permanente und evolutionäre Optimierung des Online-Shops unter Berücksichtigung aller Evolutionsstufen des E-Commerce darstellen. Die vielen Shops, die sich seit 2005 nicht gewandelt haben, müssen ganz klar als veraltet und ohne Zukunftschancen angesehen werden. Anders als im stationären Handel, wo eine Geschäftsausstattung mindestens fünf und in der Regel eher mehr als sieben Jahre unverändert genutzt wird, bevor die „Store Erosion" eine Rundumerneuerung erfordert (Heinemann 1989), sind im Online-Handel sowohl der Shop-Auftritt als auch die Shop-Funktionalitäten permanent zu verbessern. Dies erfordert allerdings auch eine flexible Systemlösung, die meist nur über eine moderne Middleware abbildbar ist (Heinemann 2013a). Nichts ist schlimmer im E-Commerce als ein über mehrere Jahre unveränderter und damit schnell veralteter Shop-Auftritt. Nur durch „ständiges Dranbleiben" kann die erforderliche Faszination vermittelt werden, die inzwischen nicht mehr ein rein „stationäres" Thema ist: Einprägsame und interaktive Erlebnisse werden den Kunden heutzutage vor allem im E-Commerce und anknüpfenden Communities geboten. Neben der Gründung einer eigenen Internet-Gemeinschaft, in der die Kunden ihr Konsumerlebnis teilen können, rückt dabei zunehmend auch die Nutzung externer Internet-Gemeinschaften für Markforschung, Werbezwecke und Kundenakquisition in den Fokus. Die freiwillige und aktive Einbeziehung der Kunden in den Verkaufsprozess, beispielsweise in Form von Rückmeldungen an den Verkäufer, Empfehlungen an andere Interessenten und öffentliche Produktbewertungen, sowie auch die Bildung sozialer Gemeinschaften und sozialer Interaktionen im Internet stellt zweifelsohne die hohe Schule des „Online-Marketing der neuen Generation" dar. Das kennzeichnet die seit 2008 eingesetzte und noch lange nicht beendete Web-2.0-Phase. Diese ist nicht mehr vereinbar mit starren Websites oder ausschließlichen Desktop-Formaten. Derartige Auftritte sind heutzutage eher imageschädigend und sollten im Zweifel beendet als unverändert fortgeführt werden.

Welche neue Phase sich in den nächsten Jahren auftut und den Online-Handel dann prägen wird, hängt sicherlich von den skizzierten Trends ab. Da diese vorrangig technologiegetrieben sind, kommt den technischen Grundlagen des Online-Handels große Bedeutung zu (Kollmann 2013). Zunehmend deutet sich an, dass in Verbindung mit der mobilen Internetnutzung das Thema App-Commerce herausragende Bedeutung erlangt (Presseportal Stylefruits 2016).

2.1.1 Technische Grundlagen des Online-Handels

Die exponentiell steigende Rechnerleistung bei gleichzeitig sinkenden Hardware-Preisen und zunehmender Miniaturisierung der Hardware unterstützt den Internet-Boom, da die Informationsübertragung auf diese Weise mobil und ohne zeitliche und räumliche Beschränkungen vollzogen werden kann (Kollmann 2014, 2013). Dazu tragen auch zunehmende Speicherkapazitäten der verwendeten Speicherchips, immer schnellere und leistungsfähigere Prozessoren sowie steigende Taktfrequenzen dieser Prozessoren bei, da sie die weitere Digitalisierung fördern und einen größeren Datentransfer ermöglichen. In Abb. 2.1 sind die technischen Schlüsselfaktoren des Internet-Wachstums dargestellt (Kollmann 2013; Rayport und Jaworski 2002, S. 52). Die Standards basieren auf dem Hypertext Transfer Protocol (http) und der Seitenbeschreibungssprache HTML (Hypertext Markup Language), mit denen es gelungen ist, trotz der anfangs stark limitierten Bandbreite des Internet grafische Oberflächen (Browser) mit einfacher Steuerung durch Mausklick sowie multimedialen Inhalten anzubieten. Standards und Browser in Verbindung mit verbesserter Netzqualität sind die wesentlichen technischen Säulen des Internet-Wachstums, wobei das Internet seine große Bedeutung ohne Frage der Entwicklung des World Wide Web (WWW) verdankt, dessen globale Nutzung jedoch ohne Standards (TCP/IP) nicht möglich wäre. Diese setzen wiederum eine weltweite Einigung (W3C) voraus. Der Durchbruch der Browser-Technologie in Verbindung mit schnellen Datennetzen ermöglicht dabei Geschwindigkeit, unkomplizierten Download sowie Plattformunabhängigkeit. Basierend auf den einheitlichen Standards konnte die Einfachheit für den Abruf und die Einstellung von Inhalten bei zugleich hohem Komfort durch Maussteuerung realisiert werden. In Hinblick auf den Content ist dabei die Entwicklung der Browser sowie die Multimediafähigkeit und technische Offenheit von zentraler Bedeutung für das Internet-Wachstum. Die Content-Nutzung setzt einfachen Zugang, Wegfall von spezifischen Kosten sowie Konvertierbarkeit voraus.

Das Mobile Commerce (M-Commerce) stellt eine Verschmelzung von Internet und Mobilfunk dar. Während die Geräte immer stärker den PCs ähneln und als Smartphone eine Art „multifunktionaler Miniatur-PC mit Telefonie" darstellen, unterscheiden sich die

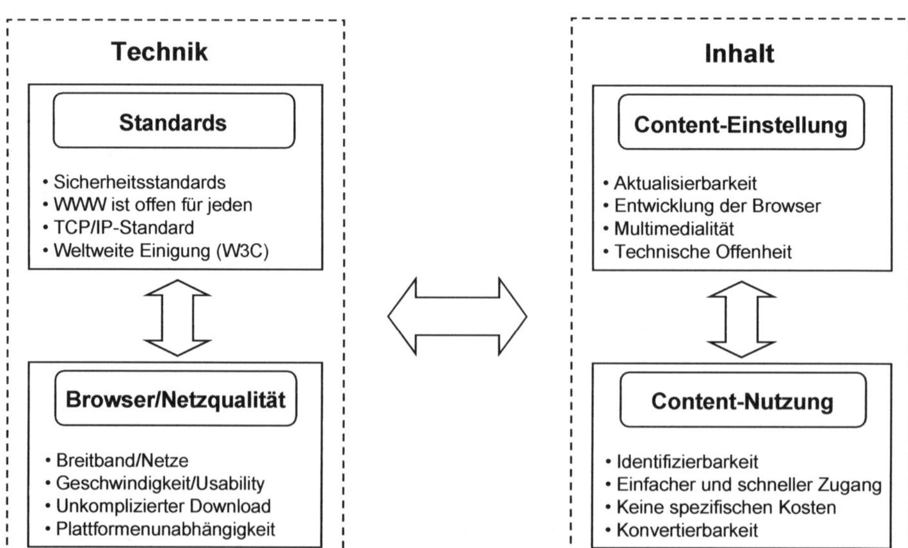

Abb. 2.1 Schlüsselfaktoren des Internet-Wachstums. (Quelle: In Anlehnung an Kollmann 2013; Rayport und Jaworski 2002, S. 52)

Übertragungswege. So stand bisher mit dem UMTS (Universal Mobile Telecommunication System) in Europa ein Mobilfunkstandard bereit, der sich in seiner Leistungsfähigkeit der Breitbandübertragung zunehmend angenähert hat. Man spricht diesbezüglich von der dritten Mobilfunkgeneration (G3). Diese wird bereits kurzfristig von der nächsten Generation abgelöst werden, der sogenannten LTE-Technologie (Long Term Evolution). Derzeit bauen die Mobilfunker ihre LTE-Netze vor allem schwerpunktmäßig in den ländlichen Regionen auf. Das erfolgt auf Basis langwelliger Frequenzen, die in der Vergangenheit von Rundfunksendern genutzt wurden und wegen der Umstellung auf digitale Technologien nicht mehr benötigt werden. Beim Aufbau derartiger Netze müssen also weniger Funkstationen errichtet werden. So plante die Telekom bis Ende 2011 den Aufbau von rund 2.500 LTE-Basisstationen. Dabei soll sich in Deutschland die Geschwindigkeit auf 42 Megabit pro Sekunde verdoppeln. Die UMTS-Nachfolgetechnologie wird in Deutschland im Gegensatz zu 3G für die UMTS-Technik HSPA + offiziell mit 4G bezeichnet.

Allerdings entspricht nach der offiziellen Definition der Internationalen Fernmeldeunion das heutige LTE nicht den 4G-Standards und muss somit eigentlich noch als 3G gelten. Sicherlich ist es aber nur noch eine Frage der Zeit, bis diese Standards erfüllt sind. Hinsichtlich der technischen Schlüsselfaktoren des Internet-Wachstums gilt mittlerweile auch die Netzinfrastruktur als zentraler Aspekt. Dementsprechend wurden in Abb. 2.1 auch ergänzend zum Browser die Netze und dabei explizit Vernetzung/Breitband ergänzt. Diesbezüglich bleibt in Deutschland die mangelnde Verfügbarkeit schneller DSL-Verbindungen ein Dauerthema in der Diskussion. Vor allem in dünn besiedelten Gebieten, aber auch in ungünstig gelegenen Vororten großer Städte, steht häufig keine oder nur langsame DSL-Technologie zur Verfügung. Dadurch sind immer noch viele Privathaushalte, Firmen und Behörden gezwungen, ihre Rechner an langsame analoge Modems oder unwesentlich schnellere ISDN-Leitungen anzuschließen (Heinemann 2012b). Selbst im Jahre 2014 haben immer noch drei Viertel aller großen Betriebe in Deutschland keinen Breitbandzugang ins Internet. Dementsprechend leben in Deutschland ISDN- und Analogverbindungen weiter. Im europäischen Vergleich und vor allem gegenüber Dänemark gilt Deutschland auf diesem Gebiet deswegen als rückständig (FAZ 2014c). Hier liegen noch große Potenziale brach. Allerdings gibt es auch bei den DSL-Anschlüssen der privaten Haushalte weiterhin Probleme. Viele DSL-Internet-Anschlüsse sind nicht annähernd so schnell, wie vom Anbieter versprochen wurde. Es ist aber davon auszugehen, dass die technischen Probleme in nicht allzu ferner Zukunft behoben werden, zumal die Durchdringungsrate weiter fortschreitet. In Abb. 2.2 ist die Anzahl der DSL-Anschlüsse und deren Entwicklung in Deutschland dargestellt (Stand 1. Quartal 2015). Demnach kommt Deutschland per Ende des ersten Quartals 2015 auf 29,8 Mio. Anschlüsse und damit rund 49 % Penetration.

Bis Ende 2015 dürften damit nur maximal 52 % DSL-Penetration realisierbar sein, was angesichts der schnell fortschreitenden Vernetzung anderer Länder nicht nur einen großen Wettbewerbsnachteil, sondern auch schon fast einen Skandal bedeutet. Hier schieben sich Bund, Länder, Gemeinden und Netzbetreiber seit Jahren den Schwarzen Peter zu, obwohl es mit rund fünf Milliarden Euro vergleichsweise preiswert wäre, die Anschlussquote auf 75 % zu heben (FAZ 2013c). Weitere sieben Milliarden Euro wären

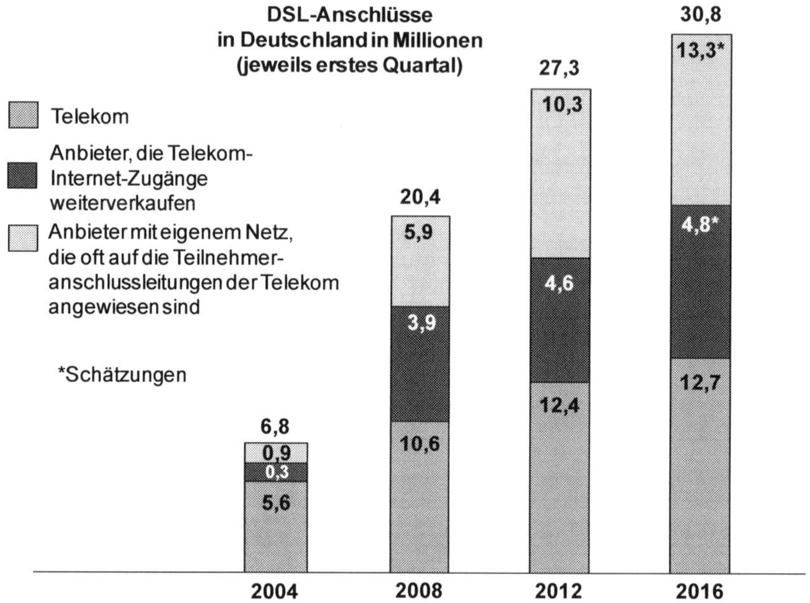

Abb. 2.2 DSL-Anschlüsse in Deutschland per 2016. (Quelle: Auf Basis DSL-WEB -Marktreport 2015)

notwendig, um 95 % der Haushalte einen Zugang zum schnellen Internet zu verschaffen. Die letzten fünf Prozent würden mit noch einmal acht Milliarden Euro relativ teuer, da es sich dann um dünn besiedelte Gebiete mit größeren Distanzen handelt. Um auf 100 % zu kommen, wären zusammen also nur rund 20 Mrd. Investitionen erforderlich, die in keinem Verhältnis zu den damit realisierbaren Wachstumseffekten stehen dürften (Plusminus 2014a, b; FAZ 2013c).

Technisch gesehen kann heute jeder Rechner weltweit mit jedem anderen Rechner verbunden werden. Der Datenaustausch erfolgt über die technologisch normierten Datenprotokolle, wodurch Browser und Server unterschiedlicher Rechner eine gemeinsame Sprache sprechen. Dabei hat die kostenlose elektronische Post die jederzeitige und schnelle Kommunikation auch auf globaler Ebene möglich gemacht. Deutschland hat den Vorteil, dass es mit dem Telefonnetz schon lange vor dem Internet eine ausgebaute Infrastruktur gab, auf der moderne Online-Zugänge aufsetzen konnten. Allerdings verlagern sich E-Mails und Datentransfers zunehmend auf Handys und damit Mobilfunknetze.

2.1.2 Aktuelle Rahmenbedingungen des Online-Handels

In der digitalen Welt hat Deutschland eindeutig noch Luft nach oben. Im Vergleich zu den 10 führenden Nationen auf diesem Gebiet liegt Deutschland als Standort für die Informations- und Kommunikationstechnik auf Platz sechs, vor Finnland und Frankreich.

An der Spitze stehen unangefochten die USA, Südkorea, Japan, Großbritannien und seit letztem Jahr China. In Hinblick auf die digitale Infrastruktur kommt Deutschland angeblich sogar auf Platz vier hinter Südkorea, Frankreich und Großbritannien (Monitoring Report 2015). Investitionen in die Informations- und Kommunikationstechnik sorgen hierzulande für eine Bruttowertschöpfung von 93 Mrd. Euro. Damit trägt die IKT-Branche 4,6 % zur gewerblichen Wertschöpfung bei und hat in 2015 rund 221 Mrd. Euro erzielt (Monitoring Report 2015). Der „Monitoring-Report", aus dem diese Ergebnisse hervorgehen und den das Wirtschaftsministerium zusammen mit TNS Infratest herausbringt, ist jedoch mit Vorsicht zu genießen. Er subsummiert die Internet-Wirtschaft unter die IT-lastige Kommunikations- und Informationstechnologie und setzt damit den Schwerpunkt auf Unternehmen wie die Telekom oder SAP, nicht jedoch auf Online-Händler, die aus Sicht des Wirtschaftsministeriums als anwendungsorientiert in Hinblick auf Technik gelten und damit eher durchs Raster fallen. Deswegen wird auch nicht die internet-spezifische Netzinfrastruktur explizit, sondern im Gesamtzusammenhang aller Netze und dabei zum Beispiel zusammen mit den Stromnetzen betrachtet. Diese Zusammenfassung schönt im Vergleich zu anderen Ländern das Bild, da in die Bewertung der Netzinfrastruktur auch Stromausfälle und dergleichen einfließen. Damit wird allerdings die Lage der eigentlich als desolat anzusehenden DSL- und vor allem Breitbandinfrastruktur in Deutschland vernebelt. In einem entsprechend krassen Gegensatz steht der letzte Infrastrukturvergleich der Organisation für wirtschaftliche Zusammenarbeit und Entwicklung (OECD). Laut OECD, die im Juli 2015 in ihrer letzten Breitbandstatistik neue Zahlen zur Verbreitung des schnellen Internets in ihren 34 Mitgliedsstaaten vorgelegt hat, hinkt Deutschland bei mobilem Breitband und Glasfaser ganz weit abgeschlagen hinterher. Lediglich bei DSL und Kabel, also eher den Internet-Verbindungen der Vergangenheit, steht Deutschland noch durchschnittlich dar. Während in den OECD-Ländern die Durchschnittsdurchdringung bei rund 28,8 % liegt, kommt Deutschland mit den gut 30 Mio. Festnetzbreitbandkunden auf eine Quote von 36,6 % und liegt damit auf Platz neun. Die Schweiz, Dänemark und die Niederlande liegen hier mit Werten zwischen 41,2 und 50,5 % vorne.

In der Mobilfunk- und Glasfaserverbreitung, also den Netzen der Zukunft, sieht die Situation jedoch dramatisch anders aus. So kommt Deutschland bei der breitbandigen Mobilfunkversorgung nur auf den 23. von 34 Plätzen. Und das trotz der in den Berichten der Ministerien hochgelobten und angeblich hohen LTE-Verfügbarkeit. Damit reiht sich unser angeblich so hoch entwickeltes Land in die Schlusslichterländer Slowenien, Portugal, Mexiko oder Griechenland mit ein und hat wieder ein Jahr verschlafen. Per Juli 2015 surften hierzulande rund 65,4 % der Smartphone- und Tablet-Besitzer breitbandig durchs mobile Netz. Die durchschnittliche Durchdringung in den OECD-Staaten liegt jedoch schon bei 85,5 %. Auf eine mobile Breitbandpenetration von sogar über 100 % kommen die Länder Finnland, Australien, Japan, Schweden, Dänemark, Korea und die USA, weil Nutzer dort häufig mit mehreren Mobilgeräten im Internet unterwegs sind (OECD 2016; Heise 2014). Darüber hinaus ist die Qualität des mobilen Breitbandnetzes in Deutschland mit nicht einmal 6 MBit/s Übertragungsrate relativ schlecht (Global Digital Report 2016).

Noch düsterer sieht allerdings der Ländervergleich für Deutschland bei den Glasfaseranschlüssen aus. Wie in Abb. 2.3 dargestellt, haben erst 1,3 % aller Breitbandkunden hierzulande einen solchen Anschluss, obwohl die Breitbandnetzinfrastruktur als der Schlüsselfaktor schlechthin für den digitalen Fortschritt gilt. Im Vorjahr lag der Wert bei 1,2 % und hat sich insofern nur marginal verändert. Bei Glasfaser liegt die durchschnittliche Durchdringung der OECD-Länder dagegen bei 17,9 %. In Japan und Korea machen die Glasfaserverbindungen bereits über 72,6 bzw. 69,4 % der Breitbandanschlüsse im Festnetz aus. Führend in Europa ist Schweden mit 46 % Durchdringung (OECD 2016).

In Deutschland wird offensichtlich die Macht des Internet für die wirtschaftliche Entwicklung unterbewertet. Hier hat die Internet-Wirtschaft in den letzten vier Jahren geschätzt rund ein Viertel zum BIP-Wachstum beigesteuert. Wie kann es aber trotz dieser enormen Wachstumsdynamik sein, dass die fast 100 Mrd. € der letzten drei Konjunkturprogramme nicht für den Ausbau der desolaten Netzinfrastruktur in Deutschland und damit für echte Wachstumsbeschleunigung genutzt wurden? Das wohl größte Problem dürfte hierzulande sein, dass Politik und Verbände die Situation schönreden, Zahlen stets

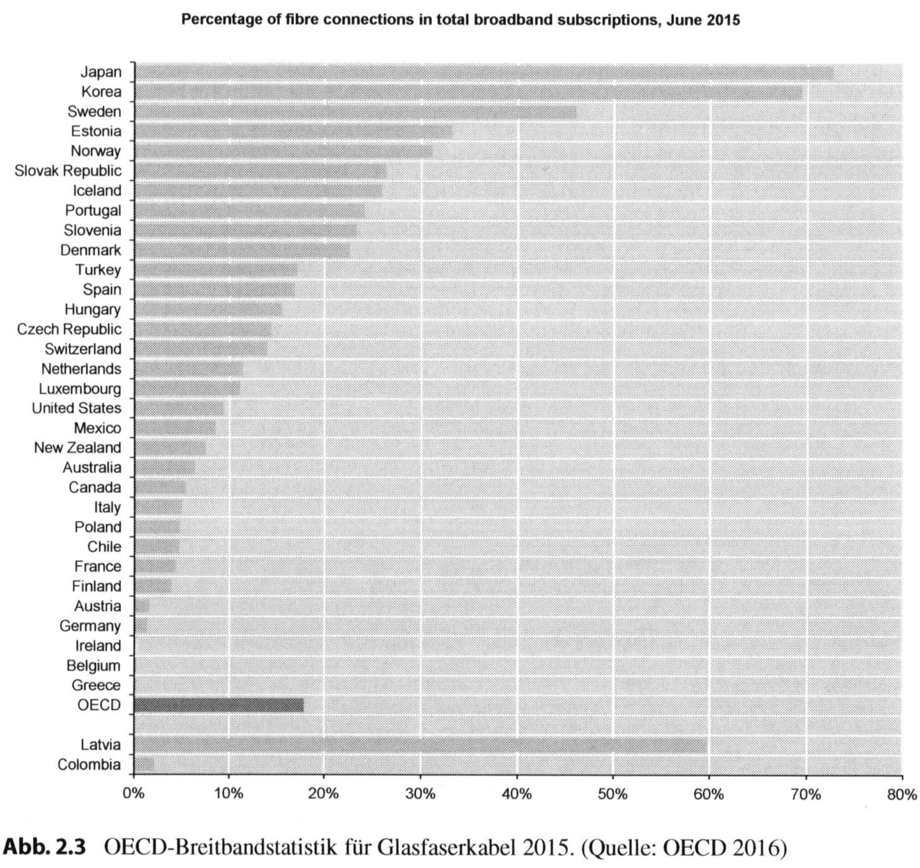

Abb. 2.3 OECD-Breitbandstatistik für Glasfaserkabel 2015. (Quelle: OECD 2016)

höher ausweisen und gerne den Zusatz „bis zu" nutzen. So haben viele Bürger zwar „bis zu" 50 MBit/s Übertragungsrate, der Bundesdurchschnitt liegt allerdings bei rund 11,8 MBit/s (Global Digital Report 2016). Für den Rest der Republik gilt die Devise: „DSL – Dörfer surfen langsam". Statt jetzt jedoch beherzt vorzugehen, überlässt die Politik das Feld den Mobilfunkbetreibern, die ihre bestehenden Netze mit LTE „aufmotzen", jedoch den großen Funklochflickenteppich damit nicht stopfen. Die Frage lautet: „Breitbandanschluss für jeden mit LTE?" Das bleibt vor allem für die bisher betroffenen „Bauern-DSL-Surfer" ein Traum. Selbst das bescheidene Ziel der Bundesregierung, flächendeckend für alle Bundesbürger ein MBit/s bereitzustellen, ist noch längst nicht realisiert (Plusminus 2014a, b). So sprechen mindestens fünf harte Gründe dafür, dass die Zuwachsraten im Online-Handel auch weiter zunehmen werden und Deutschland spätestens jetzt zu einer digitalen Aufholjagd ansetzen muss:

- Erstens ist die Netzinfrastruktur noch im Aufbau und wird mit jeder Erhöhung der derzeit kaum über 60 % liegenden Penetration mit schnellem Internet beflügelt werden.
- Zweitens beginnen erst jetzt die großen Filialketten damit, ihren Online-Kanal auf Web-Exzellenz zu trimmen bzw. zu professionalisieren oder überhaupt online zu gehen. Sie werden damit das Online-Angebot in den nächsten Jahren erheblich ausweiten. So hatten stationäre Multichannel-Händler in 2015 mit die höchsten Zuwachsraten (bevh 2016).
- Drittens sind in Deutschland nur 58,8 von 70,2 Mio. Erwachsenen regelmäßige Internetnutzer. Allerdings werden die 11,2 Mio. Deutschen, die das Internet nicht oder kaum nutzen, zunehmend durch den „Tsunami der Digital Natives" verdrängt werden.
- Viertens beflügelt der sich abzeichnende Mobile-Boom den Online-Handel, da durch die bedienungsleichten Smartphones viele der bisherigen Internet-Analphabeten an das Internet herangeführt oder Multichannel-Umsätze induziert werden.
- Und fünftens führt die zunehmende Interaktivität zu einem kontinuierlichen Abbau noch bestehender Barrieren im Online-Handel.

In den nächsten Jahren wird es damit für den Einzelhandel immer wichtiger, online und mobile präsent zu sein sowie dem sich durch die digitale Revolution ändernden Kaufverhalten Rechnung zu tragen.

2.1.3 Medienspezifische Besonderheiten des Online-Handels

Die Art und Weise, wie Individuen in digitalen Datennetzen miteinander kommunizieren, verändert sich durch die besonderen Eigenschaften des Mediums Internet (Kollmann 2013). Zu ihnen gehören Virtualität, Multimedialität und Interaktivität.

In Abb. 2.4 wird das Medium Internet in den Kommunikationsprozess eingeordnet. Durch das Internet wird der Empfänger einer Botschaft auch (unmittelbar) zum Sender einer Botschaft. Dadurch werden die ursprünglichen Rollen der Kommunikationspartner

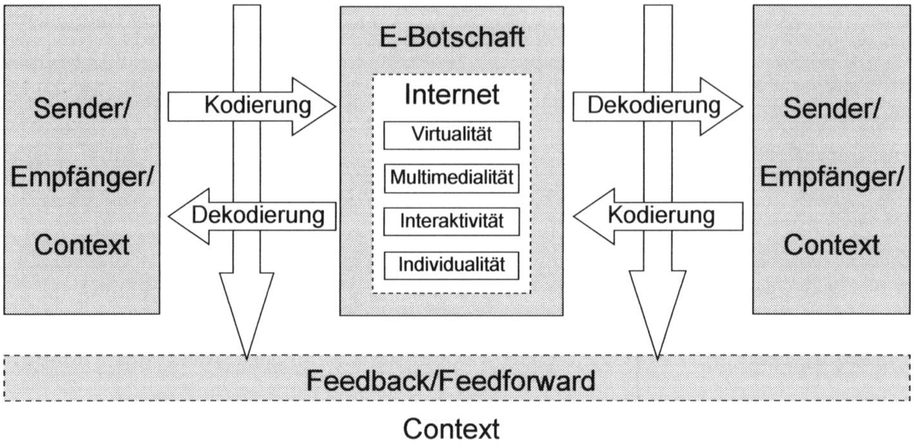

Abb. 2.4 Das Medium Internet im Kommunikationsprozess. (Quelle: In Anlehnung an Kollmann 2013)

zum Teil vermischt oder gar aufgehoben; die Sender-/Empfänger-Rolle wird simultan. Mit der Virtualität wird die Präsenz im Kommunikationsprozess überflüssig, wobei die Multimedialität durch Einbindung verschiedenster Medien und Kommunikationsmittel ganz neue Möglichkeiten der Informationsübermittlung eröffnet. Die Interaktivität erlaubt dabei eine gegenseitige Kommunikation und damit Förderung des Dialogs zwischen einzelnen Handelspartnern. Die Virtualität ergibt sich aus dem Umgang mit digitalen Informationen, die nicht real sind und sich aus einem Verbund von Datenströmen und Informationskanälen zusammensetzen. Die digitalen Informationen können sich sowohl auf digitalisierte Leistungen (zum Beispiel Rechte, Downloads etc.) als auch auf reale Güter beziehen (physische Welt). Neben die physische Welt tritt aber in jedem Fall komplementär eine virtuelle Geschäftswelt, die durch vernetzte Informationen und Kommunikationswege gekennzeichnet ist. Beide Ebenen ergänzen sich (zum Beispiel Bestellung realer Produkte über das Internet), können jedoch auch separat funktionieren (zum Beispiel kostenpflichtiger Download von Software im Internet). Die Virtualität der Handelsebene ermöglicht eine Loslösung von Raum und Zeit. Anbieter und Käufer können jederzeit und von überall auf das Netz zugreifen und müssen nicht zeitgleich online sein, da der Informationsaustausch über Datenbanken erfolgt. Damit wird das Internet zu einem ubiquitären Medium (anytime/anyplace). Während aber die Produkte über das Internet weltweit „anytime" und „anyplace" verkauft werden können, muss die physische Lieferung außerhalb der elektronischen Ebene erfolgen. Zur Ausgestaltung des virtuellen Kontaktes stehen zahlreiche Medienformen zur Verfügung (zum Beispiel Bild, Video, Ton, Text etc.), die nach Belieben kombiniert und somit multimedial genutzt werden können. Dadurch wird es möglich, dem Kommunikationspartner auch komplexe Inhalte zugänglich zu machen. Dabei erfolgt der Informationsaustausch auf einer verständlichen und leicht zugänglichen Ebene. Zugleich wird die elektronische Handelsebene einer breiten Konsumentenschicht angeboten. Außerdem werden die Inhalte der digitalen Informationen durch die multimediale Darstellung besser wahrnehmbar, attraktiver sowie nutzbarer gemacht. Dies ist auch der wesentliche Grund dafür, dass sich das Internet zu einem Massenmedium entwickeln konnte. Vor allem Musikanbieter wie zum Beispiel musicload.com nutzen die multimediale Darstellung, bei der zu einem Musikstück sowohl das Bild in Form des Plattencovers, ein Text zur Beschreibung des Musiktitels, der Ton als Hörprobe sowie bewegte Bilder in Form von Videoausschnitten angeboten werden (Kollmann 2013).

Ein entscheidendes Merkmal des Online-Handels ist die aktive Komponente für den Informationsaustausch, da sich die Teilnehmer individuell ins digitale Datennetz einwählen müssen (zum Beispiel IP-Adresse). Der Grad der Interaktivität bzw. „wechselseitigen Kommunikation" ergibt sich jeweils aus den von der Software abhängigen Interaktionsmöglichkeiten. Dabei kommt es aber in jedem Fall zu einer aktiven Einzeltransaktion, die sich vollkommen von der passiven Massentransaktion unterscheidet. So werden Informationen nicht nur von einem zum anderen Marktteilnehmer verteilt („one way"), sondern die Teilnehmer müssen sich die Informationen auch selbst beschaffen („two way"). Im Gegensatz zu den klassischen Kommunikations- und Handelsformen, bei denen der Kunde ohne aktiven Schritt mehr oder weniger ununterbrochen mit Reizen konfrontiert wird, muss beim Internet der Kunde den ersten Schritt tun, sich zuallererst einwählen und die Website eines Händlers öffnen. Dadurch erlangt die Kundengewinnung und Kundenbindung, also das Customer Relationship Management (CRM), im Rahmen des Online-Handels eine herausragende Bedeutung. Interaktive Kommunikation wird dabei auch zur Individualisierung und Personalisierung genutzt (One-to-One-Marketing).

2.1.4 Kommerzielle Grundlagen des Online-Handels

Für die Abwicklung elektronischer Geschäftsprozesse können mit E-Procurement, E-Shop sowie E-Marketplace drei Online-Plattformen unterschieden werden (Kollmann 2013). Während sich das E-Procurement auf den elektronischen Einkauf von Produkten bzw. Dienstleistungen bezieht, stehen E-Shop und E-Marketplace für elektronischen Verkauf bzw. Handel und sind damit die für den Online-Handel relevanten Plattformen. Wie in Kap. 1 bereits erwähnt, wird in diesem Buch vorrangig das Geschäftsmodell „Business-to-Consumer" (B2C) und damit der Einzelhandel betrachtet (vgl. S. 2 ff.). Die „Gretchenfrage" in diesem Zusammenhang lautet: „Wie können Umsätze erzielt werden?" Dazu ist es erforderlich, die grundsätzlichen Optionen elektronischer Geschäftskonzepte darzustellen und zu erläutern. Diese beschreiben den Austausch einer angebotenen Leistung im Rahmen des Online-Handels hinsichtlich des Inhalts und der dabei zum Tragen kommenden Vergütung. Mit E-Content, E-Commerce, E-Context und E-Connection können grundsätzlich vier idealtypische Geschäftskonzeptoptionen unterschieden werden (Kollmann 2013). Einen Überblick über die beschriebenen E-Geschäftskonzepte gibt Abb. 2.5:

	E-Content	E-Commerce	E-Context	E-Connection
Definition	Sammlung, Selektion, Systematisierung, Kompilierung und Bereitstellung von Inhalten über Internet	Anbahnung, Aushandlung und/oder Abwicklung von Geschäftstransaktionen über Internet	Klassifikation, Systematisierung und Zusammenführung von verfügbaren Informationen im Internet	Herstellung der Möglichkeit eines Informationsaustausches im Internet
Ziel	Bereitstellung von konsumentenorientierten, personalisierten Inhalten über Internet	Ergänzung bzw. Substitution traditioneller Transaktionsphasen über Internet	Komplexitätsreduktion und Bereitstellung von Navigationshilfen und Matching-Funktionen über Internet	Schaffung von technologischen, kommerziellen oder rein kommunikativen Verbindungen im Internet
Erlösmodell	Direkte (Premium-inhalte) und indirekte Erlösmodelle (Werbung)	Transaktionsabhängige direkte und indirekte Erlösmodelle	Direkte (Inhalts-aufnahme) und indirekte Erlösmodelle (Werbung)	Direkte (Objekt-aufnahme/Verbindungs-gebühr) und indirekte Erlösmodelle (Werbung)
Plattformen	E-Shop, E-Community, E-Company	E-Shop, E-Procurement, E-Marketplace	E-Community, E-Marketplace	E-Marketplace, E-Company E-Community
Beispiel	genios.de, sueddeutsche.de, manager-magazin.de guenstiger.de	hutshopping.de, amazon.com, buch.de, gourmondo.de	google.de, yahoo.de, msn.de, ciao.com	immoscout24.de, travelchannel.de, t-online.de, web.de
Added Value	Überblick, Auswahl, Kooperation, Abwicklung	Überblick, Auswahl, Abwicklung	Überblick, Auswahl, Vermittlung, Austausch	Überblick, Auswahl, Vermittlung, Abwicklung, Austausch

Abb. 2.5 Geschäftskonzepte im Online-Handel. (Quelle: In Anlehnung an Kollmann 2014)

- Das Geschäftskonzept „**E-Content**" bezieht sich auf die Vermarktung von Inhalten auf einer eigenen Plattform innerhalb eines Netzwerkes. Dabei geht es primär darum, die Inhalte für den Nutzer einfach, bequem, visuell ansprechend und online zugänglich zu präsentieren bzw. zu handhaben. Die Inhalte können informierend, unterhaltend oder bildend sein, wobei die Erlöse bei diesem Konzept entweder direkt (zum Beispiel Verkauf von Inhalten) oder indirekt (zum Beispiel Werbung bei Inhaltspräsentation) erzielt werden können. Der Anbieter LZ-net.de, bei dem Fachartikel nur gegen **Nutzungsgebühr** gekauft werden können, erzielt zum Beispiel damit direkte Erlöse, wohingegen sämtliche Nachrichten auf t-online.de kostenlos sind und Einnahmen hier indirekt über Werbung generiert werden (zum Beispiel Banner).
- Im Geschäftskonzept „**E-Commerce**" findet sich der „echte" Online-Handel, denn hier geht es um die Anbahnung, Aushandlung und Abwicklung von geschäftlichen Transaktionen über Netzwerke. Die Transaktionsphasen unterscheiden sich grundsätzlich nicht von denen „traditioneller Anbieter" und werden in der Regel elektronisch unterstützt, ergänzt oder in einzelnen Phasen substituiert. Ziel dieses Konzeptes ist es, Kauf- und Geschäftsprozesse zu vereinfachen oder auch bequemer und schneller abzuwickeln. Erlöse werden hier überwiegend in direkter Art erzielt (echter Verkauf

von Produkten und Leistungen). Es können aber auch indirekte Einnahmen erzielt werden, zum Beispiel mit Werbung oder Werbekostenzuschüssen. Typische Vertreter dieses Geschäftskonzeptes sind zum Beispiel buch.de, Amazon oder das Reiseportal expedia.de. Beide kaufen Produkte und/oder Leistungen ein, um diese dann mit Margenaufschlag an ihre Kunden weiterzuverkaufen.

- Bei dem Geschäftskonzept „**E-Context**" stehen die Klassifizierung, Systematisierung und Zusammenführung von verfügbaren Informationen und Leistungen in Netzwerken im Vordergrund. Es geht darum, die Markttransparenz für den Kunden zu verbessern und seinen Suchaufwand zu reduzieren. Erlöse werden hier entweder direkt über Gebühren (für die Aufnahme und/oder Platzierung von Inhalten) oder auch indirekt erzielt (zum Beispiel über **Werbung**, Statistiken, Inhalte etc.). Suchmaschinenanbieter wie Google und Yahoo praktizieren dieses Geschäftskonzept, mit dem Netzinhalte gesucht und katalogisiert werden. Als Beispiel nennen lassen sich auch Web-Kataloge, die qualitative Bewertungen von Websites vornehmen.
- Das vierte Geschäftskonzept „**E-Connection**" organisiert die Interaktion von Akteuren in Datennetzen, was nicht nur auf kommerzieller, sondern auch auf kommunikativer oder technologischer Ebene erfolgen kann. Erlöse werden hier entweder direkt erzielt (zum Beispiel mit Objektaufnahme/-anbindung oder Verbindungsgebühren). Gängig sind aber auch indirekte Erlöse zum Beispiel über Werbung, Statistiken oder Cross Selling. Technologische Zusammenführung findet zum Beispiel bei t-online statt, da hier ein genereller Zugang zum Internet angeboten wird, wofür eine Verbindungsgebühr erhoben wird. Beispiele für eine kommerzielle Zusammenführung **sind** die Scout24-Plattformen wie zum Beispiel ImmobilienScout24.de, die Immobilienmakler zum Zwecke des Hausverkaufs mit einer Datenbankanbindung auf einen E-Markplatz bringen. Beispiel für eine kommunikative Zusammenführung sind soziale Netzwerke, Communities oder E-Mail-Serviceanbieter (zum Beispiel gmx.de).

2.1.5 Kaufverhaltensspezifische Grundlagen des Online-Handels

Zentrales Interesse eines jeden Kunden ist es, in seinem Kaufprozess ein Produkt zu finden, das seine Bedürfnisse optimal befriedigt (Gehrckens und Boersma 2013). Hilft ein traditioneller Händler dem Kunden dabei und bietet er diesem dazu noch einen akzeptablen Preis, dann hat dieser Händler gewöhnlich eine hohe Relevanz für den Kunden. Daraus leitete sich bisher die primäre Rolle des Handels für die Konsumenten ab. Im besten Fall war es dem Händler auch gelungen, damit den Nutzen seiner Kunden zu optimieren.

Dabei erfolgte die gesamte Wertschöpfung des Kaufentscheidungsprozesses bei ihm. Beschaffung, Vorauswahl und Beratung etc. wurden ihm dementsprechend honoriert. Der Handel musste sich die Erlöse mit niemandem teilen (Gehrckens und Boersma 2013). Der im stationären Handel gelernte klassische Kaufprozess sieht gewöhnlich vor, dass der Kunde zuerst einen Anbieter auswählt. Am Point of Sale entscheidet er sich dann für das Produkt, das seinen Bedürfnissen entspricht. Hierzu verschafft er sich einen

Überblick über die Produkte im Sortiment des Händlers, vergleicht die Produkte anhand von Produktinformationen und trifft schließlich eine Produktauswahl mit anschließendem Kauf. Somit hat der Kunde sich zuerst für einen oder mehrere Anbieter entschieden und sich dann vor Ort auf ein Produkt festgelegt. Charakteristisch für den klassischen Kaufprozess, der in Abb. 2.6 dargestellt ist, ist die Übereinstimmung von „Point of Decision“ und „Point of Sale“ (Gehrckens und Boersma 2013).

Die bisherige Ordnung des Kaufentscheidungsprozesses ist durch das Internet stark verändert worden. Zudem wurden die Wettbewerbsverhältnisse neu definiert. Einerseits eröffnet das Internet dem Kunden die Möglichkeit, sich beinahe jedes weltweit verfügbare Produkt relativ schnell und einfach beschaffen zu lassen. Andererseits findet der Kunde im „World Wide Web“ umfassende Informationen, die ihn bei der Suche nach dem richtigen Produkt unterstützen. Dabei wird der Entscheidungsprozess aufgrund detaillierter Produktinformationen, zusätzlicher Testberichte sowie dargestellter Produktbewertungen von anderen Kunden viel besser unterstützt als bei der traditionellen Beratung durch einen Händler (Gehrckens und Boersma 2013).

Der neue Kaufprozess

Nicht nur in rationaler Hinsicht, auch in Hinblick auf emotionale Kaufmotive kann sich der Kunde im Internet orientieren. So findet er innerhalb seiner Peer Group in sozialen Netzen stets auch Informationen über die Akzeptanz und Beliebtheit von Produkten. Dadurch erhält er Sicherheit bei der Kaufentscheidung. Zudem kann er mit dem Kauf eines Produkts Gruppenzugehörigkeit signalisieren und Social-Media-Instrumente zur Entscheidungsfindung nutzen. Dementsprechend entkoppelt sich der Kaufentscheidungsprozess durch das Internet, was analog zur Entkoppelung der Wertschöpfungsketten im Handel stattfindet. Dabei werden die Erlöse auf die einzelnen Wertschöpfungsstufen verteilt und nicht mehr in Gänze vom Händler vereinnahmt. Als Bedrohung für den Handel stellt sich heraus, dass das Internet die einzelnen Phasen im Kaufentscheidungsprozess verschiebt und sich damit der Point of Decision vom Point of Sale loslöst (Gehrckens und Boersma 2013). Dabei stellt sich der neue (Online-)Kaufprozess so dar, dass der Kunde im Internet zuerst ein Produkt auswählt, das seinen Bedürfnissen entspricht. Mithilfe von Preissuchmaschinen, Online-Marktplätzen, Social-Shopping-Diensten oder Communities verschafft er sich dazu einen Überblick über interessante Produkte. Danach vergleicht er

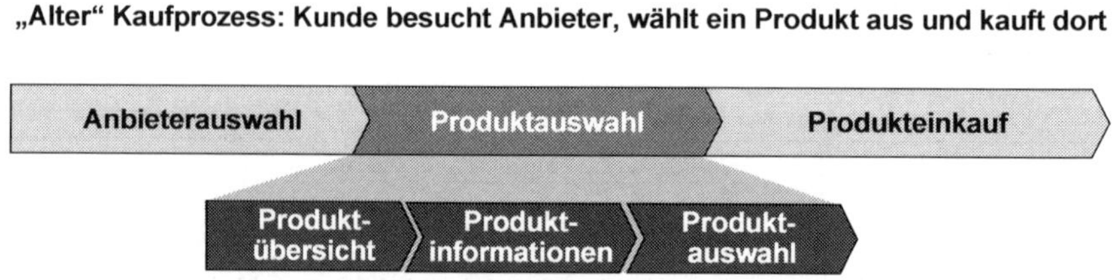

Abb. 2.6 Der klassische Kaufprozess. (Quelle: Gehrckens und Boersma 2013)

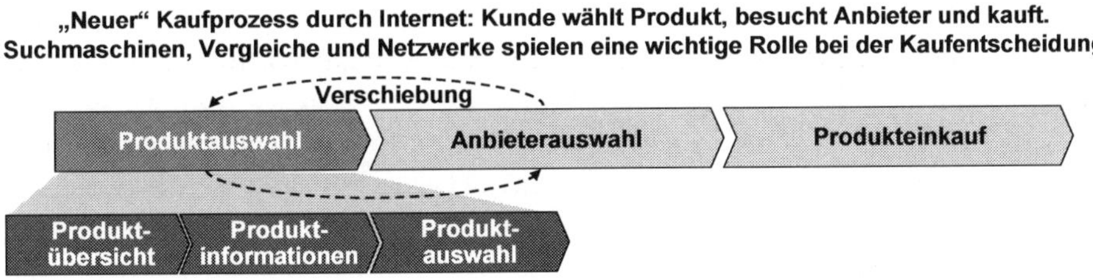

Abb. 2.7 Der neue Kaufprozess. (Quelle: Gehrckens und Boersma 2013)

die Produkte anhand von Produktinformationen zum Beispiel mithilfe von Herstellerseiten, Testberichten, Meinungsportalen oder sozialen Netzwerken und trifft dann eine Produktauswahl. Erst zum Schluss wählt der Kunde den aus seiner Sicht optimalen Anbieter aus, bei dem er kauft. Dabei entscheidet er meist preisorientiert und relativ losgelöst von Online- oder Offline-Kanälen. Dadurch verliert der einzelne Händler massiv an Bedeutung für die Kunden. Er wird im Extremfall nur noch als „Point of Sale“ wahrgenommen. Das liegt auch daran, dass im Internet die benötigten Informationen zur Produktauswahl in viel größerem Umfang vorhanden sind. So gewinnt der „Point of Decision“ stark an Bedeutung. Für den Kunden bietet das Auffinden der richtigen Information den größten Nutzen und wird damit zum wertvollsten Teil der Wertschöpfungskette (Gehrckens und Boersma 2013; Stracke 2005, S. 24 ff.). Dieser neue Kaufprozess ist in Abb. 2.7 dargestellt. Selbst wenn das Produkt nicht in einem Online-Shop gekauft wird, ist das Internet für die meisten seiner Nutzer das glaubwürdigste Medium im Zusammenhang mit Kaufentscheidungen. Untersuchungen zeigen, dass 97 % aller deutschen Haushalte mit Internet-Anschluss zunächst im Web recherchieren, bevor sie eine Kaufentscheidung treffen (Schneller 2008, S. 28).

Dabei stellen gut die Hälfte der Internet-Nutzer Preisvergleiche an, informieren sich auf Herstellerseiten, lesen Testberichte in Internet oder berücksichtigen Kommentare und Diskussionsbeiträge anderer Nutzer (Schneller 2008, S. 28). Mit der zunehmenden Verlagerung der Kommunikation ins Netz verschiebt sich auch die Relevanz einzelner Informationsquellen für den Internet-Nutzer: Mittlerweile zählen Bewertungen anderer Internet-Nutzer zu den vertrauenswürdigsten Quellen. Diese spielen insbesondere bei der Vorbereitung von Käufen eine große Rolle. Die Orientierung an der letzten Handlung des Kunden vor dem Einstieg in den Kaufprozess – in der Regel Googeln – darf insofern die sogenannte Customer Journey nicht ausblenden, die im Rahmen der Kundeninteraktion noch einmal aufgegriffen wird (IWB 2011c, S. 16; Heinemann 2014b).

2.2 Kundeninteraktion im Online-Handel

Bisher spricht der bevh – Bundesverband des Versandhandels – zusammenfassend vom interaktiven Handel, der den Online-Handel, Versandhandel sowie das Teleshopping umfasst (bevh 2016). Diese Definition deckt sich weitgehend mit dem Begriff des Distanzhandels

(Wegener 2008, S. 204; Riekhoff 2008). Beide Beschreibungen – interaktiver Handel sowie Distanzhandel – beinhalten den klassischen Katalogversandhandel und grenzen damit die Kundeninteraktion nicht auf die Internet-Technologie ein. Sie tragen demzufolge den innovativen Möglichkeiten und Formen der Kundeninteraktion nicht Rechnung und sind insofern zu unspezifisch. Deswegen werden im Folgenden die Besonderheiten internetbasierter Kundeninteraktion und deren Möglichkeiten differenziert aufgezeigt.

2.2.1 Besonderheiten internetbasierter Kundeninteraktion

Kundeninteraktion im Zusammenhang mit der Internet-Technologie wird von Reichwald und Piller (2009) als „interaktive Wertschöpfung" beschrieben. Sie stellt vor allem die Rolle externer Akteure in der Peripherie des Unternehmens für die Wertschöpfung heraus. Dabei kommt den Kunden bzw. Nutzern eines Produktes oder einer Leistung eine zentrale Rolle zu (Reichwald und Piller 2009). Diesbezüglich wird auch von „Prosumenten" gesprochen, also einer Kombination von Konsument und Produzent, die im Zeitalter des Internet immer komplexere Anforderungen an den Handel stellen (Bruhn und Heinemann 2013). Die Entwicklung vom Konsumenten zum Prosumenten ist erst durch die Internet-Technologie möglich geworden (Unterberg 2008, S. 203). Sie ermöglicht eine für die Interaktion notwendige Kundenintegration (Haug und Küper 2010).

Durch die internetbasierte Kundenintegration werden zukünftige Kundenanforderungen immer differenzierter und komplexer. Deswegen wird auf Dauer eine einzelne Organisation kaum noch in der Lage sein, diese komplett und vollumfänglich zu erfüllen (Heinemann und Schwarzl 2010). Handelsunternehmen sind immer mehr gezwungen, eine Art Agentenfunktion gegenüber ihren Kunden einzunehmen und dabei als Broker für eigene Produkte und Verkaufskanäle in Erscheinung zu treten. Das erinnert an Amazon und eBay, die diese Absatzmittlerfunktion heute schon mit ihren offenen Marktplätzen erfolgreich ausfüllen. Während Amazon Deutschland in 2015 rund 14 Mrd. € Handelsvolumen ohne Mehrwertsteuer gedreht haben dürfte, sind nach Expertenmeinung davon rund fünf Milliarden Euro dem Marktplatzgeschäft zuzurechnen. Demgegenüber kommt eBay auf über 11 Mrd. € Handelsvolumen, wovon rund 80 % mit Festpreisen im Marktplatzgeschäft erzielt werden (Die Welt 2013; eBay 2016). Amazon und eBay kommen damit zusammen auf mindestens zwölf Milliarden Euro im Marktplatzgeschäft, was insgesamt fast ein Drittel des deutschen Online-Handelsumsatzes entspricht. Nicht enthalten sind dabei die Marktplatzumsätze von Otto, Zalando, Dawanda oder Etsy, sodass der gesamte Marktplatzanteil noch höher liegen dürfte. Damit hat die Kundeninteraktion bereits herausragende Bedeutung erlangt, denn auch Marktplätze gelten als interaktive Betriebsform des Online-Handels (Linnhoff-Popien et al. 2015; Gehrckens und Boersma 2013; Heinemann 2014a).

Durch die skizzierte Entwicklung sehen sich immer mehr Einzelhändler herausgefordert, strategische Allianzen einzugehen, auch mit Unternehmen aus anderen Branchen, wenn diese die gleichen Kunden teilen. Der britische Lebensmitteleinzelhändler Tesco hat sich zum Beispiel zu einem regelrechten „Sammelbecken“ kleiner Angebotsnischen entwickelt, das von Tesco-Finanzdienstleistungen (ein Joint Venture mit der Bank of Scotland) über Tesco-Mobilfunkprodukte (mit O2) bis hin zu Tesco-Reisen (mit Last-Minute.com) reicht (Heinemann 2014b; Heinemann und Schwarzl 2010). Die Hauptnachfrage bezieht sich dabei zunehmend auf spezialisierte, „knowledge based skills“, mit denen Werte zusätzlich zur bestehenden Distribution geschaffen werden können. Diese Fähigkeiten kommen aus verschiedenen externen Quellen, aber auch aus dem eigenen Unternehmen. Sie werden in der Regel mit einem Outsourcing für bestimmte Fähigkeiten beginnen, wovon ein beträchtlicher Anteil mobil sein und von mehreren Händlern in Anspruch genommen werden wird (Heinemann 2014b; Heinemann und Schwarzl 2010).

2.2.2 Online- versus Offline-Kundeninteraktion

Zukünftig werden vor allem solche Geschäftsmodelle erfolgreich sein, die ihre Beziehungen zu den Kunden ausspielen und für die Bedürfnisbefriedigung einsetzen können. Dabei werden Ausmaß, Intensität und Qualität der Kundeninteraktion eine Schlüsselrolle einnehmen. Diese hat sich jedoch grundsätzlich danach zu unterscheiden, ob sie online oder offline stattfindet. Offline-Anbieter können sich zum Beispiel auf Kunden fokussieren, die in Eile sind, andere auf Kunden, die „umweltorientiert“ sind, während sich einige Geschäfte zu reinen Showrooms entwickeln werden. Modemagazine werden Besucher dazu animieren, Kleidungsstücke von Displays anzuprobieren mit dazugehöriger Beratung von Stylisten und Produktproben von Duft- oder Make-up-Ständern. Dabei verkauft das Geschäft keine Produkte mehr. Die gewonnenen Informationen von speziell geschulten Mitarbeitern liefern allerdings Einblicke in die Wünsche und Erwartungen der Kunden. Im Zuge der neuen Kundeninteraktion wird sich auch die Rolle der stationären Geschäfte in Verbindung mit dem Internet verändern. Kunden, die bei praktiziertem Channel Hopping (Bruce 2011; Heinemann 2013a) auch zukünftig Offline-Formate aufsuchen, werden dabei nach aufmunternden, genussvollen und unterhaltsamen „Erlebnissen“ mit Fokus auf eine Offline-Kundeninteraktion Ausschau halten. Sie werden Buchgeschäfte bevorzugen, in denen sie auf anregende Autoren treffen, oder Spielwarengeschäfte besuchen, in denen sich ihre Kinder mit Spielsachen und Spielen beschäftigen können, während reale und virtuelle „In-Store“-Experten den Eltern ihre Fragen beantworten. Gekauft werden kann unabhängig vom Geschäft über QR-Code (Heinemann 2013a, 2014a). Die Kunden erwarten dabei zugleich auch eine Nutzungsmöglichkeit für mobile und interaktive Technologien. Dies betrifft die Online-Kundeninteraktion, die auch Möglichkeiten für neue Erlebnisse und Erfahrungen bietet (brandeins 2014; Die Presse 2014). So geben bereits drei Viertel aller Europäer an, dass sie auch Handys zum Scannen von Produkten in Geschäften benutzen würden und mehr darüber erfahren möchten (Heinemann und Schwarzl 2010). Mehr als die Hälfte würde es begrüßen, in einem Geschäft mit Produktexperten online kommunizieren zu können, um Zeit zu sparen.

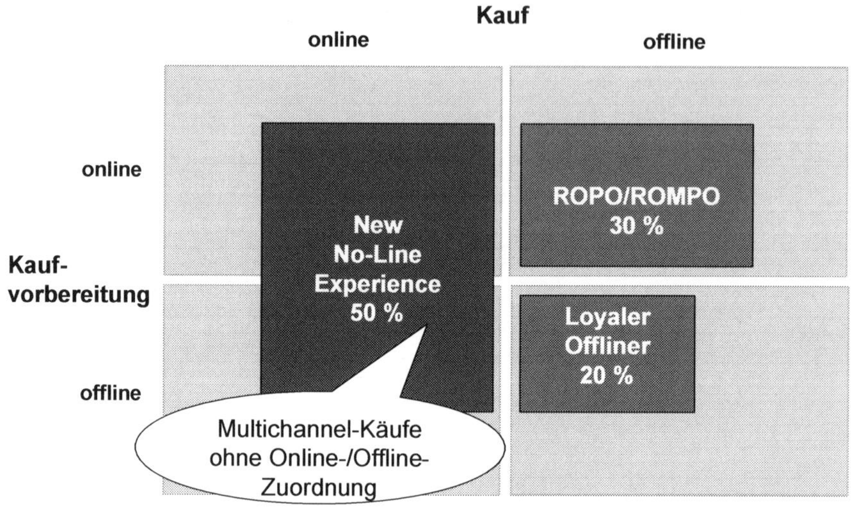

Abb. 2.8 Verteilung der Online-/Offline-Kundeninteraktion in 2020. (Quelle: In Anlehnung an DMC 2013)

Die Verteilung der Online-/Offline-Kundeninteraktion zeigt heute mehrheitlich ein sogenanntes ROPO-Verhalten, bei dem rund 60 % der Non-Food-Kunden ihren Einkaufsprozess mit Internet-Recherche beginnen, jedoch offline ausführen im Zusammenhang mit offline-bezogener Interaktion. Die Art der Offline- und/oder Online-Kanalnutzung wird sich allerdings in den nächsten Jahren grundlegend ändern, wie Abb. 2.8 zeigt: Während heute 89 % der Interaktionen immer noch mit einem Offline-Kauf abgeschlossen werden, werden es 2020 gerade mal 55 % sein. Die Verteilung zwischen Online und Offline Research wird bis dahin weiter verschwimmen und zu neuen Formaten mit einer „No Line Experience" führen (DMC 2013; Heinemann 2013a). Neben den reinen Online-Käufen mit entsprechender Vorbereitung des Kaufs online entstehen ganz neue Retail-Ansätze, die mit einem hohen Grad an Integration der Touchpoints um die Gunst der Kunden buhlen. Zu ihnen zählen auch die zunehmend diskutierten Showrooming-Ansätze, bei denen sich der Kunde stationär vorbereitet und dann online kauft.

2.2.3 Onsite- versus Offsite-Kundeninteraktion

Bei der Nutzung von Online-Kanälen spielen in der Kommunikation und Interaktion auch Social-Media-Instrumente eine wichtige Rolle, die allerdings häufig sehr unspezifisch behandelt bzw. erläutert werden. Im Rahmen von Social Media können Informationen dabei sowohl in verbaler als auch in multimedialer Form Verwendung finden. Dies betrifft zum Beispiel Fotos, Videos, Musik, Sprachaufzeichnungen und Spiele (Heymann-Reder 2011, S. 20). Über Social Media wird die Kommunikation in der Regel weltweit vernetzt und schafft neue Möglichkeiten der Interaktion für Nutzer und auch für Unternehmen. Bekannte Social-Media-Plattformen sind neben MySpace und Facebook insbesondere Twitter, Google+, YouTube, LinkedIn, Pinterest und Polyvore. Als Video-Sharing-Plattform spielt dabei YouTube mittlerweile eine herausragende Rolle und ist eine globale und nicht mehr wegzudenkende Institution. Insgesamt dient Social Media aber nicht mehr nur Kommunikationszwecken, sondern wird auch für den unmittelbaren Verkauf von Produkten eingesetzt und dadurch stärker als bisher kommerzialisiert, wie auch der Begriff „F-Commerce = Facebook-Commerce" unterstreicht (von Kuhnhardt 2013; Bruhn und Heinemann 2013). Dieses Verständnis von Social Media vernachlässigt allerdings die Umsetzung entsprechender Social-Media-Elemente auf der eigenen Website. Insofern sollte die Kundeninteraktion zumindest danach unterschieden werden, ob sie onsite oder offsite stattfindet (Haug 2013a, b).

Offsite-Kundeninteraktion bezeichnet alle Aktivitäten außerhalb der Website sowie den Verkauf auf Marktplätzen oder das Engagement in sozialen Netzen. Bezogen auf Social Media sind typische Offsite-Plattformen Facebook, Twitter, Pinterest oder Whatsapp. Auch Plattformen wie Polyvore, Foursquare, YouTube sowie die Special Interest Blogs sind typische Offsite-Beispiele. Die bereits angesprochenen Marktplätze sind zwar keine Social-Media-Plattformen, jedoch auch der Offline-Kundeninteraktion zuzuordnen. Denn der Kundenkontakt findet hier nur indirekt und außerhalb der eigenen Website statt (Haug 2013a, b; Heinemann 2014a).

Onsite-Kundeninteraktion umfasst alle Maßnahmen im eigenen Online-Shop. Wie in Abb. 2.9 dargestellt, handelt es sich dabei um Kundenbewertungen, Kundenmeinungen,

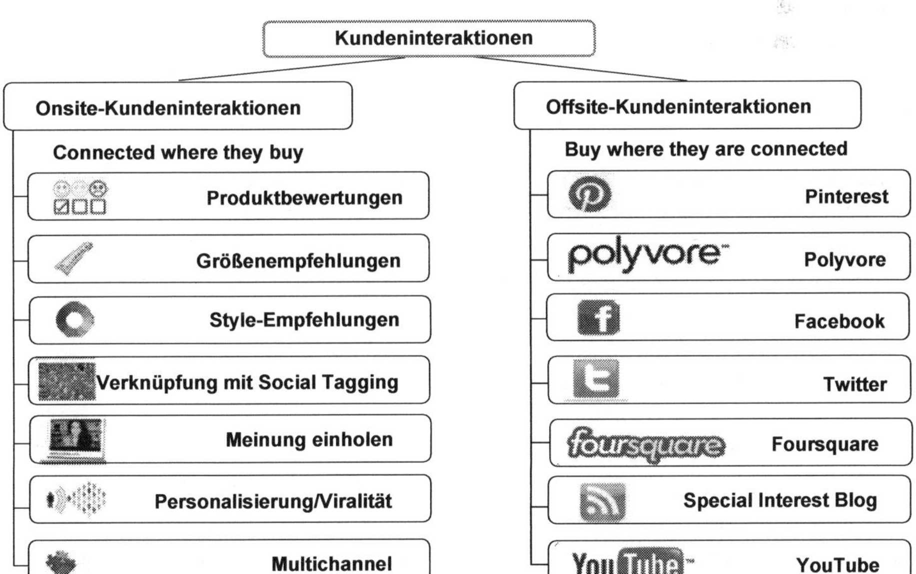

Abb. 2.9 Onsite- und Offsite-Aktivitäten in Social Media. (Quelle: Haug 2013b)

eigene Communities und auch jede Form von Consumer Generated Content. Andere Beispiele sind Größen- und Style-Empfehlungen, Personalisierung/Viralität sowie Verknüpfungen mit Social Tagging. Aber auch die Verknüpfung zu Offline-Kanälen, also zum Beispiel auf der eigenen Website angebotene Multichannel-Services, können als Onsite-Kundeninteraktion angesehen werden (Haug 2013a, b).

2.2.4 Upstream- versus Downstream-Kundeninteraktion

Im Rahmen der interaktiven Wertschöpfung werden die beiden Begriffe Mass Customization und Open Innovation unterschieden (Reichwald und Piller 2009; Heinemann 2014a). Mass Customization bezeichnet die Erstellung von individualisierten Gütern und Leistungen mit der Effizienz vergleichbarer Massenangebote. Sie hat in Verbindung mit den Möglichkeiten der Internet-Technologie und der daraus erwachsenden „interaktiven Wertschöpfung“ zweifelsohne den entscheidenden Auftrieb erhalten. Wesentliches Ziel der Mass Customization ist es, sich vom Wettbewerb abzugrenzen, Marktanteile dauerhaft zu sichern und zugleich in stärkere Interaktion mit den eigenen Kunden zu treten. Dabei wird sowohl ein Zusatznutzen für die Endkunden als auch für die Unternehmen geschaffen. Denn nach dem Prinzip des Open Source kann externes kreatives Potenzial aktiviert werden. Bei Anbietern wie zum Beispiel Spreadshirt (T-Shirts) oder Sellaband (eigene Musik) kann der Konsument im Sinne von Open Investment auch zum Produzenten werden und seine Produkte über die Plattform vermarkten (Reichwald und Piller 2009).

Der entscheidende Unterschied zur Open Innovation liegt bei der bisherigen Mass Customization in der Einbeziehung des Kunden zu einem späteren Zeitpunkt, das heißt erst nach Fertigungsbeginn. Beide sind dem sogenannten Crowdsourcing zuzuordnen, bei dem es durch die Einbeziehung der Kunden um eine Externalisierung von Unternehmensleistungen geht. Dabei ist auch ein „kostenentlastender Effekt“ realisierbar, wenn Blogger und Community-Mitglieder zum Beispiel Serviceanfragen untereinander selbst beantworten (Denk-Selbst 2009; Heinemann 2014a). Diesbezüglich hat es sogar einen positiven Einfluss auf die Kundenzufriedenheit, wenn der Online-Kunde unmittelbar und selbst zum gewünschten Ergebnis kommt. Die Übergänge von Kommunikationsinstrumenten zu Selbstbedienungsfunktionen sind fließend und aus Kundensicht nicht unterscheidbar. Gibt zum Beispiel der Internet-User eine Anschriftenkorrektur in ein Web-Formular ein, ist es für ihn ohne Bedeutung, ob dies eine automatische Datenbankänderung zur Folge hat oder lediglich eine E-Mail an den zuständigen Sachbearbeiter erzeugt (HMWVL 2007, S. 60 ff.; Heinemann 2014a). Die Automatisierungsmöglichkeiten in der Abwicklung des Online-Handels eröffnen allerdings gerade im interaktiven Zusammenspiel mit den Kunden sogenannte Self-Service-Funktionalitäten auf der Website. Diese machen es möglich, dass der Kunde selbst Transaktionen mit dem Unternehmen abwickelt, ohne dass ein Verkaufsmitarbeiter aktiv werden muss. Grundproblem bei der Nutzung solcher Self-Service-Module ist die Komplexität der Benutzerführung, die oftmals komplizierter ist als ein schneller Anruf im Callcenter. Die sich daraus ergebende Ablehnung des Self Service kann aber durch Anreizsysteme überwunden werden. Es gilt die Daumenregel,

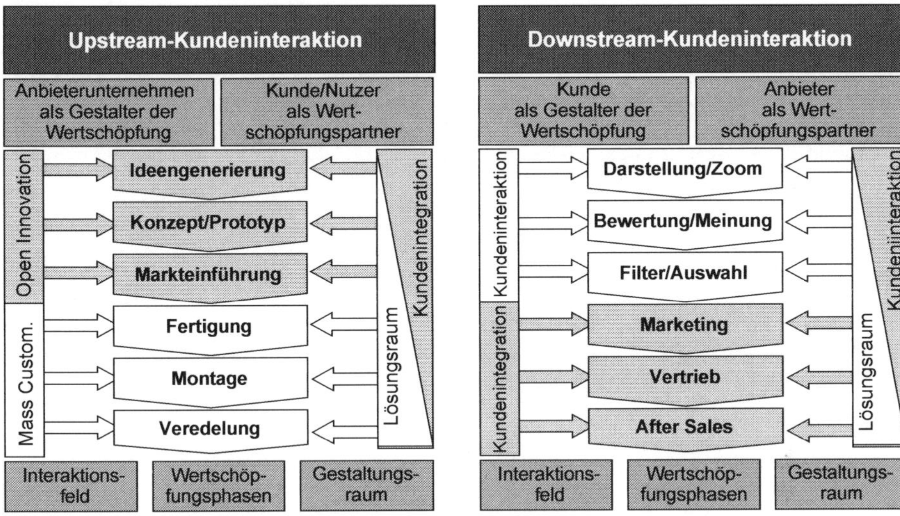

Abb. 2.10 Upstream- und Downstream-Kundeninteraktion

dass die Höhe der Anreize umgekehrt proportional zu der Nutzungsfrequenz sowie proportional zu der Komplexität der Aufgabe ist (Laue 2004, S. 81). Derartige Erfahrungen für Self-Service-Funktionen gelten aber weniger für die interaktive Wertschöpfung im Rahmen des Designs oder der Herstellung von Produkten. Vielmehr sind sie für den Verkaufsprozess bereits fertiggestellter Produkte relevant. Insofern macht es Sinn, die interaktive Wertschöpfung danach zu differenzieren, ob sie vor und während der Herstellung oder erst nach Fertigstellung der Produkte stattfindet. Gewöhnlich werden alle Unternehmensaktivitäten bis zur Fertigstellung eines Produktes in der Produktion als „Upstream-Prozesse" bezeichnet, während es sich bei den anschließenden Vermarktungsfunktionen um „Downstream-Prozesse" handelt (Hollensen 2011, S. 25). In Anlehnung daran bietet es sich an, sowohl die Mass Customization als auch die Open Innovation als „Upstream-Kundeninteraktion" zu bezeichnen und alle nach der Fertigung stattfindenden interaktiven Tätigkeiten als „Downstream-Kundeninteraktion" zu kennzeichnen (vgl. Abb. 2.10). Letztere sind allerdings danach zu unterscheiden, ob sie auf der eigenen Website (onsite) oder auf Partnerplattformen stattfinden (offsite).

Deswegen wird im Folgenden auch zwischen Onsite- und Offsite-Kundeninteraktionen unterschieden. Der Fokus soll allerdings auf der Offsite-Interaktion liegen, also den Aktivitäten auf den Partnerplattformen außerhalb der eigenen Website.

2.2.5 Customer Journey als Downstream-Kundeninteraktion

Sämtliche Offsite-Aktivitäten außerhalb der eigenen Website dienen gewöhnlich dazu, Besuchsfrequenz auf der Website zu generieren und diese zu Käufen bzw. Orders zu konvertieren. Dabei geht es um Einflussnahme auf die Customer Journey. Diese besagt, dass zwischen dem Kaufgedanken und dem Klick eine Reihe von Stationen liegt. So sind Werbebanner oder E-Mail-Newsletter nicht selten Kaufimpulsauslöser. Der Prozess bis zum endgültigen Kauf kann mehrere Wochen dauern. Das schließt Search, Diskussionen in Bewertungsplattformen, Erfahrungsaustausch oder Recherchen auf Preisvergleichsportalen ein (Gehrckens und Boersma 2013; Heinemann 2014a). Der Customer-Journey-Ansatz berücksichtigt auch Langzeiteffekte und beinhaltet zwei Dimensionen. Die erste Dimension stellt Kaufimpulse dar. Die zweite Dimension gewichtet den Beitrag bestimmter Touchpoints während der Customer Journey zur Conversion („Conversion Attribution"). Es ist schwierig, die Abhängigkeiten zwischen verschiedenen Werbemittelkontakten darzustellen, denn es lässt sich nicht alles auf dem Weg eines Kunden zur Kaufentscheidung messen. Die Wirkung von Social Networks auf die Customer Journey darf auch nicht unterschätzt werden, insbesondere am Anfang der Conversion-Kette. Diesbezüglich stellt Facebook eine besondere Herausforderung dar, denn Facebook-Kampagnen lassen sich nicht so einfach tracken wie zum Beispiel Banner- oder Ad-Words-Kampagnen. Gleiches gilt für Werbemittelkontakte aus dem Offline-Bereich, wie Fernsehwerbung, Zeitungsanzeigen oder Plakatwerbung (Heinemann 2014a, 2014b; Gehrckens und Boersma 2013; IWB 2011c). Insofern muss der Customer-Journey-Ansatz immer auch die Online- und Offline-Welt zusammenbringen. Das setzt qualifizierte Datenerhebungen voraus. Auf der anderen Seite fokussiert er auf Offsite- und Downstream-Interaktionen, auch wenn physische Touchpoints in Form von Landing Pages und Online-Shops auch in Onsite-Form vorliegen können (vgl. Abb. 2.11). Im Rahmen dieser Fokussierung sollen innovative Formen der Downstream-Kundeninteraktion im Vordergrund der Betrachtung stehen.

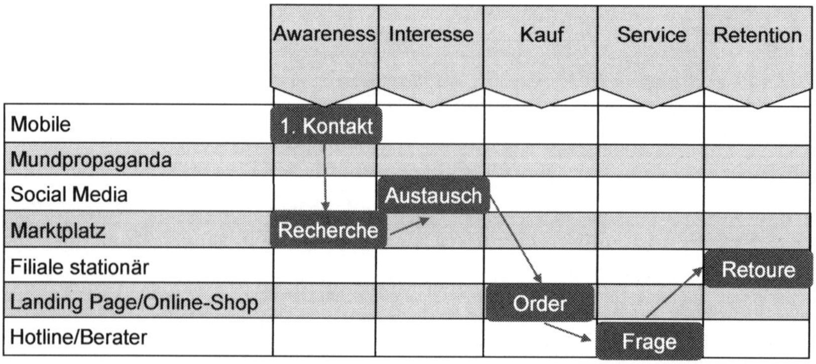

Abb. 2.11 Typische Downstream-Kundeninteraktion in der Customer Journey. (Quelle: In Anlehnung an IWB 2011c)

2.3 Geschäftsbasis des Online-Handels

Die modernen Formen der Kundeninteraktion müssen zweifelsohne die Basis für ein Geschäftsmodell im Online-Handel darstellen. Entsprechend des Kontaktprinzips, also der Art und Weise, wie das Handelsunternehmen und seine Kunden in Beziehung zueinander treten, folgt der Online-Handel darüber hinaus ganz klar dem Distanzprinzip: Anbieter und Kunde treten physisch nicht in Kontakt. Deren räumliche Trennung wird durch Medien überbrückt, und zwar entweder kataloggestützt oder über das Internet. Dementsprechend zählt auch der Online-Handel neben dem Versandhandel zum wichtigsten Betriebstyp des Distanzhandels (Heinemann 2014b).

2.3.1 Online-Handel als Form des Distanzhandels

Die Abgrenzung der Distanzhandelsformen liegt in der Vermarktungskonzeption und dem dabei zugrunde liegenden Kontaktmedium: ein Katalog, der entweder gedruckt oder elektronisch vorliegen kann, oder elektronische Medien, entweder über das Internet, das Handy oder das Fernsehgerät (Heinemann 2014b):

- **Traditioneller Versandhandel:** Angebot an Endkunden mittels Katalog, Prospekt, Anzeigen, elektronische Medien zum Beispiel in Form einer CD-Rom, Außendienstmitarbeiter. Bestellung schriftlich, mündlich oder telefonisch. Auslieferung an den gewünschten Ort des Konsumenten. Je nach Sortimentsausrichtung Fach-/Spezialhandel bzw. Sortiments-/Universalhandel. Beispiel: Otto, Bonprix, Baur und Lands End.
- **Online-Handel:** Angebot an Endkunden über World Wide Web. Bestellung interaktiv über Internet oder telefonisch. Lieferung und Handling wie im Versandhandel. Eher breitere und flachere Sortimentsausrichtung mit kundenindividuellen Angeboten. Einsatz neuer E-Marketinginstrumente. Beispiel: Amazon, eBay, Zalando, Asos und Spreadshirt.
- **Tele-Shop:** Spezielle Fernsehsender mit 24-stündigen Produktshows und interaktiver Bestellmöglichkeit. Keine besondere Sortimentsausrichtung. Lieferung und Handling wie im Versandhandel. Beispiel: QVC, HSE24 und 123tv.
- **Mobile Commerce:** Nutzung des Handys oder Smartphones als PC-Plattform für Online-Handel. Bestellung telefonisch über Mobilfunk bzw. per SMS. Ansonsten wie Online-Handel. Beispiel: mobile-optimierte Online-Shops von eBay und Amazon, transaktionsbezogene Apps (Heinemann 2014a).

Der Tele-Shop gehört nicht zum Online-Handel, der eine typische Form des B2C-Distanzhandels ist. Die Betriebstypen des Distanzhandels verfügen über keinen physischen Ort, an dem die Ware an den Kunden verkauft wird. Der Kunde bestellt die Ware beim Einzelhändler und lässt sich diese zu sich nach Hause, an den Arbeitsplatz oder an eine Pick-up-Station liefern. Als zentraler Unterschied zum stationären Handel kann damit herausgestellt werden, dass der persönliche Kontakt im Distanzhandel entfällt und stets über ein Medium stattfindet. Der Standort des Distanzhändlers hat eigentlich keine nachfragebeeinflussende Bedeutung, zumal die Ware physisch nicht präsent ist. Das hat zur Folge, dass auch nicht alle relevanten Produktinformationen vermittelt werden können, es sei denn, diese lassen sich in Bildern oder textlichen Beschreibungen darstellen. Unabdingbare Voraussetzung für den Kaufabschluss und die Lieferung der Ware ist die Erfassung der individuellen Kundendaten, weshalb auch das Thema Adressmanagement ein wesentlicher Erfolgsfaktor im B2C-Distanzhandel ist. Folgende Wesensmerkmale kennzeichnen zusammenfassend den Distanzhandel (Zaharia 2006, S. 18):

- Mediales Angebot: Einsatz von Printmedien oder elektronischen Medien.
- Kauf aus Distanz: Raum zwischen Anbieter und Nachfrager wird auf schriftlichem, telefonischem oder sonstigem elektronischen Wege überbrückt, wodurch sich zeitliche Differenzen zwischen Bestell- und Warenverfügbarkeitszeitpunkt ergeben.
- Versand der Ware an die Kunden bzw. Retrodistribution (Rückgabe) durch eigene oder outgesourcte Zustelldienste.

2.3.2 Geschäftsmodelle und Positionierung im Online-Handel

Um der Austauschbarkeitsfalle zu entgehen, ist eine differenzierende Positionierung des Online-Shops im Wettbewerb erforderlich. Wie bereits aufgezeigt wurde, ist im Online-Handel eine enorme und zunehmend grenzüberschreitende Wettbewerbsdynamik wirksam. Darüber hinaus ziehen zunehmend sogenannte Gate Keeper wie zum Beispiel Vergleichsportale die Aufmerksamkeit der Kunden auf sich und vielfältige Spezialisten helfen den Kunden, indem sie gezielt bei der Inspiration und der Befriedigung der unterschiedlichen Kundenbedürfnisse einen relevanten Nutzen schaffen und damit zusätzlich den Kaufprozess kanalisieren. Insofern muss es mit einer Positionierung gelingen, sich in einer für die Kunden relevanten Dimension mit einem klaren Mehrwert zu profilieren. Bereits heute differenzieren sich erfolgreiche Online-Shops dadurch, dass sie nicht *einen* USP, sondern mehrere USPs anbieten, also dem Kunden in mehreren Dimensionen ein einzigartiges Nutzenversprechen präsentieren und erfüllen (Gehrckens und Boersma 2013). Die disruptive Digitalisierung treibt digitale Innovationen, die bereits eine Vielzahl kundenorientierter Branchen verändert haben. So haben zum Beispiel Downloads die westliche Buch- und Musikindustrie innerhalb von wenigen Jahren umgekrempelt. Dramatische Veränderungen kennzeichnen derzeit auch die Reisebranche: Statt im Reisebüro erfolgen immer mehr Buchungen über direct-to-customer Online-Buchungsplattformen. Auch in vielen anderen Branchen finden Transformationen statt. Während Kodak, Karstadt und Nokia sich vom Markt zu verabschieden, entwickeln sich Instagram, Amazon und Apple zu neuen Marktführern und Apple sogar zum wertvollsten Unternehmen der Welt. So haben das Internet im Allgemeinen und der Online-Handel im Besonderen für den traditionellen Handel eine ähnlich schwerwiegende und weitreichende Bedeutung, wie die Industrialisierung für das traditionelle Handwerk hatte. Während insbesondere der stationäre (Non-Food-)Handel seit Jahrhunderten auf der Stelle tritt und seine Verhaltensmuster nicht verändert, führt die disruptive Kraft des E-Commerce zu einer Transformation des Handels (Gehrckens und Boersma 2013).

So ist in den letzten 20 Jahren eine hohe Professionalisierung sowie Spezialisierung im Online-Handel festzustellen. Der Online-Shop ist heute zu einer Art Commodity geworden. Durch konsequente Weiterentwicklung und Professionalisierung aller Funktionen, Prozesse und Systeme lässt sich heute Web-Exzellenz realisieren und ein USP innerhalb der einzelnen Strategieebenen umsetzen (Heinemann und Haug 2010). Andererseits verändern sich vor allem durch die hohe Transparenz und Vergleichbarkeit im Online-Handel mit hoher Geschwindigkeit die Kundenerwartungen (brandeins 2014). Was gestern noch die Kunden begeistert hat, kann heute oftmals nicht einmal mehr Kundenzufriedenheit erzeugen. Insofern ist es ein großer Trugschluss zu glauben, im digitalen Wettbewerb mit Standard-Online-Shops bestehen zu können, die nur die ersten beiden Evolutionsstufen des E-Commerce auszeichnen. Mittel- und langfristig werden sich nur die Online-Händler durchsetzen, die mehrere vom Kunden wahrgenommene und einzigartige Nutzenversprechen bieten, welche intern exzellent umgesetzt werden. Untrennbar verknüpft mit der Frage nach der Positionierung ist die Frage nach der konkreten Ausprägung des Geschäftsmodells. Dieses beschreibt auf Basis der Geschäftsidee, des Geschäftskonzeptes sowie der Positionierung die Art und Weise, wie mit Online-Transaktionen Umsätze und Erträge erzielt werden sollen. Dafür ist eine bewusste Entscheidung über Leistungsversprechen sowie über das Wertschöpfungs- und Ertragsmodell zu treffen. Allein für den Online-Handel lassen sich bis zu 20 verschiedene Geschäftsmodelle darstellen. Je nach der spezifischen Ausrichtung differenzieren sich zum Beispiel Private-Shopping-Modelle wie Vente Privée deutlich von Live-Shopping-Anbietern wie zum Beispiel Woot!. Auch Re-Commerce-Modelle à la gazelle.com unterscheiden sich in relevanten Aspekten deutlich von Shopping-Abomodellen wie jewelmint.com oder von Rental Services wie renttherunway.com. In Hinblick auf das Geschäftsmodell ist in einem vorhandenen Optionenraum eine gezielte Entscheidung zu treffen, welche hinsichtlich ihrer Auswirkungen auf alle anderen strategischen Dimensionen ausgerichtet ist. In Abb. 2.12 ist ein derartiger Optionenraum für Geschäftsmodelle dargestellt, die sich nach Transaktionsmodell, Advertising, Subscription und Community unterscheiden (Gehrckens und Boersma 2013).

2.3.3 Geschäftssystem des Online-Handels

Aus dem klassischen stationären Geschäft sind nur wenige Erfahrungen auf den Online-Handel übertragbar. Denn der Online-Handel stellt nicht bloß einen neuen Vertriebskanal im herkömmlichen Sinne dar, sondern ein vollkommen neues Geschäft mit neuen Fähigkeitsanforderungen. Im Online-Handel sind die bisher so wichtigen Standorte, Verkaufsmitarbeiter und Filialwarenbestandssteuerungsprozesse unbedeutend. Auch die

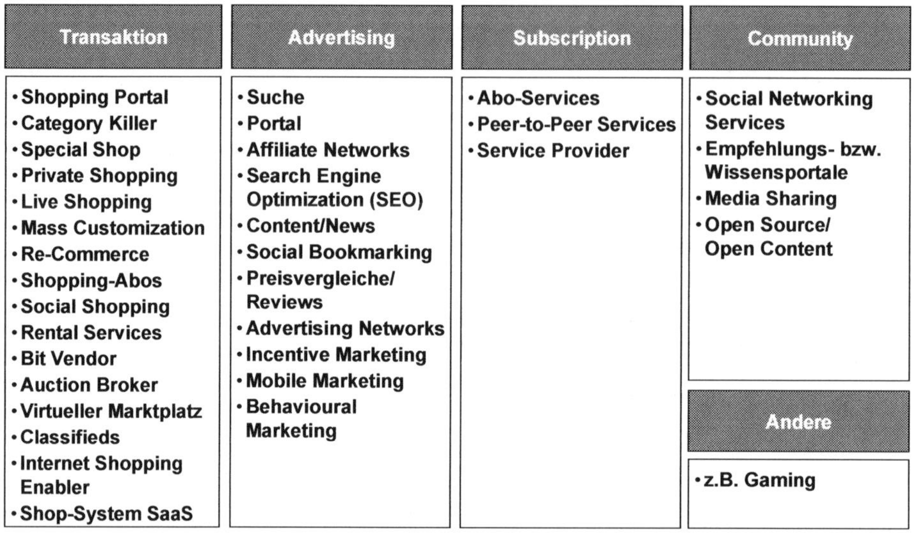

Abb. 2.12 Geschäftsmodelle im Online-Handel. (Quelle: Gehrckens und Boersma 2013)

mit dem Internet einhergehende globale Preistransparenz steht im Konflikt zum lokalen Pricing, wie es der stationäre Händler gerne betreibt. Hier kommen ebenfalls neue Aufgaben auf ihn zu, denn im traditionellen stationären Einzelhandel werden nur etwa drei bis vier Händler miteinander verglichen. Auch die stationären Sortimentskonzepte sind nicht anwendbar, da im elektronischen Handel die Zielgruppen und Sortimente nicht abgesteckt werden können. Völliges Umdenken ist in den Bereichen Retail Branding, Markenprofil und Werbung gefragt, da die erhebliche Komplexität des Online-Handels ein neues Internet-Markenmanagement erfordert. In der nahezu unübersehbaren Vielfalt der Markennamen und Shops muss vor allem Aufmerksamkeit und Markenbekanntheit erreicht werden, da der Online-Shopper sonst auf bekanntere Anbieter zurückgreifen wird. Auch das klassische Store Merchandising ist im Internet nicht mehr nutzbar. Hier ist eine spezifische, gänzlich andersartige Internet-Shop-Gestaltung gefragt. Last but not least treten im Online-Handel konsequent kundenorientierte Geschäftsprozesse anstelle von geschlossenen Warenwirtschaftssystemen und effizienten, schlanken und schnellen Geschäftsprozessen (brandeins 2014, 2015a; Heinemann 2013a).

Entscheidend ist, dass vor allem kundenorientierte Geschäftsprozesse und uneingeschränkte Kundenorientierung wesentliche Erfolgsvoraussetzung im Online-Handel sind. Dabei geht es vor allem um Schnelligkeit, Transparenz und Serviceorientierung. Online-Händler sind angesichts des veränderten Marktumfeldes sowie der Kundenerwartungen an Zeit und Kosten mittlerweile in jedem Fall dazu gezwungen, einerseits die Effektivität zu erhöhen und andererseits nachhaltige Effizienzschübe zu realisieren. Diesbezüglich kommt zum Beispiel im Online-Handel der Geschwindigkeit der innerbetrieblichen Entscheidungs- und Arbeitsabläufe eine Schlüsselrolle zu. Effizienz und

„Durchlaufzeitenreduzierung“ bzw. E-Pace gelten als wesentliche Basis des Erfolges im Online-Handel (Heinemann et al. 2013). Dieser Anspruch ist nur erfüllbar, wenn durch eine prozessorientierte Neuausrichtung die Organisation schlanker, schneller und schlagkräftiger ausgestaltet wird. Hinzu kommt der Anspruch an eine kompromisslose Kundenorientierung, die infolge der drastisch verkürzten Kundenreaktionszeiten Grundvoraussetzung für die Wettbewerbsfähigkeit ist und Basis für eine Wachstumsdynamik bildet. Dies erfordert eine kundenorientierte Rundumbearbeitung in Prozessen. Dabei ist es notwendig, zwischen Beschaffungs- und Absatzmarkt durchgängige Prozesse mit so wenig Schnittstellen wie möglich zu gestalten und damit für jeden Prozess „ein Fenster zum Kunden“ zu schaffen. Nur so ist die tatsächliche „Kundenorientierung“ möglich, die den Online-Handel auszeichnet und eine unmittelbare Rückkoppelung von Seiten der Kunden erlaubt (Osterloh und Frost 2003, S. 31).

Für jeden Prozess muss es dabei prozessverantwortliche Personen (Process Owner) sowie Prozessbearbeiter (Case Worker) geben. Je nach Arbeitsumfang ist aber auch denkbar, ein ganzes Team für einen Prozess verantwortlich zu machen (Case Team), das sich dann im Wege der Selbstabstimmung koordiniert. Dies setzt allerdings ausgeprägte Teamfähigkeiten voraus sowie das „Selbstentscheidenkönnen“. Dafür benötigen die Mitarbeiter entsprechende Befugnisse, um den Kunden im Rahmen der jeweiligen Prozessvariante befriedigen zu können (Empowerment). Das geht in der Regel mit größeren Leitungsspannen und flacheren Hierarchien einher. Ergebnis ist eine kundenorientierte Rundumbearbeitung mit minimierter Schnittstellenanzahl (vgl. Abb. 2.13), die allerdings

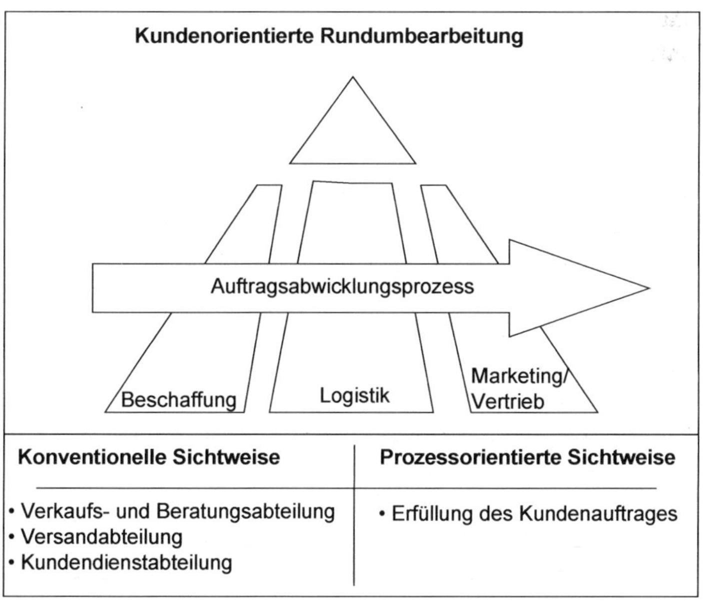

Abb. 2.13 Fähigkeit zur kundenorientierten Rundumbearbeitung. (Quelle: Osterloh und Frost 2003, S. 32)

ein internet-spezifisches Geschäftssystem erfordert, das den Prinzipien des Business Reengineering Rechnung folgt (Osterloh und Frost 2003, S. 31).

Das Online-Handelsunternehmen sollte sich als „Bündel von Kernprozessen" derart organisieren, dass durchgängige Prozesse ohne Schnittstellen vom Lieferanten bis zum Kunden realisierbar sind und so eine kundenorientierte Rundumbearbeitung ermöglicht wird. Wie in Abb. 2.14 dargestellt ist, beinhaltet dieses drei „innovative Ideen", nämlich die Prozessidee, Triage-Idee sowie die Idee der informationellen Vernetzung (Osterloh und Frost 2003, S. 27 ff.).

- **Die Prozessidee** umfasst einen 90-Grad-Shift in der Organisation, eine Untergliederung in Kern- und Supportprozesse sowie die entsprechenden Prozessteams und Process Owner. Der 90-Grad-Shift bezeichnet eine Umorientierung von der traditionell vertikal ausgerichteten, arbeitsteiligen Organisation in eine horizontale, funktionsübergreifende Sichtweise. Die Unterscheidung in Kern- und Supportprozesse ermöglicht es, zwischen kundenrelevanten (Nutzen stiftenden) und weniger kundenrelevanten (nicht Nutzen stiftenden) Tätigkeiten zu differenzieren. Die kundenrelevanten Prozesse (zum Beispiel Auftragserfüllung) sind häufig Quelle für einen Wettbewerbsvorteil (zum Beispiel Schnelligkeit) und sollten nicht outgesourct werden, was für weniger kundenrelevante Prozesse (zum Beispiel Kantinenwesen) nicht gilt. Die Bildung von Process Teams sowie die Bestimmung der Process Owner folgen den generellen Regeln der Teambildung und des Assignment.

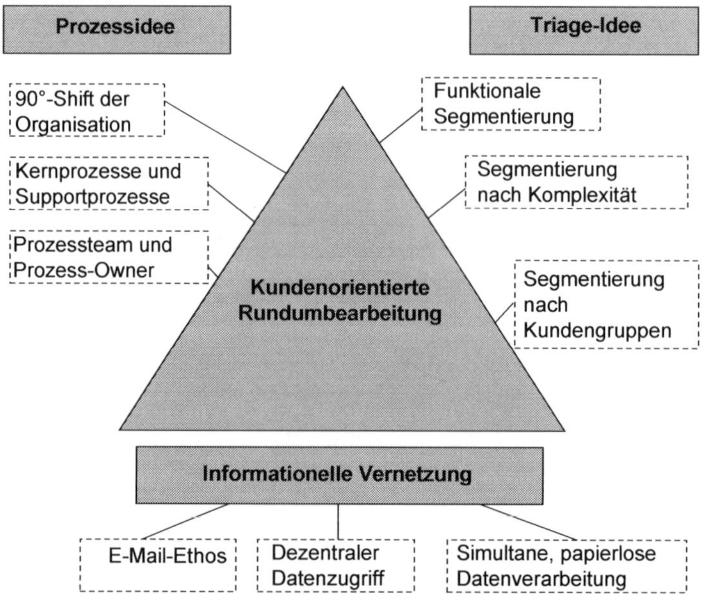

Abb. 2.14 Geschäftssystemprinzipien des New Online Retailing. (Quelle: In Anlehnung an Osterloh und Frost 2003, S. 27)

- **Die Triage-Idee** beinhaltet die horizontale Segmentierung von Prozessen. Diese erfolgt nach Funktionen, Komplexitätsbereichen sowie Kundengruppen. Die funktionale Segmentierung trägt dem Umstand Rechnung, dass im Rahmen der Kernprozesse bestimmte Funktionen für die Auftragsabwicklung wie zum Beispiel Einkauf, Logistik und Vertrieb in jedem Fall erfüllt werden müssen, versucht dabei aber auch durch eine Prozessverantwortung (Process Owner) die Schnittstellen zu minimieren. Demgegenüber unterscheidet die Segmentierung nach Komplexität, Tätigkeiten und Problemhaltigkeit (zum Beispiel komplexe Fälle, mittelschwere Fälle, Routinefälle). Sie ordnet diese nach Routinisierbarkeit, um sie dann möglicherweise zu automatisieren. Bei der Segmentierung nach Kundengruppen schließlich geht es darum, nach Kundenwert zu differenzieren und die „Schlüsselkunden" bevorzugt zu bedienen. Dieses Grundprinzip spiegelt sich auch im Customer Relationship Management (CRM) wider, das eine wichtige Basis für den Internet-Handel darstellt.
- **Die Idee der informationellen Vernetzung** besteht darin, auf die papierbasierte Informationsübermittlung weitestgehend zu verzichten, da diese schnell ihre Grenzen erreicht und dem Grundprinzip der Digitalisierung im Online-Handel entgegenläuft. Sie beinhaltet im Wesentlichen den E-Mail-Ethos, den dezentralen Datenzugriff sowie die simultane und papierlose Datenverarbeitung. Dies setzt intelligente Netze voraus, die einen dezentralen Aufbau von Netzwerken (Client-Server-Lösungen) sowie Hypermediastrukturen der in den Netzen angebotenen Inhalte erlauben. Der dezentrale Aufbau von Netzen macht Navigationsentscheidungen überflüssig, indem einzelne Bereiche zum Beispiel mit eigenen Servern arbeiten. Demgegenüber erlaubt es Hypermedia, zwischen Dokumenten oder innerhalb von Dokumenten hin- und herzuspringen, ohne dass diese gesucht, aufgerufen oder komplett durchgelesen werden müssen.

Den Prinzipien des Geschäftssystems Online-Handel folgend sollte das Online-Handelsunternehmen als Prozessorganisation aufgebaut werden, in dem die Kernprozesse die strategisch relevanten Wertschöpfungsprozesse abbilden (zum Beispiel Vertrieb). Diese haben idealerweise immer externen Marktkontakt (zum Beispiel Absatzmärkte), da sie der Erfüllung von Kundenaufträgen dienen. Sie werden unterstützt von den Support-Prozessen, die keinen Marktkontakt haben müssen und reine Zuliefererfunktion für die Kernprozesse besitzen. Ihre Leistungsverflechtung mit den Kernprozessen sollte so gering sein, dass sie jederzeit als eigenständige Leistung separierbar oder outsourcebar sind. Das ist allerdings bei den Zentralabteilungen (funktionale Schulen), die spezifische Fachkenntnisse anbieten und in Hinblick auf die Wissensvermittlung an die Prozesse primär eine Dienstleistungsaufgabe haben (zum Beispiel Marktkenntnisse im Marketing), nicht ohne Weiteres möglich.

2.3.4 Geschäftsorganisation im Online-Handel

Da im Online-Handel vor allem kundenorientierte Geschäftsprozesse und uneingeschränkte Kundenorientierung Erfolgsvoraussetzung Nummer eins sind, kommt der

Geschäftsorganisation eine Schlüsselrolle zu. Schnelligkeit, Transparenz und Serviceorientierung sind Kernthemen, die mit der Geschäftsorganisation stehen oder fallen. Der häufigste Fehler besteht darin, die Prozesse immer noch funktional auszurichten wie zum Beispiel Beschaffungsprozesse, Oderprozesse oder Zustellprozesse. Das ist im Versandhandel die Regel, geht jedoch an der Sichtweise des Kunden vorbei. Mit der Automatisierung und „digitalen Integration" aller Prozesse wird es aber möglich, die Prozesse kundenorientiert auszurichten und alle Funktionen dementsprechend anzupassen. Amazon hat es vorgemacht und definiert den Kernprozess dementsprechend als Customer Value Delivery Chain.

Customer Value Delivery Chain In Abb. 2.15 ist die „Customer Value Delivery Chain" von Amazon dargestellt. Für Amazon sind Vorgaben im Customer Service wie beispielsweise „ein Click zum Kaufakt", „unter 24 Std. Durchlauf" oder „E-mail in 24 Std. und Phone innerhalb 1 Minute" selbstverständlich, nicht aber für ein typisches deutsches Handelsunter-nehmen. Kriterien wie „mit drei Klicks zum Ziel", „Rückruf nach maximal einer Stunde", „Lieferung in maximal 48 Stunden" sind „state of the art" im Online-Handel und Messlatte für jeden Quereinsteiger aus dem Stationärhandel. Dieser Anspruch ist nur erfüllbar, wenn durch eine prozessorientierte Neuausrichtung die Organisation schlanker, schneller und schlagkräftiger ausgestaltet wird. Hinzu kommt der Anspruch an eine kompromisslose Kundenorientierung, die infolge der drastisch verkürzten Kundenreaktionszeiten Grundvoraussetzung für die Wettbewerbsfähigkeit ist und die Basis

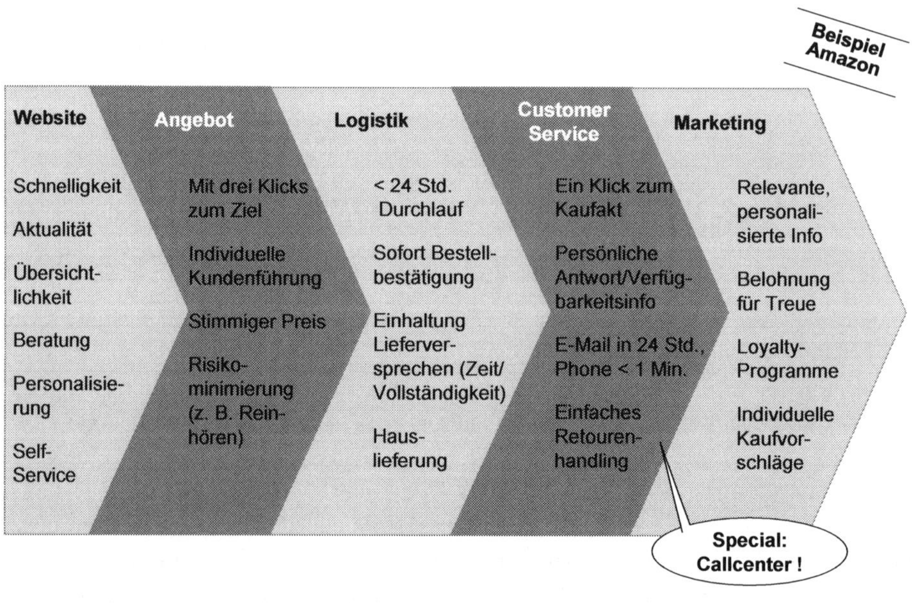

Abb. 2.15 Customer Value Delivery Chain von Amazon. (Quelle: In Anlehnung an H & P 2004)

für Wachstumsdynamik bildet. Es ist erwiesen, dass die durch radikale Prozessoptimierungen hervorgerufene Durchlaufzeitenreduzierung eine Effizienzverbesserung zwischen 20 % und in einzelnen Fällen sogar über 60 % bewirken kann. Diese ergibt sich u. a. aus erhöhter Lagerumschlagsgeschwindigkeit, Produktivitätssteigerung, Bestandsabbau sowie deutlicher Minimierung von Nichtverkaufsaktivitäten. Doch gelingt dieser Kraftakt nur, wenn nicht nur die Kostenstrukturen, sondern ebenfalls das gesamte Geschäftssystem auf die Anforderungen im Multichannel-Handel getrimmt werden. Gerade in filialisierten Einzelhandelsunternehmen sind immer noch deutliche Ineffizienzen in Prozessen und Strukturen zu finden. Unzureichende Verzahnung der Kernprozesse, suboptimale Regelungen von Verantwortlichkeiten sowie strukturell bedingte Verzögerungen deuten in der Regel auf umfangreiche Verbesserungspotenziale hin.

Erfolgreiche Online-Händler ziehen als Vergleichsmaßstab vor allem Kenngrößen von Wettbewerbern heran, das heißt sie führen ein externes Benchmarking anhand der drei Prozesstreiber durch. Das mit Priorität anzustrebende „Primärziel" bleibt aber die theoretische Durchlaufzeit, also die reine Bearbeitungszeit im Optimalfall. Im Rahmen der kundenorientierten Neuausrichtung sind alle Kernprozesse nach Zeit-, Qualitäts- und Kostenaspekten „infrage zu stellen". Ziel ist es, den Anteil an wertschöpfenden Tätigkeiten signifikant zu erhöhen, um so auf Kosten- sowie Umsatzseite Wettbewerbsvorteile zu erzielen. Die Prozessoptimierung hat „spitz" entlang der Kernprozesse in Marketing/Logistik, Zentrallagerlogistik, Distribution/Verteilung sowie Retourenlogistik zu erfolgen. Diesbezüglich müssen alle Prozessabläufe auf ihren erfolgskritischen Kern hin untersucht und neu ausgerichtet werden. Barrieren, die eine reibungslose und effiziente Leistungserstellung verhindern, sind zu beseitigen. Dabei sind Sachbarrieren (zum Beispiel unzureichende WWS-Instrumente), Prozessbarrieren (zum Beispiel fehlende WWS-Prozessverantwortung) und Kulturbarrieren (zum Beispiel mangelnde Teamkultur) zu unterscheiden. Zu bedenken ist, dass die Kulturbarrieren mit deutlichem Abstand die höchste Wirkung haben.

Cycle Time Reduction und ePace Ergebnis der Prozessoptimierung muss sein, dass die identifizierten Kernprozesse gestrafft und „Ersatzprozesse" konsequent eliminiert sind. Um langfristig den Erfolg der Optimierung sicherzustellen, ist es ratsam, den Stand der Barrierenbeseitigung in den Kern- bzw. Teilprozessen ständig zu messen. In Restrukturierungsprojekten hat sich diesbezüglich bewährt, an definierten Messstellen regelmäßig die zentralen Prozesstreiber „Durchlaufzeit", „Hit-Rate" und „Termintreue" zu ermitteln. Anhand der Veränderung der Treiberwerte werden neue Barrieren identifiziert bzw. die angestrebte Prozessoptimierung aufgezeigt. Die möglichen und im Vorfeld definierten Resultate hinsichtlich zum Beispiel Umsatz- und Kostenwirkung (20 bis 40 %), Bestandsabbau (25 bis 35 %), Produktivitätssteigerung (15 bis 30 %) und Kundenzufriedenheit (30 bis 50 %) stellen sich immer erst zeitversetzt ein. Die übersichtliche Darstellung und Dokumentation der aktuellen Werte von Prozesstreibern und Resultaten erlaubt die direkte Einbindung jeder Stufe in der Projekthierarchie. Cycle Time Reduction ist auch in Hinblick auf die sich ändernden Kundenerwartungen wichtig (brandeins 2014).

Kunden erwarten zunehmend die sofortige Erfüllung ihrer Bedürfnisse sowie schnelle, serviceorientierte Prozesse. Begriffe wie Fast-Fashion, Same Day Delivery, sofortige Verfügbarkeit, Immediate Gratification u. v. m. bestätigen diesen Trend, der höchste Anforderungen an Handelsunternehmen stellt. Es geht aber auch darum, im Sinne der Effizienz Zeit- und damit Transaktionskostenvorteile zu generieren und diese als Wettbewerbsvorteil auszuspielen („ePace"). Dabei spielt nicht nur Schnelligkeit, sondern auch situations- und zeitgerechtes Agieren eine wesentliche Rolle („Timing-Aspekt"). Die alles entscheidende Frage ist, inwieweit innovative Geschäftsmodelle den steigenden Zeitanforderungen Rechnung tragen und damit den Trend zum Online-Handel noch besser für sich nutzen können (Heinemann et al. 2013).

Prozesskostensenkung über Self-Service-Funktionalitäten Mit der Cycle Time Reduction hängt das Ziel der Prozesskostensenkung im Internet-Kanal zusammen. Die Automatisierungsmöglichkeiten in der Abwicklung eröffnen große Kostensenkungspotenziale im Vergleich zu den stationären Kanälen, sodass erfahrungsgemäß die Personalkostenanteile im Online-Shop erheblich niedriger liegen als im stationären Geschäft. Weitergehende Überlegung ist die Prozesskosteneinsparung über eine komplette Automatisierung der Prozesse durch sogenannte Self-Service-Funktionalitäten auf der Website: Der Kunde wickelt selbst Interaktionen mit dem Unternehmen ab, ohne dass ein Verkaufsmitarbeiter aktiv werden muss. Grundproblem bei der Nutzung solcher Self-Service-Module ist die Komplexität der Benutzerführung, die oftmals komplizierter ist als ein schneller Anruf im Callcenter. Die sich daraus ergebende Ablehnung des Self Service kann aber durch Anreizsysteme überwunden werden. Es gilt die Daumenregel, dass die Höhe der Anreize umgekehrt proportional zu der Nutzungsfrequenz und proportional zu der Komplexität der Aufgabe ist.

Führungsorganisation im Online-Handel Auch in Fachkreisen besteht große Unsicherheit darin, wie die prozessualen Anforderungen im Online-Handel in der Führungsorganisation umzusetzen sind. Es gilt, die strukturellen Rahmenbedingungen zu schaffen, um die Schlagkraft gegenüber den Wettbewerbern zu erhöhen und damit dauerhafte Wettbewerbsvorteile zu erlangen. Dies kann – ähnlich wie in den klassischen Organisationsformen auch – über Zentralbereiche in einer prozessübergreifenden Führungsorganisation erfolgen. Eine derartige Führungsorganisation ist in Abb. 2.16 beispielhaft dargestellt.

Unter den Ressortzuständigkeiten der Unternehmensführung stellen die Corporate Units (CU) prozessübergreifend die Koordination und Integration in den wichtigsten Linienfunktionen sicher. Dabei handelt es sich u. a. um Einkauf/Sourcing, New Member Marketing, Current Member Marketing, Shop Management, Marktplätze, Onsite Improvement, Offsite Improvement sowie Logistics und ERP. Service Units (SU) unterstützen die Kernprozesse und ihre Process Owner in allen operativen Belangen. Diese wiederum verantworten eigenverantwortlich ihre Prozesse und damit das Fulfillment, ähnlich wie die Produktionsprozesse in einer Produktionsstätte. Die wichtigsten Kernprozesse sind

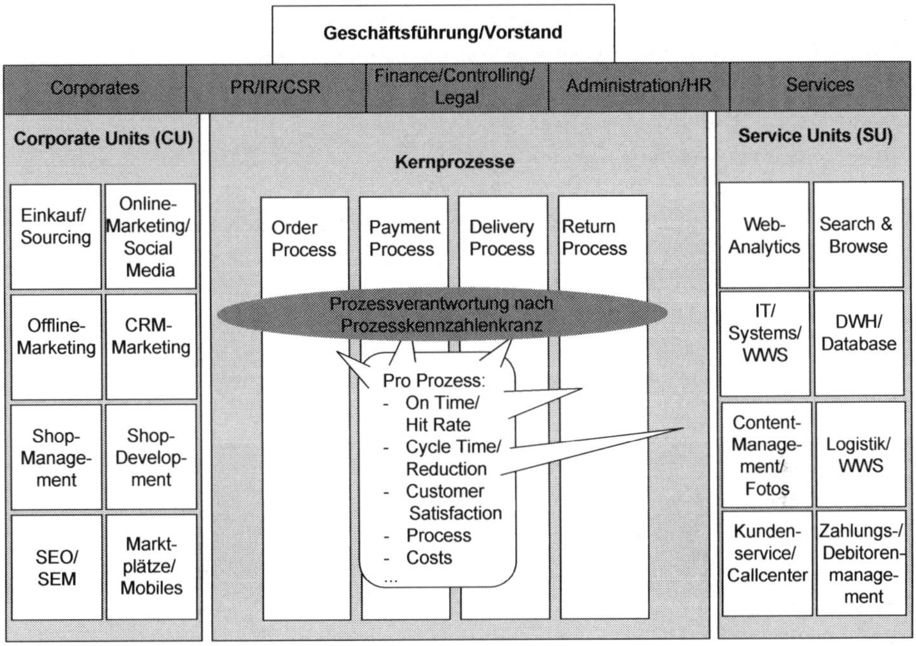

Abb. 2.16 Mögliche Führungsorganisation in Online-Handelsunternehmen

hier der Order-Prozess, die Bezahlabwicklung bzw. der Payment-Prozess, der Liefer- bzw. Zustellprozess sowie der Retourenprozess.

2.3.5 Rentabilisierung im Online-Handel

Aufgrund der hohen Anlaufverluste sind Unternehmen schnell dazu verleitet, doch nicht mit dem Online-Shop zu starten. Hinzu kommt die mittlerweile weit verbreitete Meinung, dass E-Commerce sich nicht lohnt (Shopmacher 2012). Vor allem der Branchenriese Amazon und auch der Shooting Star Zalando gelten in „Stationärhandelskreisen" als „Non-Profit-Veranstaltung". Dem ist aber zunächst entgegenzuhalten, dass ein Unternehmen, das heutzutage nicht im E-Commerce vertreten ist, auf Dauer den Kontakt zu einem wachsenden Kundensegment verliert. Zudem liegt dieser Schlussfolgerung eine Fehleinschätzung zugrunde, denn der Online-Kanal erbringt in Multichannel-Systemen häufig Marketingleistungen für den stationären Kanal, was in der Cross-Media-Budgetierung berücksichtigt werden sollte. Verliert Printwerbung immer mehr an Bedeutung, sollten die klassischen Medien zurückgefahren und die dadurch frei werdenden Mittel für den Online-Shop verwendet werden. Vor allem die Unternehmen, die somit einen Teil ihrer Marketingbudgets aus dem Online-Shop auf die Filialen umlegen, wählen in der Regel den richtigen Planungsansatz. Sie verspielen dadurch auch in den klassischen

Kanälen nicht ihr Markenpotenzial und erzielen die daraus resultierenden Multichannel-Effekte für das gesamte Unternehmen. Auch wenn viele Online-Filialen heute wirtschaftlich noch nicht tragfähig sind, kann E-Commerce insofern durchaus erfolgreich und gewinnbringend betrieben werden. Je größer der Umsatz ist, desto eher rechnet sich der Online-Shop, in der Regel ab 25.000 bis 40.000 Transaktionen pro Jahr. Zudem können die Online-Prozesse auch für andere Online-Aktivitäten wie zum Beispiel Marktplätze oder sonstige Internet-Vermarkter genutzt werden, wenn sie einmal aufgebaut sind.

In Hinblick auf den Branchenriesen Amazon sei angemerkt, dass dieser in 2015 bei rund 107 Mrd. US-Dollar Umsatz immerhin 11,9 Mrd. Operating Cash Flow erwirtschaftet hat (Amazon 2016). Die EBITDA-Marge liegt mit gut 10 % deutlich über derjenigen der Wal-Mart Stores, Inc.. Da es jedoch das oberste Ziel des Amazon-Gründers und -Chefs Jeff Bezos ist, so schnell wie möglich größter Händler der Welt zu werden, wird praktisch der gesamte Cashflow in Wachstum investiert. Bei den anhaltend hohen Wachstumsraten von mindestens 20 % jährlich wird Amazon Wal-Mart als größten Händler der Welt in einigen Jahren abgelöst haben. Gegenüber 2014 konnte das Operating Income von 178 Mio. US-Dollar auf 2.233 Mrd. US-Dollar vervielfacht werden.Bei Halbierung der Wachstumsrate würde das EBT wahrscheinlich bei bis zu drei Milliarden US-Dollar liegen.

Zalando ist erst rund acht Jahre alt und damit eigentlich noch in der Start-up-Phase. Da der Break-even vergleichbarer E-Commerce-Unternehmen eher bei acht Jahren liegt und Zalando bereits seit dem zweiten Quartal 2014 schwarze Zahlen schreibt, ist eine nachhaltige Rentabilisierung absehbar (Excitingcommerce 2014a, b; Zalando 2014). Dennoch sind die meisten Online-Shops noch nicht rentabel, was jedoch häufig hausgemachte Ursachen hat und nicht generell am Geschäftsmodell E-Commerce liegt. Wesentliche Ursache ist die Investition in falsche und überdimensionierte Systeme, was den Online-Händler über Jahre hinaus lahm legen kann oder weitere Ausbaustufen wie zum Beispiel eine Internationalisierung nicht ermöglicht. Weit verbreitete Ursache ist aber auch das Outsourcing des Online-Shops oder seiner Kernfunktionen. Dieses hat zwar zum Start den Vorteil, mit relativ geringen Fixkosten starten zu können. Großer Nachteil ist allerdings, dass sich keine Skalierungseffekte einstellen können und damit eine Rentabilisierung häufig in weite Ferne rückt. Wichtiger „Erfahrungswert" der letzten Jahre ist insbesondere in Hinblick auf die Rentabilisierung, Insourcing- tendenziell Outsourcing-Lösungen vorzuziehen (Shopmacher 2012).

2.4 Marketingpolitik und CRM im Online-Handel

Die Interaktivität des Online-Handels geht Hand in Hand mit den Möglichkeiten des Internet, Kundendaten automatisch und zeitnah zu generieren. Im Gegensatz zum Massenmarketing aus dem Offline-Zeitalter geht es um eine möglichst individuelle und interaktive Erfüllung der Kundenwünsche. Die Kundenbedürfnisse werden auf Basis personalisierter Angebote hoch differenziert behandelt. Im Grunde praktiziert der Online-Handel im

Gegensatz zur alten Offline-Welt ein lupenreines „One-to-One"-Marketing, das sowohl in Hinblick auf den Kundenwert als auch die Kundenbedürfnisse als ausdifferenziert anzusehen ist (vgl. Abb. 2.17). Es nutzt umfassende Informationen über die Präferenzen bzw. das Kundenverhalten und bedient sich der Online-Marktforschung im Rahmen des Profiling, also der detaillierten Kundenbeschreibung. Die permanente Interaktion erlaubt eine Erweiterung und Vertiefung des Individualisierungsgrades im Zeitverlauf (dynamisches Profiling). Das Target-Marketing mit der Unterteilung des Marktes in homogene Untergruppen steht in engem Zusammenhang mit dem Profiling, das aufgrund der Kosteneffizienz und Aktualität digitaler Daten im Vergleich zu früher relativ kostengünstig erfolgen kann. Allerdings darf nicht unterschätzt werden, dass eine spezielle Technologie für den Aufbau und die Verwaltung der Kundendaten erforderlich ist, was in jedem Fall ein gewichtiger Kostenfaktor ist. Dieser hat jedoch investiven Charakter, vereinfacht die Automatisierung von Prozessen und reduziert Streuverluste (Kollmann 2013).

Der Marketingmix im „One-to-One"-Marketing des Online-Handels stellt sich völlig anders dar als im offline-orientierten Massenmarketing. Ähnlich wie im katalogbasierten Versandhandel liegt hier der Schwerpunkt vor allem auf dem CRM und Kundendatenmanagement (Thieme 2006). Dieses bildet die Basis für ein Neukunden- sowie ein sich nahtlos ergänzendes Bestandskundenmarketing. Diesbezüglich spielen das Kundenerlebnis und dabei die Kundenbegeisterung eine zentrale Rolle.

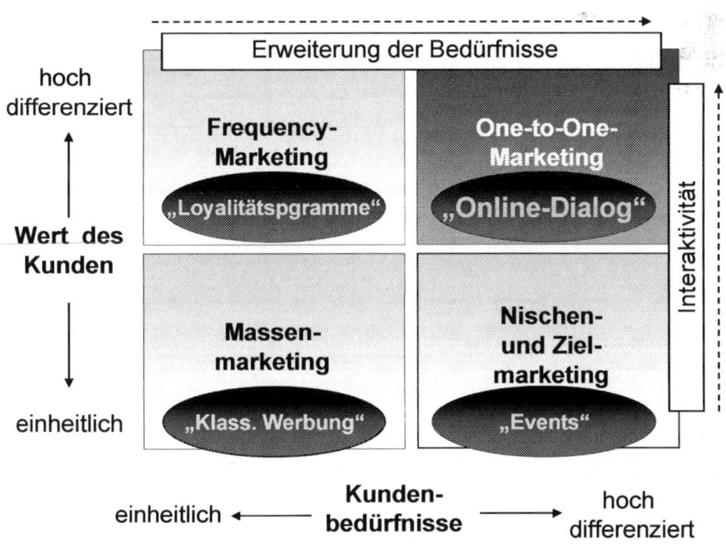

Abb. 2.17 Einordnung des One-to-One-Marketing. (Quelle: In Anlehnung an Peppers und Rogers 1997, S. 65)

2.4.1 Marketingmix im Online-Handel

Die klassische Einteilung des Marketingmix in Produkt-, Preis-, Distributions- und Kommunikationspolitik (Meffert et al. 2012) ist entsprechend der Besonderheiten des Online-Handels zu ergänzen. Auch die Reihenfolge ist zu ändern, denn der Kommunikationspolitik kommt im Rahmen der Frequenzgenerierung eine Schlüsselrolle zu. Diese führt im Frontend zum Kundenerlebnis, das sich dann über die Beschäftigung mit dem Sortiment und den Preisen fortsetzt (vgl. Abb. 2.18).

Kommunikationspolitik

Die Kommunikationspolitik beinhaltet Traffic-Generierung durch Target Branding und Offsite-Marketing/Social Media, als auch Traffic-Verteilung durch Onsite-Marketing (Gehrckens und Boersma 2013). Das Target Branding hat eine entscheidende Rolle in Hinblick auf die Erwartungshaltung des Kunden und damit die Beurteilung der Leistung aus Kundensicht. Der Zusatz „Target" drückt aus, dass es vor allem um den Aufbau eines zielgruppenorientierten Markenversprechens geht. Insofern spielt auch die Zielgruppenfindung und -ansprache eine herausragende Rolle. Das Internet lässt es allerdings auch zu, einzelne Zielgruppen fokussiert zu adressieren. Die Frage ist jedoch, welche Segmentierung der potenziellen Käufer eigentlich heute zu einer erfolgreichen Zielgruppendefinition führt. So sind Lebensentwürfe, Werte und Ziele der einzelnen Individuen extrem vielfältig. Soziodemografische Zielgruppenbetrachtungen und eindimensionale Zielgruppenmodelle reichen insofern nicht mehr aus, das Kundenverhalten zu verstehen. Vielmehr ist ein übergeordnetes System konsumrelevanter Wertorientierungen heranzuziehen. Dieses sollte spezifische Weltanschauungen, Überzeugungen, Kaufgewohnheiten und das Kommunikationsverhalten zu charakteristischen Lebensstilen verdichten (Peichl 2009), so wie es die Consumer Styles der GfK oder das Zielgruppensystem der HML Modemarketing tun (vgl. Abb. 2.19). Die Erfahrung zeigt, dass in diesem Bereich häufig die unternehmensindividuellen Umstände entscheidend sind, zum Beispiel welches

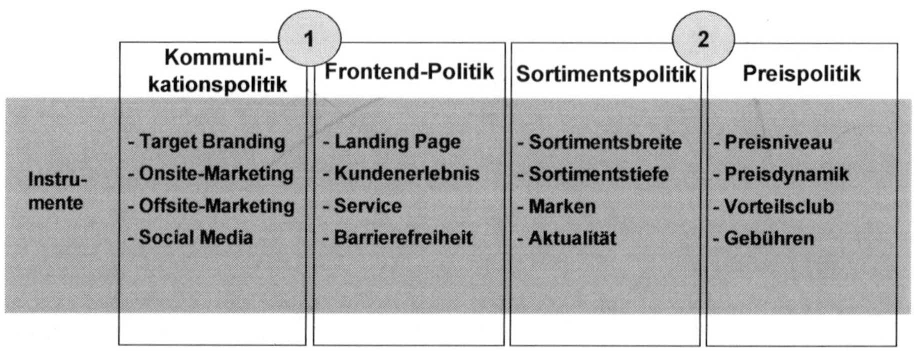

Abb. 2.18 Marketingmix im Online-Handel

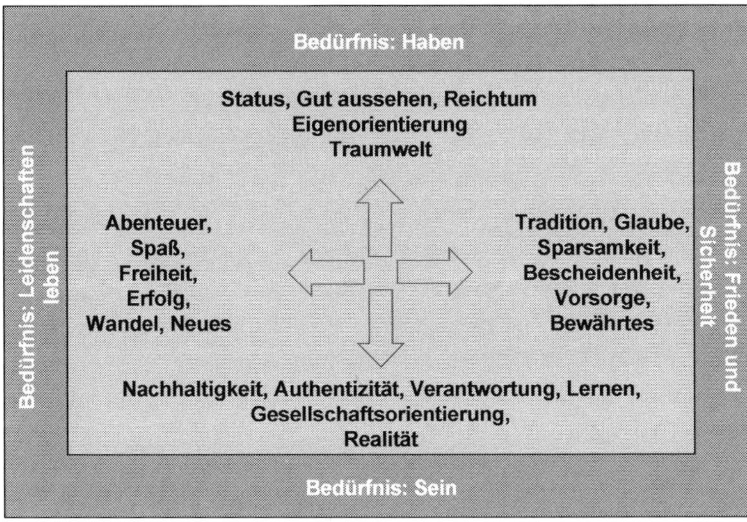

Abb. 2.19 Wertorientierungen zur Zielgruppenfindung bei GfK Consumer Styles. (Quelle: Gehrckens und Boersma 2013 in Anlehnung an Peichl 2009)

Markenversprechen in der Vergangenheit kommuniziert wurde. Das Onsite-Marketing bezeichnet eigene Kommunikationsmaßnahmen (= „owned" Media), während das Offsite-Marketing die ergänzend dazuzuschaltenden Medien betrifft (= „bought" Media).

Die über Social-Media-Anwendungen erreichbaren Impulse nehmen eine Sonderrolle ein (= „earned" Media) (Kreutzer 2014). Die Übergänge vom Onsite-Marketing zum Verkauf sind fließend. Auch die Instrumente der Kommunikationspolitik ordnen sich häufig dem Customer Relationship Management (CRM), also der Kundengewinnung und Kundenbindung unter, die deswegen im Folgenden einen besonderen Stellenwert erfahren. Als Knackpunkt erweist sich immer wieder die sinnvolle Verteilung des Online-Werbebudgets. Galt bislang für die Abrechnung performance-basierter Online-Werbung das Prinzip „Last Cookie Wins", wird zunehmend daran gezweifelt (IWB 2011c, S. 16). Als wesentlicher Grund wird angegeben, dass die Orientierung an der letzten Handlung des Kunden – in der Regel Googeln – die sogenannte Customer Journey ausblendet. Diese besagt, dass zwischen dem Kaufgedanken und dem Klick eine Reihe von Stationen liegt. So sind Werbebanner oder E-Mail-Newsletter nicht selten Kaufimpulsauslöser. In der Kommunikation werden in der Regel umfassend Social-Media-Anwendungen genutzt, vor allem im Mobile-Marketing. Kundenorientierte Anwendungen sind zum Beispiel durch Pod- und Videocasts möglich, die in Form von Audio- bzw. Videodateien den mobilen Nutzern über Abonnementdienste zur Verfügung gestellt werden. Auf einem Webserver stehen diese Dateien dann zur Verfügung und werden regelmäßig aktualisiert bzw. ergänzt. Sie können zeit- und ortsunabhängig abgespielt werden und versetzen den Mobile-Commerce-Anbieter in Verbindung mit dem Push-Kanal der RSS-Feeds in die Lage, individualisierte Informationen permanent bereitzuhalten. Dies entspricht in hohem Maße dem Prinzip des One-to-One-Marketing. Eine besondere Möglichkeit in Form von interaktiven Videos, die gut für Kampagnenzwecke genutzt werden können, stellt YouTube dar.

Frontend-Politik

Die Frontend-Politik befasst sich mit der Gestaltung und Ausrichtung der Landing Page, dem Kundenerlebnis, der Servicepolitik sowie der Barrierefreiheit. Die Landing Page sollte im Sinne eines Schaufensters Aktualität und Verkaufsbereitschaft signalisieren, zugleich aber einen schnellen Überblick über das Gesamtangebot geben. Hier finden bereits die ersten Kauf- bzw. Besuchsabbrüche statt, wenn die erste Seite des Online-Shops aus Kundensicht zu sehr nach einem digitalen Prospekt aussieht. Es geht nicht um das Diktat strenger Marketingrichtlinien, sondern um Verkaufsbereitschaft und Anziehungskraft. Das Kundenerlebnis ist insofern eine wichtige Säule, um den Besucher vom Schaufenster in den Shop zu ziehen und sich dabei im Wettbewerb attraktiv zu positionieren. Das Kundenerlebnis umfasst grob betrachtet Angebotspräsentation, Beratung und Kundeneinbindung. Im Bereich der Angebotspräsentation und Beratung spielt die Qualität der Produktabbildungen und -informationen eine herausragende Rolle (Gehrckens und Boersma 2013). Die Kundeneinbindung ist auf vielfältige Art möglich und vermittelt Lebendigkeit. Auch zum Beispiel User Generated Content und die Interaktion des Händlers mit dem Kunden verleihen dem Shop eine Seele. Besonders wirksam sind hier zum Beispiel durch den User erstellte Looks/Outfits, das heißt Empfehlungen von zueinander passenden Produkten, die vom User als Produktcollagen erstellt werden (Gehrckens und Boersma 2013). Dementsprechend hat User Generated Content mittlerweile einen hohen Stellenwert, wie YouTube, Flickr oder Facebook eindrucksvoll verdeutlichen. Von insgesamt vielen Milliarden monatlich betrachteten Online-Videos ist der größte Teil offensichtlich User Generated Content (Unterberg 2008, S. 205). Den interaktiven Gesprächen über Konsumerlebnisse können sich vor allem Online-Händler heute nicht mehr entziehen. Die Konsumenten haben sich mithilfe des Internet emanzipiert und entscheiden in zunehmendem Maße darüber, wann, wo und auf welche Weise Medien genutzt und damit Werbung „konsumiert" wird. Umfang und Art der Serviceleistungen sollten dem User schnell vermittelt und später im Sinne eines Leistungsversprechens auch eingehalten werden. Zu den webbasierten Services, die im Frontend nutzbar sind, zählen auch „Informations-Remixe" anderer Homepage-Betreiber, sogenannte Mashups (Möhlenbruch et al. 2008, S. 232). Mashups nutzen das Konzept offener Schnittstellen und generieren durch die Kombination von Inhalten und Daten unterschiedlicher Anbieter einen Mehrwert für den Nutzer. Dabei werden häufig relevante Leistungen zu neuen Angeboten kombiniert. Auch wenn Mashups aufgrund der technischen Restriktionen noch relativ unüblich im Mobile-Marketing sind, dürfte sich das im Zuge des technischen Fortschritts bei den Endgeräten zukünftig ändern. Schließlich kennzeichnet die Barrierefreiheit eine bestmögliche Usability. So erleichtert das Tagging beispielsweise den Nutzern, Inhalte individuell zu beschreiben. Bei der Speicherung von Daten in Dateien bezeichnet „Tag" eine Meta- oder Zusatzinformation (zum Beispiel Schlagwörter in Form von Karteireitern), die einer Datei angefügt wird, um sie auf einer anderen Website durch bloßes Anklicken jederzeit zu finden und direkt dorthin gelangen zu können. Weiterhin gibt es zur zusätzlichen Auszeichnung von beliebigen Daten den „Exchangeable Image File" (EXIF). Die Technologie des Tagging kann von Unternehmen insbesondere als Untersuchungsinstrument genutzt werden, um Trends und Präferenzen zu analysieren.

Sortimentspolitik

Auch im Online-Handel stellt das Sortiment „das Herz" des Marketing dar. Im Vergleich zum Stationär- und auch Versandhandel zeichnen sich Online-Handel sowie Mobile Commerce allerdings durch „unbegrenzte" Sortimentsvielfalt aus, die aus dem Wegfall zeitlicher und räumlicher Restriktionen resultiert. Deswegen müssen Einkäufer als Category Manager im Online-Handel ganz anders agieren als im stationären Handel. Kunden sind durch ihre Aktivitäten in Foren, Blogs, sozialen Netzwerken, Special-Interest-Seiten oder Online-Shops oftmals sehr gut informiert über die aktuellsten Trends und Entwicklungen in den für sie interessanten Sortimenten. Dies betrifft auch die Aktualität des Sortiments und ein attraktives Markenportfolio. Fast Fashion etwa erfordert exzellente Prozesse, die es zum Beispiel ermöglichen, eintreffende Produkte innerhalb von wenigen Stunden online verkaufsfähig zu machen (Gehrckens und Boersma 2013).

Eine aus Kundensicht relevante Sortimentspositionierung sollte im Wesentlichen zwischen Sortimentsbreite und/oder -tiefe erfolgen. Idealausprägungen stellen entweder eine extreme Sortimentstiefe in Form eines Special Shops oder aber eine extreme Sortimentsbreite mit maximaler -tiefe als Category Killer dar. Der Special Shop richtet sich als Zielgruppenspezialist aus, wie zum Beispiel der britische Online-Händler Asos, der im Bereich Fashion/Lifestyle Marktsegmente mit spitzen und entsprechend sehr passfähigen Konzepten adressiert. Die Zielgruppe von Asos lässt sich eindeutig als Trendy/Mainstream identifizieren. Im Vergleich zum Special Shop hat ein Category Killer einen ganz anderen Ansatz und verkauft Waren/Leistungen in einer nahezu endlosen Artikeltiefe im Longtail je Kategorie. Angesprochen werden Kunden, die eine größtmögliche Auswahl suchen. Dieses Konzept zielt vor allem auf bedarfsdeckende Käufer ab. Beispiele für eine solche Ausrichtung sind Globetrotter oder Zappos/Zalando (Gehrckens und Boersma 2013).

Egal ob Special Shop oder Category Killer, moderne Online-Shops müssen nicht nur alle anderen Handelsformate in Hinblick auf die Aktualität, sondern ebenfalls hinsichtlich eines attraktiven Markenportfolios toppen. Diesbezüglich helfen strukturierte Marktplätze oder Partnermodelle, wie von Asos und Zalando praktiziert. Auch wenn Social-Media-Anwendungen im Bereich der Produkt- und Sortimentspolitik bisher nur vereinzelt genutzt werden, lassen diese in Zukunft vielversprechende Anwendungen im Online-Handel erwarten (Möhlenbruch et al. 2008, S. 232). Soziale Netzwerke und Communities sind zum Beispiel sehr gut für die Generierung von Konsumentenideen (Consumer Generated Contents) nutzbar. Die Nutzer entwickeln sich zunehmend von Konsumenten zu „Prosumenten", also mit in die Erstellung integrierten Kunden. Mit dem Internet-Einkauf und dabei vor allem der Produktkonfiguration gibt der Konsument freiwillig Informationen über seine Präferenzen preis, die Basis für die Erstellung des eigentlichen Gutes sind. Dabei verwischt die Grenze zwischen Konsument und Produzent. Der passiv rezipierende Konsument gehört immer mehr der Vergangenheit an.

Preispolitik

Auch die Preispositionierung des Online-Händlers kennzeichnet eine ähnlich starke Veränderungsintensität wie die Sortimentspolitik (Schleusener 2012). Diesbezüglich sollte eine zielgruppenadäquate Lösung für Preisniveau, Vorteilsclub, Gebühren und Preisdynamik gefunden werden. Wenn Amazon bei jedem neuen Prospekt von Media Markt die Preise angleicht und auch sonst völlig dynamisch und fast in Real Time sein Pricing an den Wettbewerb anpasst, dann ist die Wettbewerbsposition anderer Anbieter unmittelbar betroffen. Auch weil sich Preise verschiedener Anbieter im Internet problemlos und schnell vergleichen lassen, unterstützt von Preisvergleichsseiten. Insofern spielt der Preisvergleich im Online-Handel eine herausragende Rolle (Gehrckens und Boersma 2013): Er erhöht nicht nur die Preistransparenz, sondern beeinflusst auch das Kaufverhalten der Kunden maßgeblich. Im Online-Handel und insbesondere beim Mobile Shopping legen die Internet-User Wert auf ein vergleichsweise niedrigeres Preisniveau bei vergleichbaren Artikeln, zumal Online-Shops ja Selbstbedienungsformate sind. Insofern setzen Kunden bei gleichen Artikeln immer mehr Preisagenten oder auch Preissuchmaschinen ein, was den Siegeszug der Portale befeuert (zum Beispiel guenstiger.de, preisvergleich.de, geizhals.at oder preissuchmaschine.de). In diese Richtung geht auch das Online-Powershopping bzw. Group Selling, bei dem sich Nachfrager zusammenschließen, um durch ein größeres Absatzvolumen den Preis zu drücken. Auch hierdurch wird der Preiskampf im Online-Handel gefördert und die Macht zugunsten der Nachfrager erhöht. Aufgrund der steigenden Markttransparenz und des damit einhergehenden Wettbewerbsdrucks durch das Internet erwartet der Kunde, dass die Preisspielräume der Anbieter Abschläge zulassen. Die Kunden haben gelernt, dass die Preiskalkulationen in den neuen Kanälen häufig geringer sind als in den anderen Kanälen, auch dadurch, dass sie selbst Teilaufgaben der Kaufprozesse übernehmen (zum Beispiel Selbstbedienung, Bestellabwicklung etc.). Ein Preispremium würde wegen fehlender Servicekräfte von den Kunden nicht verstanden. Deswegen ist das Preisniveau vergleichbarer Artikel im Online-Kanal erfahrungsgemäß auch durchweg geringer als in den stationären Geschäften. Dafür erhält der Kunde aber keine persönliche Beratung und muss häufig auch Versandkosten zahlen, die als Preisbestandteil nicht zu vernachlässigen sind (Die Welt 2011). Dementsprechend spielen Gebührenmodelle eine entscheidende Rolle. Versandkosten stellen für viele Online-Händler eine wichtige Einnahmequelle dar. Darüber hinaus können sie gut mit Vorteilsclubs kombiniert werden und für Topkunden als Loyalitätsprogramm ausgeschmückt werden. Amazon Prime zeigt diesbezüglich in hervorragender Weise, wie Gebührenmodelle in Form von Flatrates funktionieren können. Sie ermöglichen eine dauerhafte Kundenbindung und damit Einnahmensicherung für den

Online-Anbieter, zahlen sich andererseits aber auch schnell für Intensiv- und Wiederholungskäufer aus, sodass von einer echten „Win-Win-Situation" gesprochen werden kann.

Aufgrund der großen Preistransparenz im Online-Handel besteht für Anbieter die latente Gefahr eines Preisdrucks, dem sie nur durch Individualisierung und Personalisierung ihrer Angebote standhalten können. Zudem spielt die Verlässlichkeit von Anbietern im Netz eine zunehmend größere Rolle und dürfte Auswirkungen auf Preisbereitschaften bei den Usern haben. Außerdem empfiehlt sich das Angebot von Eigenmarken im Web. Auch ein Handelsunternehmen kann Paketangebote bzw. Preisbündel für zusammengestellte Produkte schnüren, um die Vergleichbarkeit mit den Mitbewerbern zu erschweren. Grundsätzlich erfolgt die Preiskalkulation im elektronischen Absatz aber nach denselben Prinzipien und Methoden wie im nichtelektronischen Handel. Eine Ausnahme bilden jedoch die dynamischen Preisstrategien nach dem Online-Request-Prinzip oder Online-Auction-Prinzip. Kennzeichen des Online-Request-Prinzips ist eine aggregierte Nachfragerfassung in Hinblick auf Kaufwünsche und Preisvorstellungen, die an einen Vermittler (zum Beispiel Marktplatzbetreiber) weitergegeben werden. Dieser prüft die Angaben in anonymisierter Form (auch zum Beispiel Bonitätsprüfung) und leitet sie dann an geeignete Transaktionspartner auf der Anbieterseite weiter (Request for Proposal). Diese entscheiden dann, ob sie ein auf die Nachfrage passendes Angebot formulieren. Ein derartiges Online-Request-Prinzip findet zum Beispiel Anwendung bei dem Reise-Marktplatzbetreiber askerus.de (Kollmann 2013). Auch für die Preispolitik sind Social-Media-Anwendungen nutzbar. Die passive Teilnahme an sozialen Netzwerkaktivitäten ermöglicht Beobachtungen über Preisbereitschaften. Aber auch Preisvergleichsseiten kommt diesbezüglich eine große Bedeutung zu, denn mit ihnen lassen sich im World Wide Web Preise verschiedener Anbieter problemlos und schnell vergleichen. Insofern findet der Preisvergleich im Mobile Commerce auch seinen Niederschlag in entsprechenden Apps (zum Beispiel woabi.de).

2.4.2 CRM und Kundendatenmanagement im Online-Handel

Aufgrund der Interaktivität des Mediums Internet sind der Online-Handel und das Customer Relationship Management (CRM) untrennbar miteinander verbunden. Die Kundengewinnung, Gestaltung von Kundenbeziehungen und die gezielte Ausrichtung aller Prozesse auf die Kundenbedürfnisse haben insbesondere für die Online-Kanäle herausragende Bedeutung. Der Aufbau direkter und loyaler Kundenbeziehungen ist unmittelbar erfolgsrelevant im Online-Handel. Er zielt darauf ab, den Wert des einzelnen Kunden für das Unternehmen zu steigern und damit Gewinne und Unternehmenswert zu erhöhen (Schneider 2001, S. 31 ff.). Dabei spielt das Kundendatenmanagement eine zentrale Rolle. Diesbezüglich geht es um eine systematische Aufbereitung aller relevanten Kundendaten, die im Verkaufsbereich eines Warenwirtschaftssystems (WWS) anfallen. Interessante Informationen liefern zum Beispiel die Zusammensetzung der Einkäufe nach Art, Anzahl und Preisen der Artikel sowie Ort, Zeit und Häufigkeit der Einkäufe.

Für Online-Händler dürfte auch die Anzahl und Art der Beschwerden und Retouren wichtige Erkenntnisse liefern. Im Idealfall ist eine gezielte und individuelle Kundenansprache möglich, wenn es gelingt, diese Daten mithilfe von personenbezogenen, einkaufsverhaltensrelevanten Daten (zum Beispiel Kundendaten aus dem Data Warehouse) zu verknüpfen (Kenning 2014). Ein großes Problem ist allerdings, dass den Online-Handelsunternehmen mittlerweile eher zu viele als zu wenige Informationen zur Verfügung stehen (Big-Data-Problem) und diese nicht zur Ausschöpfung von Kundenpotenzialen eingesetzt werden können.

Im klassischen Handelsmanagement ging es zur Entscheidungsunterstützung bisher um IT-basierte Anwendungen, die auf gespeicherte Unternehmensdaten in einem Data Warehouse und/oder operativen Systemen zu Analysezwecken zugreifen, zum Beispiel durch eine integrierte Customer-Data-Plattform (Diligenz 2012).

Aus der Perspektive des Online-Handels reicht diese Vorgehensweise allerdings nicht mehr aus, da sie nicht unbedingt den Kunden und die Ausschöpfung der Kundenpotenziale in den Mittelpunkt der Anwendungen stellt. Deswegen besteht ein neuer Ansatz darin, den Wert der Kunden über den gesamten Lebenszyklus der Geschäftsbeziehung besser auszuschöpfen. Diesbezüglich sollten sich alle kundenbezogenen Entscheidungen eher auf systematische Datenanalyse statt auf Bauchgefühl stützen (Diligenz 2012). Während das klassische Kampagnenmanagement identische Produkte in allen Kanälen für definierte Kundensegmente anbot und der Marketer entscheiden musste, welchen Kunden welche Produkte angeboten werden, geht es im Next-Best-Action-Marketing (NBA) um etwas völlig anderes. Hier sollen passende Produkte im präferierten Kanal individuell für den einzelnen Kunden angeboten werden, was vom Kundenprofil und der bisherigen Kauf- und Verhaltenshistorie bestimmt wird (Diligenz 2012). Im Fokus steht dabei die Steigerung der Conversion Rate, die eine wirtschaftliche Skalierung des Online-Marketings ermöglicht (Diligenz 2012).

Der Weg vom „bauchgetriebenen Einzelhändler“ hin zum analytisch denkenden und handelnden Online-Händler erfordert eine entsprechende Institutionalisierung in der Organisation, zum Beispiel in Form von Kompetenzcentern. Diese definieren dann die Prozess- bzw. Kontrollpunkte und bereiten die Entscheidungen analytisch vor (Diligenz 2012). Idealerweise treiben die Experten in den Kompetenzcentern die Ausschöpfung der Kundenpotenziale in Form eines Regelkreises voran. Ein solcher Regelkreis ist in Abb. 2.20 dargestellt. Die einzelnen Schritte des Regelkreises sehen wie folgt aus (Diligenz 2012):

1. Strategiefindung und Innovation: Vertriebs- oder Marketingmitarbeiter schlägt neue Kampagnen wöchentlich vor.
2. Hypothesenvalidierung: Kampagnenkonzepte werden durch Analysten des Kompetenzcenters bestätigt (zum Beispiel Ergebnispotenziale).
3. Algorithmenerstellung: Selektionsmodelle und -regeln werden durch Kompetenzcenter erstellt.

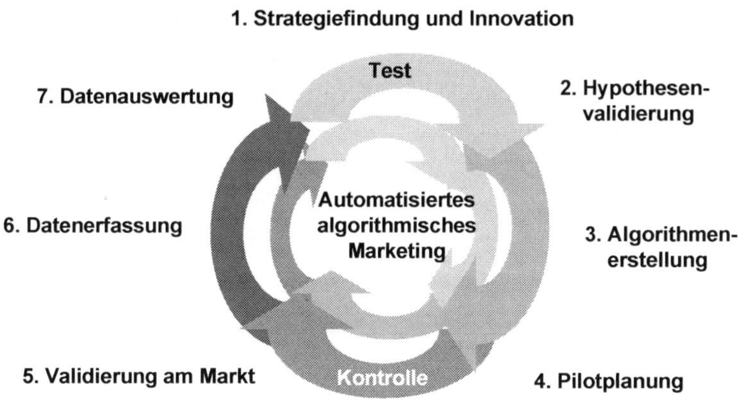

Abb. 2.20 Regelkreis zur Ausschöpfung von Kundenpotenzialen. (Quelle: Diligenz 2012 (dgroup))

4. Auf Basis von Profitabilitätsberechnungen durch das Kompetenzcenter erfolgt die Freigabe der Kundenkontakte.
5. Validierung am Markt: Kampagne/Maßnahme wird an Testgruppen versendet, sowie an Standardkampagnenempfänger. Kontrollgruppen werden eingehalten. Kunden reagieren auf das Marketing.
6. Datenerfassung: Bemessung des Kundenverhaltens durch das Kompetenzcenter in den darauf folgenden Tagen.
7. Datenauswertung: Kampagnenmehrwert wird ausgewertet: Verglichen werden Test-, Standard- und Kontrollgruppe. Automatisierte Kampagnen werden aufgrund der neuen Erkenntnisse ausgebessert.

Der Regelkreis sollte sich in eine IT- und Prozesslandschaft einbetten und so automatisiert und effizient den Kundendialog steuern. Dabei handelt es sich zum Beispiel um das Erstellen von Maßnahmen und deren Überführung anhand von Kampagnenlisten in eine Echtzeitmarketing-Engine. Nach Definition entsprechender Parameter können die gezielten Aktivitäten getrackt werden. Zudem sind Prüfungen möglich, ob Aktivität und Kunde für die Maßnahme qualifiziert sind. Ferner kann in Echtzeit ein relevantes Angebot für Einzelkunden erstellt werden, wofür dann Werbung und Content abgerufen werden. Maßnahme und Angebot werden damit zur Werbefläche (Shop/System) geliefert und der Kunde wird mit der Maßnahme gespeichert. Im Grunde lässt sich auf Basis einer integrierten Customer-Data-Plattform jede Managemententscheidung datengetrieben vorbereiten. Im Gegensatz zum Massenmarketing, das vor allem auf eine Steigerung der Marktanteile mit möglichst vielen standardisierten Massenprodukten abzielt, setzt CRM auf die gezielte Kundengewinnung sowie den langfristigen Aufbau loyaler Kundenbeziehungen. Im Kern verfolgt das CRM im Online-Handel folgende Normstrategien, die in Abb. 2.21 dargestellt sind (Marketingteacher 2014):

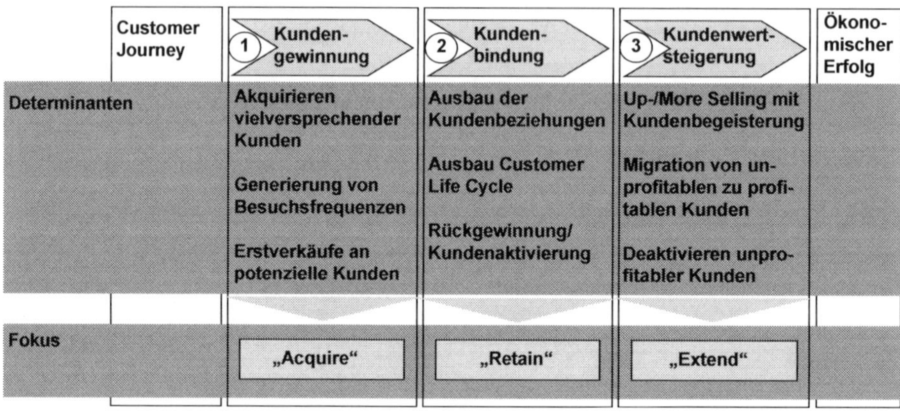

Abb. 2.21 CRM-Normstrategien im Online-Handel. (Quelle: In Anlehnung an Marketingteacher 2014)

1. Kundengewinnung: Akquirieren neuer Kunden mit Potenzial und ähnlichem Profil wie die profitablen Kunden („Acquire": Neukundenmarketing).
2. Kundenbindung: Ausbau und Verlängerung der Beziehung zu profitablen Kunden („Retain": Bestandskundenmarketing).
3. Kundenwertsteigerung: Migration unprofitabler bzw. umsatzschwacher Kunden zu profitablen bzw. umsatzstarken Kunden („Extend": Kundenbegeisterungsmarketing).

Ziel dabei ist die effektive Akquisition von Neukunden sowie der Aufbau einer „uniquen" Beziehung zu den Bestandskunden, die nicht ohne Weiteres von den Mitbewerbern imitiert werden kann und dadurch zum strategischen Wettbewerbsvorteil wird. Es kommt immer auch darauf an, enge Beziehungen zu den richtigen Kunden zu pflegen und diese weiter aufzubauen. Während die Kundengewinnung und die Kundenbindung Basisfaktoren für das Online-Geschäft darstellen, dient die Kundenwertsteigerung vor allem der Ertragssteigerung. Sie stellt neben dem Kunden-Cut, der ja eine Befreiung von unrentablen Kunden bezweckt, einen unmittelbaren Renditefaktor dar. Die dauerhafte Kundenbegeisterung sichert eine nachhaltige Kundenloyalität und damit das langfristige Wachstum. Ohne eine integrierte Customer-Data-Plattform ist jedoch ein modernes CRM nicht mehr denkbar. Diese gewährleistet, dass nicht nur Daten erhoben, sondern auch intelligent ausgewertet und zur Potenzialausschöpfung genutzt werden. Dabei spielt vor allem das mit dem Mobile Commerce einhergehende mCRM eine Schlüsselrolle für den Online-Handel und stellt einen Zukunftsfaktor dar. Sowohl Customer-Data-Plattform als auch mCRM bilden die wesentlichen Säulen des CRM im Mobile Commerce, das im Rahmen der Kundenbindung in den folgenden Kapiteln ebenfalls vertieft wird.

2.4.3 Kundengewinnung im Online-Handel

Die räumliche Trennung nach dem Distanzhandelsprinzip erfordert Interaktionen, die bisher so nicht erforderlich waren, jedoch für reine Online-Händler zentraler Bestandteil des Geschäftsmodells sind.

Websites sind häufig funktional und modern, nutzen aber vielfach bedeutende, die Kundengewinnung steigernde E-Tools nicht. Entsprechend hoch sind die Werbekosten bezogen auf die Anzahl der Neukunden. Die hierfür typische Kennzahl, Cost New Customer (CNC), liegt nicht selten bei über 50 €, zum Teil über 100 €, wovon im Online-Handel rund die Hälfte reine Akquisitionskosten sind. Die CNC der Reaktivierungen oder Vertragsverlängerungen liegen sicherlich günstiger, erreichen jedoch bei weitem nicht die CNC der Best Practices wie Amazon, die deutlich niedriger und wahrscheinlich unter 10 € liegen dürften. Folgende Instrumente stehen für die Kundengewinnung im Internet grundsätzlich zur Verfügung (Kollmann 2013):

- **Suchmaschinenmarketing**: Im Zuge von „Besuchsfrequenzen" auf Websites oder von „Traffic" bei Suchanfragen ist neuerdings auch das Internet zu einem neuen Handelsstandort geworden. Denn 57 % aller Kaufentscheidungen beginnen mit der Nutzung von Suchmaschinen (zum Beispiel google.de, yahoo.de) und dabei der Suche nach Keywords. Diese werden somit zum ersten Anlaufpunkt für Kunden. Folglich stellt die Platzierung auf den Ergebnislisten der Suchmaschinen einen zentralen Standort- und Erfolgsfaktor dar. Da Google rund 90 % Marktanteil in Deutschland hat, gilt dieses vor allem für das Google-Ranking. Die Position auf der Google-Seite ermöglicht es, interessierte Internet-User auf die eigene Website zu locken und zu Kunden zu machen. Da in der Regel nur die ersten zehn Positionen der Google-Liste vom Internet-User angeschaut werden, gelten diese als 1-A-Lage im Internet. Virtuelle Standortpolitik im Netz ist also in der Regel ebenso selten ein Zufallsprodukt wie Standortpolitik im stationären Handel. Grundsätzlich geht es im Suchmaschinenmarketing um alle Maßnahmen, die auf eine bessere Platzierung in den redaktionellen Ergebnisseiten der Suchmaschinen ausgerichtet sind (Kreutzer 2014; Lammenett 2006, S. 145). Zur Kundengewinnung bietet sich auch der Einsatz bezahlter Suchergebnisse im Rahmen des sogenannten Keyword Advertising an, mit der bei Eingabe eines Keyword die eigene Anzeige sicher als „Werbung" auf der ersten Seite erscheint. Durch keyword- bzw. anzeigenspezifische Tracking Tools unter Nutzung der Web-Analytics-Software kann darüber hinaus der Anzeigenerfolg bei den gebuchten Keywords sukzessive verbessert werden. Aufgrund der herausragenden Bedeutung von Suchanfragen sollte der permanenten Suchmaschinenoptimierung Beachtung geschenkt werden. Das wichtigste dabei ist, dass der Code der Homepage sauber programmiert ist.
- **Banner-/Displaymarketing**: Bei dieser Werbeform wird Werbung gezielt auf unternehmensfremden Seiten, die einen Bezug zum beworbenen Produkt haben sollten, platziert, um Kunden auf die eigene Website zu locken. Die Größe des Banners ist in der Regel individuell gestaltbar. Die gängigsten Formate sind Fullsize Banner

(468 × 60 Pixel), Rectangle (180 × 150 Pixel), Medium Rectangle (300 × 250 Pixel), Skyscraper (120 × 600 Pixel) sowie Wide Skyscraper (160 × 600 Pixel). Je nach Funktionalität können Banner entweder statisch oder animiert sein. Darüber hinaus gibt es sogenannte Fake Banner, die nicht als Werbung erkannt werden sollen und bewusst in den Content der Seite eingebettet werden, sowie zahlreiche Spezialformen, von denen der Pop-up-Banner die größte Verbreitung gefunden hat. Pop-ups überlappen Hauptseiten mit neuen Fenstern, die ausschließlich Werbung enthalten. Immer mehr Pop-up-Blocker untergraben aber zunehmend diese Werbeform. Displaywerbung, zu der im Wesentlichen Bannerwerbung gehört, stellt neben Suchmaschinenmarketing einen der größten Posten im Online-Werbebudget dar. In Deutschland setzen rund 21 % der Unternehmen Displaywerbung ein (Kreutzer 2014; Schwarz 2007, S. 7).

- **E-Mail-Marketing bzw. Permission-Marketing**: Dem Grundprinzip des Dialogmarketing folgend geht es hier darum, durch das Verschicken von E-Mails bzw. Mailings direkt Kunden anzusprechen. Sehr verbreitet ist das Verschicken von Newslettern, die dann auf die Website des Werbetreibenden führen, um dort durch spezielle Angebote Kunden zu werben. Insgesamt nimmt die Relevanz von E-Mails weiterhin kontinuierlich zu (Kreutzer 2014; Schwarz 2007, S. 17 ff.). Für diese Form der Kundengewinnung sprechen die relativ niedrigen Kosten sowie die recht hohe Response-Quote. So können einmal erstellte Inhalte beliebig oft und dazu noch kostenlos weiterverschickt werden. Die Verlinkung auf die Website vereinfacht die Reaktionsmöglichkeit, allerdings muss der Kunde sein Einverständnis zum Erhalt regelmäßiger Informationen und News geben (Opt-in-Gebot). Als erlaubnisbasierte Versendeform ist das E-Mail-Marketing damit eine Unterform des Permission-Marketing. Ein wesentlicher Vorteil des E-Mail-Marketing ist die Messbarkeit des Erfolges, der sich in Hinblick auf die An- und Abmeldungen, Kampagnen und deren Vergleich sowie Response und Angebote beziehen kann. Neben der Messung der „Cost per Interest" (CPI) und der „Cost per Click" (CPC) kann auch direkt die Messung des „Return on Investment" erfolgen. Dabei zeigen die Messergebnisse, dass „Single Topic Mailings", die als Transpromotional Mail (transaktionsbasiert) nur ein einziges Angebot enthalten, oft bessere Ergebnisse erzielen als reguläre Newsletter (Schwarz 2008, S. 35). Je nach Art und Anlass lassen sich verschiedene E-Mail-Typen unterscheiden, und zwar Trigger, Split oder Life Cycle E-Mails sowie E-Newsletter. Um Trigger E-Mails handelt es sich, wenn diese aus einem bestimmten Anlass (zum Beispiel Jubiläum oder Geburtstag) verschickt werden. Eine Split E-Mail liegt vor, wenn die Resonanz einer E-Mail getestet werden soll. Life Cycle E-Mails schließlich orientieren sich an der Lebenssituation der Kunden (zum Beispiel Anpassung an ältere Zielgruppe). Der E-Newsletter dient vor allem dazu, Kaufinteresse zu wecken, wird aber auch häufig zur Kundenbindung eingesetzt (Kreutzer 2014).
- **Viral-Marketing**: Mit diesem Marketinginstrument sollen Internet-User gezielt dazu animiert werden, Kommunikationsbotschaften kostenlos zu verbreiten, ähnlich des Prinzips der Mund-zu-Mund-Propaganda. Allerdings werden gezielt die Netzeffekte des Internets genutzt, um möglichst schnell und wirksam eine kostenfreie Verbreitung

der Informationen zu erzielen. Dabei bedient sich das Viral-Marketing verschiedener Trägerinstrumente wie zum Beispiel Suchmaschinen und Linkseiten (zum Beispiel ec-net.de). In speziellen Linkseiten können zusätzlich kostenlose Leistungen bekannt gemacht werden (zum Beispiel umsonst.de). Darüber hinaus können virtuelle Kommunikationsräume wie Themenforen oder Chats, spezielle Kommunikationsträger wie zum Beispiel Hotmail oder aber Weiterempfehlungen von Content-Seiten (zum Beispiel spiegel.de) zur Informationsverbreitung genutzt werden. Schließlich sind auch Gewinnspiele ein effektives Instrument, um auf Leistungsangebote aufmerksam zu machen (Kreutzer 2014; Schwarz 2007, S. 37). Häufig werden Virals, also viral zu kommunizierende Inhalte, eingesetzt, um Marken und Angebote bekannt zu machen und Erstkontakte mit potenziellen Kunden anzubahnen (Kreutzer 2014).

- **Affiliate-Marketing**: Diese Werbeform basiert auf dem Prinzip der Vertriebs- und Netzpartnerschaften zwischen verschiedenen Unternehmen. Grundlage ist eine Vereinbarung zwischen Partnern (Affiliates) in Hinblick auf die Bewerbung bestimmter Angebote. Marktplätze wie eBay und Amazon oder Nachrichtenportale wie T-Online stellen die wichtigsten Affiliate-Partner dar. Die Vergütung des Affiliate kann individuell sehr unterschiedlich und dabei durchaus ohne Zahlung als reines Tauschgeschäft erfolgen. Erfolgskritisch ist bei dieser Werbeform vor allem die Auswahl des geeigneten, affinen Partners mit hoher Besucherzahl (Traffic). Aufgrund der zum Teil sehr ausgeklügelten Vergütungsmodelle im Affiliate-Marketing stehen für diese Werbeform verschiedene Tracking Tools zur Verfügung. Häufige Anwendung finden zum Beispiel das URL Tracking (Integration der Partner-ID in den HTML-Code), Cookie Tracking (Speicherung von identifizierbaren Informationen im Browser des Besuchers), Datenbank-Tracking (Kombination aus URL und Cookie Tracking) sowie Webbugs (Einsatz von HTML-Wanzen). Affiliate-Marketing ist zu einer wichtigen Säule der Online-Neukundengewinnung geworden, die auch bei namhaften Unternehmen wie zum Beispiel E-Plus zunehmend Akzeptanz findet (Kreutzer 2014; Schwarz 2007, S. 29). An Attraktivität gewinnt außerdem die Nutzung sogenannter Affiliate-Netzwerkbetreiber wie zum Beispiel affilinet. de oder zanox.de, die zwischen Programmbetreibern und potenziellen Affiliate-Netzwerkbetreibern vermitteln. Häufig wird das Affiliate-Marketing zusammen mit Bannerwerbung praktiziert, wobei dann neben Produkt- oder Textlinks auch Banner des Merchants auf der Website des Affiliates integriert werden (Kreutzer 2014).
- **Offline-Marketing**: Zalando macht es vor und mittlerweile springen viele Online Pure Plays auf den gleichen Zug auf, denn vor allem TV-Werbung gilt als die mit Abstand effektivste Werbeform zur Steigerung von Bekanntheitsgrad und damit Kundengewinnung (Meffert et al. 2012, S. 628). Der Trend zur Offline-Werbung wird wohl auch durch die parallele Mediennutzung – das Omnichanneling – befeuert. Seit Gründung von Zalando in 2008 dürfte der größte Teil des Marketingbudgets dieses Pure Plays bisher in diese „klassische“ Werbeform geflossen sein. Und auch Redcoon bleibt zur Steigerung des Bekanntheitsgrades nichts anderes übrig, als im großen Stil auf TV-Kampagnen zu setzen.

Im Internet findet man leicht Zugang zu großen E-Mail-Datenbeständen, mit denen Kooperationen zur Neukundengewinnung eingegangen werden können. Das Gleiche gilt für Werbebanner, die auch – falls mit Angeboten versehen – zur Kundengewinnung genutzt werden können. Diesbezüglich bieten sich insbesondere Affiliate-Modelle und Guerillakampagnen an. Abschließend ist festzuhalten, dass mit dem Internet eine sehr große Anzahl von Transaktionen (Orders oder Neukundenorders) generierbar ist. Wie effektiv dies gemacht werden kann, zeigen Amazon und eBay, die über mehrere Millionen Neukunden pro Jahr akquirieren. Die großen Online Pure Plays nutzen intensiv virale Instrumente (Suchmaschinen, Affiliates, Freundschaftswerbung, Neukundengutscheine, Newsletter-Gewinnausschreiben) sowie Kooperationen mit Unternehmen, die einen großen Kundenstamm haben.

SEM versus SEO Generell gibt es zurzeit zwei verschiedene Arten, sich über das Suchmaschinenmarketing in den Suchergebnissen von Google zu platzieren. Fälschlicherweise werden die Begriffe Suchmaschinenmarketing und SEM („Search Engine Marketing") oder SEA („Search Engine Advertising") im deutschen Sprachgebrauch häufig synonym verwendet. Jedoch sollte das Suchmaschinenmarketing als Oberbegriff für das SEM/SEA und auch die „Search Engine Optimization" (SEO) verwendet werden. In Abb. 2.22 ist dargestellt, wie SEO und SEM/SEA zu unterscheiden sind. Während es beim SEO um die Optimierung des „Onsite"-Internet-Auftritts sowie externer „Offsite"-Faktoren geht, beinhaltet SEM die Werbung mit Suchworten („Keywords") sowie die kooperative Vermarktung auf anderen Websites („Content Search Advertising"). Grundsätzlich lassen sich mit beiden Ansätzen unterschiedliche Strategien verfolgen, je nachdem, ob ein Unternehmen SEM/SEA als Vertriebskanal oder zur Weiterentwicklung der Marke nutzt. In beiden Bereichen eignet sich SEM/SEA sowohl zur Akquisition von Neukunden als auch zur Bindung bzw. Reaktivierung von Kunden. Demgegenüber beinhaltet das SEO eine Optimierung interner und externen Strukturen, bis die eigene Seite

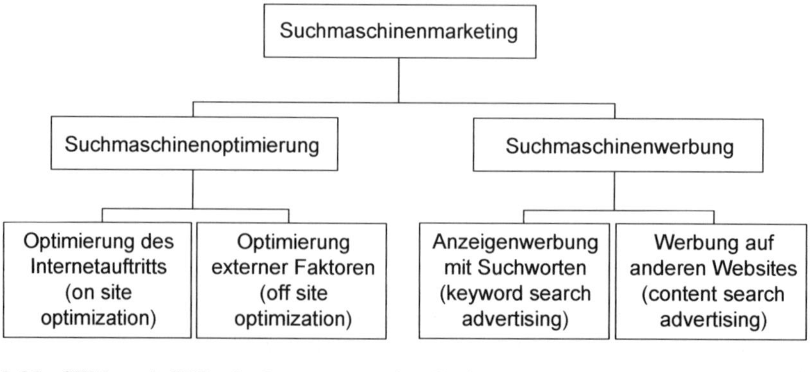

Abb. 2.22 SEM und SEO als Instrumente des Suchmaschinenmarketing im Online-Handel. (Quelle: Olbrich et al. 2015)

möglichst auf den vorderen Rängen der organischen Suchergebnisse auf der linken Seite zu finden ist. Hier geht es in erster Linie um das Auswählen passender Keywords und das Liefern einzigartiger Inhalte und Metainformationen wie zum Beispiel Seitentitel und Überschriften. Darüber hinaus sollten die Seitenstrukturen sowie die internen Verlinkungen optimiert werden. Auch die Integration einer XML-Sitemap und Alt-Attribute bei Bildern können hilfreich sein (Olbrich et al. 2015; Mahrdt 2010, S. 96; Mahrdt und Krisch 2010; Krekeler 2010).

Bei der zweiten Variante, dem SEM/SEA, wird ein sogenanntes Keyword Advertising betrieben, das gegen Zahlung eines gewissen Betrags, der bei Klick eines Users auf eine solche Anzeige fällig wird (CPC – Cost Per Click), erfolgt. Es handelt sich dabei also um eine Werbeanzeige, die im Idealfall oberhalb oder rechts neben den organischen Suchergebnissen geschaltet wird. Sowohl SEM als auch SEO sind die zentralen Instrumente des Suchmaschinenmarketing, das vor allem im Rahmen der Kundengewinnung eingesetzt wird.

Insgesamt bindet das Neukundenmarketing durch die hohen Kundengewinnungskosten große Budgets und Ressourcen. In der Start-up-Phase werden nicht selten mehr als 20 % vom Umsatz und mehr in den Kundenaufbau investiert (zum Beispiel bei Zalando). Diese Summen rechnen sich nur, wenn die Kundengewinnung nahtlos mit der Kundenbindung verzahnt ist und die Conversion entsprechend optimiert wird. Dieses ist Aufgabe des Bestandskundenmarketing.

2.4.4 Kundenbindung im Online-Handel

Wichtig ist, dass der Online-Händler seine Kundenbindungsmaßnahmen an dem Potenzial der jeweiligen Kunden ausrichtet, was detailliertes Wissen über jeden einzelnen Kunden erfordert. Loyale Kunden und langfristige Geschäftsbeziehungen sind folglich unumstößlich mit Kostensenkung, Umsatzsteigerung und Wachstum verbunden. Zusätzlich bringt ein hoher Stammkundenanteil dem Anbieter eine verbesserte Planungssicherheit bzw. geringere Fehlerquoten in Hinblick auf Disposition der Produkte und Leistungen für Folgeperioden. Die positiven ökonomischen Wirkungen der Kundenbindung im Online-Handel sind zusammenfassend in Abb. 2.23 dargestellt (Schrödter 2003, S. 14).

Hilfreich kann die Einordnung der einzelnen Kunden in einen typischen Lebenszyklus sein. So spielen zum Beispiel bei Möbeln das Alter und der Familienstand eine wichtige Rolle für Marketingmaßnahmen, da die Bedürfnisse von Singles, Rentnern und Familien sich diesbezüglich stark unterscheiden. Mit jedem Jahr, in dem die Geschäftsbeziehung fortdauert, wird ein Kunde wertvoller für den Online-Händler. Der mit loyalen Kunden nach mehreren Jahren erzielbare Jahresgewinn erreicht nicht selten ein Vielfaches des Grundgewinns im ersten Jahr. Das strategische Potenzial der Kundenbindung zeigt sich vor allem in solchen Märkten, in denen das Erstkäuferpotenzial nahezu ausgeschöpft ist, wie aktuell zum Beispiel in der Mobilfunkbranche. Auch angesichts der zunehmenden Austauschbarkeit von Produkten und Leistungen nimmt der Stellenwert

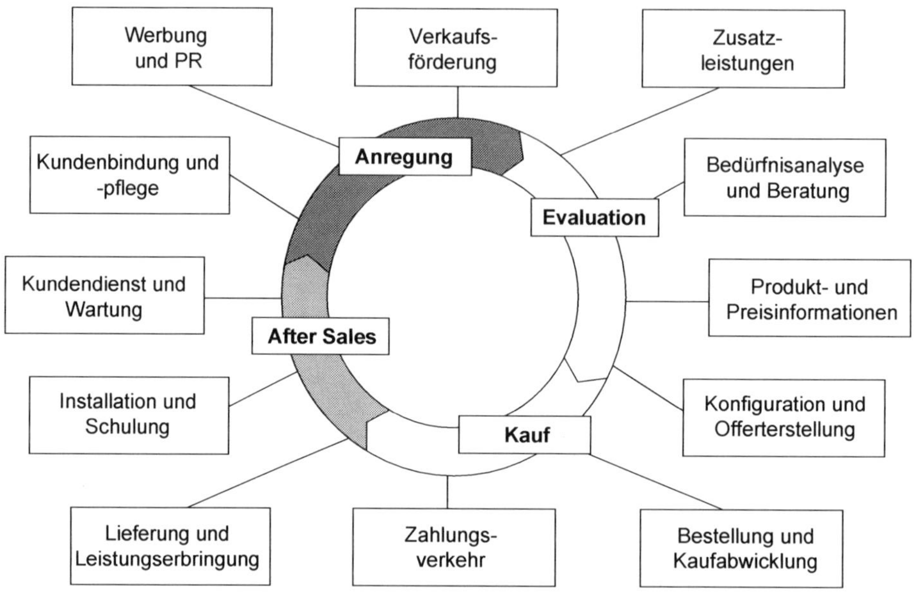

Abb. 2.23 Customer Buying Cycle. (Quelle: Güttler 2003, S. 26)

der Kundenbindung als Erfolgsfaktor zu. Die skizzierten Zusammenhänge verdeutlichen, dass es für den Online-Händler immer wichtiger wird, die Kundenbindung zu erhöhen bzw. die Kundenabwanderung („Churn Rate“ oder Migration) so gering wie möglich zu halten. Dazu gehört es auch, abwanderungsgefährdete Kunden rechtzeitig zu identifizieren. Außerdem sollte der Online-Händler zusammen mit den abgewanderten Kunden die Umstände analysieren, die letztendlich zur Abwanderung geführt haben. Die Informationen über abwanderungswillige oder bereits abgewanderte Kunden und die daraus gewonnenen Erkenntnisse über Abwanderungsgründe können dazu genutzt werden, durch adäquate Maßnahmen die Abwanderung weiterer Kunden in Zukunft zu verhindern (Schrödter 2003, S. 14–15).

Hand in Hand mit der Kundenbindung werden zunehmend auch Customer-Buying-Cycle-Modelle (CBC) diskutiert, mit deren Hilfe Unternehmen ihre Beziehung zu den Kunden verändern und erweitern können. Für jede Phase der Zusammenarbeit mit dem Kunden wird geprüft, wie diese verbessert werden kann. Das CBC-Modell, das in Abb. 2.23 dargestellt ist, lehnt sich an ein vierstufiges Phasenmodell der IBM an und besteht aus den vier Hauptphasen Anregung, Evaluation, Kauf und After Sales (Güttler 2003, S. 24 ff.):

- **Anregung**: In der Anregungsphase, die am Anfang der Beziehung zum Kunden steht, möchte ein Unternehmen bei potenziellen Kunden das Bedürfnis nach seinen Produkten wecken. Dazu versucht es, mögliche Kunden auf das Angebot des Händlers aufmerksam zu machen, wozu Werbung und Verkaufsförderung eingesetzt werden.

- **Evaluation**: Hat ein Unternehmen Interesse bei den Kunden geweckt, dann möchten diese detaillierte und konkretere Informationen über die angebotenen Produkte bzw. Leistungen erhalten. Insofern muss das Unternehmen den Kunden entsprechend seiner Bedürfnisse beraten, ihn eventuell auch mit Proben und Mustern versorgen und unterstützend auf seine Entscheidung einwirken. Abschluss dieser Phase bildet ein konkretes Angebot an den Kunden.
- **Kauf**: Ist die Entscheidung auf Kundenseite gefallen, gelangt er in die nächste Phase, den Kauf. Hier findet dann die komplette Bestell- und Kaufabwicklung statt. Der Kunde kann nun Produkte bestellen und bezahlen. Auch die Lieferung erfolgt in dieser Phase.
- **After Sales**: Hier beginnt der Zeitraum der Produktnutzung bis hin zur Entsorgung. Auch Einführung und Schulung sowie Kundendienst fallen in diese Phase, die ebenfalls Anreizsysteme für den erneuten Produktkauf bzw. Anschlusskauf beinhalten sollte.

Bei wiederholten Durchläufen ist es möglich, dass Phasen des CBC übersprungen werden, da der Kunde ohne erneute Bewertung Wiederholungskäufe tätigt oder wenn er von sich aus Interesse an weiteren Leistungen des Anbieters entwickelt und direkt zur Evaluationsphase übergeht, ohne eine besondere Anregung durch den Anbieter erhalten zu haben (Schrödter 2003, S. 37). Unterbrechungen des CBC können dagegen auftreten, wenn die Anregungen des Anbieters beim Kunden wirkungslos verpuffen, der Kunde plötzlich doch einen anderen Anbieter vorzieht oder die Kunden einfach kein Interesse mehr an einem Wiederholungskauf oder Cross Buying haben, Ziel eines jeden Anbieters muss dementsprechend sein, einer Unterbrechung des CBC entgegenzuwirken. Dazu kann er gezielt auf die Bedürfnisse seiner Kunden eingehen. Hohen Stellenwert hat diesbezüglich das Retention-Marketing in der After-Sales-Phase, mit dem der Kunde zum Wiederkauf animiert werden soll. Die praktische Anwendung des CBC-Modells im Online-Handel hängt stark von den angebotenen Produkten und Leistungen ab. Dabei kann ein Unternehmen prinzipiell sowohl alle Phasen der Kundenbeziehung als auch nur ausgewählte Phasen mit dem CBC-Modell unterstützen. Voraussetzung für die Nutzung in allen Phasen ist die Zustellung auf elektronischem Wege. Dies betrifft eigentlich nur Nominalleistungen (Wertpapiere, Devisen) und digitalisierbare Produkte (zum Beispiel Software, E-Books etc.). Bei materiellen Gütern, bei denen die Warendistribution nicht auf elektronischem Wege durchgeführt wird, besteht aber die Möglichkeit des „Online Tracking". Damit können die Kunden verfolgen, an welchem Ort sich die Ware derzeit befindet. In modifizierter Form kann das CBC-Modell jedoch auch gut für den Online-Handel mit materiellen Gütern herangezogen werden. Abb. 2.23 zeigt diesbezüglich Anwendungen, die anhand von Recherchen ermittelt wurden. Möglich ist dabei eine selektive Anwendung zur Unterstützung bestimmter Teilphasen (Güttler 2003, S. 29 ff.). Wichtige Säule für Kundenbindung im Online-Handel ist auch das Thema „Loyalitätsprogramm und Kundenkarte". Loyalitätsprogramme bieten dem Internet-Unternehmen zusätzliche Möglichkeiten zur Kundenbindung. Ziel ist es, die Konsumenten über eine gezieltere Ansprache in loyale Kunden zu verwandeln. Generell lassen sich drei Arten von Loyalitätsprogrammen unterscheiden (Heinemann 2013a; Meyer und Schneider 2002, S. 309 ff.):

- **Rabattprogramme**: Bei der Vorlage der Kundenkarte werden Preisnachlässe gewährt.
- **Bonusprogramme**: Umsatzabhängige Boni in Form von Bargeld und/oder Prämien.
- **Mehrwertprogramme**: Zusatzleistungen für loyale Kunden.

Häufig werden diese drei Typen mit weiteren Eigenschaften kombiniert (wie zum Beispiel Zahlungsfunktion). Der Trend geht eindeutig zu firmen- wie branchenübergreifenden Programmen (zum Beispiel Payback) mit der Möglichkeit, in verschiedenen Einkaufsstätten Punkte zu sammeln. Zudem erfährt das Thema permanent neue Impulse, zuletzt zum Beispiel durch Mobile Payment, da insbesondere der Paid-Content-Bereich immer weiter ausgebaut wird. Da das Kartenpotenzial in Deutschland immer noch hoch ist, würde sich ein Relaunch vieler Kundenkartenprogramme in jedem Fall anbieten.

Eng mit der Kundenkarte verbunden ist auch die Idee eines Kundenclubs mit dem Ziel der Emotionalisierung durch den persönlichen Kontakt. Insgesamt bieten Kundenclubs dem Anbieter die Möglichkeit, exklusive Vorteile in Anspruch zu nehmen. Das Leistungsspektrum bei Kundenclubs sollte auch von den Merkmalen der Kundenzielgruppen, zum Beispiel hinsichtlich des Loyalitätsgrads, abhängig sein. Im Idealfall mutiert der Kundenclub für die Kunden zu einem attraktiven Umfeld, das auch das Weiterempfehlungsverhalten fördert. Das Unternehmen sollte jedoch stets aufpassen, nicht andere Kunden zu sehr auszugrenzen und dadurch eine Reaktanz zu produzieren, wenn Nichtmitglieder (aber Kunden) zum Beispiel das Gefühl bekommen, von bestimmten Leistungen und Services zu ihrem Nachteil ausgeschlossen zu sein. Eine gefühlte Herabsetzung der Kunden in ihrem Kundenstatus sollte unbedingt vermieden werden. Das wird u. a. dadurch erreicht, dass die Kernleistungen außerhalb des Kundenclubs bereits den Grundbedarf der Konsumenten zufriedenstellend erfüllen und dabei die Eintrittsvoraussetzungen mit Bedacht gewählt werden. Daher eignen sich selbst vom Kunden gewählte Kriterien für einen Sonderstatus (zum Beispiel VIP-Club oder „Preferred-Customer"-Status).

Das Internet bietet gerade für Kundenclubs verbesserte Möglichkeiten zur Personalisierung und Interaktion mit den Konsumenten (Schrödter 2003, S. 44):

- **Die Online-Registrierungund -Aufzeichnung der kundenindividuellen Daten** kann eine Kundenkarte voll und ganz ersetzen, wenn es ausschließlich um Marktforschungszwecke geht, sodass der Kunde und sein Kaufverhalten identifizierbar und erfassbar werden.
- **Die Kundenzeitschrift** kann online durch den E-Newsletter ersetzt werden oder auch durch clubspezifische Internet-Seitenbereiche, die den gedruckten Medien klar überlegen sind, da sie flexibel und individuell gestaltet werden können.
- **Die Separierung der clubspezifischen Internet-Seitenbereiche** von den öffentlich zugänglichen Website-Teilen erlaubt auch eine bessere Aufgabenteilung von Kundengewinnung einerseits und Kundenbindung andererseits. Während die öffentlichen Seiten

einen Vorgeschmack geben und dabei auf die Clubseiten Appetit machen können, sind die Mitgliederseiten mit den eigentlichen kundenbindenden Leistungen nur über Passwort bzw. für Nichtmitglieder durch sofortige Mitgliedschaft auch unmittelbar zugänglich.

- **Gezielt eingesetzte Response-Elemente** wie zum Beispiel E-Mails oder Online-Blätter bzw. Formulare (zum Beispiel für Bestellung oder Befragung) können den Kundenkontakt erheblich intensivieren.

Im Online-Handel bietet sich an, die Nutzung des Clubangebotes mit traditionellen Elementen des Kundenclubs, also der Kundenkarte und/oder -zeitschrift, zu kombinieren und gegenseitig zu fördern. Darüber hinaus kann bei einem Prämiensystem die Prämienvergabe auch mit der Website-Nutzung verknüpft werden, sodass die Kunden zur verstärkten Inanspruchnahme des Internet-Kanals incentiviert bzw. motiviert werden. Dazu liefert das Internet zahlreiche Ansatzpunkte wie zum Beispiel Login, Registrierung, Newsletter-Abonnement, Diskussionsbeiträge in Foren, Weiterempfehlungen (Kunde wirbt Kunde), Bestellung, Bewertungen sowie Beteiligung an Online-Umfragen. Eine weitere Dimension für Kundenclubs eröffnet die Kommunikation zwischen Kunden zum Beispiel über Foren oder Live-Chats, wodurch diese zu einer sich austauschenden, sogenannten virtuellen Gemeinschaft entwickelt werden können („Virtual Communities"). Diese können dann wiederum auch Aspekte der CBC-Phasen abdecken bzw. unterstützen. Auch sind derartige Communities im Sinne des „Dazugehören-Wollens" zur Kundengewinnung nutzbar (Heinemann 2013a; Schrödter 2003, S. 45).

Kundenbindung durch Social Media In Hinblick auf die Kundenbindung kann Social Media helfen, Transaktionen positiv zu beeinflussen (Heinemann 2014b, S. 75; BV Capital 2011). Kooperative Kauferlebnisse sind geeignet, Wiederkaufraten und Cross Buying zu steigern. Zudem ist das Vertrauen in Communities höher, insbesondere in Hinblick auf Kaufempfehlungen. Ähnliches gilt für Mashups im Zusammenhang mit Value-Added-Services (Möhlenbruch et al. 2008, S. 235). Alles in allem bieten die innovativen Anwendungen der Social-Media-Funktionalitäten gute Ansätze zur Kundenbindung aufgrund ihrer Einflussmöglichkeiten auf die Kundenzufriedenheit und Kundenloyalität. Die Ansatzpunkte für das Kundenbindungsmanagement auf Social-Media-Basis sind zusammenfassend in Abb. 2.24 dargestellt. Dabei ist eine integrierte Betrachtung von großer Bedeutung, denn die Unterstützung in allen Phasen der Wirkungskette wirkt sich positiv auf die Kundenbindung aus.

2.4.5 Kundenwertsteigerung im Online-Handel

Der zweite wesentliche Hebel zur Rentabilisierung der Kundengewinnungskosten ist neben der Kundenbindung die Kundenwertsteigerung. Sie ist möglich durch eine Migration nichtprofitabler bzw. umsatzschwacher Kunden zu profitablen und umsatzstarken

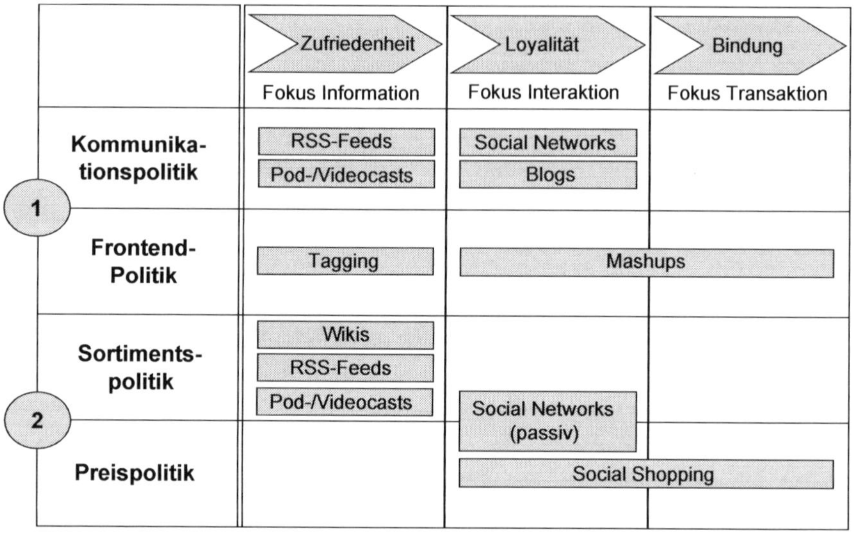

Abb. 2.24 Social-Media-Kundenbindungsmanagement. (Quelle: Möhlenbruch et al. 2008, S. 22)

Kunden. Dazu gehört es auch, unrentable Kunden ohne Potenzial nicht weiter zu bedienen oder sogar zu pönalisieren. Die beste und wahrscheinlich effektivste Form der Kundenwertsteigerung besteht aber in der Vermittlung von Kundenbegeisterung.

Migration nichtprofitabler Kunden zu profitablen Kunden Die Migration nichtprofitabler Kunden zu profitablen Kunden ist im Online-Handel in der Regel nur mit einem offensiven Internet-Auftritt möglich. Basisanforderungen eines Online-Shops sind diesbezüglich sicherlich ein kompetentes Angebot, attraktive Preise und guter Service. Das reicht aber nicht aus. Weiterer differenzierender Erfolgsfaktor ist die Fähigkeit, den Kunden zu animieren, häufiger (Frequenz) und mehr (Cross Selling) einzukaufen. Vielfach werden keine Cross-Selling-Möglichkeiten angeboten. Auch fehlen nicht selten „Killer-Features", die Cross Selling und Besuchsfrequenz nach oben treiben, wie zum Beispiel Communities, Similarities, Cross-Selling-Gutscheine, wöchentliche Aktionen, Zielgruppendifferenzierungen und Bundles. Wenn Online-Händler in der Kunden-Conversion mit Serviceangeboten Erfolg haben wollen, müssen klare Alleinstellungsmerkmale erreicht werden. Bei diesem Thema ist auch zu überlegen, ob und wie die Geschäftsmodelle so zu optimieren sind, dass sie obigem Anspruch gerecht werden (zum Beispiel Ticketing Discount mit online buchbaren Tickets oder Fotos, die der Kunde mit Preisvorteil nach Hause zugestellt bekommt). Nicht selten schlägt auch negativ auf die Kunden-Conversion durch, dass viele Online-Händler es versäumen, der Online-Werbung adäquat Rechnung zu tragen. Die Allokation eines Teils des Mediabudgets in die Online-Werbung erhöht überproportional die Effektivität der Werbekampagne, ohne die Spendings zu erhöhen.

Up-/More Selling durch Kundenbegeisterung Ein geeigneter Indikator für die Kundenbegeisterung ist zum Beispiel die Intensität, mit der das Instrument „Freundschaftswerbung" (Kunde empfiehlt das Unternehmen einem Freund oder Bekannten und erhält einen Gutschein) von bestehenden Kunden genutzt wird. Abgesehen von unzufriedenen Kunden sind vor allem die begeisterten Kunden emotional engagiert und kommunizieren deshalb intensiv mit ihren Freunden und Bekannten. Sie raten ihnen zu, falls sie begeistert sind. Da von unzufriedenen Kunden behauptet wird, dass sie siebenmal häufiger ihre Eindrücke kommunizieren als zufriedene Kunden, kann davon ausgegangen werden, dass begeisterte Kunden ebenfalls in gleicher Häufigkeit mit anderen kommunizieren. Deswegen ist Kundenbegeisterung geeignet, durch Up- und More Selling den Kundenwert unmittelbar zu steigern. Darüber hinaus führt es zu Wiederkäufen und damit zu klassischer Kundenbindung. Inwieweit Internet-Geschäftsmodelle auch über aktive Mund-zu-Mund-Empfehlung zu einer mittelbaren Kundenwertsteigerung beitragen können, hat Zappos eindrucksvoll aufgezeigt. Dadurch sorgt der Kundenwert oder Customer Value nicht nur für einen profitableren Bestandskundenstamm, sondern auch noch für eine „kostenlose" Neukundengewinnung. Allerdings dürften auch für die Kundenbegeisterung Aufwendungen erforderlich werden, insbesondere für Kundenserviceaufgaben. Investitionen in Service sind in diesem Fall vergleichbar mit Investitionen in Marken, die sich in der Regel erst periodenverzögert auszahlen (Rotax 2010, S. 194 ff.). Während bei Zappos 15 % vom Umsatz in Marketing investiert werden, fließen ebenfalls 15 % vom Umsatz in den Service. Dabei wird Service bei Zappos nicht als Cost Center, sondern Teil des Marketing betrachtet und durch eine spezielle und über alle Ebenen gelebte Unternehmenskultur getragen. Auf dieser Basis wird Kundenbegeisterung durch eine Kombination aus klarem Erwartungsmanagement und überraschendem Extraservice erreicht. Kundenbegeisterung ist als Teil des CRM und als Verstärker der Kundenbindung zu verstehen. Dieses ist in Abb. 2.25 am Beispiel von Zappos dargestellt.

Kundenbegeisterung erreicht Zappos nicht nur mit realistischen Lieferversprechen, die eingehalten oder übertroffen werden, sondern ebenfalls über ein extrem kulantes Rückgabeverhalten. Auch der bei Zappos praktizierte Verweis auf einen lieferfähigen Konkurrenten, wenn ein nachgefragtes Produkt einmal nicht verfügbar sein sollte, fördert die Kundenbegeisterung (Rotax 2010, S. 196). Erlebte Servicebegeisterung lässt sich nicht durch auf Kundenerwartungen ausgerichtete Standardleistungen erreichen. Starre Gesprächsleitfäden und Zeitvorgaben wie in herkömmlichen Callcentern oder vollständige Automatisierung sind dazu nicht in der Lage. Servicebegeisterung wird nur durch eine kontinuierlich exzellente Grundleistung möglich, die dem individuellen Kontaktfall zwischen Kunde und Unternehmen Rechnung trägt. Dementsprechend werden bei Zappos weder Gesprächszeit- noch Umsatzvorgaben für einzelne Telefonate gemacht. Eher werden dem Serviceagenten weitgehende Freiheitsgrade eingeräumt, die er im Interesse der Unternehmensziele anwenden kann. Durch positive Erlebnisse sollen die Kunden zum Wiederkauf gebracht werden. Dieses erfolgt auf Basis von zehn einfachen Regeln, die in der Zappos-Firmenkultur verankert sind und jedem Mitarbeiter in einem fünfwöchigen Training zu Beginn seiner Tätigkeit vermittelt werden. Auf Basis

Abb. 2.25 Kundenbegeisterung als Wachstumsfaktor im Online-Handel. (Quelle: Rotax 2010)

dieser Regeln, die in Abb. 2.26 dargestellt sind, wird jeder Kundenkontakt bei Zappos als Chance zum Dialog mit dem Kunden gesehen und aktiv genutzt. Unabhängig von der späteren Aufgabe durchläuft jeder Mitarbeiter eine Schulung im zentralen Customer Service. Zusätzlich lernt jeder neue Mitarbeiter die Abläufe im Zentrallager kennen und wird am Ende des Schulungsprogramms in einer Zeremonie auf die zehn Firmenregeln eingeschworen. Dabei kann er ein Angebot in Höhe von 2000 US-Dollar für seine sofortige Kündigung nach dem Training annehmen. Schlägt er dieses jedoch aus, entscheidet er sich als „Teil eines größeren Ganzen" für die Firmenmission und die kompromisslose Kundenorientierung. Diese folgt dem Motto, „Glück zu bringen" (Deliver Happyness). In zahlreichen Videos und Beiträgen lässt sich die für europäische Verhältnisse etwas befremdlich wirkende Kultur näher kennenlernen. Eine Dokumentation ist für Interessierte unter „Zappos on nightline" auf Youtube zu finden (Rotax 2010).

Service als Basis für Kundenbegeisterung sollte auf drei Ebenen betrachtet werden, die sich wie folgt darstellen:

- Hygieneleistungen, die der Kunde als Mindeststandard erwartet.
- Funktionale Mehrwertservices, die spezielle spezifische Kundenprobleme lösen.
- Emotionale Services, die Kunden in besonderer Weise positiv überraschen.

Während die erste Gruppe an Services insbesondere durch reine Online-Anbieter wie Amazon stetig an Umfang und Bedeutung zunimmt, sind es die funktionalen Mehrwert-

Zappos Core Values

1. Deliver VOW through Service
2. Embrace and Drive Change
3. Create Fun and a little Weirdness
4. Be Adventurous, Creative, and Open-Minded
5. Pursue Growth and Learning
6. Build Open and Honest Relationships with Communication
7. Build a Positive Team and Family Spirit
8. Do More with Less
9. Be Passionate and Determined
10. Be Humble

Abb. 2.26 Die zehn Unternehmenswerte von Zappos. (Quelle: Rotax 2010)

services, die über den Erfolg für die Kundenbindung entscheiden. Emotionale Services schließlich können Begeisterung und Mund-zu-Mund-Propaganda auslösen.

Deaktivieren unprofitabler Kunden Das Deaktivieren dauerhaft unprofitabler Kunden geht mit der zunehmenden Bemühung von Distanzhandelsunternehmen einher, die Wirtschaftlichkeit der Kundenansprache zu erhöhen. Bedenkt man, dass komplette Katalogstrecken im Versandhandel nicht selten mehr als 100 € pro Kunde im Jahr kosten, wird die Unwirtschaftlichkeit passiver, nicht kaufender Kunden schnell deutlich, zumal deren Anteil in Kundenstämmen auf bis zu 30 % veranschlagt wird. Zunehmend rechnen sich auch Kunden nicht mehr, die überdurchschnittlich oft retournieren, was pro Retoure mehr als 20 € Zusatzkosten verursachen kann (Shopmacher 2012). Es geht bei der Kundendeaktivierung also darum, dauerhaft unprofitable Kunden nur noch gegen Zusatzgebühr (zum Beispiel hohe Rücksendegebühren) oder gar nicht mehr zu bedienen. Dies setzt eine permanente Kundenbewertung voraus, wozu unterschiedliche Kundenbewertungsverfahren eingesetzt werden können. Der Wert von Kunden kann monetär und nichtmonetär ausgedrückt werden. Während die monetären Verfahren nach Geldeinheiten quantifizieren, beschreiben nichtmonetäre Methoden den Kundenwert auf qualitative Art und Weise. Folgende Verfahren zur Kundenbewertung können angewendet werden (Wittkötter und Steffen 2002, S. 76 ff.):

- **Kundenumsatzanalyse**: Hierbei werden Kunden nach ihren getätigten Umsätzen bewertet und klassifiziert. Gängig ist dabei eine ABC-Analyse. Die Umsatzanalyse ist in der Handelspraxis weit verbreitet, da die Kundenumsätze leicht zu erheben sind. Die Kostenseite wird dabei allerdings nicht berücksichtigt, sodass es durchaus möglich ist, dass nach Umsatz starke A-Kunden trotzdem unrentabel sind.

- **Kundendeckungsbeitragsanalyse**: Bei diesem Verfahren wird der Deckungsbeitrag eines Kunden aus der Differenz seiner Erlöse und Kosten errechnet. Diese Information lässt differenzierte Aussagen über die Profitabilität von Kunden zu und welche Marketingmaßnahmen als angemessen gerechtfertigt sind. Abgesehen davon, dass die verursachungsgerechte Zurechnung der Kosten in der Regel problematisch ist (Gemeinkostenschlüsselung), werden zukünftige Entwicklungen bei diesem Verfahren nicht berücksichtigt, wonach unrentable Kunden sich durchaus noch entwickeln lassen, wenn geeignete Conversion-Instrumente angewendet werden. Insofern besteht durchaus die Gefahr von Fehlbewertungen, vor allem in jungen Unternehmen oder Kanälen, die sich erst noch im Aufbau befinden und deswegen häufig fixkostenlastig sind.
- **Kundendeckungsbeitragspotenzialanalyse**: Diese Methode berücksichtigt neben den Deckungsbeiträgen auch zukünftige Entwicklungspotenziale und ist bei Unternehmen mit vertraglichen Kundenbeziehungen weit verbreitet (Verlage mit Abonnements etc.). Dabei wird nach Phasen unterschieden und berücksichtigt, dass bei Kunden in der Anfangsphase Verluste durchaus normal sind und in Kauf genommen werden können, wenn diese im Verlaufe der Geschäftsbeziehung immer profitabler werden. Da auch zukünftig prognostizierte Deckungsbeiträge mitberücksichtigt werden, kann dieses Verfahren auch gut für Neukunden oder potenzielle Kunden herangezogen werden. Es ist allerdings ratsam, für die Prognose der zukünftigen Nachfrageentwicklung sowie die wahrscheinliche Dauer der Geschäftsbeziehung Vergleichskunden mit ähnlichen Merkmalsprofilen heranzuziehen.
- **CustomerLifetime Value**: Hier werden Prinzipien der Investitionsrechnung auf die Kundenbewertung angewendet und so der Vermögenswert eines Kunden errechnet. Das Verfahren orientiert sich an der Kapitalwertmethode, nach welcher der Barwert eines Kunden aus den diskontierten Ein- und Auszahlungsströmen während seiner Lebensdauer berechnet wird. Vorteil dieser Methode, die bei Unternehmen mit hohen Kundengewinnungskosten wie zum Beispiel Buchclubs und Mobilfunkbetreiber angewendet wird, liegt in der Berücksichtigung des zeitlichen Auseinanderklaffens von Investitionen und Zahlungsrückflüssen. Sie wird ebenfalls für die bilanzielle Aktivierung von „Kundenstämmen" oder beim Kauf solcher „Kundenstämme" von professionellen Kundenwerbern angewendet.
- **Scoring-Modelle**: Diese Modelle erlauben die Berücksichtigung von monetären und nichtmonetären Kriterien, anhand derer ein Kunde mit Punkten bewertet wird. Diese werden dann zu einem Kunden-Score addiert. Je höher der Punktwert, desto bedeutender ist der Kunde für das Unternehmen. Es kann auch berücksichtigt werden, wann ein Kunde das letzte Mal gekauft hat (Recency), wie häufig er einkauft (Frequency) und mit welchem Volumen er kauft (Monetary Ratio). Entsprechend handelt es sich um sogenannte RFMR-Methoden.
- **Kundenportfolioanalysen**: Hierbei wird die Wertigkeit eines Kunden mehrdimensional erfasst und dokumentiert. Zunächst werden verschiedene Dimensionen zugrunde gelegt, die für eine Kundenbeziehung wichtig sind, wie zum Beispiel Kundenattraktivität und eigene Wettbewerbsposition gegenüber dem Kunden. In einem

zweidimensionalen Raum werden dann die Kundenpositionen dargestellt und deren Wert abgeleitet. Es ergeben sich Marketingmaßnahmen in Abhängigkeit von der jeweiligen Kundenposition, ebenso wie Desinvestitionsentscheidungen, also der Kunden-Cut.

Empfehlenswert ist der Einsatz mehrerer Methoden, um die Entscheidung zur Deaktivierung eines Kunden noch einmal von verschiedenen Seiten zu verproben und auf fundierter Basis zu treffen. Dabei handelt es sich keinesfalls um ein einmaliges Verfahren, sondern eine Routinemaßnahme, die regelmäßig mindestens einmal pro Jahr zu wiederholen ist. Sie kann auch als Grundlage für eine wertorientierte Kundensteuerung im Rahmen des Controllings installiert werden.

2.5 Verkaufspolitik im Online-Handel

In keinem anderen Einzelhandelsformat spielen sich Marketing- und Verkaufsaspekte so eng in die Hände wie im Online-Handel. Während die Marketingpolitik im Online-Handel für die Frequenzgenerierung verantwortlich ist und mit dem Marketingmix die Voraussetzungen für den Verkauf schafft, ist die Verkaufspolitik für die Conversion verantwortlich. Grundsätzlich lassen sich die darauf ausgerichteten Verkaufsprozesse nach der Vorkauf-, Kauf- sowie Nachkaufphase gliedern (vgl. Abb. 2.27).

In der Vorkaufphase geht es darum, potenzielle Kunden anzulocken und dann mit dem Produktangebot zu konfrontieren. Eine Schlüsselrolle in dieser Phase kommt der Produktsuche zu (E-Search-Prozess), bei der ein zum Bedarf passendes Angebot durch den Kunden gesucht und eventuell auch gefunden wird. Mit der Produktauswahl und

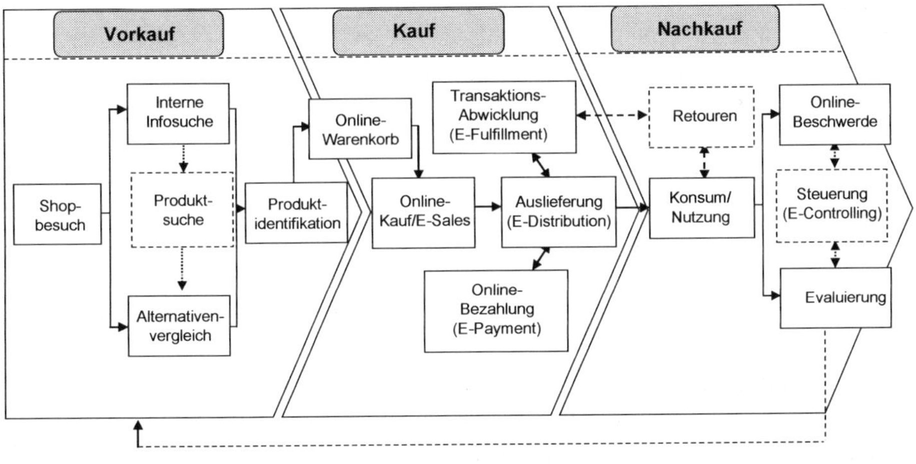

Abb. 2.27 Verkaufsprozesse im Online-Shop. (Quelle: In Anlehnung an Kollmann 2013)

der Platzierung in den Warenkorb erfolgt der Übergang in die Kaufphase, die mit Betätigung eines Bestell-Button startet. In dieser Kaufphase (E-Sales-Prozess) geht es um die Geschäftsvereinbarung zwischen Anbieter und Nachfrager sowie die Transaktionsabwicklung (E-Fulfillment). Dazu gehören auch die Online-Bezahlung (E-Payment) und die Produktauslieferung (E-Distribution). Nach Kaufabschluss und vollständiger Transaktionsabwicklung beginnt die Nachkaufphase, in der es um Support- und Serviceangebote sowie die Kundenbewertung geht. In die Nachkaufphase gehören auch die Retourenabwicklung und die Online-Beschwerde sowie die Steuerung (E-Controlling) zur Optimierung des Prozessaufbaus und zur Überprüfung aller vertriebsrelevanten Unternehmensaktivitäten (Kollmann 2013). Verkaufs- und Absatzprozesse sind im Online-Handel kanalspezifisch gestaltet. Wichtig ist, dass ein System zu Beginn eines Bestellvorgangs Informationen über die bestellten Produkte, Dienstleistungen, gewünschte Liefer- und Zahlungsmodalitäten sowie den Kunden erfasst, sei es aus internen Datenbanken oder im Dialog mit dem Besteller. Vom Kunden müssen jederzeit Waren zur Bestellliste hinzugefügt oder entfernt werden können. Gleiches gilt für die Liefer- und Zahlungsmodalitäten, die jederzeit veränderbar sein müssen.

Stammkunden sollten die Möglichkeit haben, auf gespeicherte Stammdaten zurückzugreifen. Standard ist die Erstellung eines Bestelldokuments, auf dem die zuvor getroffene Auswahl festgehalten und der Preis berechnet wird. Gängig ist mittlerweile auch eine Auftragsbestätigung nach Bestellfreigabe oder eine Sofortrechnung. Während der gesamten Lieferzeit sollten Kunden über den Stand der Auftragserledigung informiert werden (Schobesberger 2007, S. 47). Das steigert erfahrungsgemäß die Kundenzufriedenheit.

Entscheidend für den Verkaufserfolg ist vor allem die Shop- und Erlebnisgestaltung, die auch als Usability bezeichnet wird. Diese beeinflusst maßgeblich die Conversion, die aber noch von weiteren Faktoren wie u. a. der Warenverfügbarkeit und der Gebührenpolitik abhängt. Die Konversionsqualität, also die Höhe des dadurch erzielten Umsatzes, wird wesentlich vom Cross und Up-Selling beeinflusst, allerdings auch von der Retourenpolitik. So sind nicht die Bruttoumsätze, sondern Nettoumsätze nach Retouren ergebnisrelevant. Ein Großteil der Kaufabbrüche erfolgt erstaunlicherweise im Check-out, sodass auch dies Gegenstand der folgenden Betrachtung ist.

2.5.1 Shop- und Erlebnisgestaltung im Online-Handel

Shop-Gestaltung und Kundenerlebnis sind wichtige Säulen, um sich im Wettbewerb zu positionieren. Bezogen auf die Shop- und Erlebnisgestaltung im Online-Handel lassen sich die in Abb. 2.28 dargestellten Dimensionen und Elemente unterscheiden. Die Dimensionen betreffen im Wesentlichen die Usability des Shops. Diese umschreibt die Bedienbarkeit in Hinblick auf Produktzugänge, Darstellung, Beratung, Bestellprozesse und Kundeneinbindung. Häufig vernachlässigt wird der Check-out im Zusammenhang mit Kasse und Zahlverfahren, der deswegen in den folgenden

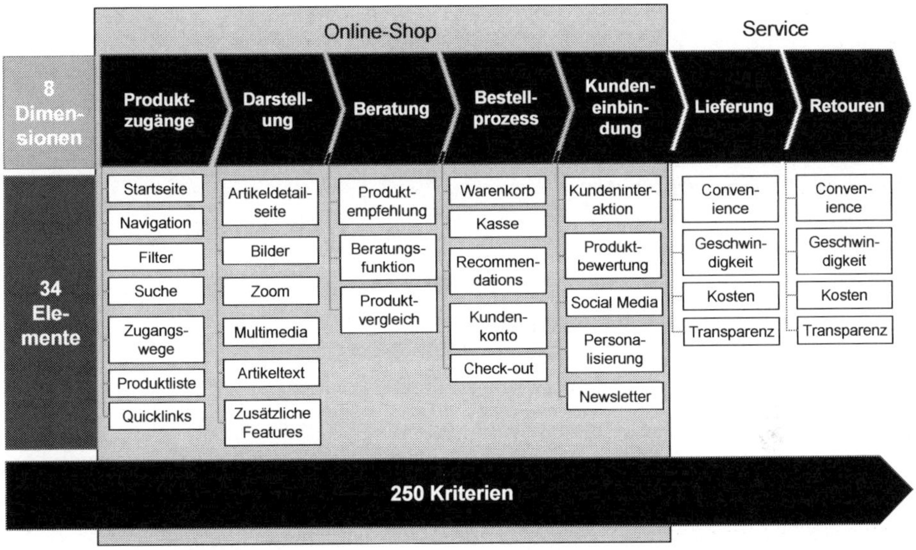

Abb. 2.28 Dimensionen des Kundenerlebnisses im Online-Shop. (Quelle: In Anlehnung an Gehrckens und Boersma 2013)

Kapiteln gesondert beleuchtet wird. Darüber hinaus beeinflussen die Lieferung und das Retourenhandling – also der Service – ebenfalls das Kundenerlebnis. Da das Retourenmanagement einen herausragenden Einfluss auf das Betriebsergebnis hat und zudem relativ wenig für Wiederkäufe genutzt wird, erhält dieses in Abschn. 2.5.5 eine gesonderte Würdigung. Für jede Dimension und jedes dahinter stehende Element sollte eine Soll-Positionierung festgelegt werden, die geeignet ist, das Kundenerlebnis zu maximieren (Gehrckens und Boersma 2013).

Produktzugänge, Darstellung und Beratung lassen sich als Art der Angebotspräsentation zusammenfassen und beeinflussen maßgeblich die Inspirationen und emotionale Ansprache. Vor allem bei Fashion- und Lifestyle-Sortimenten sind Inspirationen und emotionale Ansprache, die sich zum Beispiel durch viele unterschiedliche Produktzugänge erzielen lassen, von großer Bedeutung. Asos oder Net-A-Porter.com setzen dies sehr gut um. Unterschiedliche Zugangswege ins Sortiment lassen sich zum Beispiel über Onsite-Maßnahmen, Blogs/Magazine und Newsletter aufbauen. Dabei werden idealerweise Themen wie u. a. Styles/Looks, Trends oder Trageanlässe herangezogen. Je größer allerdings das Sortiment, umso schwieriger ist dieses darstellbar. Bei Category Killern sollte die Komplexität in jedem Fall durch entsprechende Produktzugänge reduziert werden. Das kann durch Produktlisten oder Filtermöglichkeiten geschehen. So wird vermieden, dass sich der Kunde durch Hunderte von Artikeln wühlen muss (Gehrckens und Boersma 2013).

Den Produktinformationen in Verbindung mit Content kommt im Online-Handel eine Schlüsselrolle zu. Dennoch herrscht in vielen deutschen Fashion-Online-Shops Leere auf den Artikeldetailseiten. Kleinanzeigenformate der klassischen Kataloghändler sind allerdings auch kein gutes Vorbild. Vielmehr müssen die Artikel möglichst verlockend und verkäuferisch in Szene gesetzt werden. Ansonsten dürfen Online-Händler sich auch nicht über steigende Retouren wundern, wenn die Fotos nicht der Realität entsprechen. Die Kundeneinbindung bietet gute Möglichkeiten zur Differenzierung gegenüber Wettbewerbern. Eine sichtbar gemachte Interaktion im (Online-)Shop lässt diesen lebendiger wirken, zum Beispiel durch die vom User erstellten Looks/Outfits. Dabei handelt es sich um Empfehlungen von zueinander passenden Produkten, die vom User als Produktcollagen erstellt werden. Zu nennen ist der Style-Editor von Poylvore oder Asos und Free People. Sie ermöglichen dem User, Produktcollagen aus den Produkten des Shops oder aus anderen Shops zu erstellen. Damit können sie ihren persönlichen Stil präsentieren wie zum Beispiel bei Asos. Von anderen Usern können die Produktcollagen bewertet werden (Gehrckens und Boersma 2013; Heinemann et al. 2013).

In Hinblick auf den Service gilt Amazon als absoluter Benchmark. Die hohe Liefergeschwindigkeit und -zuverlässigkeit sichert Amazon durch hohe Investitionen mit rund 6,5 Mrd. US-Dollar alleine in 2015 weiter ab (Amazon 2016). Die Investitionen fließen nicht nur in neue Fulfillment-Zentren/Logistikzentren, sondern auch in eine fortschreitende Automatisierung. So hat Amazon für 775 Mio. US-Dollar Kiva Systems gekauft, um damit die Effizienz der Intralogistik zu steigern und den Wettbewerbsvorsprung weiter auszubauen (Gehrckens und Boersma 2013). Dem Kundenservice ist in der Regel auch das Callcenter zugeordnet. Negativerfahrungen mit Callcentern treiben viele Kunden zur Weißglut und etliche Online-Händler in die Imagefalle. Automatische Telefonanlagen, in die viele Kunden im Zuge der Selbstselektion geschickt werden, sind sicherlich geeignet, Personalkosten einzusparen, können aber niemals dem Kunden eine persönliche Kommunikation vermitteln. Insbesondere bei der Zusammenarbeit mit CallcCenter-Partnern im Falle einer Outsourcing-Lösung sollten sich Online-Händler auch über die Imagegefahren im Klaren sein, wenn zum Beispiel Kunden mit Problemen auf unausgebildete Aushilfsjobber treffen, die nicht einmal den Namen des Unternehmens richtig aussprechen können. Hinzu kommt das Unvermögen vieler Callcenter, die mit dem Multichannel-Handel notwendig gewordene Koordination der Kommunikation aufgrund der unterschiedlichen Mediennutzung (Telefon, E-Mail, Fax, Internet und SMS) sicherzustellen. Das unter der Prämisse der persönlichen Kommunikation proklamierte Ziel einer hohen Beziehungsqualität und eines „One-Face-to-the-Customer" wird dann häufig mit einer konventionellen Callcenter-Lösung obsolet. Dadurch greift Verärgerung bzw. Unzufriedenheit auf der Kundenseite um sich. Abhilfe schaffen zunehmend Customer Interaction Center (CIC), deren Bedeutung im Rahmen des Online-Handels in den letzten Jahren stark angestiegen ist. Sie stellen eine Weiterentwicklung von klassischen Callcentern dar, die neben dem Telefon weitere Medien wie zum Beispiel Fax, SMS, Internet und E-Mail in einer organisatorischen Einheit gegenüber dem Kunden koordinieren und bündeln. Da alle Informations-, Beratungs-, Kauf- und Nachkaufprozesse im B2C-Distanzhandel im Normalfall heutzutage medial gestützt ablaufen, sind Customer Interaction Center vor allem im Online-Handel von besonderer Bedeutung. Neben effektivitätsorientierten Zielen müssen sich CIC zunehmend auch an effizienzorientierten Maßstäben messen lassen, bei denen Kosten und Kundenwert im Vordergrund stehen. Hinzu kommt, dass die CIC zunehmend als Profit Center geführt werden und nicht als Cost Center, wie früher bei Callcentern üblich. Auch ist die effizienzgetriebene Tendenz zum Outsourcing an externe Dienstleister zu nennen, das jedoch in Hinblick auf Image- und Kundenzufriedenheitsaspekte nicht ohne Gefahren ist und zumindest eine detaillierte Fixierung aller Servicelevels beinhalten sollte.

In Hinblick auf die Shop- und Erlebnisgestaltung geben Kundenbewertungen Auskunft über die Kundenzufriedenheit, die wiederum ausschlaggebend für die Fortführung der Geschäftsbeziehung mit dem Kunden und damit die Kundenbindung ist. Eine zentrale Rolle für die Kundenzufriedenheit spielt dabei die Online-Auftragsbearbeitung, die in der Regel dem Kundenservice zugeordnet ist. Grundvoraussetzung für eine aus Kundensicht funktionierende Auftragsbearbeitung ist zuallererst die Produktverfügbarkeit. Ist die Ware nicht im Lager vorrätig, verlängert sich die Lieferzeit. Mittlerweile ist jedoch eine Belieferung innerhalb von 24 h, spätestens jedoch nach 48 h schon fast Standard, sodass die Kunden in jedem Fall über mögliche Lieferverzögerungen informiert werden sollten, bevor sie den Kauf tätigen. Dies hilft, Missverständnisse auf Kundenseite zu vermeiden, erfordert aber die technische Möglichkeit, die Verfügbarkeit des gewünschten Produktes prüfen sowie die konkrete Lieferzeit angeben zu können. Allerdings ist es auch hier mittlerweile Standard, den Kunden über den genauen Lieferstatus zu informieren. Darüber hinaus sind der problemlose, in der Regel kostenlose Umtausch (Retourenmanagement) sowie ein professionelles Beschwerdemanagement ebenfalls „State of the Art". Gerade aufgrund des fehlenden persönlichen „Face-to-Face"-Kontaktes sollte das Beschwerdemanagement auf keinen Fall vollautomatisiert ablaufen, sondern stets auch eine telefonische Kontaktmöglichkeit für die Kunden vorsehen. Dabei setzen sich auch „Call-Back"-Funktionen immer mehr durch, mit denen der Kunde einen Rückrufwunsch anklicken kann und innerhalb weniger Sekunden zurückgerufen wird. Wie im stationären Handel auch, kommt dabei natürlich der Freundlichkeit und Fachkompetenz des Personals eine Schlüsselrolle zu, was auch im Falle eines „Total"-Outsourcing des Kundenservices zu bedenken ist. Gleiches gilt für die Zustellung über Dienstleister, die den Letztkontakt zum Kunden haben und damit auch das Erscheinungsbild des Online-Händlers entscheidend prägen.

2.5.2 Conversion im Online-Handel

Die Conversion bezeichnet die in Relation zur Besuchsfrequenz vollzogenen Kaufakte. Diese Kennzahl ist ein wichtiger Indikator für den Erfolg des Shop-Auftritts. Zugleich ist sie ein Indikator für die Qualität der Erlebnisgestaltung. Insbesondere die Usability, hinter der sich jeweils eine unterschiedliche Anzahl von Shop-Funktionen verbirgt, hat nach Meinung vieler E-Commerce-Experten wesentlichen Einfluss auf die Conversion. Diesbezüglich haben vor allem die Produktinformationen und -visualisierungen eine herausragende Bedeutung für die Conversion Rate, die erfahrungsgemäß im Online-Shop deutlich niedriger ist als im stationären Geschäft. Die anderen Usability-Hauptkriterien sind der Bestellablauf, die Navigation und Suchfunktionen, die optische Gestaltung, die Barrierefreiheit, Benutzerkonto und Interaktion sowie schließlich die Kundenservicefunktionen. Unternehmenspräsentationen sind auch zu betrachten, haben allerdings keine derart erfolgskritische Bedeutung wie die anderen Kriterien (Heinemann 2014b; Gehrckens und Boersma 2013).

Wichtiger als die Usability dürfte für die Conversion allerdings das Sortiment in Kombination mit dem Sortimentszugang sein. Insbesondere die Dimensionierung des Sortiments in Hinblick auf Breite und Tiefe sowie Gesamtumfang und Aktualität beeinflussen unmittelbar die Conversion. Wie bereits bei den Ausführungen zum Marketingmix im Online-Handel bemerkt (Abschn. 2.4.1), gelten auch im Online-Shop viele der traditionellen Handelsregeln. Diesbezüglich ist vor allem die Erfahrung relevant, dass das Sortiment das Herz des Geschäfts und der wesentliche Anziehungspunkt für die Kunden ist. Von ähnlicher Bedeutung wie der Quadratmeterumsatz, der im stationären Handel als zentrale Produktivitätskennzahl gilt und sich bei Fashion zwischen 2000 und 5000 € pro Jahr bewegt, ist im Online-Shop der durchschnittliche Artikelumsatz. Dieser pendelt je nach Preisniveau zwischen 500 und 2000 € pro „Stock Keeping Unit" (SKU) bei Fashion. Herstellereigene Online-Shops im Mono-Labeling sind häufig schon aufgrund des begrenzten Sortimentsumfangs nicht in der Lage, eine nennenswerte Conversion und damit Umsätze zu erzielen. Erst mit der Ausweitung der Sortimente skalieren sich die Umsätze proportional hoch unter der Voraussetzung, dass die Usability und das Shop-Erlebnis den Produktzugang fördern und keine Barrieren aufbauen.

Da die Art der Kaufabbrüche bis zum vollzogenen Kaufakt unterschiedlich gestuft sein kann, wird zunehmend zwischen der „Hard Conversion" und der „Soft Conversion" unterschieden. Während die „Hard Conversion" sich auf den konkreten Kauf bezieht, bringt die „Soft Conversion" unterschiedliche Handlungen zum Ausdruck, die sich hinter der Landing Page, also nach dem ersten Klick vollziehen. Deswegen gehen Online-Händler im Rahmen von Web Analytics auch zunehmend dazu über, die Konversionspfade zu analysieren (Kreutzer 2014). Ein solcher ist in Form eines typischen Conversion Funnel in Abb. 2.29 dargestellt. Dabei sind nicht nur die Konversionsschritte dargestellt, die onsite erfolgen, sondern auch solche, die bereits offsite einsetzen. Dies ermöglicht eine ganzheitliche Betrachtung, zielorientierte Pfadanalysen und die Identifizierung von Nutzungsmustern, die Hinweise auf Optimierungsmöglichkeiten geben (Kreutzer 2014). Der Kaufabschloss erfolgt insbesondere bei Multichannel-Händlern nicht mehr nur online, sondern auch zunehmend offline. Bedenklich ist allerdings, dass die Offline-Kaufabschlüsse häufig nicht bei der Berechnung der Conversion Rate berücksichtigt werden.

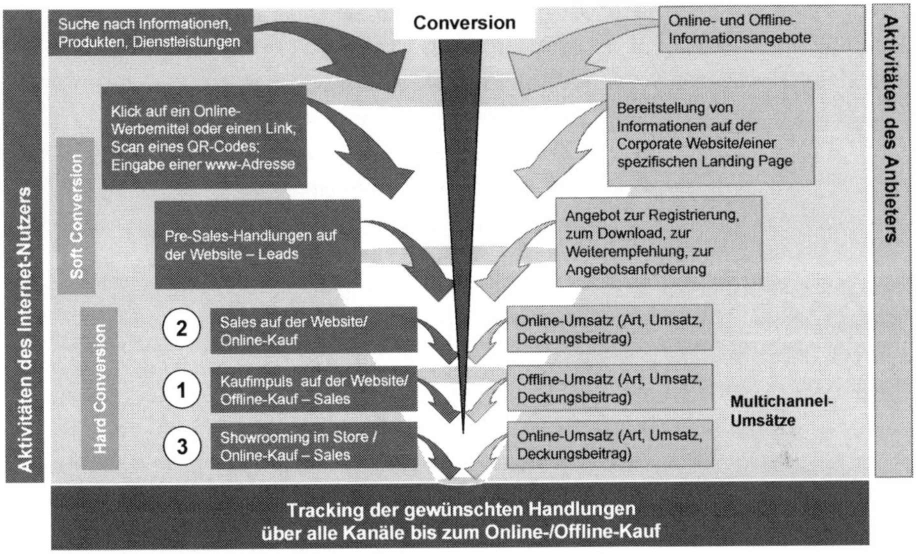

Abb. 2.29 Conversion Funnel. (Quelle: In Anlehnung an Kreutzer 2014)

2.5.3 Cross und Up-Selling im Online-Handel

Neben der Conversion Rate beeinflusst die Menge im Warenkorb unmittelbar den Umsatzerfolg. Dieser variiert in erster Linie nach Art und Anzahl der Artikel. Insofern ist es direkt ergebniswirksam, wenn es gelingt, den Kunden während seines Aufenthaltes im Online-Shop zum Kauf weiterer Artikel zu animieren. Darauf zielt das Cross Selling ab, während das Up-Selling den Kunden zum Kauf höherwertiger Artikel veranlassen soll.

Die Bereitstellung von zum Kauf passenden Zusatzangeboten ist im Online-Shop wesentlich einfacher möglich als etwa im stationären Handel. So können Produktinformationen in digitaler Form und auch Abbildungen leichter und schneller bereitgestellt werden, als reale Produkte transportiert und präsentiert werden müssen (Kollmann 2013). Ziel ist es, entweder den Warenkorb unmittelbar durch zusätzliche Artikel zu vergrößern oder aber den Kundenwert durch spätere Umsätze zu erhöhen:

- **Cross Selling**: Im Rahmen des Cross Selling werden Kaufempfehlungen für andere Produkte abgegeben. Die Angebote können während des Einkaufs, also parallel zur Sales-Phase erfolgen, oder mit zeitlichem Versatz in der After-Sales-Phase. In der Sales-Phase bekommt der Kunde vielfach noch im Shop andere Produkte direkt an die virtuelle Kasse gelegt, so wie zum Beispiel bei Amazon. In der After-Sales-Phase erhält der User erst nach der ursprünglichen Kauf- und Nutzerentscheidung eine Empfehlung. Dies kann in Form von E-Newslettern, Mailings oder bei einem späteren Besuch auf der Homepage erfolgen. In der Regel wird auf andere Produkte oder

Dienstleistungen hingewiesen, die der Kunde bisher noch nicht in Anspruch genommen hat (Kreutzer 2014). Zunehmend werden Recommender-Systeme eingesetzt wie zum Beispiel die Recommendation Engine von Amazon. Dabei handelt es sich um automatisierte Empfehlungsdienste, die ausgehend von angeklickten Websites oder angeschauten bzw. gekauften Produkten ähnliche Artikel ermitteln und dem User empfehlen. Dazu wird auf das Data Mining und Methoden des Information Retrieval zurückgegriffen. Auch Informationen aus dem konkreten Kontext (zugegriffene Website) und der Kaufsituation wie zum Beispiel die Kauf-, Navigations- oder Suchhistorie werden herangezogen (Kollmann 2013). Allerdings führt die Kaufhistorie nicht selten zu abstrusen Empfehlungen wie zum Beispiel bei Waschmaschinen, von denen der Käufer eigentlich so schnell keine benötigt, oder Trauringen, die ebenfalls nicht in Massen gekauft werden. Deswegen gehen Plattformen wie eBay auch dazu über, alternative Empfehlungsdienste zu implementieren, die sich am personalisierten Einkaufsverhalten orientieren. So basieren 85 % dessen, was bei eBay verkauft wird, bislang auf der Suche. Deswegen macht es Sinn, den Kunden Interessen und Vorlieben angeben zu lassen und so die Auswahl steuern zu lassen. Dies erfolgt mit dem eBay Feed, der dem Kunden eine inspirierende und intuitive Möglichkeit bieten soll, Dinge neu zu entdecken und zu kaufen (IWB 2013a). Der Fokus bei den empfohlenen Produkten liegt in der Regel auf Komplementärprodukten, die in einem logischen Zusammenhang zum betrachteten oder gekauften Artikel stehen. Bei Büchern kann das die Kategorie (zum Beispiel englische Krimis) oder aber der Autor sein. Bei Handys bieten sich Angebote von Handyhüllen an. Diese Empfehlungen sind in der Regel mit einem selbstbestimmten Kaufvorgang verbunden, wodurch das Interesse der Kunden sichergestellt ist. Eng an die Cross-Selling-Idee lehnen sich neue Geschäftsmodelle wie zum Beispiel das Mitch&Match an. Polyvore bietet beispielsweise eine Shopping-Plattform an, auf der die Kunden ihr Outfit von verschiedensten Modeanbietern nach einer strukturierten Rahmenvorgabe zusammenstellen und kombinieren können („Express your style"). Über eine soziale Verlinkung zu Facebook & Co können sie dann ihre Auswahl dem Fankreis vorstellen und mit ihnen das Ergebnis diskutieren. Über die Feedback-Einholmöglichkeit erhält der Einkaufsprozess eine starke Community-Ausrichtung. Sobald die diskutierte Endauswahl festliegt, kann per Klick gekauft werden.

- **Up-Selling**: Beim Up-Selling soll der Kunde motiviert werden, höherwertige Angebote zu kaufen bzw. zu nutzen, die den Warenkorb und damit den Umsatz direkt erhöhen. Dabei bieten sich Luxuseditionen oder limitierte Auflagen von Produkten an. Denkbar sind auch Bundles, mit denen ergänzend zum ursprünglichen Produkt eine Zusatzausstattung zu einem Paketpreis empfohlen wird, der unter den beiden Einzelpreisen liegt. Auch Serviceleistungen bieten sich für einen Up-Sell an. Dabei ist allerdings sensibel und nur unter Hinweis auf valide nachprüfbare Argumente zu verfahren. Wie beim Cross Selling kann dieses direkt während des Kaufvorgangs erfolgen, wobei dann auf die teureren Produkte und deren Vorteile hingewiesen wird. Daneben sind auch personalisierte E-Mails oder Newsletter zu empfohlenen Upgrades nach dem Kauf mit Zeitverzug denkbar. In Anlehnung an die Aufpreispolitik der Automobilhersteller mit Zusatzausstattungen bietet sich im interaktiven Online-Handel bei den entsprechenden Produkten auch ein Produktkonfigurator an, um ein Up-Selling zu erzielen. Bei adidas-ID zum Beispiel können sich Kunden ihren Sportschuh konfigurieren oder bei Christ.de ihre Trauringe.

- **More Selling**: Das More Selling ist eine einfachere Variante der ersten beiden Sell-Formen, bei der mehr von den gleichen Produkten verkauft werden soll, ähnlich den bekannten Doppelpackungen. Diese Form ist aber nicht online-spezifisch und auch im traditionellen Handel schon lange gebräuchlich. Geht es allerdings um Wiederholungskäufe, eröffnen Abomodelle neue Perspektiven im Online-Handel und erleben dort in Anlehnung an die Buchclubidee eine Wiedergeburt. BIRCHBOX bietet für zehn US-Dollar im Monat ein Abonnement für Duft- und Kosmetikproben an, was vor Kurzem von Douglas kopiert wurde (Douglas-Beauty-Box). Bei SOLESOCIETY und Shoedazzle erhalten die Kunden für eine feste Monatspauschale (40 US-Dollar monatlich bei Shoedazzle) jeden Monat ein paar neue Schuhe, die auf den persönlichen Geschmack und die individuelle Passform abgestimmt sind. Das Abo ermöglicht eine gute Planbarkeit, die in sehr günstigen Preisen umgesetzt werden kann. Gut vorstellbar sind auch Socken- oder Unterwäscheabos auf Basis der „Subscription-Geschäftsidee".

2.5.4 Kaufabschluss und Check-out im Online-Handel

Nicht selten vernachlässigen Online-Shops die Bedeutung des Kaufabschlusses und Check-out für die Kunden. Die raffinierteste Online-Shop-Konzeption nützt nichts, wenn der Kunden nicht eine Bestellung auslöst, nachdem er sein Produkt gefunden hat. Deswegen sollte die Handhabung des Kaufabschlusses so einfach wie möglich gestaltet sein, wobei eine weitgehende Automatisierung hilfreich ist. Drei Mausklicks bis zum Auslösen einer Produktbestellung sind heute Standard. Bis dahin sollten alle relevanten Kundendaten zur Durchführung der Transaktion abgefragt sein inklusive Kundenregistrierung. Dabei kann eine Visualisierung des Kaufabschlusses hilfreich sein. Seine wesentlichen Elemente sind der Warenkorb, die Kasse, die Zahlungsverfahren sowie der Check-out (Mahrdt 2010, S. 101 ff.):

- **Der visuelle Warenkorb** muss mehrere Anforderungen erfüllen. Zuallererst sollte er gut auffindbar sein und gleichzeitig mehrere Artikel des gleichen Typs aufnehmen, löschen und zurücklegen können. Wichtig ist außerdem, dass vom Warenkorb aus Artikeldetails angesehen werden sowie nachträgliche Änderungen vorgenommen werden können. Zudem erwartet der Kunde im Warenkorb bereits das Anzeigen des Preises, der Mehrwertsteuer, der Versandkosten sowie der möglichen Zahlungsarten.
- **Die Kasse** ist sensibel zu handhaben und kann schnell zum Kaufabbruch führen. Sie sollte in keinem Fall zu unangenehmen Überraschungen führen, indem plötzlich auf

Mindestbestellwerte oder Zusatzgebühren hingewiesen wird. Auch darf nicht erst in der Kasse über mögliche Ausverkäufe, Lieferverzögerungen oder Nichtgültigkeit von Gutscheincodes informiert werden. Die Kasse sollte einen klaren Überblick über die bestellten Artikel geben und das einfache Löschen von zuviel oder falsch bestellten Artikeln ermöglichen. Auch sollte der Kunden jederzeit in den Shop zurückgehen und weitere Produkte problemlos ergänzen können.

- **Die Zahlungsverfahren** sollten dem Kunden keine Einschränkungen machen und möglichst keine Barrieren aufbauen. Mittlerweile ist es gängig, sämtliche Bezahlverfahren anzubieten. Mit 29 % Anteil ist Kauf auf Rechnung die wichtigste Bezahlart und wesentlicher Nichtkaufgrund, wenn sie nicht angeboten wird (eTailment Bezahlverfahren 2014; Siebers 2011). Die Zahlungsverfahren lassen sich in drei Hauptkategorien unterteilen, die in Abb. 2.30 dargestellt sind.
- **Der Check-out** ist häufiger Grund zum Kaufabbruch. Dies liegt nicht selten an konzeptionellen Schwächen des Online-Shops. Diesbezüglich gibt es zehn Standardfehler, die in Abb. 2.31 dargestellt sind. Nicht aufgeführt ist die wohl größte Barriere, nämlich die „Zwangsabfrage persönlicher Daten".
- **Der persistente Warenkorb** ermöglicht es, den Inhalt auch bei einem erneuten Besuch anzuzeigen, da der Client Server identifizierbar ist. Dies erleichtert dem Kunden beim Wiedereinstieg das Wiederfinden der vorher recherchierten Artikel. Nicht selten werden Kunden auch beim Kaufabschluss unterbrochen und vergessen dann schnell die ersten Einkaufsschritte. Hier kann der persistente Warenkorb auch als Gedächtnisstütze dienen.

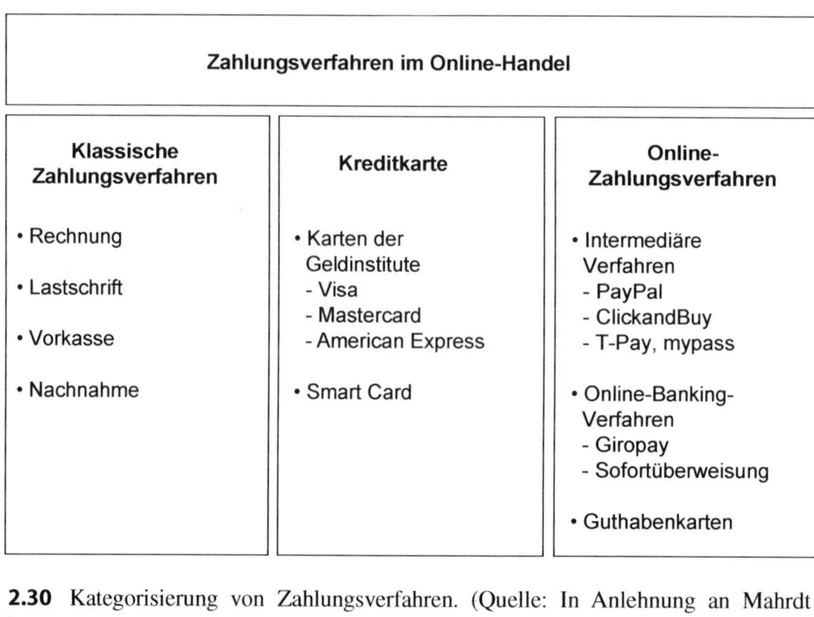

Abb. 2.30 Kategorisierung von Zahlungsverfahren. (Quelle: In Anlehnung an Mahrdt 2010, S. 106)

Die zehn wesentlichen Check-out-Fehler

Unverständliche Fehlermeldungen: Besser klar und verständlich formulieren
Vorauswahl des falschen Kreditkartentyps: Besser keine Vorauswahl
Zusätzliche Buttons: Weniger ist mehr
Up- und Cross Selling: Ist hier zu spät
Unnötige Disclaimer: Führen nur zur Verunsicherung des Kunden
Zu wenig Zahlungsarten: Kunden wünschen ihre spezifische Zahlungsart
Kosten verbergen: Verursacht enttäuschte Erwartungen und ein „Geschmäckle"
Keine Servicetelefonnummer: Signalisiert „miserable" Kundenorientierung
Artikel nicht verfügbar: Diese Info muss spätestens im Warenkorb gegeben werden
Einkauf nicht bestätigt: Eingang der Bestellung unbedingt bestätigen

Abb. 2.31 Die zehn wesentlichen Check-out-Fehler. (Quelle: In Anlehnung an Mahrdt 2010, S. 113)

Selbst wenn beim Check-out kein Kaufabbruch stattgefunden haben sollte, sollte der Check-out entsprechend der Devise „nach dem Einkauf ist vor dem Einkauf" vermarktet werden und Anreize zum erneuten Besuch des Online-Shops geben. Obwohl sich 77 % der Online-Kunden Rabattgutscheine nach dem Kaufabschluss wünschen, nutzen gerade einmal 36 der 100 größten deutschen Online-Shops beim Check-out diese Möglichkeit, um damit zusätzlichen Umsatz aus späteren Vermarktungserlösen zu generieren (GFM 2014b). Vor allem nach Abschluss ihrer Einkäufe sind Online-Kunden für neue Impulse offen. Diesbezüglich bietet es sich an, ihnen ein attraktives und relevantes Angebot eines Gutscheinpartners zu machen. Auch kostenlose Leseproben und Zeitschriftencoupons kommen gut an, wozu Integrationsflächen genutzt werden können. Dabei ist Check-out-Vermarktung für Online-Shops relativ unkompliziert und eine einfache Möglichkeit, Mehrwert zu schaffen. Die Vergütung der Online-Shop-Betreiber kann dabei performance-basiert entweder per Cost per Order (CPO) oder Cost per Lead (CPL) erfolgen (GFM 2014b). Bevor allerdings die Vermarktung des Check-out in Angriff genommen wird, sollte sichergestellt sein, dass dieser exzellent ausgestaltet ist und keine Kaufabbrüche verursacht.

2.5.5 Retourenpolitik und Wiederkauf im Online-Handel

Die Retourenpolitik ist Bestandteil des E-Fulfillment-Prozesses in der E-Sales-Phase (Kollmann 2013). Viele Kunden machen ihre Kaufentscheidung im Online-Shop auch davon abhängig, wie einfach ein Produkt umgetauscht und zurückgegeben werden kann.

Inwiefern dies offensiv zur Kundenbegeisterung genutzt werden kann, zeigt Zappos eindrucksvoll mit der Serviceleistung „returns 24 months for free“, die auch auf der Landing Page herausgestellt wird. Zappos beweist diesbezüglich auch, dass sich die Gewährleistung eines unkomplizierten Umtausches positiv auf Impulskäufe auswirken kann, die einen hohen Anteil im Online-Handel ausmachen. Zugleich baut sie Barrieren ab, die durch die im Distanzhandel bedingte Unsicherheit zustande kommen, weil Kunden hier Produkte nicht physisch aus- und anprobieren können. Grundregel muss es deswegen sein, das Retourenthema nicht zu negieren, sondern offensiv aufzugreifen. Dazu gehört auch, es als Chance zu sehen, da in der Regel stichhaltige Retourengründe vorliegen, die es aufzudecken und abzubauen gilt. Darüber hinaus sollte den Kunden während des Einkaufs geholfen werden, das richtige Produkt zu finden, ohne Überraschungen bei der Anlieferung und dem Auspacken der Pakete zu erleben. In der Retourenpolitik sind ein paar Grundregeln zu beachten: Retouren sind als normaler Bestandteil des Geschäftsmodells „Online-Shop“ zu akzeptieren und als dauerhafter Faktor in der Kostenplanung einzukalkulieren, den Retourengründen ist gründlich auf den Grund zu gehen und schließlich sollte versucht werden, im Rahmen eines Retourenmanagements das Beste daraus zu machen.

Retouren als normaler Bestandteil des Geschäftsmodells „Online-Shop“ Retouren sind Rücklieferungen an den Online-Händler aufgrund von Reklamation, Reparaturen, Falschlieferung, Stornierungen einer Bestellung oder einer Mengenabweichung zur tatsächlich bestellten Bestellmenge. Dabei durchlaufen Retouren normalerweise nach dem ungeplanten Wareneingang eine Qualitätsprüfung, die Hinweise auf mögliche Retourengründe gibt. Die meisten der retournierten Artikel stellen sich als unbeschädigt heraus und können anschließend wieder für andere Kundenaufträge verwendet werden. Nur jede zehnte Rücksendung kann nicht mehr vom Online-Händler verwendet werden, was vielen „Vorurteilen eines Totalverlustes“ widerspricht. Nach einer aktuellen Studie von ibi Research zum Retourenmanagement im Handel gehen 40 % der Online-Kunden schon bei der Bestellung davon aus, dass sie einen Teil der bestellten Ware zurückgeben werden. Dieses gilt insbesondere für den Fashion-Online-Handel, wo die Retourenquote oft mehr als 50 % von allen bestellten Artikeln ausmachen kann, da hier das Zuhause als Umkleidekabine gilt (ibi 2013). Demnach bestellen sich Kunden ein Produkt nicht selten in mehreren Größen, um dann nach der Anprobe die nicht passenden Teile zu retournieren. Wie bei den Umkleiden des stationären Handels auch, sind die nicht genommenen Teile nach der Anprobe in der Regel unbeschädigt und können nach dem „Feinmachen“ wieder in den Verkauf gegeben werden. Für diese Art des Refurbishment gibt es im Distanzhandel professionelle Dienstleister, die schon seit eh und je für die Versandhändler arbeiten. Wenn die Retourenquoten das normale Maß übersteigen, sollte genauer hingeschaut werden. Was als „normal“ anzusehen ist, unterscheidet sich allerdings stark danach, um welche Produktkategorie es sich handelt und welche Zahlart zugrundeliegt. So hat die Retourenforschung der Universität Bamberg in einer aktuellen Studie die Retourenwahrscheinlichkeiten in Form sogenannter Beta-Retourenquoten ermittelt.

Diese sind in Abb. 2.32 dargestellt (Asdecker 2014). Demnach kann bei Consumer Electronics eine Retourenquote von durchschnittlich 10 % angenommen werden, während diese bei Fashion bei 40 % und bei Medien/Büchern bei rund 5 % liegt. Geschlechterspezifische Unterschiede liegen bei Consumer Electronics und Bücher/Medien kaum vor. Allerdings liegen für Fashion-Produkte bei Frauen die Retourenquoten rund 25 % über denen der Männer, wertmäßig wahrscheinlich eher 50 %. Zudem schwanken die Quoten sehr stark nach der Art der Produkte. Während Basics eher niedriger liegen, kommen Modeartikel und Schuhe teilweise auf Retourenquoten von 70 bis 80 %. Niedrigere Quoten in Höhe von „nur 50 Prozent" sind im Bereich der Damenmode insofern schon ein Erfolg. Dennoch sollte das Erforschen der Retourengründe eine Daueraufgabe des Online-Händlers sein, da sie zu enormen Kosten führen, die in jedem Fall mit einzukalkulieren sind.

Retouren als dauerhafter Faktor der Kostenplanung Retourenquoten wirken zunächst einmal direkt negativ auf die Umsätze. Es handelt sich um eine Rückabwicklung bereits getätigter Umsätze. Bei 50 % Retourenquote zum Beispiel reduziert sich der Bruttoumsatz nachträglich um 50 %. Das bedeutet, dass ein Großteil der Marketingaufwendungen verpufft. Darüber hinaus haben Rücksendungen erhebliche Retourenkosten zur Folge. So fallen Prozesskosten für den Transport, die Vereinnahmung, die „Inflow"-Qualitätskontrolle, die Aufbereitung, die Wiedereinschleusung in den Verkaufsprozess sowie die Administration an. Wie die Retourenforschung der Universität Bamberg ermittelt hat, betragen diese im Durchschnitt 7,93 €, hängen jedoch offensichtlich von der Anzahl der bearbeiteten Rücksendungen und natürlich auch der Art der Produkte ab. Die ermittelten Werte sind in Abb. 2.33 dargestellt. Demnach weisen Online-Händler kleiner Betriebsgrößen mit weniger als 10.000 Retouren pro Jahr und maximal fünf Millionen Euro Umsatz deutlich höhere Retourenkosten auf als große Online-Anbieter über 25 Mio. € Umsatzvolumen. Das ist nachvollziehbar, da im Retourenmanagement bei größer werdenden Stückzahlen auch unmittelbare Skaleneffekte wirksam werden.

	Consumer Electronics	Fashion	Medien/Bücher
Rechnung	18,60 %	55,65 %	11,45 %
E-Payment	13,68 %	44,10 %	8,08 %
Vorkasse	8,59 %	30,15 %	4,46 %

Abb. 2.32 Beta-Retourenquote in Abhängigkeit von Zahlungsart und Produktart. (Quelle: Asdecker 2014)

Anzahl Retouren pro Jahr	Prozesskosten
Weniger als 10.000 Retouren	17,70 Euro
Zwischen 10.000 und 50.000 Retouren	6,61 Euro
Über 50.000 Retouren	5,18 Euro

Abb. 2.33 Prozesskosten von Retouren. (Quelle: Asdecker 2014)

Allerdings variieren die Prozesskosten stark je nach Art und Wertigkeit des Produktes. So weisen Textilien/Bekleidungsartikel deutlich geringere Kostensätze auf als zum Beispiel Elektroartikel oder Möbel (Asdecker 2014). Abgesehen von den Prozesskosten tritt auch ein Wertverlust bei den zurückgeschickten Produkten ein. Dieser kommt dadurch zustande, dass sich die Ware zum Teil nicht mehr als Neuware verkaufen lässt und dann als Gebrauchtware angeboten werden muss wie zum Beispiel bei Amazon als Warehousedeals. So treten u. a. durch die Ingebrauchnahme bzw. das Testen der Funktionsfähigkeit von Geräten Abnutzungen auf. Auch Transportschäden können auftreten. Nicht selten werden retounierte Artikel an einen industriellen Verwerter verkauft, gespendet oder entsorgt. Der Wertverlust lässt sich auf durchschnittlich 13,1 % des Warenwerts taxieren (Asdecker 2014). Bei einem Retourenwert in Höhe von 55,35 €, der sich als Mittelwert aus einer Stichprobe bei Online-Anbietern ergab, entspricht der Wertverlust demnach 7,25 €. Unter Hinzurechnung der durchschnittlichen Prozesskosten in Höhe von 7,93 € ergibt sich demnach ein durchschnittlicher Gesamtkostenwert von 15,18 € pro Retoure. Eine Musterrechnung von iBusiness kommt sogar auf 21,60 €, differenziert aber nicht nach Produktart. Auch werden die Aufwendungen auf Kundenseite nicht berücksichtigt. So empfinden Kunden mögliche Fahrtkosten, Verpackungsmaterialen sowie den zeitliche Aufwand beim Zurückbringen der Lieferungen zur nächsten DHL-Station nicht selten als indirekten Preisaufschlag, unabhängig von dem noch möglichen Porto für Rücksendungen, die ja nach neuester EU-Absatzrichtlinie auf den Kunden abgewälzt werden können. Übrigens liegt mit einem Anteil von durchschnittlich 3,6 % aller Retouren der Missbrauch vergleichsweise niedriger als gemeinhin angenommen (Asdecker 2014).

Die Bamberger Studie deckt darüber hinaus auf, dass es sich bei der von vielen Online-Händlern propagierten „kostenlosen Rücksendung" eigentlich um einen Marketingschwindel handelt, da der Händler die erwarteten Kosten bereits vorab in den Verkaufspreis einkalkuliert hat. Im Grunde handelt es sich bei Retouren um ein Art Subventionsgeschäft, denn die Kunden, die wenig zurückschicken, bezahlen über höhere Preise für die Gruppe der Vielretournierer (Asdecker 2014).

Ermittlung der Retourengründe Obwohl bereits viele Anstrengungen unternommen werden, Retouren zu vermeiden, sind diese offensichtlich in der Regel wenig erfolgreich. So geht mit der Einführung von Vermessungstechniken zur Ermittlung der richtigen Kleidergröße, virtuellen Umkleidekabinen und anderen technischen Vermessungsmethoden nicht zwangsläufig eine Änderung der Nutzungsgewohnheiten einher. Auch deutlich verbesserte Produktfotos und -beschreibungen, Zoom-Ansichten und Videos haben die Retourenquoten vieler Online-Anbieter bislang nicht nachhaltig senken können. Nicht unbedingt deswegen, weil die Nutzer diese nicht annehmen, sondern weil sie es gewohnt sind, Auswahlbestellungen zu tätigen und ihr Zuhause als Umkleidekabine zu betrachten. Hinzu kommt, dass vor allem bei modischen Bekleidungsartikeln die Probleme der meisten Online-Händler schon viel früher einsetzen (iBusiness 2013). So gibt es immer noch keine Maßtabellenstandards. Jeder Anbieter arbeitet mit seinen eigenen – häufig auch bewusst extra kleiner angegebenen – Größen, sogenannten Schmeichelgrößen. Hier sind die Retourenquoten hausgemacht und durch keine der modernen Techniken zu reduzieren. Rund 86 % der Bestellungen werden wegen eines Passformproblems retourniert (ibi 2013). Ratsam dürfte es diesbezüglich sein, die Lieferanten in die Pflicht zu nehmen und mit entsprechenden Konditionen zu beteiligen. Aber nicht nur die Lieferanten trifft die Schuld. Nicht selten finden sich schon innerhalb des eigenen Online-Shops inkonsistente Größenbezeichnung. So kommt es vor, dass Angaben der Größentabelle den Maßen, die am Model vorgeführt sind, widersprechen, sodass der Kunde am Ende überhaupt nicht mehr wissen kann, wie das Kleidungsstück nun ausfällt. Eine klare und transparente Größenbezeichnung stellt einen Hygienefaktor dar, genauso wie eine realistische und exzellente Produktabbildung mit Zoom-Funktion sowie eine umfassende Produktbeschreibung, die keine Frage offenlässt. Hygienefaktor ist sicherlich auch die Pflege der Kundendaten, die immer wieder zu „passiven Retouren" führt, wenn sich Kundenadressen geändert haben oder Probleme bei der Zustellung auftreten. Immerhin nehmen 14 % der Online-Händler noch vor dem Versand Kontakt mit ihren Kunden auf, wenn ihnen die Bestellung seltsam vorkommt. Fast zwei Drittel tun dies bei ungewöhnlichen Warenkorbzusammenstellungen, fast die Hälfte bei einer ungültigen oder bereits auffällig gewordenen Versandadresse und immerhin 41 % bei einer auffälligen Bestellhistorie (ibi 2013).

Wichtigste Maßnahmen zur Retourenvermeidung Zielgerichtetes Retourenmanagement stellt nicht nur einen wesentlichen Erfolgsfaktor, sondern ebenfalls einen unmittelbaren Renditehebel dar. Wie eTailment zusammenfasst, lassen sich die zurzeit gängigsten Methoden zur Bekämpfung des Retourenproblems in die Blöcke Produktdarstellung, Analyse, Liefergeschwindigkeit und Incentivierung unterteilen (eTailment 2013).

1. **Detaillierte Produktbeschreibung**: Das wirksamste Mittel gegen überhöhte Retourenquoten ist offenbar eine detaillierte Produktbeschreibung und genaue Produktdarstellung. Rund 81 % der Online-Anbieter sehen in dieser Methode den größten Hebel für die Verringerung der Retourenquote. Insofern sollten Online-Händler nicht bei

der Darstellung ihrer Produkte geizen. Hier wird häufig am falschen Ende gespart. Viele Online-Shops knausern bei den Produktfotos und wundern sich dann, dass die Retourenquoten hochschnellen. Fotos sollten nach Möglichkeit auch Details zeigen wie u. a. aufgesetzte Taschen, Stickereien und Logos. Zusätzlich können Adjektive ein Stück weit die fehlende Haptik und Optik der Online-Shops kompensieren. Ein Jeansrock „aus schwerer Baumwolle" und mit „sehr figurbetonter Passform" deutet zum Beispiel darauf hin, dass sich das Kleidungsstück eher für den Herbst und schlanke Menschen eignet. Kunden fühlen sich auch sicherer, wenn sie Näheres über das Model erfahren, das die Ware vorführt. Hinweise wie „Unser Model ist 179 cm groß und trägt Größe 38" helfen dem Kunden, eine bessere Vorstellung vom Produkt zu bekommen (eTailment 2013).

2. **Virtual Dressing Tools** können als sinnvolle Ergänzung der bestmöglichen Produktbeschreibung angesehen werden, sind aber in keinem Fall in der Lage, diese zu ersetzen. Außerdem sollten nur die neuesten Techniken zur Passform- und Größenberatung zur Verfügung stehen. Als Vorreiter auf diesem Gebiet gilt der Otto-Versand mit seinen modernen Virtual Dressing Tools wie zum Beispiel Fits.me und UpCload. Nach Eingabe der persönlichen Maße zeigt Fits.me auf, wie das ausgewählte Kleidungsstück am Körper des Kunden aussehen würde. Dazu nehmen Fit Bots, also Avatare, die Körperformen des Users an, wobei Hinweise wie „zu weit" oder „zu eng" gegeben werden. Neben Otto haben auch Adidas, Hugo Boss und der Versender Boden die in Estland entwickelte Anwendung in ihre Online-Shops implementiert. UpCload ist demgegenüber statistikbasiert und verlangt nur die Eingabe der Körpergröße, des Gewichts und des Figurtyps. Damit rechnet ein Algorithmus dann aus, ob der Modeartikel dem User passt. Eingesetzt wird das Tool bei den Otto-Marken Melrose und Flashlight sowie bei Jack Wolfskin, Puma und Dress for less (eTailment 2013).
3. **Kundenrezensionen**: Eine weitere Möglichkeit zur Retourenvermeidung besteht auch in der Veröffentlichung von Kundenrezensionen. In Kombination mit Größen- und Passformfiltern ist es leichter, die passende Konfektionsgröße zu finden und die richtige Auswahl zu treffen. Nach Berechnung von Bazaarvoice fällt bei Produkten, die mit Kundenmeinungen versehen sind, die Retourenquote um bis zu 20 % niedriger als sonst aus. Dennoch sind zusätzliche Entscheidungshilfen erforderlich wie zum Beispiel der Hinweis, dass ein Artikel größer oder kleiner ausfällt. Zur Behebung der Retourengründe gibt der Teleshopping-Sender HSE24 die Feedbacks der Kunden direkt an die Lieferanten weiter. Umgekehrt können Produktsegmente mit niedriger Retourenquote stärker ausgebaut werden. Esprit fordert sogar alle Kunden nach Erhalt der Ware auf, die einzelnen Produkte in Bezug auf Größenausfall und Passform zu beurteilen. Die Otto Group (u. a. Otto, Baur und Schwab) wertet zum Beispiel die Retourenscheine ihrer Kunden aus und greift dazu auf ein algorithmusgestütztes Prognose-Tool von Blue Yonder zurück, um Prognosen zu berechnen und Gegenmaßnahmen anzudenken. Einige Online-Händler bieten auch bestimmten Kunden an, erst einmal nur eine Größe zu schicken und gegebenenfalls eine andere Größe kostenlos nachzureichen (eTailment 2013).

4. **Liefergeschwindigkeiten** können auch eine große Rolle spielen bei der Retourenvermeidung, die erstaunlicherweise den dritten Platz in der EHI-Rangliste der effektivsten Retourenvermeidungsmaßnahmen erreicht (vgl. Abb. 2.34). Nicht selten verliert der Kunde bereits die Begeisterung für das Produkt, wenn die Zustellung zu lange dauert. Eine Impulsbestellung von gestern kann schon nicht mehr interessant sein, wenn sie nicht direkt am Folgetag geliefert wird. Oder der Kunde hat das Geld schon wieder anderweitig ausgegeben, wenn das Paket zu spät ankommt. Es kann auch helfen, wenn der Kunde die Möglichkeit für ein Paket-Tracking erhält und damit seine „Vorfreude" strecken kann (eTailment 2013).
5. **Bonusprogramme** belohnen Wenigretournierer mit Gutscheinen. Bonprix zum Beispiel schreibt Kunden einen „Retourenbonus" im Wert von drei Euro gut, wenn sie nicht retournieren. Nach Expertenmeinung hat sich das Modell besonders im Niedrigpreissegment bewährt und stellt sich bei Bonprix zum Beispiel als ein durchaus erfolgreiches Kundenbindungsinstrument heraus. Verbreiteter ist aber offensichtlich der umgekehrte Weg, nämlich eine Bestrafung oder Abmahnung von Vielretournierern. Nach Informationen von Trusted Shop verzichtet die Hälfte der Online-Händler darauf, Kunden mit hoher Retourenquote weiterhin zu beliefern (eTailment 2013).

Trotz aller Retourenprobleme sollte nicht vergessen werden, dass diese auch eine Chance für Neuverkäufe sein können. Ernsting's family gibt an, dass 80 % der Retouren von den

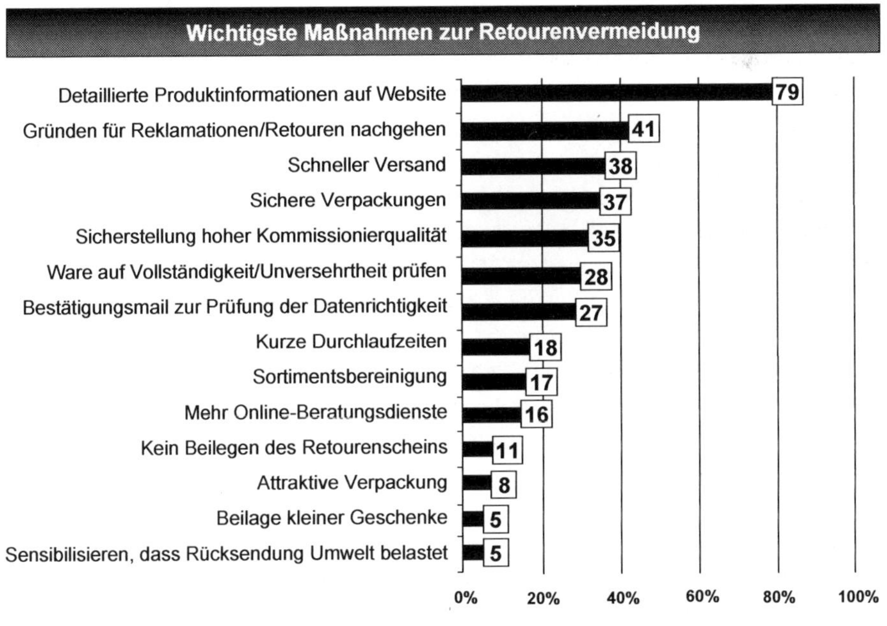

Abb. 2.34 Wichtigste Maßnahmen zur Retourenvermeidung nach EHI und ECC. (Quelle: iBusiness 2013)

Kunden in die Filialen zurückgebracht werden und dabei im Schnitt zwei bis drei neue Artikel gekauft werden. Dieses Prinzip kann auch von Pure Plays genutzt werden, die Retouren für Kaufempfehlungen nutzen oder sogar mit Kaufincentivierungen verbinden.

2.6 Kundenzentriertheit als Basisanforderung an den Online-Handel

Basis für das Geschäftsmodell eines Online-Händlers muss die Kundenzentriertheit sein. Sie löst sich von der funktional orientierten Marketinglehre und stellt die Leidenschaft und Glaubwürdigkeit der gesamten Unternehmensführung und ein bedingungslos am Kundenwunsch ausgerichtetes Unternehmen in das Zentrum der geschäftlichen Aktivitäten. Diese Art der „neuen Kundenorientierung" durchdringt das komplette Geschäftssystem des Unternehmens und gibt Mitarbeitern zugleich einen Orientierungsrahmen für ihre täglichen Entscheidungen vor. Es geht vor allem um die von Jeff Bezos aufgeworfene und visionär verfolgte Schlüsselfrage: „Wie kann ich meinen Kunden das Leben erleichtern?" (brandeins 2014). Was aber bedeutet das für die Marketing- und Handelspraxis? Zunächst geht es um eine neue Dimension der Professionalität, deren Umsetzung – entgegen weitverbreiteter Meinung – weitaus höhere Investitionen in Marketing, Kundenansprache, Organisation und Systeme erfordert, als das in den traditionellen Absatzkanälen der Fall ist. Sie dürften sich auf lange Sicht aber lohnen, denn die Kunden schätzen und honorieren es, im Zentrum der Geschäftsaktivitäten zu stehen. Bestes Beispiel ist der Traditionshändler Macy´s, der mit einer derartigen Strategie „der neuen Kundenorientierung" nicht nur den Turnaround zu einem hochprofitablen Handelsunternehmen geschafft hat, sondern seit 2010 in allen Kanälen wieder stark wächst, und das im Kernmarkt von Amazon.

Kundenzentrierte Unternehmen, die in Maximierung der Kundenbegeisterung denken, sind dabei nachweislich erfolgreicher als „nur" kundenorientierte Unternehmen. Kundenzentriertheit impliziert Leidenschaft und Glaubwürdigkeit der Führung und ein bedingungslos am Kundenwunsch ausgerichtetes Unternehmen. Jeff Bezos, CEO von Amazon, ist der festen Überzeugung, dass nur überragender Service am Kunden und genaues Verstehen der Kundenwünsche langfristig Erfolg gewährleisten können. Da Kunden Angebote verschiedener Händler zu einem Produkt vergleichen wollen, hat er anderen Händlern erlaubt, auch bei Amazon anzubieten, selbst auf die Gefahr hin, dass Amazon von anderen Händlern unterboten werden kann. „Tut ihr es nicht, so wird es der Kunde tun" ist dabei sein Motto. Kundenzentriertheit durchdringt das komplette Geschäftssystem des Unternehmens und gibt Mitarbeitern einen Orientierungsrahmen für ihre täglichen Entscheidungen vor. So weiß ein Mitarbeiter bei WalMart, dass er zuerst den Kunden bedienen muss, bevor er einem internen Problem nachgeht. Ein Aldi-Einkäufer weiß, dass er die Preise bei preisunelastischen Artikeln nicht erhöhen sollte, auch wenn es die Wettbewerbssituation hergeben würde. Und ein Amazon-Mitarbeiter weiß, dass er Platzierungen der Industrie als solche kenntlich machen muss, um nicht den Eindruck zu erwecken, diese wären objektiv generiert. Einem Zappos-Mitarbeiter ist bewusst, dass seine Hauptaufgabe darin besteht, in erster Linie Probleme offen und ehrlich mit seinen Kunden im Community-Bereich zu diskutieren (brandeins 2014; Heinemann 2014b).

Kein Kunde gleicht einem anderen Kunden. Idealerweise wird jeder Kunde als Individuum betrachtet. Im Massengeschäft ist eine Individualisierung nicht wirtschaftlich darstellbar, deshalb werden Kunden statistisch relevanten Segmenten zugeordnet (personalisiert). Diese werden entweder statisch gebildet bei traditionellen Unternehmen oder dynamisch/chaotisch bei Internet-Anbietern. Die Kunst der Kundenzentriertheit liegt in der überragenden Individualisierung oder Personalisierung des Unternehmens und in der richtigen Implementierung, die „Chefsache" sein muss. Nur wenn die oberste Führung von der Kundenzentriertheit überzeugt ist, ist sie auch bereit, dies glaubwürdig vorzuleben und das Unternehmen systematisch kundenzentriert auszurichten. Dabei ist ein vierstufiges Vorgehen sinnvoll:

- **Phase 1: Kunden verstehen.** Hier geht es um Fragen der Kundensegmentierung (Segment of One, statische oder dynamische Personalisierung), die Wünsche einzelner Kundengruppen, deren Performance, den Erfüllungsgrad der Kundenwünsche durch das Unternehmen im Wettbewerbsvergleich sowie die Aktivierungsintensität.
- **Phase 2: Unternehmensziele formulieren.** Abgeleitet von der Strategie sollen die Quellen zukünftigen Wachstums bestimmt werden; dabei wird nach Produkten und Kundensegmenten differenziert. Letztendlich werden Ziele für die einzelnen Kundensegmente festgelegt.
- **Phase 3: Maßnahmen erarbeiten.** In dieser Phase werden konkrete Maßnahmen, die zu einer erhöhten Weiterempfehlung bei Kunden führen, erarbeitet und nach der 80/20-Regel umgesetzt. Flankierend werden eine Meilensteinplanung und ein Controlling aufgebaut.
- **Phase 4: Organisatorische Voraussetzungen schaffen.** Die Promotoren und Blockierer der Veränderung werden in der Organisation identifiziert und für den Veränderungsprozess eingespannt, geschult und möglicherweise versetzt oder ersetzt. Ferner werden die erforderlichen strukturellen Voraussetzungen und die Prozesse definiert und angepasst.

Formen des Online-Handels

3

Zusammenfassung

Heute ist es nicht mehr möglich, vom Online-Handel generell zu sprechen. Die wenigsten Online-Händler kommen noch in reiner Form vor. Lediglich Start-ups oder neue Formen des interaktiven Online-Handels wie zum Beispiel Dawanda oder Farfetch verfolgen zu 100 % ein reines Geschäftsmodell. Schon die großen Pure Plays wie Amazon oder eBay sind Mischformen. Mittlerweile hat sich hier eine Vielzahl unterschiedlicher Betriebstypen herauskristallisiert, die sich anhand zentraler Merkmale beschreiben lassen und sehr unterschiedlich entwickeln.

3.1 Betriebstypen des Online-Handels

Heute ist es nicht mehr möglich, vom Online-Handel generell zu sprechen. Mittlerweile hat sich hier eine Vielzahl unterschiedlicher Betriebstypen herauskristallisiert, die sich anhand zentraler Merkmale beschreiben lassen (Morschett 2012; Shopmacher 2012). In Anlehnung an die Handelsbetriebslehre lässt sich der Online-Handel insgesamt sicherlich als Betriebsform charakterisieren, also als eine Kategorie von Handelsbetrieben, die von den Marktteilnehmern als gleichartig angesehen werden. Diese Kategorie liegt in unterschiedlichen Betriebstypen oder Varianten vor, die sich anhand ähnlicher Merkmalsausprägungen in Gruppen zusammenfassen lassen (Heinemann 1989). In Hinblick auf die entsprechenden Betriebstypen des Online-Handels gelten mittlerweile als größte Gruppe die Online Pure Plays, zu denen entsprechend ihrer Umsatzanteile einige ehemalige Versandhändler übergewechselt sind (bevh 2015). Fälschlicherweise werden diese häufig als Multichannel-Systeme bezeichnet, auch wenn sie kein Stationärgeschäft betreiben. Sie bilden mit dem Parallelbetrieb aus klassischem sowie elektronischem Versand den „hybriden Online-Handel" als eine eigenständige Handelsform. Diese ist von

G. Heinemann, *Der neue Online-Handel,* DOI 10.1007/978-3-658-15384-7_3

Abb. 3.1 Betriebstypen des Online-Handels 2015. (Quelle: eWeb Research Center 2016b; bevh 2016)

der Form des reinen Online-Handels, dem „Pure-Online-Handel" zu unterscheiden. Über Portale sind zunehmend aber auch Kooperationen von Online-Händlern zu beobachten, die damit den „kooperierenden Online-Handel" bilden und auch die Marktplatzaktivitäten von eBay und Amazon beinhalten. Dieser Betriebstyp steht mittlerweile für rund ein Drittel der Online-Einzelhandelsumsätze. Eine weitere Form des Online-Handels stellt der Multichannel-Handel dar. Dieser wächst derzeit am stärksten, liegt vom Online-Volumen her jedoch immer noch weit hinter den Pure Plays und Marktplätzen. Ohne die Kombination aus stationären sowie elektronischen Verkaufskanälen kann allerdings nicht von „modernen" Multichannel-Systemen, sondern immer nur von „traditionellen" Mehrkanalsystemen gesprochen werden (FAZ 2007). Zunehmend nutzen Herstellerunternehmen wie u. a (Abb. 3.1).

Esprit, BOSS, adidas oder Nike den Internet-Kanal, um in das Direktgeschäft einzusteigen und Disintermediation zu betreiben (Heinemann 2014b). Diese Form des Online-Verkaufs an Endkunden stellt den „vertikalisierten Online-Handel" dar, der in 2014 von allen Betriebstypen am stärksten gewachsen ist.

In Abb. 3.1 sind die Betriebstypen des Online-Handels zusammenfassend dargestellt. Die größte Gruppe bilden die Online Pure Plays bzw. reinen Online-Händler, mit 21 % Wachstum in 2015. Sie kommen zusammen auf 16,6 Mrd. € Umsatz in Deutschland. Da sie zunehmend in Mischformen zusammen mit Marktplatzaktivitäten auftreten, werden ihnen Online-Händler mit mehr als 60 % Online-Anteil zugeordnet. Sehr gut entwickeln konnten sich mit 27 % Zuwachs die aus dem stationären Geschäft stammenden Multichannel-Händler, wenn auch der Umsatz mit 7,9 Mrd. € noch viel Potenzial beinhaltet. Die restlichen Betriebstypen lagen auf unterschiedlichem Niveau in der Entwicklung. So lag der Umsatz der aus dem Versandhandel stammenden hybriden Online-Händler bei rund 5,5 Mrd. € Umsatz, was einem Zuwachs von 10 % entspricht. Dagegen konnten die vertikalen Online-Shops um 58 % zulegen. Diese kamen allerdings auf nur 4,6 Mrd. € Umsatz und haben angesichts der Ambitionen im herstellereigenen Einzelhandel noch großen Nachholbedarf. Unter den Zuwachsraten der Multichannel-Händler und vertikalen Online-Shops lagen mit nur 4 % Wachstum die kooperativen Online-Händler. Diese Gruppe, die sich insbesondere aus den Marktplatzaktivitäten von eBay und Amazon ergibt, kam auf rund 12,3 Mrd. € Handelsvolumen, was rund 2,0 Mrd. € an Marktplatzerträgen entspricht, die von den Anbietern „nur“ als Provisionsumsatz ausgewiesen werden. Erstaunen muss der relativ geringe Marktanteil der Multichannel-Händler von nur rund 16,8 %, obwohl hier aufgrund der Kundenzahlen das größte Potenzial liegen dürfte.

3.1.1 Pure-Online-Handel

Mit einem Marktanteil von rund 35,4 % liegen die sogenannten „Online Pure Plays“ vorne (eWeb Research Center 2016; bevh 2016). Trotz einer enormen Konzentration tummelt sich eine Vielzahl kleiner Online-Händler auf dem Markt, von denen die meisten Start-ups oder hochspezialisierte Anbieter sein dürften. Ob bei Tiernahrung (zum Beispiel Pet-Shop.de), Delikatessen (zum Beispiel gourmondo.de), Wein (zum Beispiel avinos.de) oder Hüten (zum Beispiel hutshopping.de), vor allem für hochspezialisierte Angebote bildet das Internet offensichtlich die ideale Verkaufsform mit kleiner Betriebsgröße. Gefördert wird diese Entwicklung sicherlich auch dadurch, dass die technische Entwicklung das Betreiben dieser E-Shops vom „Home Office“ aus ermöglicht. In den nächsten Jahren sollen etliche kleine innovative Online-Shops an den Start gehen, die auch viel flexibler auf Veränderungen reagieren können. Dabei ist zu erwarten, dass in naher Zukunft verstärkt innovative Geschäftsmodelle aus den USA für die europäischen Märkte kopiert oder geklont werden wie bereits bei den Konzepten „Collective Buying und Daily Deals“. Folgende innovative Geschäftsmodelle sind erkennbar (BV Capital 2011):

- **Community-driven Shopping:** Zu dieser Kategorie zählen Social-Commerce-Anbieter wie Etsy oder Dawanda, Open-Innovation-Plattformen wie Threadless und Spreadshirt, Shopping-Börsen á la Ginahhot sowie die Shopping-Clubs mit Clubverkauf. Als Pionier für den Clubverkauf gilt Vente Privée. Der Online-Händler hat in 2002 dieses neue Verkaufskonzept eingeführt, das in Deutschland von den beiden Shopping-Clubs BuyVip und Brands4Friends kopiert wurde. Während BuyVip von Amazon übernommen und als Amazon VIP vollständig integriert wurde, gehört Brands4Friends seit 2011 zu eBay. Bei den Shopping-Clubs darf nur der Kunde einkaufen, der sich vorher angemeldet hat. Das geht aber wiederum nur, wenn dieser vorher von einem Freund eingeladen wurde. Exklusivität steht demnach im Vordergrund, wobei der Schwerpunkt des Angebotes mit den Prinzipien „Closed-Shop, Kundenloyalität, Verknappung“ auf Marken-, Mode- und Lifestyle-Produkten liegt (zum Beispiel von Diesel, Swatch, Dolce & Gabbana, Armani oder Converse). Gängig sind fünf Aktionen pro Woche, über die alle Clubmitglieder per E-Mail informiert werden und die dann ein bis zwei Tage laufen.

- **E-Rentals:** Für Produkte, die relativ selten gebraucht werden, entstehen derzeit in den USA neue Vermietungsgeschäftsmodelle. Ähnlich wie bei Mietwagenfirmen wird für eine vereinbarte Gebühr ein Produkt für einen festgelegten Zeitraum oder Anlass vermietet. Ob für Videos und Filme (Netflix), E-Spiele (Gamefly) oder Kleider und Mode (Renttherunaway bzw. Girl-Meets-Dress), die Geschäftsidee wird zunehmend auf verschiedenste Gebrauchsgüter übertragen und realisiert offensichtlich erhebliche Transaktionskostenvorteile.
- **Subscriptions:** Während der Buchclub sich immer mehr aus dem Geschäft zurückzieht, erlebt die Abogeschäftsidee in anderen Produktbereichen eine Wiedergeburt. Birchbox bietet für zehn US-Dollar im Monat ein Abonnement für Duft- und Kosmetikproben an, was von Douglas kopiert wurde (Douglas-Beauty-Box). Bei Solesociety und shoedazzle erhalten die Kunden für eine feste Monatspauschale (40 US-Dollar monatlich bei shoedazzle) ein paar neue Schuhe jeden Monat, die auf den persönlichen Geschmack und die individuelle Passform abgestimmt sind. Das Abo ermöglicht eine gute Planbarkeit, die in sehr günstigen Preisen umgesetzt werden kann. Gut vorstellbar sind auch Socken- oder Unterwäscheabos auf Basis der „Subscription-Geschäftsidee“.
- **Mitch&Match:** Polyvore bietet eine Shopping-Plattform an, auf der die Kunden ihr Outfit von verschiedensten Modeanbietern nach einer strukturierten Rahmenvorgabe zusammenstellen und kombinieren können („Express your style“). Über eine soziale Verlinkung zu Facebook & Co können sie dann ihre Auswahlen dem Fankreis vorstellen und mit ihnen das Ergebnis diskutieren. Über die Feedback-Einholmöglichkeit erhält der Einkaufsprozess eine starke Community-Ausrichtung. Sobald die diskutierte Endauswahl festliegt, kann per Klick gekauft werden.

3.1.2 Kooperierender Online-Handel

Zunehmend treten Händlerkooperationen unter einer einheitlichen E-Store-Brand auf. Häufig handelt es sich dabei um Branchenlösungen in Form von Portalen, die zum Beispiel von Großhändlern, Verbundgruppen, Herstellern oder unabhängigen Institutionen angeboten werden. Gängig ist diese Form des Online-Handels bei Elektro-Großhändlern (zum Beispiel Euronics.de) oder im Schuhgroßhandel (zum Beispiel schuhe.de). Mittlerweile ist aber auch die Nutzung eines vollständigen Online-Shops über das Auktionshaus eBay oder auch als Partner von Amazon möglich. Dies ist relativ unkompliziert und mit überschaubaren Kosten durchführbar und ermöglicht zudem, vom Vertrauenspotenzial, von der Bekanntheit sowie von den Werbemaßnahmen dieser beiden beliebten Handelsplattformen zu profitieren. Mit externen Tools lässt sich zum Beispiel ein eBay-Shop relativ einfach und schnell zu einem vollständigen E-Commerce-System ausbauen. Dabei unterstützen die gängigen eBay-Services wie beispielsweise PayPal, Inkasso und Treuhandkonto die Abwicklung. Amazon ist zum Beispiel mit einer großen Anzahl fremder Websites dynamisch verlinkt. Außerdem kann man den Inkassoservice „Amazon Payments" in Anspruch nehmen. Die Kosten des „Amazon Marketplace" liegen zwischen zehn und 15 % des Verkaufspreises zuzüglich fester Gebührensätze für jeden erfolgreichen Verkauf. Die eBay-Gebühren liegen durchschnittlich bei rund 8 % vom Transaktionsvolumen.

3.1.3 Multichannel-Handel

Rund ein Drittel aller Online-Shops haben ihren Ursprung im stationären Handel (IWB 2011a). Im Zuge der Internet-Diffusion und -Evolution nehmen immer mehr Unternehmen auch aus dem traditionellen Bereich das Internet in ihr Vertriebsportfolio mit auf und setzten damit erste Multichannel-Strategien um. Dabei wurden viele der halbwegs erfolgreichen Online-Händler von großen Handelskonzernen aufgekauft und in deren Multichannel-Strategie integriert. Zunehmend bemerkten auch die Online-Händler, dass ihre Chancen deutlich steigen, wenn sie ihren Kanal um stationäre Geschäften oder Outlets sowie Katalogaktivitäten ergänzen. Mittlerweile existiert eine Fülle unterschiedlicher Multichannel-Systeme, wobei von Multichannel-Handel immer nur in Verbindung mit einem Internet-Kanal gesprochen werden kann:

- Ursprünglich stationäre Einzelhändler („Brick-and-Mortar-Anbieter"), die einen zusätzlichen elektronischen Absatzkanal zur Unterstützung des stationären Lead Channel einrichten („Click-and-Mortar-Anbieter"), wie u. a. Douglas, Galeria-Kaufhof und Christ.
- Stationäre Einzelhändler, die mit Online-Shop-Betreibern kooperieren, die zusätzlich auch klassischer Katalogversender sein können, um so von deren Know-how zu profitieren und sich damit Zugang zu einem Multichannel-System zu verschaffen, wie zum Beispiel Hagebau mit Otto.
- Ursprüngliche Mehrkanalsysteme (stationärer Handel in Verbindung mit dem Katalogversand), die um einen elektronischen Kanal erweitert werden, wie u. a. bei Tchibo, Globetrotter, Conrad Electronic oder IKEA.
- Bisherige „Pure Internet Player", die bislang ausschließlich den elektronischen Kanal benutzt haben und nun Ladengeschäfte erwerben bzw. eröffnen, um sich damit Zugang zu neuen Kunden zu verschaffen. Beispiele sind Notesbooksbilliger.de und Mymüsli, aboutyou.de und jetzt auch Amazon mit dem amazon bookstore.

Von allen Erscheinungsformen am häufigsten anzutreffen ist die Umwandlung vom Brick-and-Mortar-Anbieter (stationärer Handel) zum „Click-and-Mortar-Händler" nach E-Retailing-Form. Damit ergeben sich enorme Chancen für die stationären Einzelhändler. Denn die technologischen Innovationen ermöglichen eine bisher unbekannte Form der Kundenorientierung, die insbesondere der von den Kunden geforderten Multioptionalität Rechnung trägt. Insbesondere die Smartphones der vierten Generation machen ein völlig neues Einkaufserlebnis möglich, das die Anbieter sich zunutze machen können, indem sie beispielsweise Konsumenten gezielt mit mobilen Werbeformen in ihre Geschäfte lenken. Smartphones bringen mit ihren intuitiven Navigationsfunktionen die die Kunden sprichwörtlich in die Filialen. Nur so ist zu verstehen, dass E-Commerce-Experten sagen: „Die Zukunft von online ist offline."

Diesen Trend sehen insbesondere die „Pure-Online"-Händler, die nur über einen Internet-Kanal verfügen, durchaus besorgniserregend, da nun einmal im stationären Handel die meisten Kunden sind. Deswegen ist auch zu erwarten, dass einige der reinen Online-Händler über kurz oder lang zusätzlich offline gehen und den Trend zum integrierten Multichannel-System zusätzlich befeuern werden. Die Kombination von Online-Handel und stationärem Handel, also die echten Multichannel-Systeme, können aufgrund sehr verschiedener Kompetenz- und Fähigkeitsanforderungen zweifelsohne als komplexeste Form des Online-Handels angesehen werden. Mit dem Eintritt eines Online-Händlers ins Stationärgeschäft müssen umfangreiche neue Fähigkeiten entwickelt werden wie zum Beispiel Sortimentskonzepte und -innovationen sowie eine Standortführung. Andererseits verfügt der Online-Handel über Stärken, die im stationären Geschäft zukünftig sowieso an Bedeutung gewinnen werden und bereits in Kundenbindungs- bzw. Loyalitätsprogrammen ihren Niederschlag finden. Das Stationärgeschäft ist für Universalversender sicherlich keine Option für eine identische Positionierung. Anderes gilt für Spezialversender, die bereits fachgeschäftsähnliche Sortimente mitbringen.

3.1.4 Hybrider Online-Handel

Versandhändler, die neben dem Kataloggeschäft auch Online-Handel betreiben, stellen keine Form des Multichannel-Handels dar, sondern betreiben als Distanzhändler „hybriden Internethandel". Auf diese Weise haben nur rund 15,4 % der Online-Shops ihr Geschäft im Versandhandel begonnen (IWB 2011a). Sie nutzen zusammengenommen denselben Distanzhandelskanal und haben angesichts der negativen Umsatzentwicklung offensichtlich ein Problem. In der Aufbauphase konnten im Internet-Kanal vermeintliche Versandstärken genutzt werden. Diese betrafen die Logistik und Warenwirtschaft, die CRM-Fähigkeiten im Zusammenhang mit Einzelkundenoptimierungen sowie den Katalog als Basis für eine Internet-Adaption. Internet wurde aus der Versandhandelsbrille nicht selten als „Kosteneinsparinstrument" gesehen, mit dem vor allem die hohen Katalogkosten reduziert werden konnten. Als Problem stellte sich jedoch immer mehr die Synchronisation der Positionierung und des Preisthemas heraus. Auch eine neue

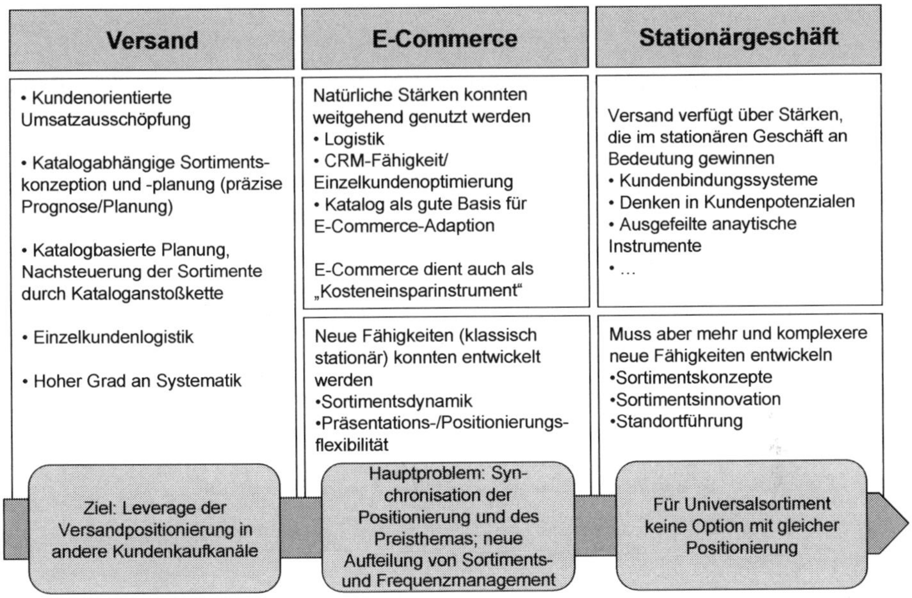

Abb. 3.2 Kernkompetenzen je Kanal aus Versendersicht. (Quelle: In Anlehnung an Bähre 2007, S. 15)

Aufteilung von Sortiments- und Frequenzmanagement war schwer zu finden. Außerdem mussten in Hinblick auf die Sortimentsdynamik sowie Präsentations- und Positionierungsflexibilität neue Fähigkeiten entwickelt werden. Bei parallelem Betrieb eines Online-Kanals stellt sich aus der Perspektive eines Versenders zunächst die Übertragbarkeit der Fähigkeiten relativ einfach dar und bietet sich schon dadurch per se an. So steht im Versand zunächst die kundenorientierte Umsatzausschöpfung im Mittelpunkt. Es gilt, aus den vorliegenden Kundenadressen den höchstmöglichen Nutzen zu ziehen. Neben den Adressen bleibt dabei allerdings der Katalog der Hauptstellhebel. Damit bleibt aber die „Katalogdenke" dominierend: Alles dreht sich um den Katalog, Sortimentskonzeption und -planung sind katalogabhängig und fließen in alle Planungen und Prognosen ein, auch in die Nachsteuerung der Sortimente. Zielsetzung aus der Kombination mit dem Online-Handel war es in der Regel, die Versandpositionierung in den elektronischen Kanal zu leveragen. Die Kernkompetenzen aus Versendersicht, die vermeintlich für den Online-Kanal nützlich waren, sind in Abb. 3.2 dargestellt.

Ob es sich allerdings bei den Online-Umsätzen der Versender um Zusatzumsätze handelt oder gehandelt hat, ist umstritten. Der Anteil des reinen Versandhandels geht augenmerklich zurück, während der B2C-Distanzhandel, der das Internet mit einschließt, seit 2003 wieder wächst. Treiber der positiven Entwicklung des Distanzhandels ist damit ganz klar das Internet. „Der Internetkanal ist weiterhin der Wachstumsmotor der Versandhandelsbranche", betont auch der BVH bzw. bevh (bevh 2016). Dabei ist es unerheblich, ob es sich um neue Umsätze oder um Substitution handelt. Jeder traditionelle Händler ist betroffen, wenn in seinem Segment nennenswerte Umsatzanteile über das Internet realisiert werden und dieser Umsatz aufgrund der für Kunden nicht gegebenen Online-Einkaufsmöglichkeit verloren geht. Die vermeintlichen Stärken und Kernkompetenzen der Versandhändler haben diese aber in eine strategische Falle geführt, was die aktuelle Geschäftsentwicklung zeigt: Bisher hat es offensichtlich kein Katalogversender geschafft, der Katalogabhängigkeit und -denke zu entkommen. Doch der Katalogbezug verhindert die notwendige Dynamik und Schnelligkeit, die den Online-Handel auszeichnen. Im Grunde lernen die meisten der verbliebenen Versandhändler erst jetzt, wie „Pure" Online-Handel eigentlich funktioniert.

3.1.5 Vertikalisierter Online-Handel

Immer mehr Topmodemarkenhersteller nutzen den Online-Handel als Vertikalisierungsinstrument. Grund dafür ist, dass nicht vertikal organisierte Unternehmen zunehmend bedrängt werden von den preisaggressiven Vertriebsformen aus dem Discountbereich und den zumeist vertikalisierten Modeketten, die überhaupt keinen Vertriebspartner mehr benötigen, sowie den Großvertriebsformen des Handels, die sich zunehmend über Eigenmarkenpolitik profilieren. Die vertikalen Betriebsformen, die man vereinfacht als „geschlossene Hersteller-Händler-Kombination" bezeichnen kann, zeichnen sich durch die Beherrschung der kompletten Supply Chain aus und erzielen damit in der Regel überdurchschnittliche Zuwachsraten und Renditen. Auch der Direktvertrieb in der Fashion-Industrie wächst stark, sei es durch eigenen stationären Einzelhandel oder B2C-Online-Vertrieb. Anbieter wie boss.de, adidas.de und esprit.de, um nur einige Beispiele zu nennen, sind mittlerweile zumindest in Teilbereichen vertikalisiert und betreiben dabei Online-Handel. Vertikalisierte Konzepte wachsen seit Jahren dynamisch in Deutschland. Eine klare Markenhandschrift, verbunden mit einer hohen Einflussnahme auf das Sourcing und Design und somit auf die wesentlichen Bestandteile der Wertschöpfungskette, führen zu einer überdurchschnittlichen Performance. Vertikal organisierte Bekleidungsanbieter konnten beispielsweise seit 1998 den Gesamtmarkt mit hohen Umsatzzuwächsen deutlich outperformen. Allein der Verzicht auf die Zwischendistributionsstufe erschließt beträchtliches Synergiepotenzial und fördert zudem eine vergleichsweise schnelle Expansion. Auch der Wegfall von Zwischenlägern spart Zeit und Kosten und ermöglicht eine höhere Datentransparenz und -qualität, als es bei der „klassischen Arbeitsteilung" möglich ist. Damit kann auch flexibler auf die Nachfrage agiert werden. Wichtig ist allerdings ein integriertes Branding, das die Markenbotschaft und die Leistung für den Kunden transparenter und leichter bewertbar macht (KPMG 2005, S. 21 ff.). Der Trend zur Vertikalisierung ist mittlerweile in nahezu allen Branchen zu erkennen. Herstellermarken wie Bree, Nivea, Geox, Faber-Castell, Samsonite, Bang & Olufsen, Lego, Apple und sogar Maggi und Frosta betreiben mittlerweile auch eigenen Einzelhandel. Insgesamt gesehen wird der herstellereigene Online-Handel in

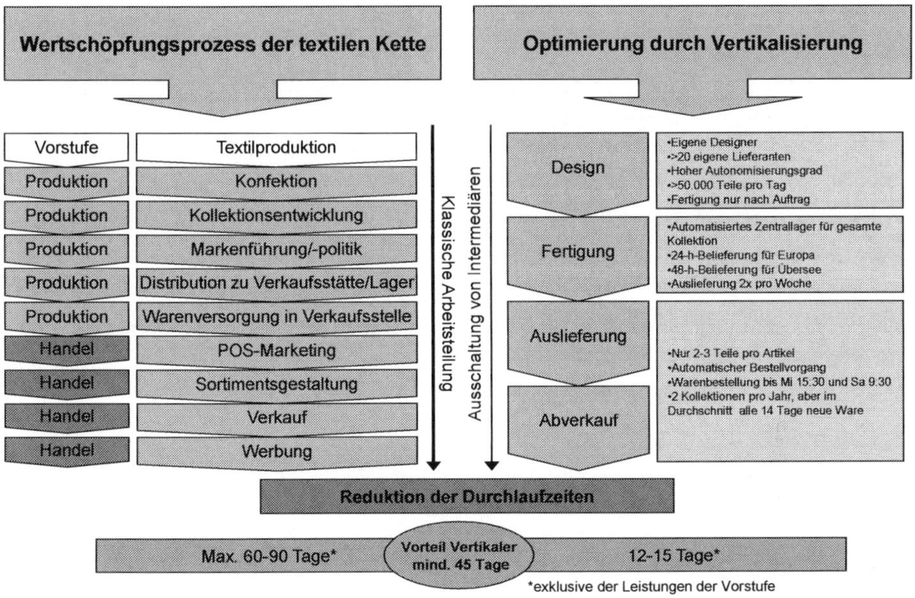

Abb. 3.3 Vorteilhaftigkeit vertikaler Betriebstypen im Online-Handel. (Quelle: KPMG 2005, S. 23)

Zukunft weiter zunehmen. Vertikale Angebotsformen sind in Hinblick auf Verfügbarkeit, Abwechslung, Inszenierung und Identifikation den traditionellen Handelsformen überlegen. Durch welche enorme Vorteilhaftigkeit der vertikalisierte Handel auch in Zukunft weiter getrieben werden wird, zeigt das Beispiel „Inditex" in Abb. 3.3. Dieses Vorzeigebeispiel veranschaulicht den uneinholbaren Zeitgewinn eines vertikalen Systems im Vergleich zu einem arbeitsteilig organisierten System durch die Reduktion von Durchlaufzeiten innerhalb der Prozesskette. Als neueste Vertreter des vertikalisierten Online-Handels gelten die Internet-Anbieter, die ihren Kunden Produktkonfigurationen („Mass Customization") oder Co-Design-Möglichkeiten („Open Innovation") anbieten wie zum Beispiel Spreadshirt. Diese Anbieter nutzen die Internet-Technologie, um die Kunden in nahezu alle Stufen der Wertschöpfung zu integrieren (Reichwald und Piller 2009). Das setzt eine vertikale Struktur voraus, da sonst die Einflussnahme auf das Produkt nicht möglich wäre.

3.2 Innovative Formen des interaktiven Online-Handels

In Theorie und Praxis herrscht Einigkeit darüber, dass durch strukturierte Nutzung der Kundeninteraktion erhebliche Potenziale realisiert werden können (Haug 2013b; Reichwald und Piller 2009; Sales Management Review 2013). Dies gilt vor allem für die

Offsite- und Downstream-Kundeninteraktion in Form von Partnerplattformen. Letztere gehören mittlerweile zu den wichtigsten Kontaktpunkten für Unternehmen, vor allem wenn es darum geht, neue Kunden zu akquirieren (Heinemann et al. 2013). Insbesondere Social Media zwingt Unternehmen zum Umdenken und macht eine Überarbeitung der traditionellen Kommunikation- und Marketingstrategien unverzichtbar. Diesbezüglich ist zu beachten, dass eine Offsite-Präsenz ohne klare Positionierung und ohne ein profiliertes Konzept in den seltensten Fällen zielführend ist. Nur ein gut konzipierter und attraktiver Auftritt kann entscheidend zur positiven Markenbildung und damit zur Erschließung der gegebenen Potenziale beitragen. Ein digitales Handelsunternehmen muss die Wünsche der User erkennen und proaktiv auf sie eingehen können. Dazu gehört auch die Fähigkeit, aktiv kommunizieren und zuhören zu können sowie auch die Interaktion zwischen den Nutzern zu ermöglichen und zu fördern (Heinemann et al. 2013).

3.2.1 Ziele und Formen der Downstream-Kundeninteraktion

Ziel sollte der Aufbau einer stabilen und dauerhaften Beziehung zwischen Unternehmen und User sein. Dabei dürfen in keinem Fall die neuen Erwartungen der Kunden unterschätzt werden. Die Internet-User legen nicht nur Wert auf eine authentische Empfehlung, sondern wünschen sich auch Unterstützung bei der Lösung von Problemen. Deswegen wollen sie aktiv in die Kommunikation und die Gestaltung des Angebots mit einbezogen werden. Die Kundeninteraktion stellt ein Unternehmen daher vor nicht zu unterschätzende Herausforderungen. Neue Kommunikations- und Marketingkonzepte müssen erarbeitet werden. Auch sind innovative Unternehmensstrukturen zwingend erforderlich, genauso wie eine kompromisslose Kundenorientierung (brandeins 2015a, 2014). Diese neue Kundenzentriertheit hat Auswirkungen auf alle Unternehmensbereiche und erfordert ein hohes Maß an Aufklärungsarbeit. Ob dieser Einsatz allerdings zu einem zufriedenstellenden Return on Investment führt, hängt zum großen Teil von der jeweiligen Branche, der Unternehmensphilosophie, den vorhandenen Strukturen sowie den zur Verfügung stehenden Ressourcen ab. Die Ziele der Kundeninteraktion lassen sich nicht immer direkt finanziell messen. So sind neben einer direkten Frequenzsteigerung und Conversion-Erhöhung vor allem auch indirekte Effekte erzielbar. Diese kommen u. a. durch einen Aufbau von Multiplikatoren, eine Förderung von Empfehlungsprozessen sowie eine verbesserte Kundenbindung/-loyalität zustande. Gleiches gilt für eine bessere Mobile-Relevanz und damit das Touchpoint-Management sowie PR, Branding und den Aufbau eines Kommunikationskanals. Neben einer verbesserten Mitarbeitermotivation sind auch kostenreduzierende Effekte denkbar (Haug 2013a, b; Heinemann 2014b). Insofern bietet es sich an, zwischen primär transaktionsbasierten Formen sowie primär kommunikationsbasierten Formen der Kundeninteraktion zu unterscheiden. Wie in Abb. 3.4 dargestellt ist, verfolgen Marktplätze und Shopping-Portale wie zum Beispiel die Club-Shops primär transaktionsbasierte Ziele. Gleiches gilt für Formen des Social Commerce, zu denen neuerdings auch das Curated Shopping zählt (Gyllensvaerd und Kaufmann 2013; Gehrckens und Boersma 2013). Demgegenüber stellen Portale mit Marktplatzelementen und

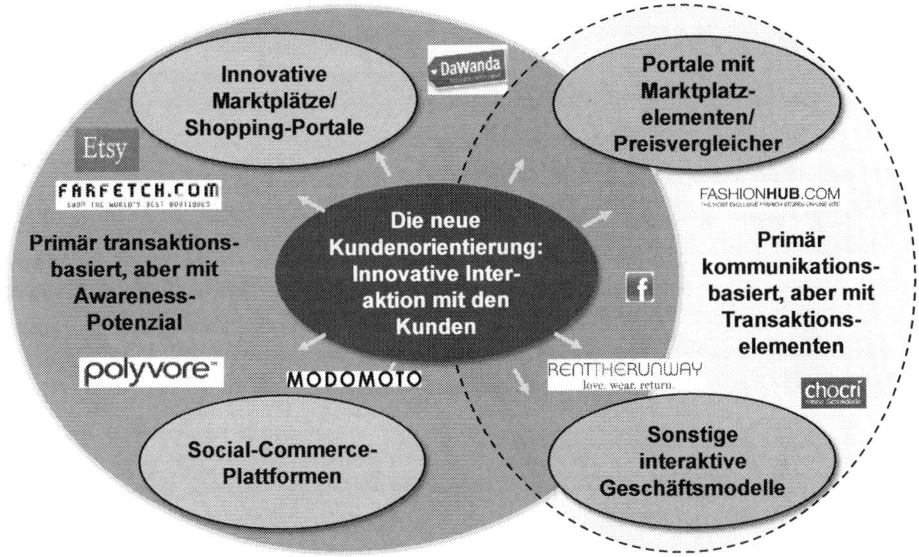

Abb. 3.4 Formen der Offsite-Downstream-Interaktion. (Quelle: In Anlehnung an Heinemann und Boersma 2014)

Preisvergleicher primär kommunikationsbasierte Formen der Kundeninteraktion dar, bei denen sich neuerdings Modeportale besonders hervortun. Weiterhin kann eine Vielzahl von innovativen Geschäftsmodellen derzeit eher als kommunikationsbasiert angesehen werden. Diese werden im Folgenden gesondert dargestellt.

3.2.2 Innovative Marktplätze und Shopping-Portale

Wie schon eingangs erwähnt, haben Marktplätze und Shopping-Portale eine herausragende Bedeutung im Online-Handel erlangt. Da diese sich sowohl nach Art der Wettbewerbsbeziehung als auch nach der Intensität der Kundenbeziehung sehr unterschiedlich darstellen können, bietet es sich an, die entsprechenden Formen differenziert zu betrachten (Boersma 2014):

- **Marktplatzformen mit direkter Wettbewerbs- sowie indirekter Kundenbeziehung** stellen Shopping-Portale dar. Ihr ergänzender Marktplatz steht für die Marktplatzpartner zugleich auch in direktem Wettbewerb, wodurch auf derselben Plattform in der Regel auch überschneidende Sortimente angeboten werden. Wie in Abb. 3.5 dargestellt, lassen sich Amazon, Otto, Zalando und Rakuten beispielsweise als Shopping-Portale kennzeichnen. Sie erlauben den Partnerfirmen deswegen keine direkte

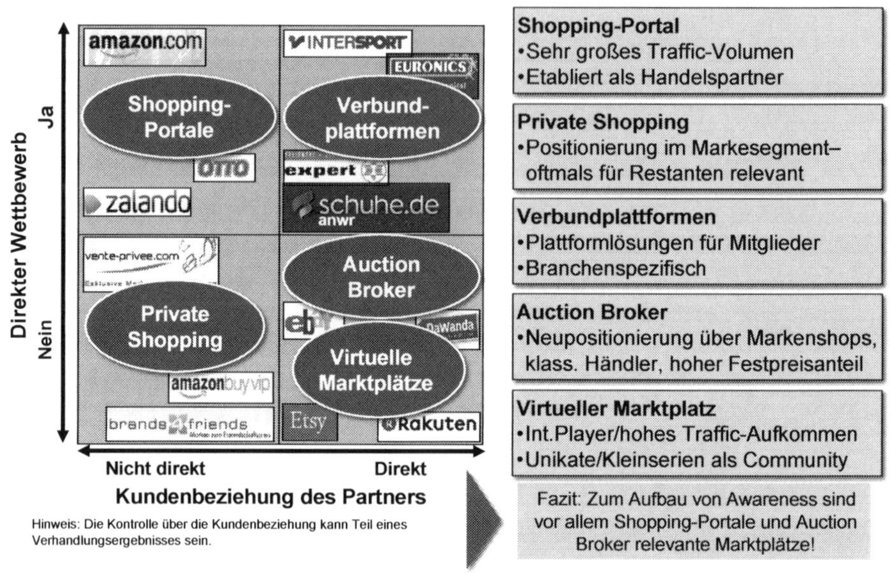

Abb. 3.5 Interaktive Marktplätze und Shopping-Portale. (Quelle: In Anlehnung an Heinemann und Boersma 2014)

Kundenbeziehung auf dem Marktplatz, da sie selbst die Transaktion kontrollieren bzw. betreiben. Dazu verwalten sie auch die Kundendaten, was ein hohes Vertrauen erfordert. Shopping-Portale zeichnen sich durch ein sehr hohes Traffic-Volumen und ein umfassendes Angebot in gemischten Segmenten aus.

- **Marktplatzformen mit direkter Wettbewerbs- als auch direkter Kundenbeziehung** stellen die Plattformen der Verbundgruppen dar, die nicht selten als Kombination aus zentral betriebenem Online-Shop der Verbundgruppe und dezentral individualisierten Shops der Mitglieder diese Form eines geschlossenen Marktplatzes abbilden. Im Vordergrund muss aber stehen, dass es sich um Plattformlösungen für Mitglieder handelt, da das Konfliktpotenzial sonst unverträglich mit dem genossenschaftlichen Grundgedanken einer Verbundgruppe ist.
- Als **Marktplatzformen mit indirekter Kundenbeziehung und indirekter Wettbewerbsbeziehung** können Auction Broker wie das eBay-Auktionsgeschäft oder virtuelle Marktplätze wie Etsy, Dawanda bzw. der eBay-Marktplatz angesehen werden. Mit 80 % Festpreisanteil dominiert bei eBay mittlerweile ganz klar das Marktplatzgeschäft. Auction Broker haben bisher zwar überwiegend eine Discount-Positionierung, verfolgen zunehmend aber eine Neupositionierung über Markenshops. Dawanda und Etsy vermitteln auf ihren Marktplätzen Unikate und/oder Kleinserien mit Community-Orientierung, verfügen aber über ein vergleichsweise geringes Traffic-Volumen.

- **Ausschließlich indirekte Kunden- und Wettbewerbsbeziehungen** weisen private Shopping-Portale auf. Sie verfolgen meist eine Positionierung im Segment der Markenartikelschnäppchenjäger, wofür in der Regel Restanten relevant sind. Als Beispiele lassen sich Vente Priveé oder Brands4Friends nennen. Sie basieren überwiegend auf dem Community-Gedanken und sind damit in hohem Maße als interaktiv zu betrachten.

Private Shopping und auch virtuelle Marktplätze können durchaus auch als eine Form des Social Commerce angesehen werden, sind also nicht ganz überschneidungsfrei mit den Social-Commerce-Plattformen zu betrachten. Dies gilt vor allem für virtuelle Marktplätze wie Etsy und/oder Dawanda (Heinemann 2014a). Bei diesen geht es aber weniger um Social-Media-Aspekte als vielmehr um die Art des Produktprogramms.

3.2.3 Social-Commerce-Plattformen

Social-Commerce-Plattformen zeichnen sich in erster Linie durch eine gleichberechtigte Kombination von E-Commerce und Social Media aus. Sie stellen sich sehr vielfältig dar und werden bis auf Facebook in der Regel selbst mit spezifischen Geschäftsmodellen betrieben. Im Folgenden werden Beispiele für derartige Geschäftsmodelle aufgezeigt, die sicherlich jeweils in ihrer spezifischen Unique Selling Proposition stark differieren (USP) und drei Kategorien bilden: „Advice and Recommendation" oder auch „Advice and Referral", „Enabling and Infrastructure" sowie „Experience, Fun and Exclusivity" (Haderlein 2012). Entsprechend dieser Kategorisierung sind in Abb. 3.6 die unterschiedlichen Social-Commerce-Plattformen (offsite) dargestellt (Haarhaus 2013; Heinemann 2014b, S. 43).

- **„Advice and Referral"** als erste Kategorie wird repräsentiert durch Empfehlungsplattformen Edelight, Smatch und Polyvore. Von diesen drei Beispielen ist Polyvore die bekannteste und wichtigste Plattform, zumindest für Fashion. Polyvore kann als „Mutter aller Social-Commerce-Plattformen" angesehen werden (Haderlein 2012; Heinemann 2014a). Nutzern werden Instrumente an die Hand gegeben, mit denen sie ihre eigenen Sets aus einer vorgegebenen Range von Händlern und Marken auswählen können. Einzelne Produkte sind zu korrespondierenden Händlern crossgelinkt. Polyvore stellt eine Inspirationsquelle dar, die eine Menge Traffic generiert. Obwohl Polyvore für verkaufte Produkte eine Provision erhält, findet dennoch keine „In-stream-Transaktion" statt. Im Grunde werden auch nicht die Basisanforderungen an Social Commerce erfüllt. Dennoch wird der Plattform in hohem Maße zugetraut, Empfehlungen und Rat auf einem hohen Social-Commerce-Level zu liefern. Als ein Marketing-Tool zur Traffic-Generierung und zum Akquirieren neuer Kunden ist es äußerst geeignet, vor allem weil es visuelle Empfehlungen erlaubt, was speziell für Online-Fashion wichtig ist. Andere Plattformen und Händler kopieren nicht selten das Mood-Board-Konzept – eine Strategie, die insbesondere von Asos und Stylelight

Advice & Recommendation	Enabling & Infrastructure	Experience, Fun & Live Shopping
Referral Platform - Polywore - Edeligt	Microeconomics: - Etsy - Dawanda	Club-Shops: - Vente Privee - Brands4Friends
Affiliate Platform: - Smatch	Selling Community: - Pippa & Jean - Stella & Dott	Daily Deals: - Groupon - Livingsocial
Curated Shopping - Kaufmann Mercantile - Lyst und Blissany - Modomoto	Re-Commerce: - auctionata - TheRealReal	Live Shopping: - Guut.de - zackzack

Abb. 3.6 Social-Commerce-Plattformen offsite. (Quelle: In Anlehnung an Haderlein 2012)

angewendet wird (Haderlein 2012; Heinemann 2014a). Curated Shopping repräsentiert einen anderen Trend, der im Fashion-E-Commerce recht verbreitet ist. Es wird häufig mit dem sogenannten Abo-Commerce kombiniert. Prominente Beispiele hier sind Shoedazzle und BeachMint oder auch Glossybox. Dabei werden den Kunden Produkte innerhalb eines eigenen Showrooms empfohlen (von der Forst 2013; Haderlein 2012; Heinemann 2014a).

- **„Enabling and Infrastructure"** als zweite Kategorie lässt sich unterteilen in Re-Commerce, Microeconomics sowie Social Selling Communities. Dieser Trend ist nicht unbedingt neu und innovativ, verdeutlicht aber ein nachvollziehbares Ausmaß an echtem Social Commerce. Re-Commerce bezeichnet ein Geschäftsmodell, bei dem bereits benutzte Produkte im Netz an- und dann weiterverkauft werden. Reseller dieser Art wie zum Beispiel Rebuy, Momox und Amazons TradeIn gibt es viele. Sie profitieren davon, dass nicht alle Konsumenten ein Interesse daran haben, ihre Produkte langwierig auf traditionellen Marktplätzen wie u. a. eBay zu verkaufen, und stattdessen den Festpreis der Portale akzeptieren. Innovativ ist allerdings die Idee, das Geschäftsmodell wie bei The RealReal auf hochwertige „Second-Hand"-Modeprodukte auszudehnen oder wie bei auctionata für Auktionen mit antiken Möbeln oder Gegenständen zu nutzen (vgl. Abb. 3.6). Etsy ist zum Beispiel eine Plattform, die ihren Kunden ermöglicht, echte Handwerksprodukte aus der dritten Welt an die anderen Mitglieder der Community zu verkaufen. Die Plattform fokussiert eher auf Menschen als auf Produkte (Heinemann und Schwarzl 2010, S. 193.). Social Selling Communities stellen ein relativ neues Konzept dar. Als Beispiel lassen sich Pippa & Jean oder Stella & Dot nennen, die beide nach dem gleichen Prinzip arbeiten. Kunden bekommen die Möglichkeit, ihr eigenes Geschäft auf der Plattform zu gründen, kreieren demnach also flexible unternehmerische Möglichkeiten für

User. Im Gegensatz zu Etsy verkaufen hier User nicht ihre selbst hergestellten Produkte. Die Shopping-Plattform Lyst bemerkt dazu: „(we) didn't believe that one style could be distilled into an algorithm, rather we thought socialcuration was a far more effective way to personalize an experience to you" (ohne tüte 2012; Heinemann 2014a).

- **„Experience, Fun and Exclusivity"** als dritte Kategorie setzt sich aus Club-Shops und Daily-Deal-Plattformen zusammen und beinhaltet aktuell ein großes Potenzial, da Kunden die Features immer mehr nachfragen (Haderlein 2012). Allerdings handelt es sich hierbei um eine begrenzte Anzahl verschiedener Konzepte, die es derzeit auch im Einzelhandelsumfeld nicht einfach haben. Club-Shops werden zunehmend obsolet. Deswegen mussten auch Elemente zur Incentivierung und Belebung der Konzepte implementiert werden, die auf einem limitierten Zugang zu exklusiven Angeboten beruhen. Auch Daily Deal Sites wie Groupon sind Vertreter dieser Kategorie und verkörpern die Aspekte des „Social Bonding" (Heinemann 2014a; Haug 2013a).

3.2.4 Portale mit Marktplatzelementen

Neben Vergleichsportalen für unterschiedlichste Artikel existieren speziell für Mode zahlreiche Portale mit Marktplatzelementen, die primär kommunikationsbasiert ausgerichtet sind. Dabei handelt es sich vor allem um Dropshipping-Plattformen mit Marktplatzelementen, die bei hochwertigen Modeboutiquen verstärkt in kooperativer Form anzutreffen sind. Affiliate Networks sowie Modeportale mit Shop-Verlinkung zählen ebenfalls zu dieser Form der Downstream-Interaktion (vgl. Abb. 3.7).

Vergleichsportale helfen den Kunden, für ihre Wunschprodukte die besten Anbieter und die besten Preise zu finden. Nicht alle Portale sind gleich nutzbar. Online-Dienste

Abb. 3.7 Interaktive Portale mit Marktplatzelementen. (Quelle: In Anlehnung an Boersma 2014)

unterscheiden sich nach Umfang des Sortiments, Breite der Suchfunktionen sowie den Möglichkeiten in der Navigation. Nicht bei allen Vergleichsportalen sind die gleichen Services wie u. a. Bewertungen, Testberichte oder Hilfestellungen bei der Produktauswahl in Form von Kaufberatern üblich. Am häufigsten verbreitet sind Preisvergleicher wie beispielsweise Idealo. de, Guenstiger.de, Billiger.de und Preis.de, was die herausragende Bedeutung der Preisinformationen bei dieser Art von Plattform unterstreicht (Heinemann 2014a, b).

Portale mit Marktplatzelementen bzw. Dropshipping-Plattformen mit Marktplatzelementen stellen derzeit einen Trend in der Start-up-Szene dar. Ob Luxodo Fashionhub oder Farfetch, alle diese Portale vereinen hochwertige Fashion und Design Stores jeweils auf einer international ausgerichteten Plattform. In der Regel liegt der Fokus auf Luxusprodukten für Damen und Herren aus den Bereichen Mode, Beauty sowie Interieur. Die Partner kommen in der Regel aus den Metropolen und verpacken bzw. verschicken jeweils auch die Ware. Die Lieferung erfolgt per DHL oder UPS bzw. einen der großen Logistikdienstleister. Aus Perspektive der Plattform findet das Geschäft demnach auf Dropshipping-Basis statt, also als typisches Streckengeschäft. Die Kunden werden jedoch von der Plattform persönlich betreut und können deren Customer-Service rund um die Uhr per E-Mail oder Telefon erreichen (Boersma 2014; Heinemann 2014a, b).

Affiliate Networks basieren auf dem Prinzip der Vertriebs- und Netzpartnerschaften zwischen verschiedenen Unternehmen. Grundlage ist eine Vereinbarung zwischen Partnern (Affiliates) in Hinblick auf die Bewerbung bestimmter Angebote. Marktplätze wie eBay und Amazon oder Nachrichtenportale wie T-Online stellen die wichtigsten Affiliate-Partner dar, jedoch sind sie keine Affiliate-Netzwerk-Betreiber wie zum Beispiel affilinet.de oder zanox.de, die zwischen Programmbetreibern und potenziellen Affiliate-Netzwerkbetreibern vermitteln. Diese sind eher B2B-orientiert und weniger unter der B2C-Kundeninteraktion zu subsumieren.

Modeportale mit Shop-Verlinkung zählen ebenfalls zu dieser Form der Downstream-Interaktion. Fashion-Portale dienen dazu, die Kunden über die neusten Trends und News aus der Modewelt zu informieren. Dabei steht der Content im Vordergrund, weshalb sie auf den ersten Blick an Modemagazine erinnern. Sie sind jedoch zusätzlich zu gängigen Designern und Online-Shops verlinkt und ermöglichen den Usern, an aktuellen Aktionen teilnehmen zu können. Modeportale sind in erster Linie kommunikationsbasiert, wenn auch mit Transaktionselementen angereichert (Boersma 2014; Heinemann 2014a, b).

3.2.5 Sonstige Formen interaktiver Geschäftsmodelle

Sonstige Portale und interaktive Geschäftsmodelle sind sehr vielfältig und stellen quasi das Sammelbecken für alle weiteren innovativen Formen der Kundeninteraktion dar. Zu ihnen zählen Branchennachrichtenportale, „Data-and-Advertising"-Portale sowie Mass-Customization- und Open-Innovation-Anbieter. Während Branchennachrichten- und „Data-and-Advertising"-Portale eher B2B-orientiert sind, zählen die Mass-Customization- und

Open-Innovation-Anbieter zur Upstream-Interaktion und sind deswegen nicht im Fokus der Betrachtung. Demgegenüber können Mode-Blogs und -Magazine, interaktive Mietkonzepte sowie interaktive Abomodelle der Downstream-Interaktion zugeordnet werden (vgl. Abb. 3.8).

Mode-Blogs und -Magazine sind ausschließlich content-orientiert und verfolgen nicht das Ziel einer direkten Transaktion. Zu den beliebtesten Mode-Blogs in Deutschland zählen This is Jane Wayne, Styleclicker, LesMads, Dany Diary und Modepilot (pr-blogger.de 2011). „This is Jane Wayne" bietet von Musik, Kunst, Kultur und Mode über Momentaufnahmen sehr vielfältigen Content und wird von den Mode-Bloggerinnen Nike van Dinther und Sarah Gottschalk betrieben. „Styleclicker" gilt als Streetstyle-Blog, der inspirierende Styles aus den Metropolen der Welt vorstellt, und wird vom Deutsch-Schweden Gunnar Hämmerle betrieben. „LesMads" informiert täglich über Trends, Models, Lifestyle, Musik, Fotografen und vor allem Mode. Der Fashion-Blog wird von Julia Knolle und Katja Schweitzberger betrieben. „Dany Diary" gilt als führender Männermode-Blog Deutschlands und berichtet mit den beiden 29-jährigen Redakteuren David Roth und Jakob Haupt seit 2010 über Männermode, Lifestyle und das Zeitgeschehen. „Modepilot" informiert seit 2007 über High Fashion aus den Metropolen der Modewelt und wird von den drei Modejournalistinnen Sabine Tersteegen, Barbara Markert und Kathrin Bierling betrieben (pr-blogger.de 2011).

Interaktive Mietkonzepte oder auch E-Rentals übertragen das Mietwagenkonzept auf höherwertige Gebrauchsgüter. Bei Renttherunaway können Kleider für einmalige Gelegen-

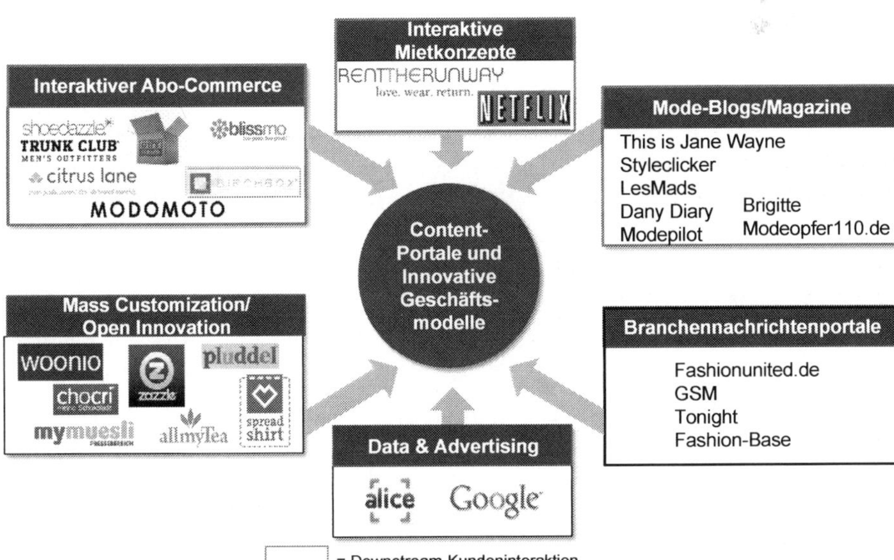

Abb. 3.8 Content-Portale und interaktive Geschäftsmodelle. (Quelle: In Anlehnung an Boersma 2014)

heiten gemietet werden. Auch die virtuelle Videothek Netflix kann diesem Geschäftsmodell zugerechnet werden, das im Zuge des Sharing-Trends sicherlich großes Zukunftspotenzial haben dürfte (Heinemann 2014a, b; BV Capital 2011).

Interaktiver Abo-Commerce stellt eine Kombination von Abomodellen und Social Commerce dar. Bestes Beispiel ist Shoedazzle aus den USA, die für 40 US-Dollar pro Monat ihren Abonnentinnen ein paar Schuhe zukommen lässt. Diese werden auf den individuellen Geschmack auf Basis der Kundendaten und des Social Graph designed. Auch die Überraschungsboxen Birchbox, in Deutschland bereits kopiert von Glossybox und der Douglas-Beauty-Box, sind gute Beispiele für interaktive Abomodelle, da deren Inhalte auch auf individuelle Zielgruppen und Geschmäcker abgestimmt werden. Darüber hinaus ist es gängig, die Kundinnen beim Öffnen der Boxen filmen zu lassen und die Spots dann zum Chat oder auf YouTube zu stellen. Mit Abomodellen lässt sich auch das Curated Shopping gut kombinieren. Mit Modomoto, Deutschlands erstem und größtem Curated Shopping Service für Männer, können diese sich in Form eines Abos dauerhaft von der Last des Shoppings befreien und dabei durch Modeexperten immer gut gekleidet fühlen (von der Forst 2013; Gyllensvaerd und Kaufmann 2013).

Fazit Angespornt von neuartigen Technologien und einer stetig wachsenden Auswahl kommt es zu immer neuen Kundenerwartungen und damit zu einer noch nicht dagewesenen Art der Kundenorientierung im Digital Commerce (brandeins 2014). Die Kunden werden immer anspruchsvoller und erwarten, mit in die kundenrelevanten Entscheidungen einbezogen zu werden. Das erfordert auch einen Zugang zu internetbasierten Interaktionsmöglichkeiten, und zwar „anywhere and anytime" (brandeins 2014; Sales Management Review 2013; Heinemann 2014a). Von ihnen können allerdings beide Seiten – sowohl der Konsument als auch der Anbieter – profitieren. Der Konsument kann aktiv am Marktgeschehen teilhaben, seine Meinung kommunizieren, diese mit anderen Konsumenten teilen und so seine Entscheidungsqualität verbessern. Das daraus entstehende Netzwerk an Informationen ermöglicht es den Anbietern, neue Leistungen zu erfinden oder bestehende Leistungen zu verbessern. Ohne die Motivation der externen Akteure kann es jedoch keine interaktive Wertschöpfung geben. Es müssen folglich Anreize entwickelt werden, welche die Kunden zum Mitmachen animieren. Dies kann in Form von finanzieller Vergütung erfolgen. Auch könnte den Konsumenten ein Raum angeboten werden, in dem sie ihre Ideen im Rahmen eines Wettbewerbs einbringen. Neben der Motivation der Unternehmen und Nutzer muss die Artikulation verbessert werden. Oft haben gute Konzepte zur interaktiven Wertschöpfung nur geringe Bekanntheitsgrade bei Konsumenten. Die Kommunikation der Aufrufe zur Beteiligung muss deswegen auch im Fokus stehen. In dem Ausmaß, mit dem Kunden im Zuge der Kundenintegration mit in die Wertschöpfung einbezogen werden, wird von den Handelsunternehmen zur Erreichung der höheren Leistungsanforderungen allerdings weitaus mehr abverlangt als nur angebotsbezogene Kundenorientierung (Ahlert et al. 2009).

3.3 Mobile Commerce als verlängerter Arm des Online-Handels

Die Nutzerzahlen mit 2,33 Mrd. Menschen zeigen, dass das mobile Internet auf der Überholspur ist (Statista 2016a; internetworldstats 2015). Bei weltweit insgesamt rund 3,36 Mrd. Internetnutzern liegt die mobile Nutzerquote bei rund 70 % (vgl. Abb. 3.9). Diese Zahl ist mit annähernd 90 % in Deutschland schon deutlich höher (kaufDA 2015). Die Prognosen gehen von einem weiteren Anstieg der mobilen Internetnutzer aus, und zwar im zweistelligen Bereich (statista 2016a). Die mobile Internetnutzung weckt neue Erwartungen und Bedürfnisse bei den Kunden, die aus deren Sicht auch von traditionellen Einzelhändlern erfüllt werden sollten.

3.3.1 Entwicklung und Zukunftsaussichten des Mobile Commerce

Wer allerdings als Händler einen Bogen um das Online-Thema macht, sollte es erst recht um das Mobile-Thema tun. Darüber hinaus muss eine Optimierung zu mobilgerechten Inhalten und formatgerechter Website erfolgen. Auch ist das Angebot um Mobile-Dienste und Anwendungen bzw. Killer-Applikationen zu erweitern. Derzeit geht der Trend ganz klar in Richtung „Social App". Mit 68,7 % wird dabei WhatsApp von allen Messenger-Diensten am häufigsten genutzt, allerdings ist die derzeit am schnellsten wachsende soziale App Snapchat (iBusiness 2016). Die Mobile-Nutzung im stationären

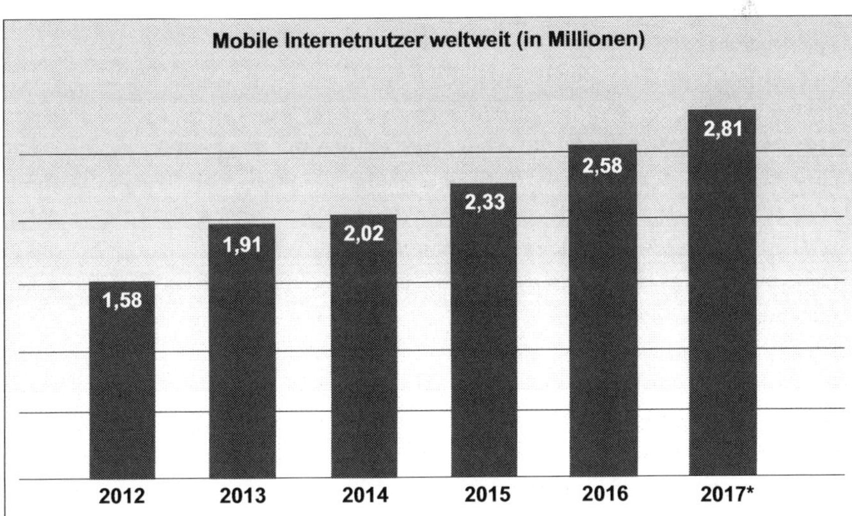

Abb. 3.9 Mobile Internet-Nutzer weltweit. (Quelle: Statista Mobilfunknutzer 2016; internetworldstats 2015)

Handel ist sicherlich auch ein relevantes Thema. Dazu gehören auch individualisierbare virtuelle Regale und der Einsatz der Augmented Reality in allen denkbaren Facetten. Die mobile-orientierte Umsetzung von Social-Media-Instrumenten mit Vernetzung zu Facebook, Twitter & Co., ist Standard. Twitter Accounts funktionieren dabei nicht nur als Service-Tool, um Kundenfragen zu beantworten. Sie können auch die anderen Verkaufskanäle nachhaltig befeuern. Viel stärker als im Online-Shop ist im Mobile Commerce auf ein Höchstmaß an Mobile Navigation und Mobile Usability zu achten. Dabei hilft auch eine flexible Formatgestaltung, die den Einsatz unterschiedlicher Geräteformen bis hin zum Tablet-PC ermöglicht. Auch Schnelligkeit im Seitenaufbau und Barrierefreiheit sind insbesondere in Hinblick auf mögliche Übertragungsprobleme bestmöglich umzusetzen. Zu schwere Websites mit minutenlangen Ladezeiten vergraulen Kunden und treiben diese den Mitbewerbern zu, die nur einen Click entfernt sind.

Derzeit vollzieht der Mobile Commerce in Verbindung mit der rasanten Smartphone-Penetration als disruptive Technologie einen radikalen Generationenwechsel und ist geeignet, alle Handelsbranchen nachhaltig zu transformieren. Dieses zeichnet sich in den USA und in China bereits ab (xing 2016). Da die Etablierung eines vorzeigbaren Online-Shops mit nennenswerter Betriebsgröße ein wesentlicher Erfolgsfaktor für den Mobile Commerce ist, kann der Mobile Shop auch als „verlängerter Arm des E-Commerce" angesehen werden. Dieses beinhaltet einen weitreichenden „Nebeneffekt", denn durch den Mobile-Boom wird der ebenfalls stark wachsende Online-Handel zusätzlich befeuert

Mobile Commerce als verlängerter Arm des E-Commerce Ungeklärt ist häufig noch die Frage, was Mobile Commerce, M-Commerce oder M-Shopping konkret bedeuten. Der Begriff „mobile" bzw. „M" verdeutlicht bereits, dass diese Art des Shoppings nicht an einen festen Standort gebunden ist. Mobil wird das Shopping durch die Verwendung von Geräten, die für den mobilen Einsatz entwickelt wurden (Heinzel 2014; Turowski und Pousttchi 2004). Sie können im Alltag mitgenommen und benutzt werden und sind außerdem in der Lage, mobiles Internet darzustellen (Bernauer 2008, S. 26). Bei den mobilen Endgeräten handelt es sich um klassische Mobiltelefone (Handys) im weiteren Sinne, den „Personal Digital Assistant" (PDA) oder das Smartphone (Wiecker 2002, S. 405). Allerdings wird als Abgrenzung zum klassischen Online-Handel das Notebook als Möglichkeit des M-Shoppings ausgeschlossen, da es dem stationären PC in seinen Möglichkeiten (z. B. hinsichtlich Displaygröße, Eingabemöglichkeiten etc.) zu ähnlich ist. Hinsichtlich des PDA ist festzustellen, dass der Verkauf dieser Geräte rückläufig ist. Diese werden außerdem immer mehr durch das Smartphone – einer Mischung aus Handy und PDA – ersetzt (BITKOM/Goldmedia 2008, S. 13; Wiecker 2002, S. 417). Das Smartphone ist dabei als Mobiltelefon zu betrachten, das mit Hilfe von Übertragungstechnologien wie z. B. dem „Universal Mobile Telecommunications System" (UMTS) einen mobilen Internet-Zugang ermöglicht. Der M-Shop unterscheidet sich folglich vom Online-Handel durch den Einsatz eines mobilen Endgerätes anstelle eines stationären PCs. Für ihn gelten ansonsten dieselben Merkmale wie für den „klassischen" Online-Handel und damit den Distanzhandel (Thelen 2009, S. 4). M-Shopping ist ein

Teilbereich des Mobile Commerce (M-Commerce). Zwar steht hier der Austausch von Waren und Dienstleistungen im Vordergrund, doch zählen ebenfalls Informations- und Kommunikationsprozesse, wie z. B. die eben skizzierten Location-based Services, zum M-Commerce (kaufDA 2015; Scheer et al. 2002, S. 100; Lehner 2002, S. 8; Turowski und Pousttchi 2004, S. 2). M-Commerce und E-Commerce grenzen sich vor allem hinsichtlich der verwendeten Endgeräte voneinander ab. Beim E-Commerce handelt es sich in der Regel um stationäre Geräte, wodurch der Handel überwiegend ortsgebunden stattfindet, während dieser beim M-Shopping nicht an einen Ort gebunden ist (Turowski und Pousttchi 2004, S. 1).

3.3.2 Grundlagen und Abgrenzung des Mobile Commerce

Mobile Endgeräte sind der Schlüssel zum mobilen Internet und somit zum Mobile Shopping. Das stetige Entwickeln neuer Gerätetypen wirft die Frage auf, was denn genau unter dem Begriff des mobilen Endgerätes verstanden wird (Negele 2011, S. 3). Erst die Datenkommunikation ermöglicht den Zugang zum Internet und verbindet somit den Anbieter mit dem Kunden. Die folgenden drei wesentlichen Merkmale sind die Grundeigenschaften, welche ein mobiles kommunikationsfähiges Endgerät mitbringen muss, und bilden die drei Achsen der Matrix (Negele 2011; Scholz 2010):

- Lokalisierbarkeit
- Erreichbarkeit
- Ortsunabhängigkeit.

Je nach Charakter des Gerätetyps kann dies in die Matrix übertragen werden. Dabei sind als mobile Endgeräte die Gerätetypen klassifiziert worden, bei denen die Grundeigenschaften jeweils am höchsten ausgeprägt sind. Das Mobiltelefon und das Smartphone können dementsprechend als mobiles Endgerät definiert werden (Negele 2011; Scholz 2010).

Voraussetzung für das Surfen im mobilen Internet ist ein grundsätzlich internetfähiges Gerät. Eine „schnelle" Verbindung ins mobile Netz via UMTS ist nur mit einem speziellen, UMTS-fähigen Gerät möglich. Diesbezüglich sind die auf dem Markt erhältlichen Mobiltelefone/Handys heute fast ausnahmslos UMTS-fähig (Bernauer 2008, S. 26 ff.). Handys unterscheiden sich dabei vor allem durch ihre kleinere Größe von den Smartphones. Smartphones sind eine Mischung aus Mobiltelefon und PDA, die für sich genommen eigentlich keine Telefoniefunktion besitzen. Sie besitzen i. d. R ein größeres Display als Mobiltelefone und können eine höhere Anzahl von Farben darstellen (Bernauer 2008, S. 27, 28 ff.). Sie können gewöhnlich mit einem Finger oder Stift bedient werden. Sowohl die Displaygröße als auch die Eingabemöglichkeiten des Smartphones ermöglichen im Vergleich zum Mobiltelefon eine einfachere und komfortablere Nutzung des mobilen Internets. Da der Absatz dieser Geräte steigt, befinden diese sich eindeutig auf dem Vormarsch (Bernauer 2008, S. 28).

Trotz steigender Kapazität und zunehmender Leistung fallen zunehmend die Gerätepreise. Dies macht die internetfähigen Smartphones für Kunden immer attraktiver (ntv 2015). So ist nachvollziehbar, dass viele Kunden zu Smartphones mit integrierten Betriebssystemen greifen, die zusätzlich zur Internetfunktion auch weitere Mehrwerte, wie den Personal Information Manager, bieten (Negele 2011). Grund für die vermehrte Nutzung von Smartphones sind zum einen die verbesserte Oberfläche mit benutzerfreundlichen Touchscreens und zum anderen aber auch die besser werdenden Übertragungskapazitäten. „Durch die haptische Navigierbarkeit innerhalb von Inhalten und Anwendungen verliert die Nutzung ihre Virtualität. Das Internet wird zum „anfassbaren Erlebnis" (Go-Smart-Studie 2012). Auch die Kombination von berührungsempfindlichen Touchscreens, Sprach- und Texteingabe, Kamera oder Bewegungssensor eröffnet ein breites Spektrum für Eingabe und Interaktion. (Rio mobile 2010, S. 11).

Die Verwendung eines Smartphones mit integriertem Betriebssystem hat den Reiz einer ständigen Verfügbarkeit von Informationen im Netz. An diese gewöhnt sich der Nutzer schnell, da sie den Alltag erleichtern können und einen Mehrwert bieten (Go-Smart-Studie 2012). Haak, Finger und Smolinski zeigen auf, dass der Smartphone- und vor allem Tablet-Bestand bis 2016 deutlich steigt. Beide werden Gewinner der Endgeräte sein und das PC-Wachstum dämpfen (vgl. Abb. 3.10).

Charakteristisch für die mobilen Endgeräte ist das im Vergleich zum Desktop sehr kleine Display. Der Trend jedoch geht zunehmend zu vergrößerten Displays, da kleine Handydisplays lediglich eine ungenügende Darstellung von Produkten erlauben. Falsche Vorstellungen über das Produkt, die durch die Verwendung eines zu kleinen Displays verursacht werden, können beim Konsumenten schnell zu Enttäuschungen führen.

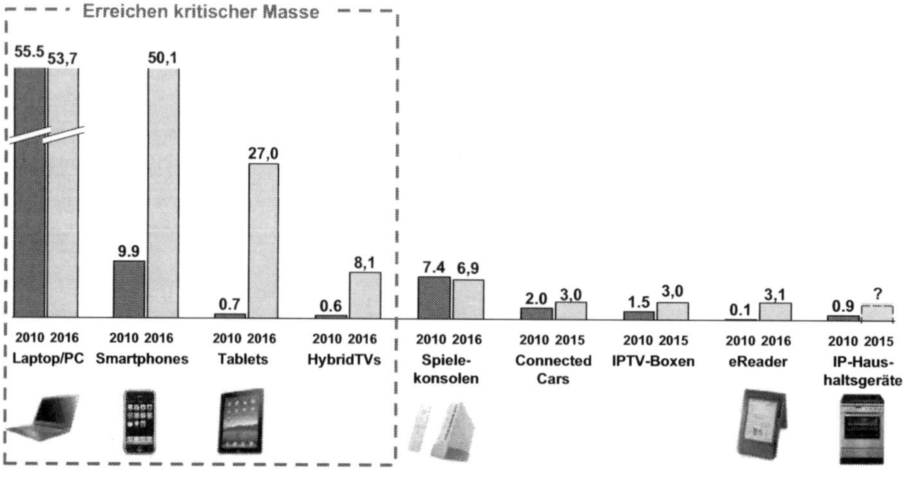

Abb. 3.10 Endgeräte-Bestand 2010-2016 in Mio. (Eigene in Anlehnung an Haak/Finger/Smolinski 2013; Bitkom 2015)

Diese sind besonders wirksam, wenn er das Produkt schließlich erhält und es nicht den Erwartungen entspricht, sodass es zurückgeschickt werden muss. Um diese negativen Shopping-Erlebnisse beim Konsumenten möglichst zu vermeiden, sind größere Handydisplays erforderlich.

Mobile Betriebssysteme Smartphones sind mit einer Software ausgestattet, dem Betriebssystem, welches die komplexe Bedienung dieses Gerätes erst ermöglicht. Betriebssysteme spielen eine zentrale Rolle bei der Nutzung des mobilen Internet. Ähnlich wie am Desktop, kann durch die Benutzerfreundlichkeit auch hier ein Internet-Browser genutzt sowie Standard-Webseiten bedient werden (Accenture 2010a, S. 12). Aktuelle Mobiltelefone besitzen auch oft einen Internet-Browser oder eine Internet-Applikation, die das Surfen im mobilen Netz ermöglichen. Allerdings liegt hier ein Grund für die teilweise noch eingeschränkte Nutzung des mobilen Internet über das Mobiltelefon in der Vertragsart mit dem Netzanbieter. In den klassischen Mobiltelefonverträgen oder auch Prepaid-Tarifen der Mobilfunkbetreiber wird die Nutzung des mobilen Internet zum größten Teil minuten- oder datenvolumenabhängig abgerechnet. Die Angst, die Monatsrechnung in die Höhe zu treiben, hemmt bisher die Nutzung des mobilen Internet und damit das Mobile-Shopping mit dem Smartphone (kaufDA 2015). Es ist aber damit zu rechnen, dass sich auf absehbare Zeit durch geänderte Datentarife und vergrößerte Displays die bisherigen Hinderungsgründe weitgehend auflösen werden. Die Beantwortung der Frage, welche aktuellen Betriebssysteme dem Kunden im Mobile-Shopping zur Verfügung stehen, liefert im Wesentlichen Abb. 3.11. Hier sind die weltweiten Marktanteile der Betriebssysteme für 2016 als Prognose denen aus 2012 gegenübergestellt.

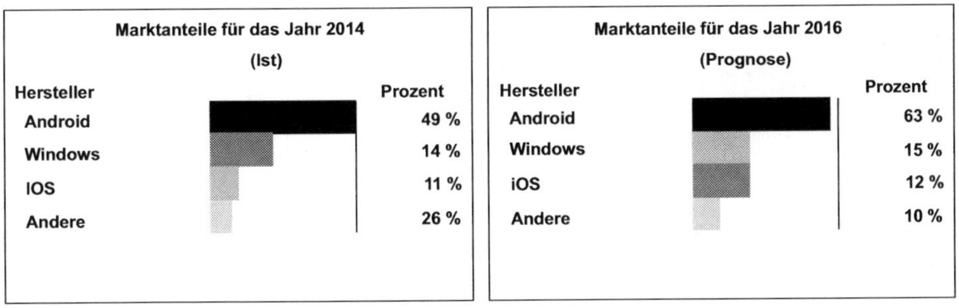

Abb. 3.11 Weltweite Marktanteile der Betriebssysteme 2014–2016 (Prognose). (Quelle: Statista Betriebssysteme 2016)

3.3.3 Anwendungen und Mehrwerte im Mobile Commerce

Die Wertschöpfungsbereiche im Mobile-Commerce können vereinfacht in Infrastruktur, Betrieb, Content, Anwendungen sowie Portale unterteilt werden. Diese werden jeweils durch Player repräsentiert wie zum Beispiel Mobile Pure Player, Internet-Unternehmen, Old Economy Players, Mobilfunkbetreiber sowie Gerätehersteller (Logara 2008, S. 19).

Die entsprechende Landkarte des Mobile-Business ist in Abb. 3.12 dargestellt:

- **Die Infrastruktur** umfasst alles, was für den Betrieb von Anwendungen auf mobilen Geräten erforderlich ist. Dazu zählen das Mobilfunknetz, die Software-Plattformen sowie die Geräte selbst.
- **Der Betrieb** stellt die Schnittstelle zum Kunden dar. Dabei handelt es sich nicht um die Endkunden, sondern die Anbieter von subventionierten Mobiltelefonen oder Smartphones mit einem Vertrag auf dem Markt.
- **Die Anwendungen/Apps** beinhalten Businessmodelle, die sich am Kundennutzen ausrichten und zum Beispiel durch ihren disruptiven Charakter derzeit den gesamten Handel revolutionieren. Anwendungen sind insofern weit mehr als WAP-Seiten, unterscheiden sich jedoch sehr stark je nach zugrunde liegendem Geschäftskonzept. In Form von Apps werden mittlerweile für alle Arten von Services und Produkte Anwendungen angeboten.
- **Das Geschäftskonzept** wurde lange Zeit als Content angesehen, also das, was zum Abruf über Funknetz als Information zur Verfügung gestellt wird (z. B. Bundesligaergebnisse für Fußballinteressierte). Die Technik ermöglicht heute auch das Angebot

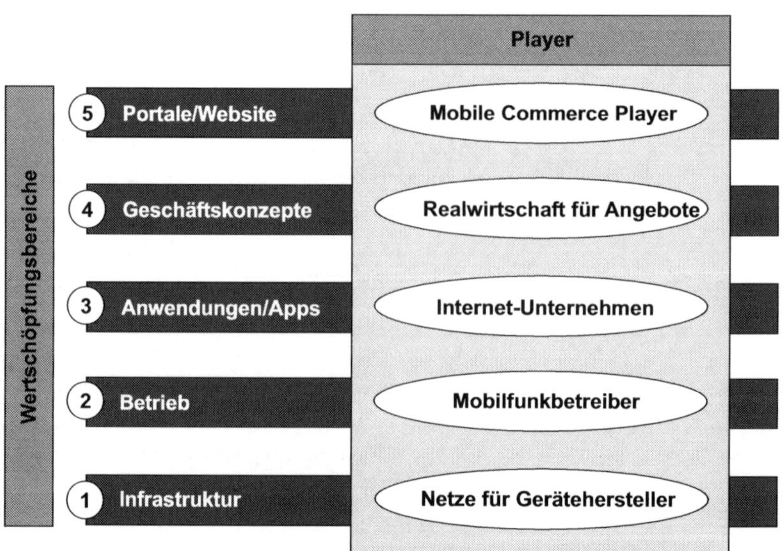

Abb. 3.12 Landkarte des Mobile-Business. (Quelle. In Anlehnung an Zobel 2001; Logara 2008)

sämtlicher Produkte und Dienstleistungen mit Transaktionscharakter. Allerdings ist je nach Art der Transaktion eine grundlegende Unterscheidung in B2C- und B2B-Angebote erforderlich, wobei im vorliegenden Werk ausschließlich auf B2C Bezug genommen wird.
- **Die Portale** sind häufig schon mit den Internet-Portalen identisch und versuchen in der Regel, Anbieter von Content und Anwendungen einzubinden, um den direkten Zugang zum Nutzer zu finden.

In Hinblick auf die Player sei zunächst auf die Gerätehersteller eingegangen, die in der Regel recht bekannt sind, wie z. B. Apple iPhone, Samsung, HTC, Nokia, Sony, Ericsson, oder Motorola. Demgegenüber handelt es sich bei den Mobilfunkbetreibern um Oligopole, die durch die hohen Kosten der Infrastruktur sowie die hohen Investitionen für Neueinsteiger gefördert wurden. Dadurch haben sie eine relativ starke Position bei den Playern. Die Realwirtschaft spielt mittlerweile auch umfassend im Mobile-Business mit. Dabei muss zwischen B2B- und B2C-Unternehmen sowie Geschäftskonzepten differenziert werden. Durch innovative Anwendungen eröffnen sich unzählige Potenziale für die Old-Economy, ähnlich wie beim Internet-Hype vor der Jahrtausendwende. Insofern spielen mittlerweile die Internet-Unternehmen eine herausragende Rolle in der Wertschöpfungskette, da Handys sich zunehmend auch außerhalb des WAP mit dem Internet verstehen (Logara 2008, S. 21). Bis vor wenigen Jahren mussten Internet-Seiten für das WAP zugeschnitten werden. Die neuen integrierten WWW-Browser ermöglichen aber in Kombination mit schnellen Datenverbindungen das problemlose Surfen im Internet über Mobiltelefone und Smartphones. Insofern können auch die Mobile Pure Player ihre Angebote für Endgeräte sukzessive ausweiten. Dabei handelt es sich z. B. um Unternehmen, die Applikationen mit dem Vorteil einer Lokalisierungsmöglichkeit entwickeln. Zu nennen sind auch mobile Spiele, die sich mittlerweile im Mobile-Commerce größter Beliebtheit erfreuen.

Mobile-Commerce-Mehrwerte Im Vergleich zum „Desktop"-E-Commerce bietet der Mobile-Commerce den Kunden entscheidende Vorteile, die auch als Mobile-Mehrwerte (mobile added values – MAV) bezeichnet werden. Zuzüglich zu den EAV (electronic added values) sind die MAV additiv zu sehen. Die mobilen Mehrwerte bestehen in der Mobilität, der Erreichbarkeit, der Kontextsensitivität sowie der Identifikation aus vier Teilwerten (Pichlmeier 2010, S. 27–29):

- **Mobilität:** Der Nutzer einer mobilen Technologie ist weder an einen bestimmten Ort noch an eine bestimmte Zeit gebunden. Die physische Präsenz ist frei wählbar, soweit die mobile Netzversorgung gegeben ist, was die wohl einzige Nebenbedingung sein dürfte. Die Allgegenwärtigkeit der Informationssysteme lässt sich auch mit dem Begriff Ubiquität kennzeichnen, die durch den Ad-hoc-Zugang im Mobile-Commerce einen zusätzlichen „added value" erhält.

- **Erreichbarkeit:** Der mobile Nutzer ist zu jeder Zeit an jedem Ort erreichbar, soweit die mobile Netzversorgung gegeben ist. Dieses ermöglicht proaktive Dienste – wie z. B. Kauf- oder Verkaufsempfehlungen von Aktien – oder eine synchrone Kommunikation zwischen Nutzern. Die rasante Verbreitung von SMS im Vergleich zur WAP-Technologie ist zweifelsohne auf die Erreichbarkeit der Teilnehmer zurückzuführen sowie aber auch auf die horrenden Minutenpreise für die Online-Zeit bei der WAP-Nutzung.
- **Kontextsensitivität:** Die für den User relevanten Dienste lassen sich dadurch eingrenzen und aktiv anbieten, indem sein Umfeld erfasst und ausgewertet werden kann. Ein Tourist in einer fremden Stadt wird andere Informationen benötigen als ein Geschäftsreisender. Auch dürften sich die Präferenzen je nach Tageszeit verändern, die sich ja auch an gelernten Öffnungszeiten oder Anlässen (z. B. Konzertbesuche oder Theater) orientieren. Die mobilen Technologien ermöglichen dabei, auf jede Art von Kontext einzugehen. So nehmen ortsbezogene Dienste Bezug auf den lokalen Kontext, während aktuelle Zeitpunkte oder Stundenangebote sich auf den zeitlichen Kontext beziehen. Der persönliche Kontext wird in Präferenzen und persönlichen Eigenschaften berücksichtigt. Kontextsensitivität ermöglicht dabei insbesondere den Einsatz von LBS (Location-based Services).
- **Identifikation:** Auch die Identifizierungsfunktion der Nutzer stellt einen mobilen Mehrwert dar. Aufgrund der Geräte-Nutzerzuordnungen ist für viele Anwendungen der Besitz eines Endgerätes für die Identifikation ausreichend. Dieses schließt zusätzliche Authentifizierungen nicht aus, z. B. zur Autorisierung von Zahlungen durch PIN-Eingabe. Durch die Verwendung mobiler Signaturen können zusätzliche Sicherheitsanforderungen erfüllt werden.

3.3.4 Besonderheiten und Formen des Mobile Commerce

Mobile-Commerce eröffnet Online-Händlern neue Chancen und gibt Raum für neue Geschäftsmodelle. Diesbezüglich kann z. B. die GPS-Ortung mit Hilfe von Apps sehr hilfreich sein. Das mobile Internet kann aber auch einfach auf die schon vorhandene stationäre Web-Seite übertragen werden und diese durch den mobilen Zugriff unterstützen (manager magazin new media 2010). Welchen Nutzen die verschiedenen Anwendungen im Mobile-Shopping dem Kunden geben können, soll an dieser Stelle ein erster Ausblick aufzeigen, der in den späteren Kapiteln noch einmal detailliert vertieft wird (Negele 2011):

Mobile-Shopping-Web-Seite Der Zugriff auf eine mobil optimierte Website kann dem Kunden Informationen über Preise und Produktvergleiche liefern. Jedes gängige Betriebssystem besitzt einen Internet-Browser, mit dem mobile Web-Seiten im Netz aufgesucht werden können. Um die Benutzerfreundlichkeit einer mobilen Website sicherzustellen, wird eine durchdachte und ausgereifte Informationsarchitektur benötigt, die als die Schnittstelle zwischen vorhandenen Inhalten und deren Darstellung angesehen werden kann. Bei mobilen Endgeräten gibt es im Vergleich zu Desktops erhebliche Unterschiede in der Navigationsstruktur, bei der Ausgabe der Inhalte und hinsichtlich der Seitenstruktur selbst. Diesbezüglich gilt das Responsive Design als Standard, an den jedoch auch der Umfang von Content und Angeboten angepasst werden muss (Heinemann 2012, Mobile).

Mobile-Shopping-Apps Eine App bzw. Applikation muss immer speziell für das spezifische Betriebssystem eines mobilen Endgerätes entwickelt werden und wird durch den betriebssystemeigenen Code für den Kunden ausführbar. Daraus folgt, dass dem Kunden je nach Betriebssystem nicht immer dieselbe Auswahlmöglichkeit geboten wird. Darin muss aber nicht unbedingt ein Nachteil bestehen, wenn sichergestellt wird, dass alle Funktionen ohne Einschränkung auf dem mobilen Endgerät ablaufen können. Im Gegensatz zu der mobilen Web-Seite greifen Applikationen unter Umständen auf bestimmte Funktionen des Smartphones zu und erlauben dadurch eine personalisierte Anwendung. Sie sind oft schneller zu nutzen, da sie sich in der Regel auf eine bestimmte Aufgabe oder Funktion konzentrieren (Rio mobile 2010, S. 11; Alby 2008, S. 103 ff.). Die Umsetzung von Mobile-Shopping-Applikationen hat vor allem in Verbindung mit dem Online-Shop dann hohes Erfolgspotenzial, wenn diese unmittelbar daran angeschlossen werden. Beides kann sich dann gegenseitig unterstützen und somit zum beiderseitigen Umsatzwachstum beitragen (Rio mobile 2010, S. 13; Negele 2011).

Mobile-Shopping im stationären Handel

Mobile Anwendungen können auch dem stationären Handel Chancen bieten und bedeuten nicht automatisch einen Verlust für die Offline-Kanäle (Klopfleisch 2009, S. 21 f.). Über mobile Services wird es sogar möglich, auch Kunden in die Geschäfte zu locken. Dazu gibt es verschiedene Service-Funktionen, die ein Händler seinen Kunden für in Form von Mobile-Shopping-Apps bereitstellen kann. Die Funktion des Store-Locators gehört mittlerweile schon fast zu den Grundanwendungen einer App, da sie eine große Hilfe ist, den Kunden auf einfachstem Wege ins Geschäft zu locken. Über die Lokalisierung via GPS kann der Standort des Kunden durch die Position seines Smartphones genauestens festgestellt werden und mit den im Internet vorhandenen Informationen aus seiner Umgebung abgeglichen werden. Anhand grafischer Darstellungen kann ein Einzelhändler so auf die nächstgelegene Filiale hinweisen. Der entsprechende Store-Locator gilt mittlerweile als Standard. Ein Nachteil dieser Service-Funktion besteht allerdings darin, dass nur Kunden angesprochen werden, die von vornherein schon die Absicht besitzen, ein bestimmtes Geschäft aufzusuchen. Von Vorteil ist es daher, wenn eine Service-Anwendung automatisch Hinweise und Angebote liefert, sobald sich ein Kunde in der Nähe des Geschäftes aufhält. Dieses ist auf Basis von Geo-Targeting möglich. Location-based Services (LBS) können den Kunden, die sich gerade in der Nähe des Geschäftes aufhalten und dem Dienst zugestimmt haben, gezielt per SMS oder E-Mail anschreiben und Informationen über aktuelle Angebote zustellen. Dabei kann das Mobile-Couponing zusätzliche Anreize bieten (Negele 2011). Mit Anwendungen für Produktinteraktionen lässt sich auch das Einkaufserlebnis im stationären Geschäft steigern, wenn sich die Kunden dadurch intensiver mit den Produkten auseinandersetzen. Durch die Identifizierung des Produktes per Barcode-Scanner oder eine entsprechende Objekterkennungs-Software erhält der Kunde weitergehende Informationen. Dabei kann es sich im Produktinformationen, Gebrauchshinweise oder Produktbewertungen von anderen Kunden handeln. Darüber hinaus kann er sich sein Produkt auch direkt beim Einzelhändler reservieren lassen (Negele 2011). Eine weitere Möglichkeit der Kaufprozess-Optimierung stellt die mobilisierte Kundenkarte dar. Der Mobile-Kunde kann sie per App aufrufen und sie ist über das Smartphone immer griffbereit in der Hosentasche. Der Bezahlvorgang kann mit mobilen Anwendungen vereinfacht und beschleunigt werden. Mithilfe einer Self-Checkout-App kann der Kunde während des Geschäftsbesuchs bereits alle Produkte einscannen, die er später kaufen möchte. Die Bezahlung findet am Ende des Kaufprozesses direkt über die Applikation statt. Der Kunde muss dem Händler nach dem Einkauf nur noch seinen Beleg für den Kaufabschluss vorlegen (Negele 2011).

Beim Start in die Mobile-Commerce-Welt ist zuallererst die Frage zu beantworten, ob eine App entwickelt werden sollte oder aber ob der Mobile-Shop auf eigenen Web-Seiten arbeiten soll. Während die App nur spezifisch für ein Betriebssystem ausführbar ist und für andere Plattformen jeweils auch andere Codes erfordert, laufen in der Regel die Web-Seiten auf unterschiedlichen Mobiltelefonen bzw. Betriebssystemen. Es ist aber auch eine Mischung aus beiden Ansätzen denkbar in Form von so genannten nativen Applikationen, die Daten aus dem Internet laden und Daten vom mobilen Gerät in das Internet hochladen. Mit nativen Applikationen kann auf bestimmte Funktionen des Mobilgerätes zurückgegriffen werden, auf die Web-Applikationen keinen Zugriff haben (Alby 2008, S. 103). Bei einer Entscheidung für Apps sollten wenigstens die beiden Marktführer iPhone OS und Android bedient werden können. Allerdings können bei der Vermarktung von Apps beträchtliche Kosten entstehen. Bei den mittlerweile millionenfachen Apps, die auf den unterschiedlichen Betriebssystemen angeboten werden, schafft es eine neue App nur mit ausgeklügeltem Marketing auf die Top-Ränge. So ist für die Bekanntmachung einer App in etwa das gleiche Budget wie für die Entwicklung einzuplanen, so dass bis zu sechsstellige Budgets zusammenkommen können (Alby 2008, S. 103). Die wichtigsten Vor- und Nachteile für die Entscheidung für eine App sind in Abb. 3.13 dargestellt. Dabei stellt sich mittlerweile nicht mehr die optionale Frage, ob App oder mobile Website, denn letztere ist angesichts der explodierenden Smartphone-Nutzung Pflicht. Im Grunde ist nur noch abzuwägen, ob zusätzliche Apps sinnvoll sind, was dann die Kür darstellt. Diese sollten aber den Online-Shop und/oder das stationäre Geschäft unterstützen und nicht isoliert entwickelt werden. Als Denkhilfe kann ein App-Portfolio helfen, mit dem die Apps nach Mittel-Zweck-Beziehung zugeordnet und geplant werden.

	Mobile Website (Pflicht)	App (Kür)
Pro	wird von Suchmaschinen gefunden gelerntes Surf-Ergebnis vergleichsweise kostengünstig kann wie gewohnt verlinken	bietet native hervorragende Usability sehr beliebt bei Nutzern Telefonfunktionen einfach integrierbar viele Funktionen auch offline nutzbar
Contra	leicht eingeschränkte Usability noch geringe Reichweite erfordert Entschlackung wird als weniger hochwertig gesehen	nur für ein Betriebssystem geeignet Optimierung hängt vom Nutzer-Update ab muss heruntergeladen werden nicht über einen Link ansteuerbar vergleichsweise teuer

Abb. 3.13 Pros und Cons von mobilen Websites und Apps. (Quelle: In Anlehnung an Mobile Internet 2011)

3.3.5 Erfolgsfaktoren des Mobile Commerce

Derzeit vollzieht der Mobile-Commerce in Verbindung mit der rasanten Smartphone-Penetration als disruptive Technologie einen radikalen Generationenwechsel und ist dabei, alle Handelsbranchen nachhaltig zu transformieren. Dieses zeichnet sich in den USA bereits ab. Die Frage, wie man den „Mobile-Commerce der neuen Generation" als disruptive Technologie bestmöglich nutzt, identifiziert sieben zentrale „7 B-Erfolgsfaktoren". (Heinemann 2012b):

1. **Erfolgsfaktor Nr. 1 – Bestehender und bereits erfolgreicher Online-Shop:** Grundvoraussetzung ist die Existenz eines bereits erfolgreichen Online-Shops. Zuallererst sollte ein vorzeigbarer Online-Shop mit nennenswerter Betriebsgröße etabliert worden sein, und ohne substanzielle Investitionen nicht funktionieren wird. Denn der Mobile-Shop ist quasi sein „verlängerter Arm mit Zusatzfunktion". Wer als Händler einen Bogen um das Online-Thema macht, sollte es erst recht um das Mobile-Thema tun. Dabei gelten für den Mobile-Online-Handel die gleichen gültigen Gesetzmäßigkeiten wie im Online-Handel auch, allerdings in verschärfter Form. Darüber hinaus muss eine Optimierung zu mobilgerechten Inhalten und formatgerechter Website erfolgen. Das Angebot ist um Mobile-Dienste und Anwendungen zu erweitern.
2. **Erfolgsfaktor Nr. 2 – Bedeutung für die situative und reale Lebenswelt:** Die situative und lebensstilgerechte Anpassung der Angebote an die individuellen Einkaufsgewohnheiten der Kunden ist die hohe Schule des Mobile-Commerce. Nur so lassen sich die „Synergien des SoLoMo" ausspielen, die sich aus der sozialen, lokalen und mobilen Vernetzung ergeben. Dazu gehören auch individualisierbare virtuelle Regale

und der Einsatz der Augmented Reality in allen denkbaren Facetten. Mobile-2.0, also die mobile-orientierte Umsetzung von Social-Media-Instrumenten mit Vernetzung zu Facebook, Twitter & Co., ist Standard. Twitter Accounts funktionieren dabei nicht nur als Service-Tool, um Kundenfragen zu beantworten, wie bei BestBuy mit seinem Twelpforce praktiziert. Sie können auch die anderen Verkaufs-Kanäle nachhaltig befeuern, wie Whole Foods Market (WFM) dieses zeigt.

3. **Erfolgsfaktor Nr. 3 – Best Price und Bargaining:** Der Mobile-Shopper gilt als Smart-Shopper auf der Suche nach smarten Informationen und Schnäppchen. Couponing, SMS-Gutscheine und virtuelle Bonuskarten sind geeignet, diese Kunden den anderen Kanälen zuzuführen. Dabei nimmt die Lokalisierung, also das „Local Pricing", eine Schlüsselrolle ein. Die Bestpreisgarantien müssen jedoch mit den anderen Vertriebskanälen abgestimmt sein, was angesichts immer noch fehlender valider Untersuchungen bzw. Erkenntnisse zum Multi-Channel-Pricing ein sensibles Vorgehen erfordert.
4. **Erfolgsfaktor Nr. 4 – Broadcasting und Blogging:** Das Senden von Content und die Interaktion mit den Kunden geht mit dem Trend zum Crowdsourcing einher und führt zur Einschätzung, dass sich das „Internet zum Outernet" entwickelt. Hier wird eine völlig neue Sprache gesprochen, die von vielen Einzelhändlern erst noch gelernt werden muss: Ob „Pay with a Tweet", „Pay with Facebook Credits" oder „Sell around with Widgets", New-Economy-Begriffe werden zum Sprach-Standard. Auch „Group-Deals" und das „Shopping-Together" sind eine Zeiterscheinung des Mobile-Commerce, die auch den Einsatz virtueller Spiele vorsieht („Gamification").
5. **Erfolgsfaktor Nr. 5 – Bedienungsfreundlichkeit und Block-Reduktion:** Viel stärker als im Online-Shop ist im Mobile-Commerce auf ein Höchstmaß an Mobile-Navigation und Mobile-Usability zu achten. Dabei hilft auch eine flexible Formatgestaltung, die den Einsatz unterschiedlicher Geräteformen bis hin zum Tablet-PC ermöglicht. Schnelligkeit im Seitenaufbau und Barrierefreiheit sind insbesondere in Hinblick auf denkbare Übertragungsprobleme bestmöglich umzusetzen. Zu schwere Websites mit minutenlangen Ladezeiten vergraulen Kunden und treiben diese den Mitbewerbern zu, die nur einen Click entfernt sind.
6. **Erfolgsfaktor Nr. 6 – Betriebssystem und Browsertechnologie:** Das (immer noch) breite Angebot an Betriebssystemen darf nicht darüber hinwegtäuschen, dass bis auf das iPhone OS von Apple kein Betriebssystem die gebotenen kommerziellen Möglichkeiten auch nur ansatzweise umsetzen kann. Dieses lässt sich an der überwiegend unzureichenden Anzahl mobiler Shopping Apps festmachen. Selbst Android ermöglicht bisher nur Applikationen von Amazon und eBay, wird dort aber auch kurzfristig radikal aufholen. Insofern spielt die Auswahl der geeigneten Betriebssysteme und Browsertechnologien in Kombination mit der passenden Geräteausstattung eine absolut erfolgskritische Rolle. Dabei sind auch die Netzabdeckungen und -verfügbarkeiten der verschiedenen Anbieter mit ins Kalkül einzubeziehen, um den Kunden die richtigen Empfehlungen für die bestmögliche Netzanbieterwahl eines Betriebssystems geben zu können.

7. **Erfolgsfaktor Nr. 7 – Backend-Sicherheit und Benutzer-Risikoreduktion:** Die steigende Sensibilität in Hinblick auf den Datenschutz erfordert eine genaue Formulierung der Sicherheitsziele und Eingrenzung der Angriffspunkte. Bei der Verwendung von W-LAN bestehen immer noch große Sicherheitsrisiken, die im GSM durch eine temporäre Teilnehmeridentität weitestgehend reduziert werden. Auch Bluetooth erreicht eine gewisse Abhörsicherheit durch Verschlüsselung, allerdings nur auf verhältnismäßig kurzer Reichweite. In jedem Fall sind den Nutzern die bestehenden Risiken offen darzulegen und alternative Risiko-Optionen anzubieten.

3.4 No-Line-Handel als Zukunftsform des Online-Handels

Bei der parallelen Nutzung der unterschiedlichen Einkaufs- und Informationskanäle – auch Omnichannel-Nutzung genannt – steigt die Rolle des mobilen Netzes zur generellen Kaufvorbereitung stetig an und beeinflusst nachhaltig den Kauf im Laden. Durch die Nutzung des mobilen Internet im stationären Laden ist bei vielen Käufern auch nicht mehr auseinanderzuhalten, ob der Einkauf online oder offline erfolgt ist. Dies ist Ergebnis einer aktuellen eBay-Studie zum Thema „Handel der Zukunft" (Zukunftdeshandels 2014). Dadurch wird es zukünftig immer weniger möglich, von den reinen Online- und Offline-Welten zu sprechen, denn beides verschmilzt zu „No-Line"-Systemen, in denen die Betriebsformen ineinander übergehen.

3.4.1 Entwicklung und Zukunftsaussichten des No-Line-Handels

Die technologischen Innovationen ermöglichen eine völlig neue Form der Kundenorientierung, die insbesondere der von den Kunden geforderten Multioptionalität Rechnung trägt. Es kann davon ausgegangen werden, dass in 2020 mindestens 20 % aller stationären Einkäufe durch mobiles ROPO beeinflusst werden wird (Bruce 2011). Vor allem die Smartphones der vierten Generation machen ein absolut neuartiges Einkaufserlebnis möglich, das die Anbieter sich zunutze machen können, indem sie beispielsweise Konsumenten gezielt mit mobilen Werbeformen in ihre Geschäfte lenken. Schon heute ist es möglich, die sich beim Einkaufsbummel befindenden Kunden direkt mit Werbeanzeigen anzusprechen, wie bereits in den USA praktiziert wird. Der Elektronikhändler Best Buy, die Modekette American Eagle Outfitter und der Kaufhausbetreiber Macy's haben ihre Filialen aufgerüstet, sodass sie zentimetergenau verfolgen können, wo ein Konsument steht. Die neue Ortungstechnik verbinden sie mit sofortiger Handywerbung, die auf Ort, Zeit, Person und bald sogar aufs Regal zugeschnitten ist. Die Kunden erhalten dann zum Beispiel einen Gutschein für ein bestimmtes Geschäft oder bekommen die Verfügbarkeit des gewünschten Produktes in umliegenden Stores angezeigt. In Kombination mit ihren intuitiven Navigationsfunktionen bringen die Smartphones die Kunden dann sprichwörtlich in die Filialen. E-Commerce-Experten sagen daher: „Die Zukunft von online ist offline". Immer mehr Kunden werden zukünftig im Laden auch online kaufen und dabei die Ware sogar in den Laden liefern lassen, so wie das in Großbritannien häufig schon der Fall ist. Die aktuelle kaufDA-Studie des eWeb Research Center der Hochschule Niederrhein bestätigt diesbezüglich eine fast „explodierende Erwartungshaltung" an deutsche Händler, den Online-Kauf im Laden zu ermöglichen (kaufDA 2014). Insofern werden sich stationäre Ladenflächen zunehmend zu Showrooms wandeln, in denen der Kunde dann sein Touch-and-Feel-Erlebnis hat, die Ware allerdings nicht sofort mitnehmen kann. Es sind zwar alle Produkte ausgestellt, aber jedes nur einmal. Der Kunde kann diese nach Belieben testen sowie aus- und anprobieren. Entscheidet er sich für das Produkt, kann er es problemlos und direkt im Showroom mit seinem Smartphone über einen QR-Code kaufen. Ihm wird dann unmittelbar ein neues Exemplar geliefert – in den Laden, nach Hause oder an jeden anderen Ort seiner Wahl. Diese Situation ist im Grunde schon lange im traditionellen Möbelhandel vorzufinden: ohne QR-Code, aber mit Lieferung nach Hause, und das mit langen Lieferzeiten. Beispiele aus anderen Ländern zeigen, dass der Einkauf über QR-Codes bereits heute von überall aus möglich ist. Tesco in Südkorea hat in U-Bahn-Stationen beispielsweise Bilder von Lebensmittelregalen aufgebaut, die das Sortiment des Supermarktes zeigen. Für den Einkauf müssen die Kunden dort nur die QR-Codes auf den Bildern einscannen. Oder Magalogues, eine Kombination aus Magazin und Kauffunktionen über Augmented-Reality-Funktionen auf dem Smartphone, ermöglichen eine neue Art des „QR-Kaufs". Es ist allerdings davon auszugehen, dass sich der Einkauf über Bilder in keinem Fall für alle Produkte durchsetzen kann. Für Autos und Kleidung beispielsweise werden viele Verbraucher nicht auf das Probefahren beziehungsweise das Anprobieren vor dem Kauf verzichten wollen. Deshalb ist anzunehmen, dass die Nutzung der neuen Einkaufsmöglichkeiten je nach Produktart zu verschiedenen Einkaufsformen führen wird. So wird vielleicht der „Pflichteinkauf" für Konsumgüter wie Lebensmittel zunehmend online erfolgen, wie das in Südkorea schon möglich ist. Der „Erlebniseinkauf" hingegen wird zukünftig auch in Showrooms bzw. Verkaufsräumen stattfinden, die immer innovativer ausgestattet sein werden, um Kunden anzuziehen. Bis sich allerdings der virtuelle Supermarkt an der Bushaltestelle in Deutschland durchsetzt, wird es noch etwas dauern. Deutsche Händler hinken in diesen Entwicklungen bereits hinter den englischsprachigen Ländern hinterher. Während die Kunden bei Best Buy zum Preisvergleich mit dem Smartphone aufgefordert werden, wird das in Deutschland nicht selten verboten oder es werden Störsender in die Läden eingebaut, damit die Kunden keinen Empfang auf ihrem Handy haben. Hier liegen Welten zwischen Deutschland und USA und vor allem Japan. Aber auch Verbote werden erfahrungsgemäß die Entwicklung in Richtung No-Line-Handel nicht aufhalten können. Sie werden auch nicht verhindern können, dass die Kunden durch Nutzung des mobilen Internet so informiert sind wie nie zuvor. Da die verschiedenen Kanäle verschwimmen, wird der Drang zum Abschluss größer werden. Kunden, die sich im Laden noch nicht zum Kauf entschließen können, müssen nicht zurückkehren, wenn sie zu Hause ihre Meinung ändern. Sie können das Produkt dann auch einfach von der Wohnzimmercouch aus über das Internet kaufen und zwar nicht unbedingt beim selben Händler, sondern beim besten Anbieter (Heinemann 2014a).

3.4.2 Grundlagen und Abgrenzung des No-Line-Handels

Vielfach wird diskutiert, was der genaue Unterschied zwischen No-Line-System und Multichannel-Handel sei (ohne tüte 2012, S. 1 ff.). Diesbezüglich wird auch der Begriff des Cross-Channel-Managements beansprucht. Zusätzlich kommen neue Bezeichnungen auf, die synonym gebraucht werden und nicht selten zu begrifflichen Konfusionen führen. So kreierte die Münchner Software-Firma Hybris, die im Bereich Multichannel-Commerce agiert, vor Kurzem den neuen Begriff Omnichannelling. Allen Begriffen ist gemeinsam, dass sie sich auf die Kombination verschiedener Verkaufsformen beziehen. Dabei ist die Nutzung unterschiedlicher Absatzkanäle eigentlich kein neues Phänomen. Vielmehr gibt es schon lange Unternehmen, die ihren Kunden neben dem Einkauf in ihren Ladengeschäften auch noch die Bestellung über einen Katalog ermöglichen, sprich „Mehrkanalhandel" betreiben: Sears, Montgomery Ward und viele andere Traditionsunternehmen im Handel sind nur einige Beispiele bereits aus dem vorletzten Jahrhundert. Die Entwicklung und Bedeutung von Multichannel-Systemen sind aber eindeutig der Einführung und Etablierung der Internet-Technologie als neuem Vertriebsweg zuzuschreiben. Die Begriffe lassen sich wie folgt abgrenzen (Heinemann 2013a):

- **Omnichanneling** beschreibt einen Trend bezüglich des Konsumentenverhaltens mit der simultanen Nutzung von Medien und Vertriebskanälen. Es handelt sich insofern nicht um eine Kanalstrategie wie zum Beispiel das Multichanneling, sondern um eine neue Art des Konsumentenverhaltens. An späterer Stelle wird es daher noch einmal aufgegriffen.
- **Multichannel-Handel** liegt vor, wenn unter derselben Markierung eine Kombination von Absatzkanälen vorliegt, die ein Kunde wahlweise nutzen kann, um Leistungen eines Anbieters nachzufragen. Im Gegensatz zu traditionellen Mehrkanalsystemen muss dabei mindestens ein Kanal des Handelsunternehmens den stationären Handel und ein zweiter Kanal desselben Unternehmens (und nicht bloß der Firmengruppe) den Internet-Handel repräsentieren. Multichannel-Handel bezeichnet folglich ausschließlich die Verknüpfung von stationärem Geschäft und Internet-Handel plus möglicherweise einem zusätzlichen Absatzkanal, zum Beispiel Katalogversand oder Tele-Shopping. Dabei müssen die Kanäle Bestellung und damit Nachfrage zulassen. Ein Kaufabschluss muss in den betrachteten Kanälen möglich sein, sodass die Kanäle rechtlich gesehen die verbindliche Spezifizierung der Güterübertragung hinsichtlich Menge, Preis, Zahlungsbedingungen, Lieferung, Garantieleistungen etc. darstellen. Am häufigsten anzutreffen ist die Umwandlung vom Brick-and-Mortar-Anbieter (stationärer Handel) zum „Click-and-Mortar-Händler" in E-Retailing-Form. Durch Multichannel-Systeme stehen dem Kunden – in der Regel mit dem stationären Handel und

dem Internet-Handel – insofern mindestens zwei Vertriebswege für die Beschaffung seines Produktes zur Verfügung. Versandhändler, die neben dem Kataloggeschäft auch Online-Handel betreiben, stellen keine Form des Multichannel-Handels dar, sondern betreiben als Distanzhändler „hybriden Internet-Handel". Sie nutzen zusammengenommen denselben Distanzhandelskanal (Heinemann 2014b).

- **No-Line-Systeme** können als höchste Evolutionsstufe des Multichannel-Handels bezeichnet werden, die sich aus dem Cross-Channel-Management in ausgeprägtester Form ergibt, wenn alle Absatzkanäle maximal vernetzt und integriert sind. Bedingung ist aber das Vorhandensein eines Mobile-Commerce-Kanals, den die Konsumenten parallel zum stationären Einkauf nutzen können. Während zum Beispiel ein No-Line-Händler seinen Kunden den Preisvergleich durch Einscannen des EAN-Codes vereinfacht und ihm das maximal mögliche Spektrum an Multichannel-Leistungen auch über den Mobile Shop anbietet, kann ein Multichannel-Händler demgegenüber auch durchaus auf den Mobile Commerce und das Angebot mobiler Dienste verzichten.
- **Cross-Channel-Management** bezeichnet alle Aktivitäten eines Multichannel-Händlers, die auf die Abstimmung, Harmonisierung und/oder Integration der verschiedenen Kanäle abgestimmt sind. Diesbezüglich sei auf die 7-C-Erfolgsfaktoren des Cross-Channel-Managements verwiesen, die im Wesentlichen eine Kundenkonfusion bei der Nutzung der verschiedenen Kanäle des Multichannel-Händlers vermeiden sollen (Heinemann 2012, S. 72).

Welche Konsequenzen die Verschmelzung von Online- und Offline-Kanälen für den stationären Handel hat, ist nicht ohne Weiteres zu beantworten. Zunächst einmal stoßen damit zwei Welten aufeinander. Der traditionelle bzw. stationäre Handel war bisher eher nicht technisch und auch immer in erster Linie lokal orientiert. Durch das Internet und die Erwartungshaltung der Kunden wird der Handel nun mit dem technologischen Fortschritt konfrontiert. Es wird spannend zu sehen, wie beispielsweise Einkaufscenterbetreiber damit umgehen werden, wenn auf bestehender Fläche im Jahr 2020 zwischen 10 und 20 % weniger Umsatz gemacht wird als heute. Wahrscheinlich werden Ladenformate kleiner werden oder Showrooms werden bisherige Geschäfte ablösen. Läden, wie wir sie derzeit kennen, mit einem angeschlossenen Lager, wird es in Zukunft wahrscheinlich schon aus Kostengründen nicht mehr geben können. Es ist nicht davon auszugehen, dass der stationäre Handel verschwinden wird, ganz im Gegenteil. Der Online-Handel wird in Zukunft allerdings noch wichtiger werden. In manchen Bereichen wird er den stationären Handel vielleicht auch überholen. Gerade im Buchhandel und bei Consumer Electronics zeichnet sich das derzeit ab. Die meisten Produkte wird der Kunde aber auch in Zukunft noch vor dem Kauf anschauen, anfassen und testen wollen. Deswegen wird es weiterhin stationäre Läden geben. Aber die Kanäle werden sich zunehmend überlagern: Immer mehr Kunden werden sich im Laden per Smartphone über ein Produkt informieren, Preise vergleichen und dann im Geschäft auch online kaufen. Das bestätigt die Einschätzung, dass das große Zukunftsthema „No-Line-Handel" heißt, bei dem die Grenzen zwischen den Kanälen verschwimmen, wofür eigentlich der stationäre Handel die besseren Voraussetzungen mitbringt. Für den Kunden wird der Einkauf durch die zunehmende Verflechtung von Online- und Offline-Kanälen grundsätzlich einfacher und unkomplizierter. Eine Studie des eWeb-Research-Centers der Hochschule Niederrhein und des Dienstleisters Accenture (Accenture 2012, S. 1 f.) hat ergeben, dass Verbraucher sogar bereit sind, höhere Preise für sogenannte „Multichannel-Leistungen" zu zahlen, wenn sie über das Internet ihren Einkauf im stationären Laden vorbereiten können. So kann der Kunde vorher überprüfen, ob der Artikel noch vorrätig ist und ihn online reservieren bzw. nur noch abholen. Er kann auch eine Spezialberatung buchen. Andersherum geht auch vielen Käufen im Internet ein Besuch im Laden voraus. Solange die einzelnen Kanäle harmonisieren, erleichtern sie dem Kunden den Einkauf. Schwierig wird es, wenn sich das Angebot im Internet vom Offline-Angebot maßgeblich unterscheidet, also unter gleichem Markennamen völlig andere Produkte oder nur ein Teil des Sortiments angeboten werden. Auf der anderen Seite muss ein Online-Kanal die größtmögliche Auswahl bieten und alle Register der modernen Online-Vermarktung ziehen.

3.4.3 Formen des No-Line-Handels

Mittlerweile sind verschiedene Formen des No-Line-Handels anzutreffen. Im Wesentlichen geht es um konkrete Multichannel-Leistungen, die den Kunden auch bei Channel Hopping oder Omnichannel-Nutzung dazu bewegen sollen, nicht den Anbieter zu wechseln. Dass solche kanalverbindenden Leistungen von Kunden intensiv und kontinuierlich genutzt werden und damit auch zum Erfolg der Unternehmen beitragen, beweist zum Beispiel Macy's. Die Formen des No-Line-Handels lassen sich in „Web to Store", „Store to Web", „Webin Store", „QR Scan Retail" sowie „AR App Retail" strukturieren.

- **Web to Store:** Inzwischen hat die Vorbereitung des stationären Kaufes über das Internet herausragende Bedeutung erlangt. Hier spielt das ROPO („research online – purchase offline"), also die Internet-Recherche vor dem Stationärkauf, eine große Rolle. Zum „Web to Store" gehören neben dem ROPO auch der Store Locator, das Angebot von Online Incentives für den Filialbesuch sowie konkrete Möglichkeiten der Filialbesuchsvorbereitung. Viele stationäre Kaufentscheidungen werden mittlerweile online gefällt. Dieses führt zu bisher kaum untersuchten Offline-Umsätzen, die durch Online-Marketingmaßnahmen wesentlich beeinflusst wurden (Bruce 2011, S. 12). Typische „Web-to-Store"-Leistungen sind auch das bereits erwähnte „Check and Reserve", der Kombination aus Online-Prüfung bezüglich des aktuellen Bestands im Laden und der zeitgleichen Reservierung zur späteren Abholung vor Ort. Neben „Check and Reserve" erfreut sich international auch der Service „Online-Warenkorb zusammenstellen, später Abholung an einem Abholpunkt" – in der Multichannel-Sprache auch als „Click and Collect" oder „Instore Pickup" bezeichnet – immer größerer Beliebtheit. Dabei entstammt die Ware nicht notwendigerweise dem aktuellen Bestand im Laden, sondern wird zum Beispiel durch ein Fulfillment Center einer online zu wählenden Filiale zugeführt. Die Funktion des Store Locators gehört mittlerweile schon fast zu den Grundanwendungen einer App, da sie den Kunden auf einfachstem Wege ins Geschäft locken kann. Über die Ortung via GPS kann der Standort des Kunden durch die Position seines Smartphones genauestens festgestellt werden und mit den im Internet vorhandenen Informationen aus seiner Umgebung abgeglichen werden. Anhand grafischer Darstellungen kann so auf die nächstgelegene Filiale hingewiesen werden (Rio mobile 2010, S. 14). Viele Einzelhändler nutzen diese Möglichkeit bereits in ihrem Mobile-Kanal. Zusammen mit ihnen werden auch Coupons genutzt, um die Kunden zum Besuch eines Ladenlokals zu bewegen. Einen anderen Ansatz als das Couponing verfolgen Programme, die dem Kunden per Mobiltelefon beziehungsweise Smartphone Rabattgutscheine übermitteln. Dies wird zunehmend von den großen Rabattsystemen wie Payback praktiziert, aber auch von einzelnen Händlern wie Netto Markendiscount. Besonders interessant werden derartige Angebote im No-Line-Handel, wenn sie über mobiles Marketing ortsbasiert erfolgen, wie beispielsweise bei Shopalerts von Placecast (placecast.net) oder MAKEaDEAL. Eine derartige Smartphone-App ist am Beispiel von Spreezio in Abb. 3.14 dargestellt (Schleusener 2012, S. 177).

- **Store to Web:** Es geht im Store to Web um konkrete Multichannel-Leistungen, die den Kunden im Online-Kaufprozess halten sollen, wenn er sich noch nicht zum stationären Kauf entscheiden kann. Das kennzeichnet vor allem die Bemühungen, den

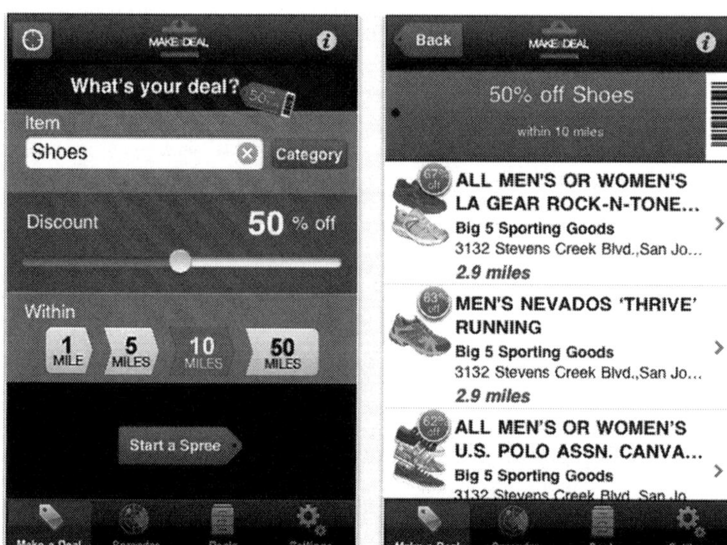

Abb. 3.14 Verknüpfung mobiler Preisangebote mit Offline-Kanälen. (Quelle: Schleusener 2012, S. 177)

noch nicht entscheidungsfähigen Kunden mit nach Hause und in den Online-Shop zu geleiten und dabei den späteren Kauf im Internet zu incentivieren oder zu unterstützen. Unabhängig von diesen Aktivitäten suchen viele Internet-Nutzer vor ihrem Online-Kauf die „Touch-and-Feel"-Möglichkeit im Geschäft. Auch wenn sie dort nicht kaufen, praktizieren sie hier trotzdem das ROPO, allerdings in umgekehrter Reihenfolge („research offline – purchase online"): Ein Teil der heutigen E-Commerce-Umsätze ist nicht nur auf die alleinige Leistung des Online-Kanals zurückzuführen. Vielmehr übernimmt der Stationärhandel dabei die Rolle eines „Kaufvorbereiters". So liegt der Anteil der Online-Käufer, die grundsätzlich ihren Online-Kauf im Stationärhandel vorbereiten, bei rund 4 %. Die Vorbereitungsfunktion für Online-Käufe erbringt der Stationärhandel insbesondere bei Waren, die aus Kundensicht eine hohe Fehlkaufgefahr beinhalten wie zum Beispiel Fotoapparate, Videokameras und Fernseher. Allerdings wird der Online-Umsatz nicht immer bei demselben Händler gemacht, bei dem zuvor Informationen stationär eingeholt wurden, vor allem wenn dieser nicht über einen Online-Shop verfügt. Diesbezüglich bieten sich Coupons oder Gutscheine an, die der Kunde nach seinem Beratungsgespräch in der Filiale erhält und die er beim Online-Kauf zu Hause einlösen kann. Darüber hinaus sind Cross- und Up-Selling-Anreize möglich, die den Kunden auch nach dem Kauf in der Filiale zu späteren Anschlusskäufen im Internet bewegen können. Außerdem sind neue Geschäftsmodelle denkbar, die den Kunden in Form von Abonnements dauerhaft im Online-Shop binden. Eine weitere „Store-to-Web"-Leistung kann darin bestehen, dass der Kunde den Artikel zur Anprobe mit nach Hause nimmt und dann anschließend im Internet bezahlt. Es ist weiterhin denkbar, nach der Beratung im Geschäft einen Code mitzunehmen, der dem Kunden den letzten Beratungsstand auch im Online-Shop angibt. Der Kunde kann dann ohne Zeitdruck zu Hause seinen Kaufprozess vornehmen. Es geht darum, Kunden beim ersten Kontakt im Laden sofort zu binden und zu begeistern und bis zum Kaufabschluss – egal in welchem Kanal – bei der Reise durch die Kanäle zu begleiten, ihn „nicht mehr von der Angel zu lassen". Dazu können auch Serviceangebote dienen, die über den Kauf im Geschäft hinausgehen.

- **Web in Store:** Immer mehr Kunden nutzen ihr Smartphone im Laden, um sich entweder bis zum gewünschten Artikel navigieren zu lassen („In-Store-Navigation"), diesen an Terminals bzw. mit einem Smartphone online im Geschäft zu kaufen und dann mit Smartphone zu bezahlen. Darüber hinaus kann der Kunde das mobile Internet im Laden nutzen, um Preisvergleiche und Zusatzinformationen einzuholen. Store-Navigation-Anwendungen können ihm helfen, sich in großen Geschäften mit einer hohen Anzahl an verschiedenen Produkten besser zurechtzufinden (vgl. Abb. 3.15). Dies lässt sich u. a. über RFID-Chips (Radio-Frequency-Identification-System) umsetzen. Zusätzlich kann der Kunde auch Informationen über Produkteigenschaften und Verfügbarkeit abrufen, die auf dem RFID-Chip hinterlegt wurden (Rio mobile 2010, S. 19). Dadurch wird es möglich, das gesamte Sortiment im Geschäft zu durchsuchen und Informationen über Verfügbarkeit und Standort über die Produktseite abzufragen (Negele 2011). Auch konkrete Online-Käufe im oder am Geschäft nehmen zu.

aisle411 hat eine App entwickelt, die Regalreihen der Großflächen metergenau kennt.

Die App führt den Kunden anhand seiner Einkaufsliste durch den Laden.

Aisle411 verfügt derzeit über 1.000 Filialpläne und plant die Aufnahme zusätzlicher 13.000 Pläne in 2012.

Integriert ist eine Datenbank mit über 130.000 Rezepten.

Zusätzliche Produktinformationen sind abrufbar durch Integration von Barcodescannern und Social Media.

Abb. 3.15 aisle411 als Beispiel für eine Web-in-Store-Anwendung. (Quelle: In Anlehnung an Eckstein 2012)

Dies geschieht an Terminals oder an durch das Ladenpersonal bereitgestellten mobilen Geräten sowie über das eigene Smartphone (kaufDA 2014). Ein weiteres Beispiel zum Thema Web in Store kommt sogar ohne Mobile aus, und zwar durch interaktive Touchscreen-Schaufenster. Starbucks testete das Konzept bereits vor einem Jahr und sieht darin großes Potenzial. Mit dieser Technologie, die eigentlich gar nicht neu ist, könnte direkt vor dem Shop online eingekauft werden. Das interaktive Schaufenster bietet den direkten Zugang mit nur einem „Touch". Das Unternehmen verliert mit diesem Konzept nun keine potenziellen Kunden mehr, welche via Mobile einfach bei einem anderen Anbieter bestellen könnten (ohne tüte 2012, S. 1). Das mobile Payment ist ebenfalls ein Beispiel für Web-in-Store-Leistungen. Sicherlich wird Near Field Communication (NFC) eines Tages Mobile Payment und Mobile Ticketing ermöglichen und damit den Zahlvorgang erheblich vereinfachen, da es mit NFC genügt, das Handy zur eigenen Authentifizierung sowie Autorisation des Bezahlvorgangs an den Touchpoint des Kassenterminals zu halten. Darüber hinaus kann die kurze Reichweite die eindeutige Zuordnung von Anwendung und User gewährleisten und zugleich auch einen inhärenten Schutz gegenüber Fehlbedienung oder Manipulationen bieten (IWB 2011d).

- **QR Scan Retail:** Diese Form des No-Line-Handels ist QR-Code-basiert. Von diesen innovativen Formaten ist der virtuelle Store der prominenteste Vertreter. Darüber hinaus gibt es zunehmend Plakate mit QR-Codes, über die das beworbene Produkt auch sofort gekauft werden kann. Mit Tesco's Homeplus Subway Store hat Tesco in Südkorea vor einigen Monaten seinen ersten virtuellen Store eröffnet (vgl. Abb. 3.16).

Abb. 3.16 Tesco's Homeplus Subway Store. (Quelle: ohne tüte 2012; Schürmann 2012)

Um die Wartezeit in der U-Bahn sinnvoll zu nutzen, können Kunden in Seoul mit ihren Smartphones nun „vor Ort online" einkaufen, wobei Produktfotos in Originalgröße auf Plakatwänden zum Kauf verleiten. Die Käufer müssen nur den QR-Code einscannen und können die Artikel damit online erwerben. Südkoreanische Medien berichten, dass täglich über 200.000 Menschen den virtuellen Shop in Seoul nutzen (ohne tüte 2012, S. 1). Virtuelle Shops oder Regalflächen können auch als Ergänzung zum realen Geschäft dienen, vor allem bei knappen Regalflächen. Plakate mit QR-Codes kombinieren klassische Printwerbung mit konkreter Kaufmöglichkeit. Damit erhalten die Kunden eine passende Marketingkomponente auf ihr Mobile. Die Frühlingskampagne 2012 von Obi nutzt genau dieses Konzept, indem an Bushaltestellen Plakate mit integriertem QR-Code hängen, zum Beispiel zum Thema Hochteich. Während die Kunden auf den Bus warten, haben sie einige Minuten Zeit, den QR-Code zu scannen. Wichtig ist, dass Unternehmen dem Kunden einen Mehrwert über den Code bieten, wie zum Beispiel im Fall von Obi mit einer Selbstbauanleitung (ohne tüte 2012, S. 1; von Kunhardt 2012; eBay 2012). Showrooms mit QR-Codes stellen auch eine Form des QR Scan Stores dar.

- **AR App Retail:** Eine weitere Form des No-Line-Handels greift auf die „Augmented-Reality-Technik" zurück. Dabei wird ein Augmented Reality Browser aktiviert, der in einer Mobile App implementiert ist. Im Ladengeschäft kann Augmented Reality zum Beispiel als Navigationshilfe eingesetzt werden. Dies passiert durch eine Smartphone-Technologie, die das reale Umfeld mit virtuellen Elementen in Echtzeit verbindet. Diese können dabei geokodiert sein, sodass sie an bestimmten Standorten abrufbar sind. Sie können aber auch eine automatische Erkennung von Gegenständen über die Smartphone-Kamera ermöglichen. Im Bekleidungshandel wird Augmented Reality bereits für virtuelle Ankleidezimmer in Online-Shops eingesetzt. Vor allem in Verbindung mit Location-based Services eröffnen sich Chancen, den Konsumenten in innovativen Formen anzusprechen und ihn zum Beispiel durch Benachrichtigungen auf sein Smartphone auf Augmented Reality in der Umgebung aufmerksam zu machen. Augmented Reality kann auch direkt am Point of Sale Anwendung finden. Dabei kann neben der physischen Präsenz und dem sinnlichen Erleben der Produkte (Anfassen und Fühlen) ein weiterer Erlebnisfaktor am Point of Sale geschaffen werden. Eine andere Einsatzmöglichkeit für AR App Retail kombiniert mit Printmedien bietet der Magalogue (Wortspiel aus Magazin und Catalogue), der im Grunde auf einem Katalog beruht (vgl. Abb. 3.17). Dank Augmented Reality ist es allerdings möglich geworden, den klassischen Katalog und gleichzeitig den Online-Channel kombiniert zu nutzen. Aktuelles Beispiel ist der niederländische Magalogue von Vtwonen. Das Unternehmen hat in Zusammenarbeit mit Layar eine neue Version des alten Klassikers entwickelt: Der Magalogue ist durch seinen Magazin- bzw. Lookbook-Style visuell ansprechend und via Augmented Reality wird der Kauf-Button auf dem Smartphone eingeblendet (ohne tüte 2012, S. 1; Schürmann 2012).

3.4.4 Multichannel-Services des No-Line-Handels

In der Verknüpfung von Online- und Offline-Kanal lassen sich mittlerweile mehr als 100 sogenannter Multichannel-Leistungen nennen, die den Kunden das Channel Hopping für

Abb. 3.17 Magalogue. (Quelle: ohne-tüte 2012)

einen Einkaufsvorgang ermöglichen, erleichtern und der Kundenbindung dienen. Die Frage, welche Multichannel-Leistungen aus Kundensicht überhaupt relevant sind und welche Services Kunden im Multichannel-Handel besonders wertschätzen, weil sie darin auch wirklich einen Mehrwert erkennen, blieb bisher allerdings unbeantwortet. Den Versuch einer Aufklärung stellt eine aktuelle empirische Untersuchung des eWeb Research Center der Hochschule Niederrhein und Accenture dar, die der Verfasser mit erstellt hat und in die er umfassend eingebunden war (Accenture 2012). In dieser Studie wurden Preisbereitschaften auf Kundenseite für Multichannel-Leistungen in Deutschland untersucht. Derartige Leistungen werden von Multichannel-Händlern als Verknüpfung ihrer Verkaufskanäle angeboten. Zentrale Untersuchungsfrage war dabei, für welche Services im Multichannel-Handel die Kunden in Deutschland bereit sind, ein Premium zu bezahlen. Zunächst wurde untersucht, wie bekannt Multichannel-Leistungen überhaupt bei Kunden sind, wie häufig sie genutzt werden und wie wichtig sie damit für den Kunden letztendlich sind. Diese Leistungen sind – strukturiert nach Form – in Abb. 3.18 dargestellt (Accenture 2012):

Nicht alle dieser Multichannel-Services sind für den Kunden gleich relevant. Das wurde in einem zweiten Schritt auf Basis von Preisbereitschaften untersucht. Diese wurden dabei nicht direkt, sondern indirekt bestimmt und konnten mithilfe eines Conjoint-Verfahrens „auf den Cent genau" eingegrenzt werden.

Die Ergebnisse fallen je nach Branche und Multichannel-Leistung recht unterschiedlich aus. Die Online-Verfügbarkeitsabfrage bezüglich des aktuellen Bestands im Laden

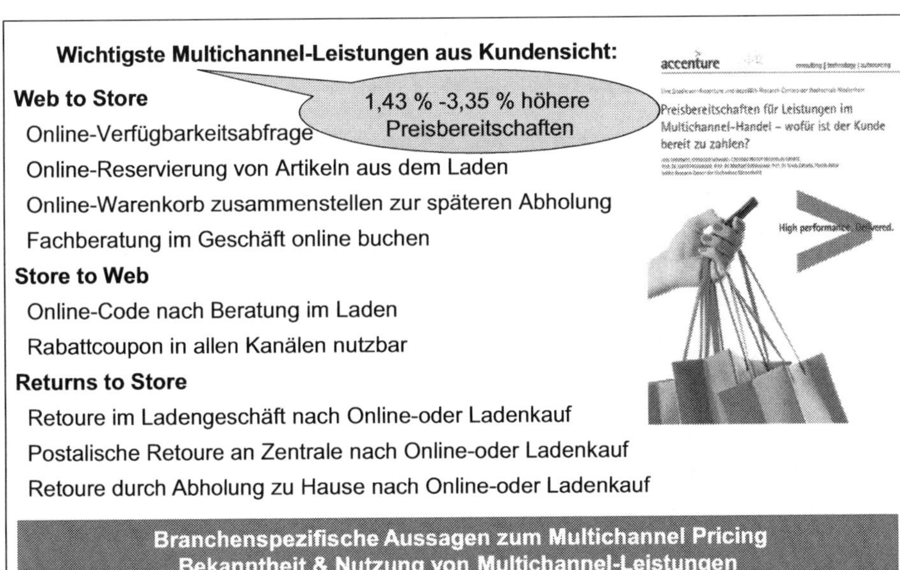

Abb. 3.18 Relevante Multichannel-Leistungen aus Kundensicht. (Quelle: In Anlehnung an Accenture 2012)

schneidet am besten ab. Interessanterweise wird dem nächsten logischen Schritt nach der Online-Verfügbarkeitsabfrage, nämlich der Online-Reservierung, weniger Bedeutung beigemessen. In keiner der Branchen gibt es eine ausgeprägte Zahlungsbereitschaft für diese Leistung. Kunden geben sich offenbar damit zufrieden, lediglich zu wissen, ob das Produkt in der Filiale aktuell vorhanden ist. Haben Kunden jedoch nicht die Zeit, sofort zum Händler zu fahren, oder wollen sie den Einkauf lieber bequem mit anderen Einkäufen kombinieren, wird die Online-Reservierungsfunktion mit Sicherheit attraktiver und auch entsprechend monetär honoriert.

Ein weiterer Service mit hoher Zahlungsbereitschaft ist die Option, Artikel über alle möglichen Kanäle zu retournieren. Dies wird insbesondere durch Kunden großvolumigerer Produkte aus den Branchen Möbel, DIY/Garten/Baumärkte sowie Haushaltsgeräte geschätzt. In diesen Branchen besteht die Bereitschaft, einen Preisaufschlag von mehr als drei Prozent in Kauf zu nehmen, wenn das Produkt bei eventuellem Nichtgefallen später bei ihnen zu Hause abgeholt wird. Aber auch in den Branchen Haushaltswaren, Hobby/Spiele/Freizeitartikel sowie Medien, Tonträger und Unterhaltungselektronik wird diese Multichannel-Leistung geschätzt und mit mehr als zwei Prozent zusätzlicher Preisbereitschaft zum Kaufpreis honoriert. Allerdings wurde in diesen Branchen die Abholung zu Hause nicht angeboten. Dagegen stand die Retoure online gekaufter Ware in Filialen sowie das Zurücksenden von stationär gekaufter Ware per Post im Vordergrund.

Je nach Branche ist die zusätzliche Preisbereitschaft für Multichannel-Leistungen sehr unterschiedlich. Die Online-Verfügbarkeitsabfrage ist nicht nur am bekanntesten und wird dementsprechend am meisten genutzt, sondern auch von der Zahlungsbereitschaft her am höchsten geschätzt. Ähnliches gilt für die kanalübergreifenden Retouren. Allerdings gibt es auch Services, die eine relativ niedrige Zahlungsbereitschaft hervorrufen. Daraus darf allerdings nicht gefolgert werden, dass Händler auf diese Services grundsätzlich verzichten sollten. Es gibt sicherlich auch Services, die durchaus von Kunden genutzt und geschätzt werden, deren Vorhandensein aber eher schon als Selbstverständlichkeit angesehen wird. Diese werden deshalb auch nicht mehr zusätzlich honoriert. Insofern sollten Händler genau überlegen, welche Leistungen sie anbieten, um sich zu differenzieren und damit zusätzliche Margen abzuschöpfen.

3.4.5 Relevante Erfolgsfaktoren des No-Line-Handels

Die Frage, wie „No-Line-Handel als Zukunftsform des Online-Handels" bestmöglich genutzt werden kann, identifiziert die im Folgenden dargestellten zentralen „7-M-Erfolgsfaktoren". Diese greifen vor allem die Qualität der Multichannel-Leistungen noch einmal auf (Heinemann 2013a). Nordstrom gilt als Paradebeispiel für das Erfolgspotenzial derartiger Services. Dem Unternehmen gelang es, sich vor allem durch eine konsequente Implementierung von Multi-Channel-Services, sich quasi neu zu erfinden (vgl. Abb. 3.19). Seit August 2014 sind nunmehr alle 675 „Full-Line"-Filialen mit „Click and Collect" ausgestattet (internetretailer 2014):

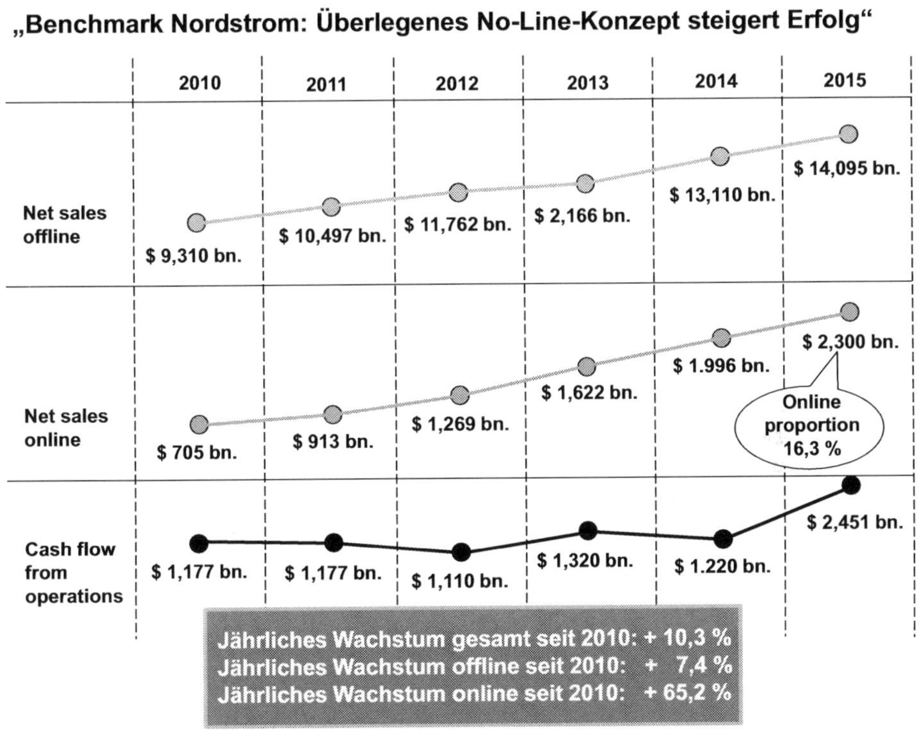

Abb. 3.19 Erfolgsbeispiel Nordstrom als No-Line-Händler. (Quelle: Nordstrom 2015/2016)

1. **Erfolgsfaktor Nr. 1:** Angebot an relevanten und erfolgskritischen Multichannel-Leistungen. Im Zuge der „neuen Kundenorientierung“ ist es wichtig, dem Kunden den Weg durch die Vertriebskanäle vom ersten Kontakt bis zum Kauf und auch darüber hinaus so naht- und reibungslos wie möglich zu gestalten. Insofern ist das Angebot relevanter Multichannel-Leistungen zunehmend erfolgskritisch. Dies wird durch die sich rasant verbreitende Nutzung mobiler Endgeräte zusätzlich befeuert. Die Erwartungshaltung der Kunden an die Händler nimmt stetig zu, ebenso die Qualität kanalintegrierender Services. Als Beispiel seien die Möglichkeiten genannt, online die aktuelle Verfügbarkeit von Waren in Läden zu prüfen oder Gutscheine in allen Kanälen einzusetzen.
2. **Erfolgsfaktor Nr. 2:** Einsatz mobiler Dienste auf Basis eines situationsorientierten Mobile-Marketing. Diese sollten auf allen gängigen Betriebssystemen nutzbar sein und bringen dem stationären Kanal große Marketingvorteile (vgl. Heinemann 2012b). Hier haben vor allem die Location-based Services herausragende Bedeutung, die kontextsensitiv eingesetzt werden können und vor allem im Zusammenspiel mit einem situationsorientierten Marketing und CRM großes Potenzial bieten. Eine enorme Herausforderung stellen in Zukunft die mobilen Bezahlmöglichkeiten

(„mobiles ePayment") dar, die stationären Einsatz finden werden, sowie die Integration der mobilen Preiswelt in ein sich ergänzendes Multichannel-Pricing-Konzept.

3. **Erfolgsfaktor Nr. 3:** Multi- und Social-Media-Konzept auf Basis eines zieladäquaten Online-Marketingbudgets. Im Rahmen seiner Omnichannel-Nutzung sollte der Konsument die Kommunikationskanäle flexibel nutzen und sich nicht ausschließlich für einen Kanal entscheiden müssen. Das Cross-Media-Konzept stellt in einer vernetzten Kommunikation sicher, dass der Konsument auf allen Kanälen erreicht wird. Dabei hat insbesondere das Smartphone eine Sonderrolle im ganzheitlichen Mediakonzept, da es nicht nur ein eigenständiges Medium darstellt, sondern auch als Verbindungsglied zwischen Offline- und Online-Werbung agiert. Es soll die Kommunikation von der Werbebotschaft bis hin zum Kauf vernetzen. Dies hat multisensorisch zu erfolgen. Darüber hinaus sollte es Hinweise auf die Zielmedien geben und einen Mehrwert für den Konsumenten bieten, was Social Media ja vom Grundansatz her schon beabsichtigt.
4. **Erfolgsfaktor Nr. 4:** Multichannel Customization mit sinnvoller Externalisierung von Kundenleistungen. Die No-Line-Kunden erwarten eine gezielte und personalisierte Bedürfnisbefriedigung über alle Kanäle hinweg. Das geht mit dem Trend zur Individualisierung einher. Die Fülle an Informationen über die Kunden und damit das Wissen über deren Verhalten, Bedürfnisse und Eigenschafte, können mittlerweile relativ einfach für individualisierte Marketingmaßnahmen verwendet werden. Ein Ansatz, sich vom Wettbewerb abzugrenzen, Marktanteile dauerhaft zu sichern und zugleich in stärkere Interaktion mit den eigenen Kunden zu treten, liegt zweifelsohne in der Individualisierung von Marketingelementen. Die technischen Möglichkeiten in Verbindung mit dem Internet erlauben es, dem zunehmenden Trend zur Individualisierung bei den Endverbrauchern durch innovative Marketingmaßnahmen Rechnung zu tragen.
5. **Erfolgsfaktor Nr. 5:** Modell- und Business-Plan mit realistischer Wirtschaftlichkeitsbetrachtung. Im „Business to Consumer" (B2C) und damit im Einzelhandel haben vor allem die Unternehmen Erfolg, die über ein nachhaltiges Geschäfts- und Erlösmodell verfügen. Dies betrifft nicht nur die Methode der Umsatzerzielung, sondern auch das Zusammenspiel der Absatzkanäle, bei dem häufig noch eine „Lead-Channel-Philosophie" zugrunde liegt mit dem Ergebnis, dass ein Flagshipstore ausschließlich stationär realisiert wird. Zusätzlich hat das Betreibermodell maßgeblichen Einfluss auf die Erlöserzielung, zumal die Schlüsselfrage „make or buy" je nach Betriebsgröße unterschiedlich zu beantworten ist und deswegen in regelmäßigen Abständen gestellt werden sollte. Dabei spielen die Wirtschaftlichkeitsbetrachtung und die installierten Controlling-Systeme eine wichtige Rolle.
6. **Erfolgsfaktor Nr. 6:** Multichannel-Organisation nach den Prinzipien des Business Reengineering. Die maximal mögliche Integration der Kanäle erfordert eine frühzeitige Prüfung und Sicherstellung der organisatorischen Voraussetzungen. Wie aktuelle Studien zeigen, ist dies der am meisten unterschätzte Schritt im Rahmen von Multichannel-Projekten. Demnach sehen potenzielle Multichannel-Unternehmen als kritische Erfolgsfaktoren vor allem das „Zusammenpassen der unterschiedlichen

Absatzkanäle", also deren Integrationsfähigkeit (23,9 %), sowie die „erhöhten Anforderungen durch Steigerung der Komplexität" (19,6 %). Es folgen „Anpassung der Unternehmensprozesse" (13,3 %), „Desorientierung der Konsumenten" (11,4 %), „Kannibalisierungseffekte zwischen den Kanälen" (11,4 %) sowie „Anpassung der Unternehmensstrukturen" (4,4 %). Zusammengenommen bilden organisatorische Aspekte folglich den mit Abstand wichtigsten Problembereich, weit vor absatzpolitischen Aspekten. Ein ebenfalls äußerst kritischer Erfolgsfaktor für ein erfolgreiches Multichannel-Management ist die Synchronisation der „gewachsenen" Steuerungssysteme der Einzelkanäle.
7. **Erfolgsfaktor Nr. 7:** Moderne und skalierbare Systeme mit höchstmöglichem Automatisierungsgrad. Das spricht dafür, die umgehende Datenübertragung an möglichst vielen Stellen durch nutzerübergreifende Automatisierungen zu ermöglichen. Dies unterstützt nicht nur den reinen Abverkauf auf Unternehmensseite, sondern vereinfacht ebenfalls den Kaufvorgang auf Kundenseite. Amazon ist bestes Beispiel dafür, wie durch Automatisierung auch die wahrnehmbare Servicequalität steigen kann. So reduziert der „1-Klick-Kauf" den Aufwand des Kunden erheblich, vor allem, weil die Lieferadresse nicht noch einmal eingegeben werden muss und damit auch ein Log-in durch Cookie-Nutzung sowie eine Abfrage der Zahlungsdaten entfällt. Anhand der Aktivierung des „1-Klick-Buttons" kann der Internet-User alle Einzelschritte, die normalerweise im Kaufprozess üblich sind, für alle zukünftigen Einkäufe umgehen. Dadurch wird der Einkauf aus Kundensicht erheblich vereinfacht und beschleunigt, wodurch der Online-Händler wiederum das Risiko minimieren kann, den Kunden durch Hindernisse im Verkaufsprozess vom Kauf abzuhalten.

3.5 Mischformen des Online-Handels

Die wenigsten Online-Händler kommen heute noch in reiner Form vor. Lediglich Start-ups oder neue Formen des interaktiven Online-Handels wie zum Beispiel Dawanda oder Etsy verfolgen zu 100 % ein reines Geschäftsmodell. Schon die großen Pure Plays wie Amazon oder eBay sind Mischformen. Während Amazon das kooperative Marktplatzmodell mit seinem eigenen Online-Handelsgeschäft vermischt, kombiniert eBay das kooperative Marktplatzmodell zu Festpreisen mit dem Auktionsgeschäft, das immer noch rund 30 % zum Umsatz beiträgt. Selbst Zalando, den die meisten Insider als Pure Play bezeichnen würden, betreibt mittlerweile zwei Outlets mit stationärem Verkauf (Berlin und Frankfurt). In diese Richtung gehen auch die Elektronikanbieter Notebooksbilliger und Cyberport, allerdings mit echten Filialen im größeren Stil. Auch mymüsli.de eröffnet stationäre Läden und tritt mittlerweile sogar als Lieferant gegenüber dem Einzelhandel auf.

Auf der anderen Seite kommen stationäre Händler mittlerweile in Online-Umsatzgrößenordnungen, in denen nicht mehr genau einzuordnen ist, ob das Geschäftsmodell online oder offline ist. John-Lewis, Warenhausbetreiber in Großbritannien, erreicht mit mehr als 30 % Anteil am Gesamtgeschäft Online-Umsätze, die bis vor wenigen Jahren nicht einmal Pure Plays erzielten. Gleiches gilt für Tesco, der als größter Lebensmitteleinzelhändler Europas mittlerweile zweitgrößter E-Commerce-Betreiber in Großbritannien ist. Auf dem Online-Ranking in den USA nimmt diesen Platz derweil kein Händler ein. Aber auch für vertikale Anbieter treten zunehmend in Mischformen auf, die nicht selten auch noch durch einen B2B-Online-Shop ergänzt werden. Insofern ist es ratsam, in Hinblick auf den Online-Handel zunehmend von einem Gemisch aus mehr oder weniger unterschiedlichen Online-Formaten und Betriebstypen zu sprechen. Deswegen wird vorgeschlagen, bei mehr als 60 % Umsatzanteil eines Kanals diesen als ausschlaggebend für die Kategorisierung des Online-Händlers heranzuziehen.

In den nächsten Jahren werden immer mehr Händler dazu übergehen, einzelne Kanalumsätze nicht mehr separat auszuweisen. Macy's veröffentlich seit Kurzem nur noch Gesamtumsätze und zeigt damit einen Trend auf, dem sich andere Handelsunternehmen nicht werden entziehen können. Denn angesichts von Web to Store oder Store to Web macht eine derartige Ergebnistrennung auch keinen Sinn mehr. Immerhin sind in Deutschland mehr als ein Drittel aller Non-Food-Umsätze sogenannte Multichannel-Umsätze, die keinem Kanal mehr sauber zuzurechnen sind.

Eine weitere Kanalvermischung wird sich aus der Zusammenarbeit von Multichannel-Händlern und regionalen Marktplätzen ergeben (vgl. Abb. 3.20). Regionale Marktplatzformen können sowohl nach Städtefokus als auch nach Sortimentsfokus unterschieden werden.

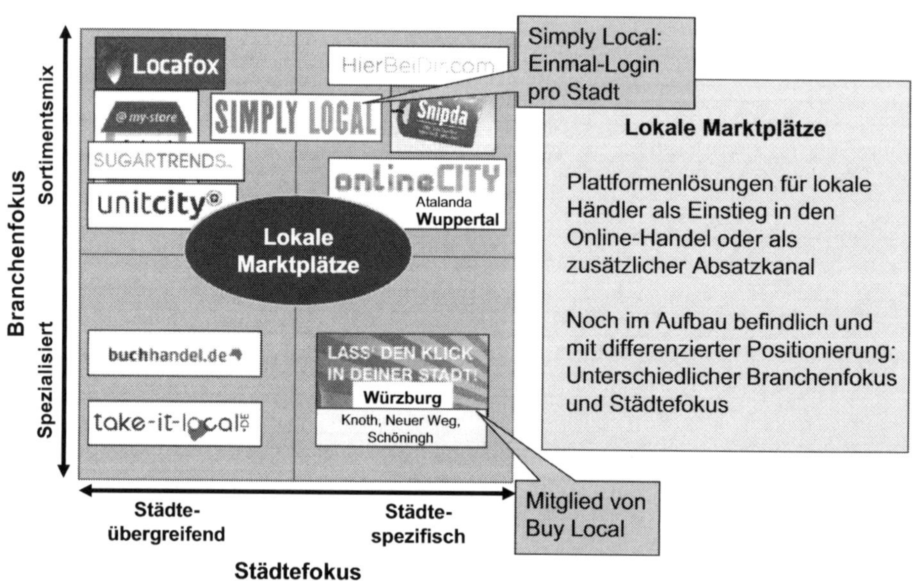

Abb. 3.20 Formen lokaler Marktplätze.

Städte- und sortimentsübergreifende regionale Marktplätze arbeiten zwar mit überwiegend lokalen Partnern aus unterschiedlichsten Branchen zusammen, verlangen aber keinen Log-in für eine bestimmte Stadt. Typisches Beispiel ist der Start-up Locafox, an dem auch Holtzbrinck Ventures beteiligt ist und der offiziell im April 2015 an den Start gegangen ist.

Sortimentsübergreifende und städtespezifische regionale Marktplätze arbeiten mit überwiegend lokalen Partnern aus unterschiedlichsten Branchen zusammen und verlangen einen Städte-Login für die Stadt, in der sich die Marktplatzpartner jeweils befinden. In dieser Positionierung baut derzeit die Mediamarkt-Saturn-Holding (MSH) als größter Anteilseigner zusammen mit regionalen Zeitungsverlagen die Plattform „simply Local" auf, die lokalen Händlern den Einstieg in den Online-Handel ermöglichen soll (Heinemann und Gaiser 2015). Insofern handelt es sich um eine kooperative Plattform mit „offenem lokalen Marktplatz", auf dem der lokale Händler eine direkte Beziehung zu seinen Kunden hält, jedoch – zumindest im Elektroniksegment – in direkter Wettbewerbsbeziehung zu MSH steht.

Städte- und sortimentsspezifische regionale Marktplätze sind nicht so häufig vertreten, da die doppelte Fokussierung stark dem eigentlichen Marktplatzgedanken widerspricht. Typischer Vertreter ist die Buchhandelskooperative Würzburger Buchhändler, die unter dem Namen „Lass den Klick in Deiner Stadt" eine derartige Plattform betreibt.

Sortimentsspezifische und städteübergreifende regionale Marktplätze widersprechen ebenfalls in ihrer Monostruktur dem Marktplatzprinzip. Sie funktionieren nach dem Exklusivitätsprinzip, wonach immer nur ein Partner derselben Warengruppe aus einer Stadt Partner sein darf und die lokalen Lieferdienste auch immer auf diesen Partner vor Ort zugeschnitten sind. Beispiele für diese Form sind die Plattform Buchhandel.de oder das Fashion-Portal „take-it-local.de".

Kanalexzellenz und Erfolgsfaktoren im E-Commerce

4

Zusammenfassung

Kanalexzellenz zeichnet erfolgreiche Online-Händler aus, die besser performen als der Durchschnitt. Sie sind in der Lage, mit ihren Leistungen im E-Commerce den Benchmark zu setzen und nutzen alle Möglichkeiten der modernen Interaktion. Insgesamt sind acht zentrale Erfolgsfaktoren für das Vorliegen von Web-Exzellenz im B2C zu beachten. Eine große Herausforderung spielt jedoch zunehmend die Nachhaltigkeit der Erfolgsfaktoren, da der Wettbewerb sich immer schneller anpasst.

4.1 Erfolgsmessung und Erfolgsfaktoren im Online-Handel

Eine kompetente Erfolgsmessung, die den Besonderheiten des neuen Geschäftssystems Rechnung trägt, hat sich mittlerweile als erfolgskritisch herausgestellt. Es geht vor allem darum, den spezifischen Belangen des interaktiven Mediums Internet gerecht zu werden, ohne dabei die Notwendigkeiten eines Handelsunternehmens aus dem Auge zu verlieren. Basis des „Online-Controlling" bildet das Verständnis für die Produktivitätsquellen von Online-Shops sowie die wertorientierte Kundensteuerung, die den Handlungsrahmen für das quantitative Controlling vorgibt und dabei auch die qualitativen Aspekte mit in die interpretative Betrachtung einbezieht. Dabei kann auch ein regelmäßig durchgeführtes Benchmarking gute Hilfestellung geben. Dies ermöglicht es auch, in Kombination mit den relevanten Kennzahlen die relevanten Erfolgsfaktoren im Online-Handel abzuleiten.

G. Heinemann, *Der neue Online-Handel,* DOI 10.1007/978-3-658-15384-7_4

4.1.1 Produktivitätskennzahlen im Online-Handel

Während im stationären Handel seit jeher als zentrale Produktivitätskennzahl der Umsatz pro Quadratmeter Verkaufsfläche herangezogen wird, erscheint die Frage nach der Produktivität von Online-Shops nicht so einfach. Vielfach klagen Betreiber von Online-Shops über zu geringe Umsätze, die dann in Aussagen münden wie „E-Commerce lohnt sich nicht" (FAZ 2016 Nr. 73 vom 29. März 2016, S. 18; Shopmacher 2012). Dennoch sollte etwas genauer und differenzierter in die Produktivitätsquellen geschaut werden, um zumindest nicht zu derartigen Pauschalaussagen zu gelangen. Das betrifft zunächst den Umsatz, der zwar – wie im stationären Handel auch – ohne Umsatzsteuer betrachtet wird, jedoch nach Retouren. Diese „Nettoumsatzbetrachtung" führt schon im ersten Schritt zu Verwechslungen, da der Nettoumsatz im stationären Handel grundsätzlich keine Retouren berücksichtigt, sondern als „Umsatz ohne Mehrwertsteuer" gilt. Wie bereits erwähnt, liegen die Retouren zum Beispiel im Fashion-Online-Handel gewöhnlich bei mehr als 50 %, sodass der Umsatz „netto vom netto" im Online-Shop oft nur halb so hoch liegt wie im stationären Handel. Hier wäre schon vorab zu hinterfragen, ob ein Online-Shop fokussiert ist auf retourenträchtige Sortimente wie insbesondere Damenmode und deswegen per se risikobehaftet ist, oder aber mit weniger retourenbehafteten Artikeln wie zum Beispiel Basics oder Männermode in ruhigere Fahrwasser gehen sollte.

Der Nettoumsatz nach Retouren kommt im Wesentlichen durch die Generierung von Besuchsfrequenz im Online-Shop sowie durch die Abschöpfung dieser Frequenz zustande. Beide Stellhebel sind in Abb. 4.1 zusammen mit deren Einzelfaktoren dargestellt. Die Frequenzgenerierung wurde im Rahmen der Kundengewinnung bereits umfassend behandelt.

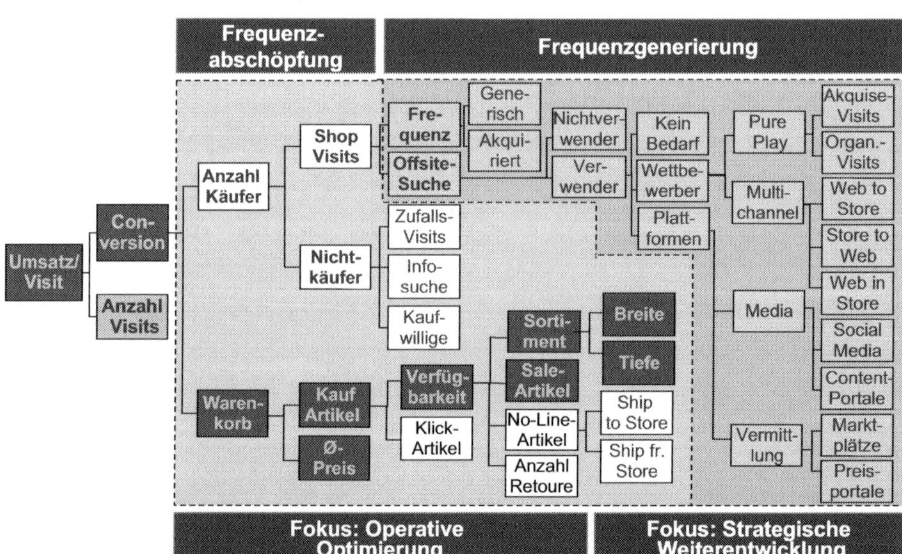

Abb. 4.1 Quellen und Kennzahlen für Online-Shop-Produktivität

Insofern wird der Schwerpunkt an dieser Stelle auf die Frequenzabschöpfung gelegt. Diesbezüglich nehmen die Conversion und die Wertigkeit des Nettowarenkorbs – nach Retoure – eine Schlüsselrolle ein. Dieser wiederum generiert sich aus Anzahl und Durchschnittswert der Artikel, die vom Kunden in den Warenkorb gelegt werden. Das klingt zunächst trivial, deutet jedoch schon auf einen ersten Kardinalfehler der meisten Online-Shop-Betreiber hin: Wo kein Sortiment, da kein Warenkorbwert. Amazon, Zalando & Co. machen vor, dass eigentlich nur die Positionierung als Category Killer oder als „Ultra"-Spezialist mit maximaler Auswahl zu einer echten Frequenzabschöpfung führen kann. Trotzdem missachten die meisten Online-Händler diese Grundregel: So finden sich in den Online-Shops selbst der großen Filialisten in der Regel nur Rumpfsortimente. Jene Händler sind nicht selten dann diejenigen, die am lautesten klagen, dass sich E-Commerce nicht lohne. Werden allerdings auch Multichannel-Umsätze in die Produktivitätsbetrachtung mit einbezogen, eröffnen die Multichannel-Services und innovative Angebote wie u. a. „Ship from Store", also die schnelle Belieferung der Kunden aus den Filialen heraus, zusätzliche Produktivitätspotenziale. Dabei geht es vornehmlich um eine Produktivitätskennzahl, die für den Online-Handel Schlüssel zum Erfolg sein dürfte, nämlich dem Nettoumsatz pro Visit. Dieser wiederum lässt sich zu einer ebenso wichtigen Kennzahl hebeln, nämlich dem Kundenwert, der angesichts der enormen Kundengewinnungskosten „Key Issue" für den Erfolgsbeitrag eines Online-Shops ist und über eine wertorientierte Kundensteuerung maximiert werden sollte.

4.1.2 Wertorientierte Kundensteuerung

Für eine korrekte betriebswirtschaftliche Bewertung des Kundenwertes ist eine Orientierung am „Kundenvorteil" sinnvoll. Gelingt es zum Beispiel, die Kunden bei ihrem Einkauf dementsprechend zu beeinflussen, dass nicht ausgelastete Kanäle stärker beansprucht werden, können eine unvorteilhafte Kanalkombination und dadurch gestiegener Koordinationsaufwand reduziert werden. Während der Kundenvorteil den durch einen Kunden empfundenen Nutzenzuwachs durch eine Leistung darstellt, lässt sich der Kundenwert als Summe aller Beiträge des Kunden zur Erreichung der Multichannel-Ziele definieren. Beides steht in engem Zusammenhang mit dem sogenannten Kunden-Leverage, der auch im Rahmen des CRM und der Kundenkartenkonzepte Anwendung findet. Da Kundenwert nur durch Kundenvorteile entsteht, muss dieser in Einklang mit den Unternehmenszielen gebracht werden. Dieser Zusammenhang ist in Abb. 4.2 dargestellt (Schögel und Schulten 2006, S. 37 ff.). Wichtig ist es allerdings, die Nutzenerwartungen der Kunden richtig zu erfassen und die Wertigkeiten der Kunden und ihre Migrationspfade zu ermitteln. Für die Kundenwertermittlung dienen dieselben Kundenbewertungsverfahren, die im Rahmen des CRM dargestellt wurden.

Die Messung der Nutzenerwartungen kann durch empirische Verfahren der Sozialforschung erfolgen. Dazu zählen die kompositionellen oder dekompositionellen Methoden bzw. multivariaten Analyseverfahren (Heinemann 1989, S. 170 ff.). Eine besondere Eignung ist diesbezüglich der Conjoint-Analyse zuzuschreiben. Die Ermittlung der Migrationspfade erfordert ein „Tracking" des Kaufprozesses, wie es beispielsweise im Versandhandel über

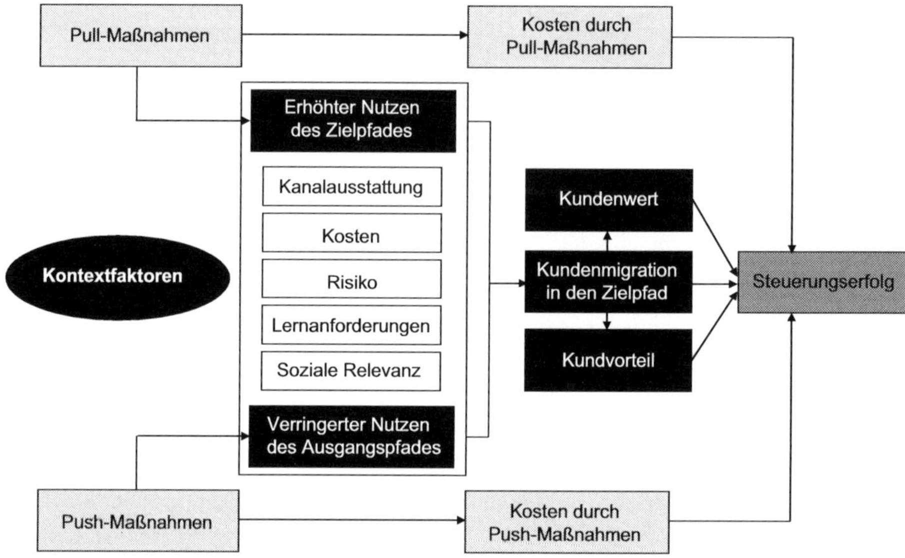

Abb. 4.2 Zentrale Komponenten der wertorientierten Kundensteuerung. (Quelle: Schögel und Schulten 2006, S. 37 ff.)

kodierte Bestellscheine üblich ist. Im Online-Handel werden dafür Cookies eingesetzt, um das Migrationsverhalten zu verfolgen. Ist dies nicht möglich, können auch Kundenumfragen einen Beitrag zur Erfassung des Kanalverhaltens leisten.

4.1.3 Quantitatives Controlling und Web Analytics im Online-Handel

Zentrale Aufgabe des Controllings im Handel ist die Versorgung des Managements mit Informationen. Dadurch soll im betrieblichen Kontext die Qualität von Entscheidungen verbessert werden. Informationen sind das „Medium des Controlling" (Ahlert et al. 2009, S. 889). Wie im klassischen Handelscontrolling sind auch im Online-Handel die Umsatz-, Waren- und Ergebnisleistung von herausragender Bedeutung. Abbilldung 4.3 zeigt diesbezüglich die im Rahmen der Umsatzleistung relevanten Kennzahlen wie das Umsatzwachstum, den Neukundenumsatz, den Warenkorb in Euro sowie den Durchschnittspreis (VK) pro Teil in Euro. Bezüglich der Warenleistung sind die klassischen Kennzahlen wie Wareneinsatz, LUG (Lagerumschlagsgeschwindigkeit), Abschriften und vor allem Retouren wichtig. Die Ergebnisleistung lässt sich u. a. an den Kenngrößen Logistikkosten, Werbekosten und Personalkosten sowie der daraus resultierenden Ergebniszahl EBIT (Earnings Before Interest and Tax) festmachen. Im Quervergleich gibt es bei den Kennzahlen der Umsatz-, Waren- und Ergebnisleistung kaum Unterschiede zum klassischen Handelscontrolling. Allerdings reichen diese

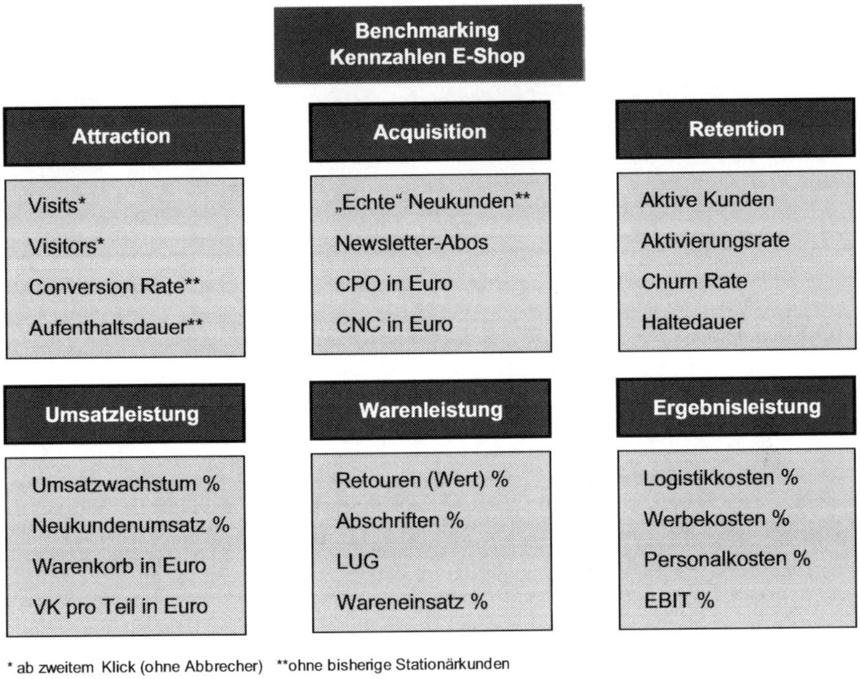

Abb. 4.3 Quantitative Kennzahlen im Online-Handel. (Quelle: Mahrdt 2010, S. 4)

nicht aus, sondern sind um online-spezifische Messzahlen zu ergänzen, die den Besonderheiten des Geschäftssystems und dabei insbesondere der „Attraction, Acquisition and Retention“ Rechnung tragen. Die Attraction des Online-Shops schlägt sich u. a. in der Anzahl der Visits und Visitors nieder. Diese erlangen in der Kategorie „Attraction“ allerdings nur in Kombination mit der Conversion Rate sowie der Aufenthaltsdauer Aussagekraft. Der herausragenden Rolle des CRM trägt die Kategorie „Acquisition“ Rechnung, bei der die Neukundengewinnung und die Anzahl an Newsletter-Abos im Vordergrund stehen. Darüber hinaus gehören zur „Acquisition“ auch die wichtigen Kennzahlen CPO (Cost per Order) und CNC (Cost per New Customer). CRM-relevante Kennzahlen spiegeln sich auch in der Kategorie „Retention“ wider und zwar mit den Kennzahlen „aktive Kunden, Aktivierungsrate, Churn Rate sowie Haltedauer“.

Web Analyticsals Bestandteil des Web Controlling Für die Erhebung der wichtigsten quantitativen Kennzahlen können die gängigen Web-Analytics-Werkzeuge helfen, die auch als Web-Controlling-Instrumente bezeichnet werden. Neben den Visits und Visitors (Besuche und Besucher) lassen sich damit u. a. auch die Page Impressions (Seitenaufrufe), Conversion Rate, Verweildauer sowie Bounce Rate und Click Through Rate (CTR) ermitteln. Die daraus gewonnen Daten stellen auch eine gute Grundlage für die Optimierung der Website dar, denn sie liefern Informationen zum Klickverhalten der Website-Nutzer, deren Abbruchverhalten sowie zu den Schwachstellen der Website im Wettbewerbsvergleich (Düweke und Rabsch 2012, S. 749). Von den folgenden Web-Analytics-Anbietern ist sicherlich Google Analytics das bekannteste und meistgenutzte Standard-Tool. Dennoch kann auch der zusätzliche Einsatz einer komplexen und kostenpflichtigen Software sinnvoll sein, wenn detailliertere und aktuellere Daten erforderlich sind (Düweke und Rabsch 2012, S. 750):

1. **Google Analytics** (www.google.de/analytics) ist aktuell das meistgenutzte Tool, das kostenlos nutzbar sowie einfach zu bedienen und installieren ist. Zusätzlich steht eine kostenpflichtige Premiumversion zur Verfügung.
2. **Adobe SiteCatalyst**, ehemals Omniture (www.omniture.de) wird vor allem von größeren Websites relativ häufig genutzt und seit der Übernahme durch Adobe als Adobe Online SiteCatalyst angeboten.
3. **Webtrekk** (www.webtrekk.de) analysiert als Web Analytics Data Warehouse schwerpunktmäßig das Nutzerverhalten größerer deutscher Online-Shops.
4. **Piwik** (www.piwik.de) ist als eine Open-Source-Lösung kostenlos nutzbar und stellt insofern eine Alternative zu Google Analytics dar.

Die kostenpflichtigen Tools werden in der Regel nach Anzahl der Seitenaufrufe (Page Impressions) vergütet. Weitere Anbieter sind unter anderem Nedstat (www.nedstat.de), econda (www.econda.de), etracker (www.etracker.com/de/), CoreMetrics (www.coremetrics) und Webtrends (www.webtrends.com). Allerdings ermöglichen nicht alle Systeme dieselben Maßnahmen. Deswegen sollte die Auswahl der über die kostenlosen Standard-Tools hinausgehenden Software-Lösungen mit Sorgfalt erfolgen. So ermöglichen zwar etliche Anbieter eine Rohdatenanalyse, allerdings erlauben nur wenige Lösungen die parallele Verwendung von Roh- und aggregierten Daten (Graehl 2012, S. 140). Darüber hinaus sollte sich die Software über Plug-ins und Schnittstellen mit weiteren Systemen verbinden lassen. Ferner ist es angeraten, auf Datenschutzbedenken bei Nicht-EU-Anbietern sowie auf die Totalkosten/Total Cost of Ownership (TCO) und Investitionssicherheit zu achten.

Allen Web-Analytics-Methoden ist gemeinsam, dass sie ein unverzichtbares Hilfsmittel sind, um einen Online-Shop zielgerichtet und budgetkonform zu betreiben. Sie helfen zudem, Besucher und Kunden besser zu verstehen. Die Web-Analytics-Instrumente liefern damit wichtige Informationen zur Feinsteuerung der Online-Marketingmaßnahmen sowie der Optimierung der Usability und damit zur qualitativen Verbesserung des Online-Shops (Düweke und Rabsch 2012, S. 749).

4.1.4 Qualitatives Controlling und Benchmarking im Online-Handel

Das qualitative Controlling unterstützt die Optimierung der Teilfunktionen im Frontend und liefert Erklärungen für die Kennzahlen des quantitativen Controllings. Wie Abb. 4.4 zeigt, stehen diesbezüglich sieben Usability-Hauptkriterien im Vordergrund,

Sieben Usability-Hauptkategorien im Fokus

Kategorien gehen mit prozentualer Gewichtung in ein Gesamtergebnis ein

Kategorie	Gewichtung	Untersuchungsfunktionen
Navigation und Suchfunktion	12,5 %	7
Produktinformation und -visualisierung	25,0 %	4
Optische Gestaltung und Barrierefreiheit	12,5 %	8
Bestellablauf	25,0 %	8
Benutzerkonto und Interaktion	10,0 %	6
Kundenservicefunktionen	10,0 %	14
Unternehmenspräsentationen	5,0 %	4

Ergebnis ist ein Gesamtranking
- **mit maximal 1.000 erreichbaren Punkten**
- **und absteigender Punktzahl**
- **sowie Einzelrankings nach Kategorie**

Abb. 4.4 Qualitative Untersuchungsfaktoren und deren Gewichtung. (Quelle: Mahrdt 2010)

hinter denen sich jeweils eine unterschiedliche Anzahl von Untersuchungsfunktionen verbirgt und die mit ungleicher Wichtigkeit zu betrachten sind. Die Basis dafür liefert eine aktuelle Studie von Media Economics zu „Erfolgsfaktoren von Online-Shops", die internationale Online-Anbieter aus der Fashion-Branche qualitativ analysiert (Mahrdt 2010, S. 4). Demzufolge haben vor allem die Produktinformationen und -visualisierungen eine herausragende Bedeutung. Sie bestimmen maßgeblich über die Conversion Rate und damit die Umsatzwirkung. Dies gilt auch für den Bestellablauf, der als gleich wichtig angesehen wird. Demgegenüber stehen Navigation und Suchfunktionen an zweiter Stelle, gleichauf mit der optischen Gestaltung sowie der Barrierefreiheit. Danach folgen Benutzerkonto, Interaktion und schließlich die Kundenservicefunktionen. Unternehmenspräsentationen sollten auch im qualitativen Controlling berücksichtigt werden, haben allerdings keine so erfolgskritische Bedeutung wie die anderen Kriterien.

Die sieben Usability-Hauptkriterien aus dem qualitativen Controlling lassen sich heranziehen, um den Online-Shop zu benchmarken. Im Rahmen eines Scoring-Verfahrens kann dabei ein Ranking konkurrierender Online-Shops („Peer Group") ermittelt werden. Dies erfolgte zum Beispiel auch in der Studie von Media Economics zu „Erfolgsfaktoren von Online-Shops", in der 30 Online-Shops aus dem Fashion-Handel einer Benchmarking-Analyse unterzogen wurden. Die betroffenen Online-Shops wurden dabei in allen sieben Kategorien detailliert geprüft, wobei es in der Auswertung ein klares Ergebnis mit Gewinnern und Verlierern gab. Von den 30 Internet-Anbietern schnitten Asos und Akademiks am besten ab. Beide sind reine Online-Händler, die deswegen differenziert gegenüber den Multichannel-Anbietern betrachtet wurden. Unter den zehn besten Multichannel-Händlern schnitten GAP und Promod mit 764 bzw. 739 Gesamtpunkten am besten ab (vgl. Abb. 4.5). Auf den weiteren Plätzen folgen Esprit (737 Punkte),

Gesamtranking	Punkte	Anteil %
1.) Asos	821	82 %
2.) GAP	764	76 %
3.) Promod	739	73 %
4.) Esprit	737	73 %
5.) French Conn.	733	73 %
6.) s. Oliver	713	71 %
7.) Mexx	700	70 %
8.) Marc o'Polo	696	69 %
9.) Titus	695	69 %
10.) Adidas	688	68 %
11.) Amer. App.	686	68 %
12.) Miss Sixty	683	68 %
13.) Diesel	682	68 %
14.) Bench	681	68 %
15.) C&A	674	67 %
16.) T.Hilfiger	670	67 %
17.) Uniqlo	664	66 %
18.) Tom Tailor	642	64 %
19.) Vero Moda	638	63 %
20.) H&M	633	63 %
21.) Lee	612	61 %
22.) Replay	599	59 %
23.) Abercrombie	597	59 %
24.) Levis	597	59 %
25.) Ben Sherman	593	59 %
26.) Ecko	591	59 %
27.) Akademiks	585	58 %
28.) Superdry	498	49 %
29.) Mango	487	48 %
30.) Scotch&Soda	451	45 %
Durchschnitt	650	65 %

Abb. 4.5 Qualitatives Benchmarking Online-Shops 2010. (Quelle: Mahrdt 2010, S. 38–39)

French Connection (733 Punkte), s. Oliver (713 Punkte), Mexx (700), Marc o'Polo (696 Punkte), Titus (692 Punkte), Adidas (688) und Amer. App. (686 Punkte). Insbesondere die beiden Erstplatzierten wiesen durchgehend hohe Punktzahlen auf und können als Best Practices in den Front-Office-Funktionen bezeichnet werden. Differenziert nach den sieben Kategorien, für die ebenfalls jeweilige Rankings erstellt wurden, lassen sich folgende Feststellungen treffen:

- Entsprechend der Studie ist bei 80 % der analysierten Shops die Navigationsstruktur gut nachvollziehbar. Rund 75 % aller untersuchten Multichannel-Händler bieten Filterfunktionen an, während eine Suchfunktion Pflicht ist.

- In Hinblick auf die Produktinformationen waren klare Angaben zur Warenverfügbarkeit eine häufig anzutreffende Schwäche. Großer Nachholbedarf besteht bei der Produktvisualisierung.
- In Bezug auf Barrieren wird bei etwas mehr als der Hälfte der analysierten Online-Shops beim Kauf keine vollständige Registrierung von Neukunden angefordert.
- Beim Bestellablauf geben nur 30 % der Multichannel-Händler Informationen über die voraussichtliche Lieferdauer an.
- Funktionierende Anbindungen an Social Networks werden nur bei einem Sechstel der Online-Shops festgestellt. Nicht einmal 50 % von ihnen bieten eine „Tell-a-Friend“-Funktion an.
- In nicht einmal einem Drittel aller Fälle wird eine Wishlist angeboten. Die Anzahl der Cross-Selling-Angebote auf Basis von vorangegangenen Kaufstatistiken ist niedriger als die der vorgeschlagenen Cross Seller.
- Hinsichtlich der Zahlungsmethoden bietet neben Zahlung mit Kreditkarte nicht einmal die Hälfte der Shops Zahlung per Nachnahme an, nur 30 % von ihnen PayPal. Zahlung per Rechnung ist nur in 27 % der Fälle möglich.

Diese Feststellungen liefern unmittelbare Ansatzpunkte für die Optimierung des Web-Shops und dadurch die Verbesserung der quantitativen Kennzahlen. Insbesondere die unzureichende Konvertierung der in der Kundenakquisition generierten Besucherzahlen zu Käufern ist häufig Ursache für unzureichende Shop-Leistungen. Dieses geht häufig auch Hand in Hand mit einer sehr geringen Aufenthaltsdauer.

4.1.5 Wirtschaftlichkeitsbetrachtung und Business-Planung

Eine Schlüsselrolle im Online-Handelscontrolling spielen die Kundenperspektive und das Kundenverhalten. Erfolgskritisch ist, die richtigen Leistungen situationsadäquat den richtigen Kunden anzubieten und die entsprechenden Leistungen richtig zu bewerten. Die meisten Besucher kaufen nicht, halten sich aber im Schnitt sechs bis zwölf Minuten im Online-Shop auf. Dabei bietet er als möglicher Online-Flagshipstore die Chance, dem Endverbraucher relativ effizient das gesamte Sortiment zu präsentieren, was in der Regel offline nur selten möglich ist. Die E-Commerce-Agentur Shopmacher hat eine Wirtschaftlichkeitsbetrachtung am Beispiel des Fashion-Handels durchgeführt (Diekmann 2012a, b). Die Kostenstrukturen werden dabei eher optimistisch angesetzt. Unter Berücksichtigung aller Umsatz- und Kostenfaktoren eines Online-Shops wurde mit einem dreijährigen Planungshorizont ein Business-Plan erstellt, der für das erste Jahr 1,0 Mio. €, das zweite Jahr 1,5 Mio. und das dritte Jahr 2,25 Mio. Nettoumsatz vor Retouren unterstellt (vgl. Abb. 4.6).

In dem dargestellten Business-Plan wurden 7,5 % Abschriften und 37,0 % Retouren angesetzt, was den optimistischen Planungsansatz unterstreicht. Insgesamt zeigt sich, dass auch im dritten Jahr noch nicht der Break-even erreicht wird und ein Minus von 131.375 € erzielt wird, obwohl mit 123,75 € schon mit einem verhältnismäßig hohen Warenkorbwert

In Tsd. Euro

Position	Jahr 1		Jahr 2		Jahr 3		Jahr 1-3
Umsatz netto	1.000	100,00%	1.500	100,00%	2.250	100,00%	
./. Abschriften	-75	7,50%	-112	7,50%	-169	7,50%	
./. Retouren nach Verw.	-93	9,25%	-139	9,25%	-208	9,25%	
Bereinigter Umsatz netto	832	83,25%	1.249	83,25%	1.873	83,25%	3.954
./. Wareneinsatz netto	-400	-40,00%	-600	-40,00%	-900	-40,00%	
Rohertrag	432	43,25%	649	43,25%	973	43,25%	2054
./. AfA Setup	-60	-6,00%	-60	-4,00%	-91	-2,67%	
./. Kosten IT & Fulfillment	-229	-22,90%	-291	-19,40%	-376	-16,73%	-896
./. Marketingkosten	-150	-15,00%	-200	-13,00%	-275	-12,22%	-625
./. Personalkosten	-250	-25,00%	-300	-20,00%	-375	-16,67%	-925
Summe Kosten	-699	-69,90%	-851	-56,73%	-1.097	-48,29%	-2.626
./. AO-Effekte	-8	-0,80%	-12	-0,80%	-18	-0,80%	-36
EBIT	-285	-26,45%	-214	-14,28%	-131	-5,84%	-610

Abb. 4.6 Beispielhafter Business-Plan für einen Fashion-Online-Shop. (Quelle: Diekmann 2012a, b)

kalkuliert wurde. Verursacher sind die Fixkosten, die sich aus dem Setup, anteiligen IT- und Fulfillment-Kosten sowie den anteiligen Personal-, Marketing- und Mediakosten ergeben. Dementsprechend führt ein geringerer Warenkorbwert von zum Beispiel unter 100 oder weniger als 75 € zu einer negativen Abweichung der Planumsätze und unmittelbar zu einer proportionalen Verschlechterung des EBIT. Auch in den relativ geringen Abschriften und Retourenquoten liegt ein weiteres Risiko. Insofern ist der Aufbau eines Online-Shops mit erheblichen Anlaufverlusten verbunden, was nicht zuletzt durch hohe Marketingaufwendungen zustande kommt. Um sich schnell zu etablieren, einen Kundenstamm auf- und die Bekanntheit auszubauen, muss stark in Marketing und Media investiert werden, in der Regel zehn bis 35 % vom Umsatz nach Abschriften. Aber auch danach können diese nicht abgesetzt werden, da auf Kundenbindung, Ausbau des Kundenstamms und Weiterempfehlung gesetzt werden muss. Dabei unterscheiden sich die Planungssätze sicherlich danach, wie schnell das Wachstum erfolgen soll. Soll der Online-Kanal eher organisch und moderat wachsen, dann können zehn Prozent Marketing- und Mediakosten vom Umsatz nach Abschriften durchaus ausreichend sein. Auch in Multichannel-Unternehmen, bei denen bereits eine natürliche Frequenz auf der Website durch die bestehenden Kunden zustande kommt, sind die Sätze eher niedrig. Wird die Online-Filiale zusätzlich mit klassischen Marketingmaßnahmen unterstützt, kann dies schnell einen Marketingetat von rund 23,12 % bezogen auf den Rohertrag ergeben. Sondereffekte wurden hier vorerst nicht berücksichtigt.

Zusätzlich sind Kosten für Produkttexte und Fotografie anzusetzen Dafür müssen pro Saison noch mindestens 50.000, eher 100.000 € und mehr eingeplant werden. Dies variiert je nachdem, ob auf Puppe oder am Model, liegend oder nicht, mit häufigen Kollektionswechseln oder nicht sowie mit hoher Qualität oder nicht gearbeitet wird. Dennoch sollte versucht werden, einen Mindeststandard einzuhalten, da der größte Teil der Besucher sich online nur über die Produkte informieren will. Gleiches gilt für die Produkttexte, für die eine Kostenspanne zwischen neun und 20 € pro Artikel angesetzt werden sollte. Tendenziell gilt jedoch die Regel, dass eine gute Produktpräsentation und -beschreibung umsatzfördernd wirkt und auch die Retouren senken kann. Einige Dienstleister kombinieren mittlerweile die Leistungen und bieten Produktfotografie, Videos und Produkttexte als Paket aus einem Prozess heraus an. Aufgrund der hohen Anlaufverluste sind Unternehmen schnell dazu verleitet, doch nicht mit dem Online-Shop zu starten. Dem ist aber entgegenzuhalten, dass ein Unternehmen, das heutzutage nicht im E-Commerce vertreten ist, auf Dauer den Kontakt zu einem wachsenden Kundensegment verliert. Zudem berücksichtigt diese Schlussfolgerung nicht, dass der Online-Kanal zunehmend Marketingleistungen für den stationären Kanal erbringt, was in der Cross-Media-Budgetierung berücksichtigt werden sollte. Verliert Printwerbung immer mehr an Bedeutung, sollten die klassischen Medien zurückgefahren und die dadurch frei werdenden Mittel für den Online-Shop budgetiert werden. Vor allem die Unternehmen, die dadurch einen Teil ihrer Marketingbudgets aus dem Online-Shop auf die Filialen umlegen, wählen in der Regel den richtigen Planungsansatz. Sie verspielen dadurch nicht ihr Markenpotenzial in den klassischen Kanälen und erzielen die daraus resultierenden Marketingeffekte für das gesamte Unternehmen. Auch wenn viele Online-Filialen heute wirtschaftlich noch nicht tragfähig sind, kann E-Commerce insofern durchaus erfolgreich und gewinnbringend für das Gesamtunternehmen betrieben werden. Je größer der Umsatz ist, desto eher rechnet sich die Online-Filiale, in der Regel ab 25.000 bis 40.000 Transaktionen pro Jahr. Zudem können die Online-B2C-Prozesse auch für andere Online-Aktivitäten wie zum Beispiel Marktplätze oder sonstige Internet-Vermarkter genutzt werden, wenn sie einmal aufgebaut sind. Wer sich also für den Online-Handel entscheidet und diesen erfolgreich praktizieren will, muss sich zum stationären Versandhändler wandeln und entsprechend agieren, den Online-Handel offensiv betreiben und möglichst alle Kanäle integrieren. Ohne Commitment funktioniert es vor allem im E-Commerce und damit auch im Multichannel-Handel nicht.

4.1.6 Erfolgsfaktoren im Online-Handel

Auf Basis der Erfolgszahlen geht es im nächsten Schritt darum, allgemein gültige Grundsätze abzuleiten, die als Erfolgsfaktoren des Online-Handels angesehen werden können. Erfolgsfaktoren sind üblicherweise Einflussfaktoren, die einen maßgeblichen Beitrag zum Unternehmenserfolg leisten (Patt 1988, S. 6 ff.). Dabei steht vor allem die Frage im Fokus, warum und auf welche Art Online-Händler Erfolg haben, während es dem nicht erfolgreichen Online-Handel misslingt, die vorhandenen Potenziale auszuschöpfen. Der Erfolg bemisst sich

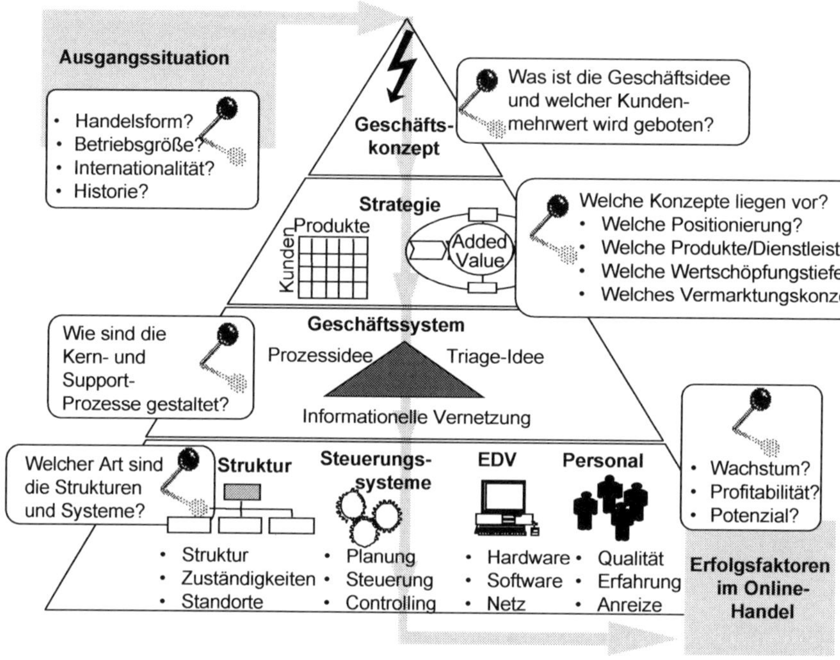

Abb. 4.7 Ermittlung der Erfolgsfaktoren im Online-Handel. (Quelle: In Anlehnung an Droege& Comp 2003)

dabei sowohl an betriebswirtschaftlichen Größen des betrachteten Internet-Unternehmens, wie zum Beispiel Umsatzwachstum und Profitabilität, als auch an spezifischen Online-Kennzahlen. Diese betreffen zum Beispiel die Reichweite des E-Shops (zum Beispiel Besucher pro Millionen WWW-Nutzer), die Vernetzung durch den Uniform Resource Locator (URL), der auf eine andere URL verlinkt, sowie die Schnelligkeit der Website (zum Beispiel Ladezeit in Sekunden). Insbesondere an den betriebswirtschaftlichen Kennzahlen sind viele Online-Händler gerade in den Anfangsjahren der New Economy gescheitert, als die Höhe der „Cash Burn Rate" noch ein Statussymbol in den einschlägigen Insiderkreisen darstellte.

Die qualitative Ermittlung der Erfolgsfaktoren folgt einer standardisierten Vorgehensweise, die in Abb. 4.7 dargestellt ist. Demnach wird zunächst die Ausgangssituation der Online-Handelsunternehmen differenziert beleuchtet. Dabei wird recherchiert, welche Form des Online-Handels vorliegt, ob also Pure-Online-Handel, kooperierender Online-Handel, Multichannel-Handel, hybrider Online-Handel oder vertikalisierter Online-Handel betrieben wird. Außerdem werden der Internationalisierungsgrad, die Betriebsgröße sowie die Historie berücksichtigt. Danach folgt die genaue Abschätzung des Geschäftskonzeptes aus einer Outside-In-Perspektive (Heinemann 1989, S. 105). Dabei geht es um die Frage, welche Geschäftsidee vorliegt und welcher Kundenmehrwert geboten wird. Der nächste Schritt ist ein Strategiecheck, bei dem u. a. gefragt wird, welche Positionierung gewählt wurde,

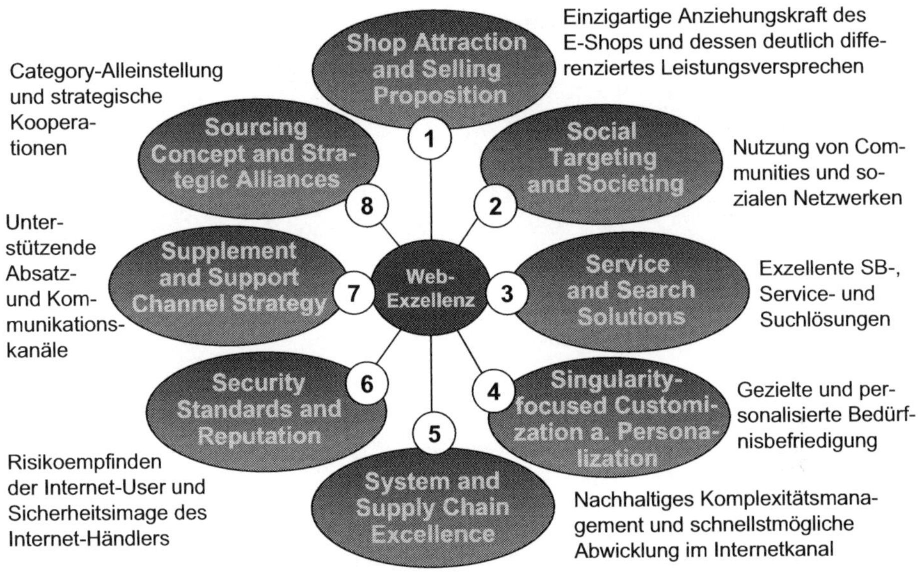

Abb. 4.8 Acht S-Erfolgsfaktoren im Online-Handel

welche Produkte und Dienstleistungen vertrieben werden, welche Wertschöpfungstiefe („make or buy") zugrunde liegt und welches Vermarktungskonzept verfolgt wird. Danach erfolgt die Einschätzung des Geschäftssystems nach Kern- und Supportprozessen sowie Prozessidee, Triage-Idee und informeller Vernetzung. Im letzten Analyseschritt geht es schließlich darum, welche Strukturen und Systeme vorliegen, differenziert nach Organisation, Steuerungssystemen, IT sowie Personal und internetspezifischen Fähigkeiten. Basis für die qualitative Ermittlung der Erfolgsfaktoren im Online-Handel bilden Geschäftsberichte, Erfahrungsberichte und Veröffentlichungen über Online-Handelsunternehmen, internationale „Best Practice Case Studies" sowie mittlerweile zahlreiche Expertengespräche und Fachkonferenzen, die zu diesem Thema geführt wurden. Eingeflossen sind auch die Erfahrungen aus mehreren Beratungsprojekten, die direkt oder indirekt mit dem Online-Handel zu tun hatten.

Fasst man die gewonnenen Analyseergebnisse zusammen, dann können acht zentrale Erfolgsfaktoren abgeleitet werden, die in Abb. 4.8 dargestellt sind:

1. **Erfolgsfaktor Nr. 1:** die einzigartige Anziehungskraft des E-Shops und ein deutlich profiliertes Leistungsversprechen (Shop Attraction and Selling Proposition).
2. **Erfolgsfaktor Nr. 2:** eine extensive Nutzung von Communities und sozialen Netzwerken (Social Targeting and Societing).
3. **Erfolgsfaktor Nr. 3:** exzellente und schnelle Selbstbedienungs-, Service- und Suchlösungen (Service and Search Solutions).

4. **Erfolgsfaktor Nr. 4:** wirtschaftlich tragbare Individualisierung und Personalisierung in der Kundenansprache (Scale-oriented Customization and Personalization).
5. **Erfolgsfaktor Nr. 5:** System- und Supply-Chain-Exzellenz (System und Supply Chain Excellence).
6. **Erfolgsfaktor Nr. 6:** bestmögliche Sicherheitsstandards und -reputation (Security Standards and Reputation).
7. **Erfolgsfaktor Nr. 7:** Ergänzung des Online Lead Channel um unterstützende Absatz- und Kommunikationskanäle (Supplement and Support Channel Strategy).
8. **Erfolgsfaktor Nr. 8:** Sourcing-Konzept und strategische Allianzpartnerschaften (Sourcing Concept and Strategic Alliances).

4.2 Shop Attraction and Selling Proposition als Erfolgsfaktor Nr. 1

Der Online-Kunde von heute ist nicht zuletzt aufgrund der letzten neuen Evolutionsstufen sowie des Multi-Screening anspruchsvoller und vielschichtiger geworden. Dabei ist es erforderlich, in der strategischen und operativen Ausrichtung des Online-Unternehmens frühzeitig die zukünftigen Entwicklungen und Megatrends zu berücksichtigen. Diesbezüglich stoßen allerdings die herkömmlichen Marketinginstrumente wie zum Beispiel die klassische Marktsegmentierung und das Target-Marketing schnell an ihre Grenzen (Gömann und Münchow 2004, S. 178). Erfolgreiche Handelskonzepte im Internet zeichnen sich insbesondere dadurch aus, dass sie Megatrends bereits in der Vergangenheit rechtzeitig erkannt und antizipiert haben. Ihnen ist es gelungen, den Gesamtmix aus Markenauftritt, Vertriebsweg, Sortiment, Service und Preisgestaltung weit über eine ausschließlich zielgruppengerechte Bedarfsdeckungsfunktion hinaus auszurichten. Nur so konnten sie es schaffen, auch in der interaktiven Kundenbeziehung ein einzigartiges Kauferlebnis zu erzeugen, das nicht nur von einer spitzen Zielgruppe als solches empfunden wird, sondern zielgruppenübergreifend Anziehungskraft ausübt. Dieses Erfolgsrezept bringt die Bezeichnung „Attraction-Marketing" treffend zum Ausdruck (Gömann und Münchow 2004, S. 180).

4.2.1 Attraction Marketing und Customer-Value-Orientierung

Im Online-Handel sind vor allem die Geschäftskonzepte erfolgreich, die eine eindeutige Differenzierung gegenüber den Wettbewerbern erreicht haben. Es geht darum, eine Anziehungskraft im Online-Markt zu erzielen, der von hybriden Konsumenten geprägt wird. In diesem Markt, der in Hinblick auf das Konsumentenverhalten unberechenbar ist und in dem sich die Kunden schwer von einer speziellen Marke und einem speziellen Anbieter nachhaltig begeistern lassen, ist auch der Online-Kunde nicht mehr nur durch einfache oder integrierte Zielgruppenmodelle abbildbar. Die entscheidende Frage ist, wie durch einen einzigartigen und auf allen Ebenen der Kundenkommunikation vernetzten Einsatz von Marketinginstrumenten eine Anziehungskraft ausgeübt werden kann, die zielgruppenübergreifend den Konsumenten zur Interaktion mit dem Medium Internet bewegt (Gömann und Münchow 2004, S. 183).

Eine außergewöhnliche Anziehungskraft (Shop Attraction) kann aber nicht bloß durch einzelne Maßnahmen erzielt werden, sondern muss auf eine ganzheitliche Ansprache und Befriedigung der Online-Kunden ausgerichtet sein. Sie sollte vor allem auf den glaubhaften Auftritt des Online-Shops abzielen. Beim Home Shopping stehen vor allem Motive wie die Kontrolle über den Einkaufsprozess (zum Beispiel Vergleichsmöglichkeiten, Preistransparenz, Retourenmöglichkeiten) sowie Convenience im Vordergrund. Beides reicht aber nicht aus, um Kundenbegeisterung und nachhaltige Kundenbindung sicherzustellen. Entscheidend ist der Brückenschlag zur Sortimentsebene. Im Sortimentsangebot muss sich die kommunizierte Markenpositionierung widerspiegeln und eine glaubhafte Verbindung zum Web-Auftritt herstellen. Gerade die „räumliche Unbegrenztheit" im Online-Handel verleitet oft dazu, alles anzubieten und damit eine klare Linie bzw. Ausrichtung unmöglich zu machen. Einem Online-Händler sollte es nicht egal sein, ob er als Medienhändler mit Zusatzsortimenten oder als Gemischtwarenladen wahrgenommen wird. Diesbezüglich bietet sich beispielsweise ein definierter Mindestumfang des Kern- bzw. Stammsortimentes (zum Beispiel mindestens 50 % Umsatzanteil mit Medienprodukten) an. Brüche im Markenbild des Kunden sind bei der Sortimentsausrichtung unbedingt zu vermeiden. Bei vielen Online-Händlern kommt es heute zu teilweise erheblichen Widersprüchen zwischen den Handlungsebenen E-Shop, E-Marke sowie Sortiment. Dabei finden sich dann das kommunizierte Markenbild sowie die versprochenen Mehrwerte auf der Shop- und Sortimentsebene nicht wieder.

Erstaunlich häufig wird die Notwendigkeit einer Betriebstypenprofilierung des Online-Shops vernachlässigt (Heinemann 1989, S. 17). Würde der Name weggelassen, könnten die Kunden die meisten der betroffenen Online-Händler kaum noch identifizieren (Gömann und Münchow 2004, S. 194). Hier steckt in Hinblick auf den ganzheitlichen Ansatz des Attraction-Marketings noch viel Potenzial. Es ist nicht nachvollziehbar, dass sich der „Flagshipstore"-Gedanke, der zentrale Bedeutung im stationären Handel erlangt hat, noch immer nicht im Online-Handel durchsetzen konnte, vor allem deshalb, weil die technischen Möglichkeiten (zum Beispiel 3D-Bildqualität mit Zoomfunktion) eine größere Faszinationsvermittlung beim Web-Shop-Besuch ermöglichen als beim Einkauf im stationären Geschäft. Während dort allerdings Millionenbeträge in immer gigantischere Ladeneinrichtungen investiert werden, bleibt die E-Shop-Gestaltung vielfach noch weit hinter ihren Möglichkeiten zurück. Das ist insofern unverständlich, als dass der Internet-Kanal die weitaus größeren Umsatzpotenziale zu bieten hat als der stationäre Verkaufskanal. Erfolgreiche Online-Händler haben den Flagshipstore-Gedanken aufgegriffen und umgesetzt.

Abgesehen von den Voraussetzungen in Hinblick auf Produkteignung und Produktdarstellung geht es beim Attraction-Marketing vor allem auch darum, dem Online-Kunden einen Mehrwert zu bieten. Erfolgskritisch ist diesbezüglich, dem Kunden das Produktangebot so darzustellen, dass der Gesamtnutzen des Online-Einkaufs größer ist als der Aufwand dieser Kunden, im Online-Shop ihre Produktwünsche zu verwirklichen. Tendenziell sollte der Nettonutzen aus dem Online-Einkauf größer sein als derjenige aus dem Einkauf in traditionellen Handelsformen. Nur wenn der spezifische Vorteil des Internets von Unternehmen maximal ausgeschöpft wird, kann dieser im direkten Vergleich zum traditionellen Shopping einen höheren Nutzen stiften (Kollmann 2013). Auch der Erfolg von Amazon beruht auf diesem Prinzip. Durch Zusatzinformationen über das Produkt und personalisierte Dienste stellt Amazon eine individuelle Bedienung der Kunden sicher, die zum Teil Qualitäten des einstigen Kleinbuchhändlers aufweist (Booz-Allen & Hamilton 2000, S. 38). Amazon stellt dabei weit mehr Inhalte zur Verfügung als die reine Titelinformation. Rezensionen, persönliche Empfehlungen, Neuerscheinungshinweise, Geschenktipps sowie Informationen über weiterführende oder ähnliche Literatur schaffen einen permanenten Informationsaustausch und dadurch einen erheblichen Customer Value. Dieser Mehrwert wiederum erhöht die Shop-Attraction und damit den „interaktiven Anreiz" für den Kunden.

4.2.2 Killer-Differenzierungsfaktoren

Elementare Grundlage für eine klare Differenzierung wird in den kommenden Jahren die Polarisierung des Konsumentenverhaltens bilden. Wie aus Abb. 4.9 hervorgeht, muss es aufgrund der strategischen Ausrichtung in Discount, Source, Erlebnis und Convenience insbesondere bei den Online-Händlern zu einer Erweiterung ihres bisher überwiegend praktizierten Target-Marketings zu einem Attraction-Marketing kommen. Nur diejenigen Online-Händler werden nachhaltig Erfolg haben können, die mindestens einen der vier „Killer-Differenzierungsfaktoren" Killer-Preis, Killer-Produkt/-Category, Killer-Service und Killer-Feature aufweisen. Dabei sollte der Online-Handel das Attraction-Marketing unter Berücksichtigung psychographischer Kunden- und Lebensstiltypen weiterentwickeln, um damit kundenübergreifend Anziehungskraft in Hinblick auf die strategischen Differenzierungsfaktoren zu erzeugen. Diese Anziehungskraft ist durch eine Schaffung

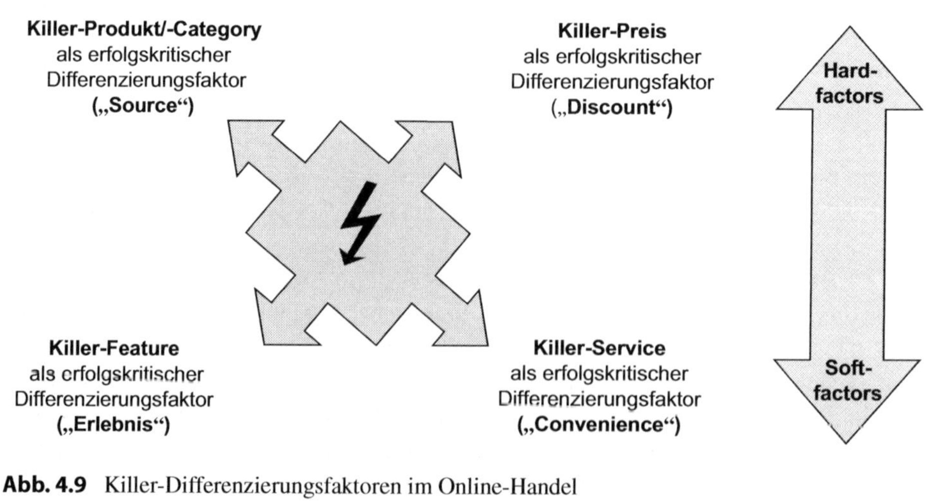

Abb. 4.9 Killer-Differenzierungsfaktoren im Online-Handel

neuer sowie die Entdeckung bisher unbefriedigter Motivationslagen und Kundenbedürfnisse zu erreichen. Dabei zeigt sich, dass vor allem die Online-Händler Erfolg haben, die möglichst viele der in Abb. 4.9 aufgezeigten Killer-Differenzierungsfaktoren simultan verfolgen. Diesbezüglich geht es auch um die Schaffung besonderer Mehrwerte, die den Kunden zeitnah angeboten werden. Insofern kann Attraction-Marketing nicht losgelöst von einer Customer-Value-Orientierung praktiziert werden. Als Beispiele lassen sich vereinfachte Kaufvorgänge („mit drei Klicks zum Ziel"), günstige Preise (zum Beispiel Shopping-Börsen) oder ein hochmodisches und zugleich attraktives Angebot (zum Beispiel Liveshops) nennen (Gömann und Münchow 2004, S. 184).

Im Sortiment des Online-Händlers müssen sich die kommunizierte E-Marken-Positionierung und der Mehrwert des Kunden widerspiegeln. Insbesondere aufgrund der räumlichen „Unbegrenztheit" neigen Online-Händler dazu, Sortimente aufgrund der (noch) kurzfristig erzielbaren Umsätze anzubieten, die nicht zur Markenaussage passen. Entscheidend ist, ob der Online-Händler in der Lage ist, seinen Kunden ein attraktives Sortiment („Killer-Category") in der erforderlichen Breite und Tiefe zu einem guten Preis-Leistungsverhältnis anzubieten. Dabei ist nicht unbedingt die absolute Anzahl der angebotenen Artikel entscheidend, sondern vor allem das Angebot der für die Kunden passenden Artikel. Erfolgreiche Online-Händler konzentrieren sich dabei eher auf wenige Artikel, die zum richtigen Zeitpunkt die entsprechenden Kundenbedürfnisse decken bzw. wecken. Sie bieten regelmäßig Killer-Produkte an, also Angebote, die sich durch ein besonderes Preis-Leistungsverhältnis in Verbindung mit einer trendigen Ausstattung auszeichnen (zum Beispiel iPad in Spezialfarben bzw. mit Initialen, die wöchentliche Tchibo-World, der Top-1-Hitlistenartikel etc.). Killer-Produkte erzeugen beim Kunden eine hohe Begeisterung und führen zu intensiver Mund-zu-Mund-Propaganda, forcieren also auch Viralmarketingmaßnahmen. Gleiches gilt für Killer-Preise, die mindestens „Aldi-Niveau" haben sollten, wenn der Positionierungsschwerpunkt in Richtung Discount angelegt ist. Ähnlich den Killer-Produkten und Killer-Preisen können auch Killer-Features und Killer-Services eine Sogwirkung entwickeln. Als Killer-Feature wird eine Eigenschaft bezeichnet, die dafür sorgt, dass der Nutzer eines Internet-Kanals einen Mehrwert hat. Dieser Mehrwert kann sehr unterschiedlich ausgeprägt sein und von der Lösung eines programmatischen Problems bis hin zu einer Beziehungsfindung reichen. Er ist als Auslöser für die Bildung einer Online-Community gedacht und zugleich auch Bedingung dafür. Das Merkmal („Feature") der Groupware muss einen direkten Nutzen für die Anwender geben. Allerdings reicht die pure Existenz eines derartigen Merkmals für die Bildung einer Community nicht aus. Genauso wichtig sind die Bereiche Awareness, Stabilität und Benutzerschnittstelle. Ein Nutzer sollte bereits einen Mehrwert haben, wenn er sich auf der Community-Website alleine anmeldet. Der Mehrwert vervielfältigt sich dann, wenn sich zusätzlich noch andere Nutzer anmelden. Killer-Services kommen neben Schnelligkeit, Usability sowie Reklamations- und Retourenkulanz vor allem in herausragenden Self-Service-Funktionalitäten zum Ausdruck. Durch Limitierung und intensive multimediale Herausstellung der verfügbaren Produkte kann auch durch die Attraktivität des Angebots ein Sogeffekt erzielt werden. Diese Sogwirkung hat wiederum positive Ausstrahlung auf die

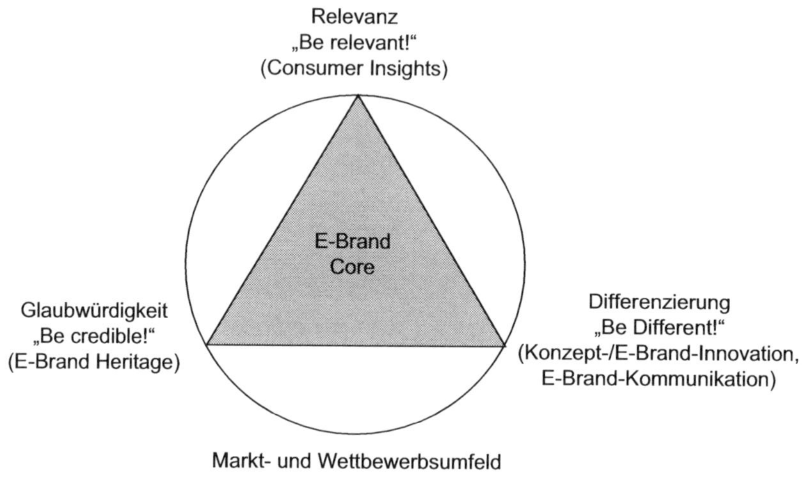

Abb. 4.10 Die Gesetzmäßigkeiten des E-Branding im Online-Handel. (Quelle: In Anlehnung an Hermes 2004, S. 284)

Online Store Brand. Wesentliches Erfolgsrezept von Yoox.com ist zum Beispiel das limitierte Angebot hochwertiger Luxuslabels a lá Armani aus der Vorsaison, die preisreduziert erhältlich sind. Auch Net-a-Porter bietet ausgewählte Artikel in limitierten Stückzahlen im Online-Shop an und wurde nicht zuletzt deswegen in 2015 von Yoox.com übernommen.

4.2.3 E-Branding, E-Brand USP und E-Brand Pull

Vor allem im „World Wide Web“ gelten die „Naturgesetze der Markenführung“ (Hermes 2004, S. 277). Während im Einzelhandel die Veränderungsgeschwindigkeit der Umwelt ohnehin schon größer als in kaum einer anderen Branche ist, gilt dies in verstärktem Maße für den Online-Handel. Entsprechend lassen sich folgende Überlebensregeln (Hermes 2004, S. 278) für die E-Store Brand aufzeigen (vgl. Abb. 4.10):

- **Differenzierungals Überlebensregel 1 – „Be different!“:** Ohne Differenzierung hat die E-Brand keine Existenzberechtigung („Be different – or die“). Der oft praktizierte Grundsatz „von allem ein bisschen“ ist suboptimal für den Internet-Kanal. E-Store-Innovationen müssen extrem sein, das heißt extrem preisorientiert, extrem serviceorientiert, extrem convenience-orientiert, extrem qualitätsorientiert – in jeder Beziehung extrem. Dabei spielt die emotionale Differenzierung eine immer bedeutendere Rolle. Es geht nicht nur um ein „positives Einkaufserlebnis“ durch emotionale Shop-Gestaltung, sondern um die Besetzung neuer, emotionaler Markenterritorien. Diese zu finden ist nicht leicht, sie können aber aus Megatrends abgeleitet werden wie zum Beispiel Patriotismus oder Wellness (Hermes 2004, S. 279).

- **Relevanz als Überlebensregel 2 – „Be relevant!“:** Relevanz erfordert spezielle Insights, das heißt Einblicke in Psyche, Kaufmotive und Kaufbarrieren der Verbraucher. Dabei lassen sich drei Verhaltensmuster ableiten, die in Zukunft relevant sind: Sozialprestige, permanent steigendes Effizienz- und Effektivitätsbewusstsein sowie Vielfalt der Konsumwelt. Der Wunsch nach Sozialprestige resultiert aus dem Überlebenstrieb „Anerkennung“, der viel Raum lässt für psychologische Kaufmotive (zum Beispiel sich inspirieren lassen oder einen Hauch von Luxus genießen). Das Effizienz- und Effektivitätsbewusstsein führt zu immer höheren Preis-Leistungsansprüchen, bei denen sich weder Billiganbieter eine schlechte Qualität erlauben können noch Qualitätsanbieter überteuert verkaufen dürfen. Die Vielfalt der Konsumwelt führt zu einem immer stärker divergierenden Konsumentenverhalten, einer wachsenden Nachfrage nach Spitzenleistungen und zugleich einem zunehmenden Bedürfnis nach Billigangeboten (Hermes 2004, S. 281).
- **Glaubwürdigkeit als Überlebensregel 3 – „Be credible!“:** Eine E-Brand darf sich nicht laufend neu erfinden, sondern muss ihrer Kernkompetenz folgen und ständig überprüfen, was sie an (notwendigen) Veränderungen verträgt. „Brand Heritage“ bedeutet, dass auch die E-Brand eine Geschichte hat, die es zu beachten gilt. Dieses erfordert eine evolutorische Weiterentwicklung statt sprunghafter bzw. opportunistischer Veränderungen. Dabei sind die E-Brands im Vorteil, die wachsen und damit „Stärke reproduzieren“ (zum Beispiel Internationalisierung). Damit steigt aber die Komplexität, die gemanagt werden muss. Dies ist nicht nur eine Frage der Organisationsform des Handelssystems. Mittlerweile sind vielfältige Kooperationen möglich und es stehen für jede zu erbringende Leistung Dienstleister zur Verfügung (Hermes 2004, S. 282 ff.).

Die Einhaltung der Gesetzmäßigkeiten des E-Branding bestimmt maßgeblich die Unique Selling Proposition (USP) der Online Store Brand. Häufig fehlen insbesondere in den Online-Shops der hybriden Online-Händler die typischen Internet-USP wie Sortimentskompetenz, Aktualität und Servicekompetenz, die neben den Killer-Differenzierungsfaktoren Basisvoraussetzung für ein solches Handelsgeschäft sind:

- **Sortimentskompetenz** steht für eine überragende Auswahl gegenüber Offline-Anbietern. Ein Beispiel ist Amazon, das in seinen Produktbereichen die mit Abstand größte Auswahl an B2C-Sortimenten vorzuweisen hat und in Deutschland alleine rund 56 Mio. Artikel im Angebot hat. Zalando bietet als Category Killer mittlerweile über 300.000 Artikel an.
- **Aktualität** kann für zwei Sachen stehen: Zum einen für Neuheiten und Angebote, die einen Kunden zum häufigen Besuch der Site animieren. Zum anderen steht Aktualität für Neuheiten und Themen, die Amazon zum Beispiel mit seiner Vorbestellfunktionalität, den dynamischen Hitlisten sowie der taggenauen Einsteuerungsmöglichkeit von Themen-Contents erreicht.
- **Servicekompetenz** geht weit über einen schnellen und kulanten Kundenservice sowie gute Produktbeschreibungen und Fotos hinaus. Beim Service geht es vor allem auch um die Ausliefergeschwindigkeit und die Einhaltung der Online-Lieferversprechen. Darüber hinaus ist kompetente Fachberatung auf der Website oder per E-Mail ebenfalls wichtig. Dabei sollten auch Kundenrezensionen/-bewertungen, technische Produktvergleiche,

Zubehörlisten, dynamische Produktempfehlungen, Wunschlisten, Listmania und/oder ein Suchservice für seltene Titel zum Einsatz kommen.

Sämtliche Shopping-Bereiche sollten dem Kunden einen echten Mehrwert liefern (zum Beispiel finanzielle Anreize, Rabatte oder Einkaufsgutscheine), nicht nur hinsichtlich Content (Katalog, Produktvergleiche), sondern auch in Bezug auf Convenience (integrierter Warenkorb, Zahlungsfunktionalität).

Bezüglich der für den Online-Kanal erforderlichen Pull-Wirkung der E-Brand, mit der die natürliche „Interaktionsbarriere“ für den Online-Kauf reduziert werden soll, kommt der hybriden Markenstrategie das größte Potenzial zu. Neben den bereits vermuteten Vertrauens- und Bekanntheitsvorsprüngen belegen Testuntersuchungen, dass Hybridmarken wegen ihrer Mehrkanalpräsenz über ausgeprägte Differenzierungsmerkmale verfügen, die sich in deutlich ansteigenden Wiedererkennungsraten für diese Marken niederschlagen. Die Gefahr negativer Ausstrahlungseffekte steigt allerdings dabei, da die Kunden alle Kanäle des Anbieters als eine Einheit sehen. Dies gilt insbesondere für das in der Regel von den Versandhändlern verfolgte Modell des kombinierten Distanzhandels, also der Kombination aus Katalogversand und Online-Handel. Unter Risikoaspekten gewinnt deswegen die kombinierte Markenstrategie an Bedeutung, da die negativen Ausstrahlungseffekte abgemildert werden können, was aber dann mit dem Risiko eines unprofilierten Images der vorhandenen und der kombinierten Marke einhergeht (Bongartz 2002, S. 313). Ein etwas anderes Bild ergibt sich hinsichtlich der Steuerungs- und Gestaltungsfreiräume im Rahmen des Prozesses der identitätsorientierten Markenpositionierung und -profilierung. Hier existieren bei den virtuellen Markenstrategien eher größere Spielräume, da Traditionen und Verpflichtungen keine Rolle mehr spielen. Auch ist der Koordinationsbedarf geringer, der bei einer hybriden Markenstrategie zur Sicherstellung eines konsistenten Erscheinungsbildes höher ist. Darüber hinaus haben hier neben der kommunikativen Harmonisierung auch leistungsbezogene medienübergreifende Abstimmungen zu erfolgen. Dabei ist zusätzlich zu bedenken, dass bei der Hybridstrategie gesteigerte Ansprüche an den Prozess einer ganzheitlichen Markenführung wirksam werden, um den Aufbau einer starken Markenidentität sicherzustellen. Ungeachtet ihrer Flexibilitätsvorteile erfordern virtuelle Marken demgegenüber hohe Investitionen zur Erzeugung ausreichender Markenbekanntheit und -stärke. Diese hilft auch bei dem Aufbau einer Marken-Community, die dann im Fokus der Markenführung steht.

4.2.4 Externe Promotion und community-basierte Markenführung

Erfolgreiche Online-Händler sind stets bestrebt, deren E-Store Brand möglichst bekannt zu machen und potenziellen Kunden zu ermöglichen, sie problemlos und ohne langes Suchen im Internet zu finden. Vor allem die Präsenz in Suchmaschinen sowie die Bannerwerbung gelten als effiziente Mittel, den Bekanntheitsgrad zu steigern, wenn sie gezielt eingesetzt werden. Effizient ist auch der Austausch von Links, die dann auf den

Websites von Partnern erwähnt werden. Außerdem sollte der Online-Händler in E-Mail-Services präsent sein, damit die Kunden seine Präsenz im Internet registrieren können (Schnetkamp 2001, S. 41 ff.). Alle Möglichkeiten für externe Promotion außerhalb des Internets sollten genutzt werden, um die Online Store Brand zusätzlich zu bewerben. Diesbezüglich liegt es nahe, „sämtliche Werbeflächen", das heißt auch Produkte, Lieferscheine, Pakete, Verpackungen, Fahrzeuge, Gebäude und Publikationen des Online-Händlers zu nutzen, um die URL zu präsentieren. Dies setzt allerdings voraus, dass die E-Brand mit dem Uniform Resource Locator (URL) harmonisiert ist. Nichts ist hinderlicher für den Internet-Erfolg als die vergebliche Suche nach einer Marke im Internet. Die URL sollte völlig identisch mit dem E-Markennamen sein. Es gelten hier die gleichen Anforderungen wie bei der Namensgebung, und zwar Prägnanz und Internationalisierungsfähigkeit. In alle Markenüberlegungen im Online-Handel ist eins zu eins die URL mit einzubeziehen. Jeder Kundenkontakt sollte für Promotion-Zwecke genutzt werden, vor allem auch der einzige physische Kundenkontakt, den der Handel mit dem Kunden hat, und zwar die Abgabe und Übernahme der Ware. Gerade im Distanzhandel werden hier häufig die größten Fehler gemacht, vor allem wenn die Zustelldienste outgesourct sind und das Erscheinungsbild der Kontaktpersonen nicht mehr kontrollierbar ist. Mit entscheidend ist auch die Einflussnahme und das Standing bei Meinungsführern und Multiplikatoren, da diese zu einer guten Mund-zu-Mund-Propaganda beitragen.

Die Online Store Brand ist Vehikel der Shop Attraction. Ihre „Pull-Kraft" beeinflusst maßgeblich die Entscheidung des Internet-Users, ob er Kontakt zum Online-Händler aufnimmt oder nicht. Dies ist vor allem dann gegeben, wenn die E-Brand dem Internet-Nutzer Wiedererkennung, Orientierung, Vertrauen, Identität sowie Wertschätzung bietet und die Kernvorteile der Unternehmensleistung für den Konsumenten verkörpert. Voraussetzung dafür ist allerdings die Entwicklung eines klar erkennbaren Markenprofils, die Schaffung differenzierender Mehrwerte („Killer-Differenzierungsfaktoren") sowie die Kontinuität in der Markenführung (Gömann und Münchow 2004, S. 185). Die Möglichkeiten des E-Branding hängen stark von der vorliegenden Form des Online-Handels ab. Pure-Online-Händler (zum Beispiel Zalando oder Zooplus) sind bei ihrer Gründung gezwungen, eine neue internetbasierte Marke aufzubauen. Im Gegensatz dazu eröffnen sich für alle anderen Formen des Online-Handels, die ja bereits über eine etablierte Marke verfügen, andere Markenoptionen. In den Anfangsjahren galt der Einsatz von verwandten Marken mit kombinierter Markenstrategie als gängig, die zwar eine Zusammengehörigkeit der verschiedenen Kanäle erkennen ließ und insofern bis zu einem gewissen Grad integriert war, sich aber in der Markenaufmachung deutlich unterschied. Diesbezüglich ist es weit verbreitet, eine existierende Kernmarke durch die Ergänzung mit neuen internetspezifischen Komponenten wie zum Beispiel Namenszusätzen zu einer Online-Marke zu entwickeln. Beispiele sind Bogner-Homeshopping, famila24 oder e-Sixt (Bongartz 2002, S. 311 ff.; Schröder 2005, S. 235). Diese Art der kombinierten Markenstrategie gilt heute jedoch überwiegend als veraltet oder suboptimal. Insofern stellen sich eigentlich nur noch zwei Optionen zur Wahl, nämlich die virtuelle und die hybride Markenstrategie (Bongartz 2002, S. 311 ff.; Schröder 2005, S. 235):

- Eine Kennzeichnung mit unterschiedlichen Marken und deswegen **virtuelle Markenstrategie** gilt natürlich für alle Pure-Online-Händler. Sie wird aber auch von stationären Händlern für den neuen Internet-Kanal verfolgt, wenn sie keine Verbindungen zu bereits vorhandenen Marken aus klassischen Marktumgebungen aufweisen soll. Beispiele für eine derartige, separierte und virtuelle Marke sind zum Beispiel Redcoon für Mediamarkt-Saturn, buch.de für Thalia/Douglas oder Fashion-ID für Peek & Cloppenburg.
- Die Verwendung derselben Marke für alle Kanäle mit vollständiger Integration zwischen vorhandener und internetbasierter Marke bezeichnet man als **hybride Markenstrategie**. Die bestehende Marke wird quasi auf den neuen Online-Handel übertragen, sodass ein Marken- oder Imagetransfer vorliegt (Meffert und Heinemann 1999, S. 119). Die gemeinsame Verwendung erfordert eine enge Abstimmung und Koordination aller Marketingaktivitäten, um Verwirrung auf Kundenseite zu verhindern. Beispiele für eine hybride Markenstrategie sind Weltbild.de, Douglas.de, Globetrotter.de sowie Galeria-Kaufhof.de.

Gerade im Online-Kanal sprechen gewichtige Gründe für die Erschaffung einer neuen virtuellen Marke. Ein wesentliches Argument liegt darin, dass im Web junge, moderne Marken durchaus vorteilhaft sind. Das hat auch den positiven Nebeneffekt, mögliche Imagerisiken für die bereits existierende Marke zu verringern, falls es zu einem Misserfolg des neuen Internet-Kanals kommt. Die Neuschaffung einer Marke ermöglicht zudem eine unabhängige Weiterentwicklung eben dieser im Internet. Dadurch wird die Ausdehnung des Geschäftes in neue Warengruppen, Preislagen und Kundenkreise möglich (Schnetkamp 2001, S. 41). Eine neue Marke kann auch die internationale Kooperationsfähigkeit im Rahmen von Partnerschaften erhöhen. Die Optionenbewertung und -wahl für die Markierung eines neuen Kanals ist folglich ein komplexes Problem. Für die detaillierte Bewertung der unterschiedlichen E-Branding-Optionen sind dabei verschiedene Kriterien heranzuziehen. Die Wahlentscheidung hängt in hohem Maße davon ab, ob die bestehende Store Brand bereits ein hohes Community-Potenzial aufweist. Dann wäre ganz klar eine Hybridstrategie anzuraten. Im umgekehrten Fall ermöglicht eine virtuelle Markenstrategie sicherlich den Aufbau einer neuen und unvorbelasteten Online-Community.

Community-basierte Markenführung

Wesentliche Kennzeichen einer Community sind die emotionale Bindung und das „Wir-Gefühl". Die Bindungen können dabei unterschiedlich stark sein und einer unterschiedlichen Ausprägung von Adhäsion (Haftkraft, Anziehungskraft) sowie einem unterschiedlichen Grad an Interaktion unterliegen. Diesbezüglich lassen sich eine Intra-Community-Kraft (ICK) und eine Marken-Community-Kraft (MCK) definieren (Steinmann und Ramseier 2008, S. 43). Beide Konstrukte können je nach Verbindung von Marke und Community sehr unterschiedlich ausfallen. Dabei gilt, dass die Einheit aus Marke und Community umso stabiler ist, je stärker MCK und ICK ausfallen. Drei Beispiele, und zwar Harley-Davidson, das Miles&More-Vielfliegerprogramm sowie die

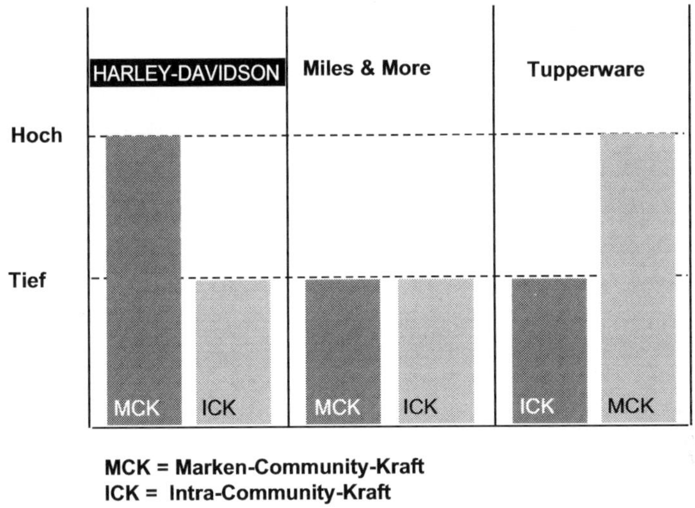

Abb. 4.11 Verbindung von Marke und Community. (Quelle: Steinmann und Ramseier 2008, S. 44)

Marke Tupperware sollen dies verdeutlichen (vgl. Abb. 4.11). Während die MCK bei der „Kultmarke" Harley-Davidson außerordentlich hoch ist, da die Markenbindung der HOGs-Mitglieder (Harley-Davidson Owner Groups) sehr intensiv ist, fällt die ICK von Harley-Davidson dagegen relativ bescheiden aus, da die Marke sich sehr stark über die Werte Individualisierung, Unabhängigkeit, Freiheit und Rebellion definiert. Derartige Persönlichkeiten sind als weniger interaktiv einzustufen. Demgegenüber ist beim Vielfliegerprogramm Miles&More sowohl die MCK als auch die ICK relativ gering ausgeprägt, da je nach Bedürfnislage und Situation auch schnell auf eine andere Marke umgestiegen wird und die Markenzeichen keine dominante Wirkung haben. Bei der Marke Tupperware ist dagegen die ICK sehr stark, da diese durch die Tupperware-Partys stark beeinflusst wird und dabei eine bedeutsame interpersonelle und emotionale Ausprägung hat, während die MCK sich stark auf die Botschafterin der Marke konzentriert und deswegen eher gering ausfällt. In den genannten Beispielen ist der Aktivitäts- und Intensitätsgrad entweder community-induziert (Harley-Davidson Owner Groups) oder markeninduziert (Tupperware). Dabei ist festzuhalten, dass jede erfolgreiche Marke eine „Community" zumindest derart hat, dass sie eine Kundschaft aufweist, die mehr oder weniger treu ist. Mit ihrer Markentreue ist diese an die Marke gebunden (MCK), in der Regel aber wenig aktiv (ICK). Genau hier setzt modernes Community-Marketing an, indem eine Community-Bildung von Unternehmensseite aktiv unterstützt wird (Steinmann und Ramseier 2008, S. 45).

Marken verfügen also über unterschiedlich großes Community-Potenzial. Es gilt, dass die Community-Mitglieder umso homogener in ihrer Einstellung zur Marke sind, je stärker die Adhäsionen MCK und ICK zur Marke sind. Dabei können vier Ebenen der Marken-Community-Bindungskraft unterschieden werden (Steinmann und Ramseier 2008, S. 46):

- **Ebene 1 – Markenpräsenz:** Auf dieser Ebene geht es darum, ob die Marke im Bewusstsein der Internet-User präsent ist und sich im „Awareness Set" befindet. Die Bindung zur Marke ist hier nutzenorientiert, multioptional und opportunistisch. Dementsprechend ist auch die Wechselbereitschaft hoch. Die Mehrzahl der Marken befindet sich auf diesem Niveau (zum Beispiel Stromproduzenten, Informationsportale etc.).
- **Ebene 2 – Markenpräferenz:** Hier ist bereits die Community-Zugehörigkeit auffällig, allerdings ganz rational und nutzenorientiert, sodass auch das „Wir-Gefühl" relativ schwach ausgeprägt ist. Die Bindung zur Marke ist situativ und möglicherweise opportunistisch mit relativ hoher Wechselbereitschaft. Als Beispiele lassen sich Airline-Vielfliegerprogramme oder Kundenclubs (zum Beispiel Ikea-Family) aufführen.
- **Ebene 3 – Markenpermanenz:** Diese Ebene zeichnet sich durch eine dominierende psychologische Nutzenfunktion aus. Die Mitglieder der Community identifizieren sich mit der Marke, was durch Insignien, Rituale oder expressive Bekenntnisse zur Marke sichtbar wird. Obwohl die Identifikation mit der Marke permanent und intensiv ist, hat der Nutzer stets auch ein bis zwei Alternativen vor Augen. Prominentes Beispiel für Markenpermanenz ist Google (zum Beispiel gegenüber Yahoo).
- **Ebene 4 – Markenprominenz:** Erreicht eine Marke diese Ebene, dann weist sie irrationale Kräfte und eine starke emotionale Bindung ihrer Community mit starkem „Wir-Gefühl" auf. Die Interaktion innerhalb der Community ist stark und teilweise organisiert. In der Regel haben die Prominenzmarken „Kultstatus", kennen keine Alternativen und sind für den Markengläubigen persönlichkeitsprägend und -beschreibend. Typische Beispiele für eine Markenprominenz sind Harley-Davidson oder Apple, dessen Community jedes Jahr an der von Apple initiierten MacWorld-Expo teilnimmt.

Das Ziel der community-basierten Markenführung ist es, eine E-Store Brand auf die jeweils höhere Ebene zu bringen, bis schließlich die Markenprominenz erreicht wird. Entscheidend ist dabei die Überzeugung, dass Marke und Community eine dynamische und variable Verbindung darstellen können, die zeitlich und situativ variiert. In jedem Fall gilt aber der Grundsatz, dass die Einheit von Marke und Community umso stabiler ist, je stärker MCK und ICK sind (Steinmann und Ramseier 2008, S. 50). Die Kür ist dabei ein Kultstatus, wie ihn zum Beispiel Apple genoss, als Apple-Chef und -Gründer Steve Jobs noch am Ruder war. „Der Guru und sein Telefon (…) das Jesus-Phone und sein graubärtiger Vater", so titelt die FAZ (FAZ 2007). Soweit muss die Markenprominenz zwar nicht unbedingt gehen, aber zumindest ist „der Weg das Ziel".

4.2.5 Store Design und multimediale Darstellung

Das Design der Websites wird für die Shop Attraction immer wichtiger. Bevor aber die neuesten Darstellungsformen auf dem Programm stehen, gilt es, die Basisgestaltungsregeln eines Web-Shops zu beachten. So geht der Blick des Users einer Website in der Regel von links oben nach rechts oben, weswegen die wichtigsten Einkaufswerkzeuge sich in einer Navigationsleiste am oberen Rand befinden sollten. Ferner empfiehlt es sich, den Eingang zum Online-Shop am oberen Rand der Startseite anzubringen. Sobald der Kunde sich auf der Hauptseite des Shops befindet, sollte er die Buttons zum Warenkorb, zum persönlichen Konto sowie zu den zentralen Hilfsfunktionen in der oberen Ecke anklicken können. Wichtig ist dabei, dass die Suchfunktion schnell und problemlos gefunden werden kann. Schließlich sollte die linke Randleiste den Online-Kunden direkt zu den Sortimenten und Beratungsfunktionen leiten. Das Alleinstellungsmerkmal des Shops, die Hotspots sowie die (schnell ladenden) Vorteilsargumente befindet sich idealerweise im Zentrum (Lochmann 2007, S. 72).

Die Möglichkeiten der Produktpräsentation in elektronischen Medien sind denen in Printmedien weit überlegen. Das Zusammenspiel von multimedialer Darstellung, detaillierten Informationsangeboten, Suchhilfen, Konfigurationshilfen, Dialogelementen sowie interaktiven Unterhaltungselementen ist mehr als geeignet, auch vor dem Bildschirm faszinierende Kauferlebnisse zu vermitteln. Gerade deswegen ist es verwunderlich, dass sich der „Flagshipstore"-Gedanke bisher im Online-Handel noch nicht durchsetzen konnte, denn die technischen Möglichkeiten lassen seine Umsetzung zu. Benutzerfreundliche Konfigurationsmöglichkeiten, schneller Bildaufbau sowie ausgezeichnete 3D-Bildqualität mit Zoomfunktion zeigen, wie „New Online-Handel" sich „State of the Art" präsentieren sollte.

Die Kombination verschiedener Multimediakomponenten wie zum Beispiel Text, Bild, Grafik, Ton, Video und Animation lässt jedes Produkt mittlerweile vermarktungsgerecht darstellen und ermöglicht die Inszenierung von Erlebniswelten. Vor allem E-Shops im Luxusbereich wie zum Beispiel Net-a-Porter und Neiman Marcus zeigen, was heute in Hinblick auf Multimedialität und Multidimensionalität möglich ist. Neben den klassischen Elementen Text, Bild und Grafik werden folgende Elemente genutzt (Lochmann 2007, S. 73 ff.; Kollmann 2013):

- **Video und virtueller Laufsteg:** Produkte können bei ihrem Einsatz gezeigt werden, während eine Stimme die Funktionen des Produktes erklärt. Allerdings ist Vorsicht geboten, denn nur professionell wirkende Videos animieren die Kunden zum Kauf und ermöglichen den Online-Kunden, sich in der virtuellen Welt realistische Vorstellungen vom Produkt zu machen (Kollmann 2013). Vor allem für Produkte mit hohem Informationsbedarf eignet sich diese Darstellungsform, ohne den Kunden zu „überfrachten", Aber auch für hochwertige Mode. So ermöglichen Luxusmarken wie zum Beispiel Chanel eine Art Insiderzugang zum Catwalk, der normalerweise nur VIPs oder der Presse vorbehalten ist. Dies erfolgt mithilfe von Streaming-Videos, Diashows und Reviews von variierenden Laufsteg- und Backstage-Videos (Lochmann 2007, S. 74). Dadurch wird dem Besucher ein einzigartiges web-spezifisches Erlebnis geboten. Bei Hugo Boss kann man sich nicht nur die Kollektion mit einer entsprechenden Musikuntermalung anschauen, sondern auch durch Anklicken der Videofunktion interaktiv auf dem Laufsteg sehen. Dadurch ist es möglich, das Kleidungsstück in Bewegung zu betrachten und in Echtzeit zu erleben.

- **Sound:** Auch ohne Videos ist es möglich, eine besondere Einkaufsatmosphäre im E-Shop zu schaffen, indem der Web-Auftritt mit Musik untermalt wird. Es bietet sich auch an, die Produktdarstellungen durch akustische Elemente zu unterstützen, was bei Musikdownloads bereits häufig praktiziert wird. Dabei kann der Online-Kunde sein Produkt (zum Beispiel MP3-File) nach einer Hörprobe beurteilen und kaufen (Kollmann 2013). In Hinblick auf ein barrierefreies Internet gewinnt die Akustik in Form von Sprachausgabefunktionen ebenfalls eine herausragende Bedeutung.
- **Animation:** Anders als beim Video beinhalten Animationen keine realen Darstellungen eines Produktes, sondern benutzen ausschließlich grafische Zeichnungen. Häufiges Ziel dabei ist es, den Unterhaltungswert einer Website zu erhöhen, wie zum Beispiel beim Nokia Designspecial (www.nokia.de/designspecial), bei dem einzelne Funktionen der dargestellten Mobiltelefone durch Animation verdeutlicht werden (Kollmann 2013). Zunehmenden Einsatz findet die Animation auch bei der Produktindividualisierung. Die sogenannten Mass-Customization-Anbieter wie zum Beispiel Factory121, NikeID, Mi-Adidas oder auch Spreadshirt bieten ihren Kunden die Möglichkeit einer individuellen Produktkonfiguration an. Das Konfigurations-Tool stellt dabei auch eine Form der Animation dar.
- **Interaktive Elemente:** Hierbei handelt es sich um bestimmte Online-Funktionen, mit denen Kunden dazu angeregt werden sollen, sich intensiver mit einem Produkt auseinanderzusetzen. Typische Beispiele sind Bewegungs- und Zoomfunktionen, die es erlauben, ein ausgesuchtes Produkt von allen Seiten dreidimensional zu betrachten wie zum Beispiel bei vodafone.de, wo der Besucher den Bildausschnitt in alle Richtungen bewegen und das ausgesuchte Handy beliebig hin- und herschieben kann. Die dazu verwendeten Flash-Elemente können dabei auch für das Heranzoomen eines Produktes benutzt werden. Dies findet ebenfalls im Fashion-Online-Handel (zum Beispiel bei esprit.de) zunehmend Verbreitung, damit die Kunden die Stoffstruktur eines Kleidungsstückes besser erkennen und beurteilen können (Kollmann 2013). Viele Websites bieten mittlerweile dem Kunden eine Gelegenheit, ihre Meinungen zu äußern oder Fragen zu stellen, wodurch über das Internet eine Art Kundenservice entsteht (Lochmann 2007, S. 77).

Wie aktuelle Studien zeigen, sind insbesondere Videos gut geeignet, den Verkaufserfolg zu steigern. Sie erhöhen die Conversion Rate, sind ein relativ kostengünstiges Instrument und liefern wertvolle Alleinstellungsmerkmale (Meixner und Krisch 2012).

4.2.6 Erlebnisorientierung und Emotionalisierung

Aufgrund der enormen Breitenwirkung des Online-Auftritts dient dieser als Flagshipstore. Gemessen an den üblichen Konversionsraten weisen Online-Shops für den gleichen Umsatz rund zwanzigmal mehr Frequenz auf wie stationäre Geschäfte. Diese herausragende Rolle des Online-Shops als Marketinginstrument haben die meisten Handelsunternehmen noch nicht realisiert. Die Inszenierungen in den stationären Flagshipstores von Esprit beispielsweise trennen Welten vom Online-Auftritt der Marke. Während offline warme Farben und Schnappschüsse von Menschen, die mit der Kamera flirten, das Bild prägen, herrscht online „Eisschrankatmosphäre" (Böker und Bomm 2014). Die emotionale Ansprache des Kunden, die am POS eine besondere Atmosphäre schafft, wird online nicht einmal ansatzweise aufgegriffen. Hier prägen unpersönlich-coole Profimodels ohne jeglichen optischen Kontext den Online-Auftritt mit akkurat aneinandergefügten Kästchenbildern auf nüchtern-weißem Grund. Allerdings ist Esprit keine Ausnahme. Die Gleichförmigkeit, mit der die meisten Online-Shops heute auf breiter Front gestaltet sind, ist eigentlich ein „No-Go" (Böker und Bomm 2014). Schon auf der Landing Page prägt in der Regel ein großformatiges Bild den Shop-Auftritt, also das „Online-Schaufenster". Daneben erscheinen dann – wahlweise über die ganze Content-Breite oder noch mit Platz für andere Elemente – eine Seitenleiste, ein paar Kästchen darunter, eine Leiste oben und eventuell eine weitere seitlich. Versuchte „Dynamik" zeigt sich allenfalls in freihändig eingestreuten Textbausteinen. Auch wenn in Einzelfällen das stationäre Erscheinungsbild der Marke noch auf der Startseite erkennbar ist, ist das auf den Folgeseiten nicht mehr der Fall. Selbst teure Plakat- und Fernsehwerbung wird nicht wiederverwendet. Völlig anders dagegen der Shop-Auftritt von Burberry: „Wir denken ständig darüber nach, wie wir ein Gefühl dessen, was wir in der realen Welt kreiert oder erlebt haben, in die digitale übersetzen", damit bringt es der CEO von Burberry, Christopher Bailey, auf den Punkt. Online werden Modeschauen aus den stationären Flagshipstores großformatig in Echtzeit gezeigt (Böker und Bomm 2014). Aktuelle Kollektionen werden synchronisiert im Online-Shop inszeniert und lassen sich direkt vom digitalen Laufsteg aus in den virtuellen Warenkorb legen. Umgekehrt nutzt Burberry in den Filialen wiederum seinen Online-Auftritt zur Inspiration und als Ideengeber in der Vernetzung mit interaktiven Spiegeln. Auch andere Markenhersteller werden nicht umhinkommen, ihren Online-Auftritt zu emotionalisieren (Böker und Bomm 2014).

Insofern sollten Online-Markendesigner digitale Attraktionen kreieren, die den Kunden Markenerlebnisse vermitteln und dem Kunden eine Wohlfühlatmosphäre bieten. Diese verführt ihn zum Stöbern und verlängert seine Aufenthaltsdauer, die wiederum zum Cross und Up-Selling genutzt werden kann. Zusätzlich helfen Unterhaltung und Spaß, Appetitanreger, Kaufanreize und Mehrwerte, die die Alleinstellungsmerkmale der Marke sympathisch und klar vermitteln. Auf keinen Fall darf darunter allerdings die Informationsqualität leiden, denn auch sie ist für ein positives Markenerlebnis unabdingbar. In Selbstbedienung muss der Kunde online selbst zurechtkommen und alles finden können, was er benötigt. Auch der Service sollte Online- und Offline-Welt zu einem stimmigen Ganzen zusammenzufügen und sich der Erlebnisorientierung unterordnen. Design, Emotion und Nutzerführung dürfen nicht zur Ausweitung der Ladezeiten führen. Wenn Links ins Leere laufen oder Bilder sich nicht laden, hilft keine Art der Erlebnisorientierung an anderen Enden (Böker und Bomm 2014). Best Practices für exzellentes Online-Markendesign sind schwer zu finden, allerdings haben sich bereits einzelne Marken auf den Weg gemacht. Einen Benchmark in Sachen Produktpräsentation setzt zum Beispiel die dänische Marke Normann Copenhagen, die Einrichtungsdesign damit in ein neues Bild rückt

Abb. 4.12 Online-Shop von Normann Copenhagen. (Quelle: Böker und Bomm 2014)

(vgl. Abb. 4.12). Diesbezüglich wird die komplette Browser-Fläche für die Inszenierung eines Artikels genutzt. Am rechten Bildschirmrand befindet sich eine kleine Navigation, die sich weiter nach unten scrollen lässt und so noch mehr Details über das Produkt und den jeweiligen Designer bereithält. Damit fühlt sich der Käufer hervorragend informiert. Auch Inditex nutzt zunehmend die Möglichkeiten der Online-Markenbildung. Mit jeder neuen Kollektion werden im Webshop immer wieder neuartige Seitentypen ausprobiert, auf denen es neben der Produktpräsentation vor allem um Emotion und Inspiration geht. Blinkende Sonderangebote oder Werbung für Warengutscheine bzw. Gewinnspiele sind hier tabu. Vielmehr bieten großzügige und erlebnisorientierte Fotos vielfältige Shop-Zugänge neben den Lookbooks der aktuellen Kollektionen oder den üblichen Kategorieneinstiegen. Dabei faltet sich die Navigation zu einem kaum wahrnehmbaren „Plus"-Zeichen zusammen, sodass die Technik nicht den emotionalen Charakter stört.

Dementsprechend sind auch die Produktbezeichnungen und Preisauszeichnungen klein gehalten, können aber per Klick einfach vergrößert werden. Dazu passend ist auch die Mobile App ausgelegt, die durch gestochen scharfe und veränderbare Produktdarstellungen, Video-Trailer und die Möglichkeit zur Online-Verfügbarkeitsabfrage glänzt. Sollte dann der gewünschte Artikel nicht mehr verfügbar sein, kann der Kunde per Einscannen des Barcodes das Produkt online nachbestellen. Inditex macht vor, wie die stationär gelernten Markeninszenierungen in die Web-Welt übertragen werden können (Böker und Bomm 2014).

4.3 Social Targeting and Societing als Erfolgsfaktor Nr. 2

In Hinblick auf die eben zitierte externe Promotion der E-Brand ist auch der Eintritt in eine Internet-Gemeinschaft angeraten, damit das Internet-Unternehmen einen hohen Bekanntheitsgrad erreicht und Top-Platzierungen in Hitlisten besetzen kann. Auch die Präsenz in News Groups ist sinnvoll, um „von sich reden zu machen". Das Thema Content und Community berücksichtigt die Integration der eigenen Internet-Präsenz in die

Welt des „World Wide Web". Selbst für kleinere und mittlere Online-Händler ist eine eigene virtuelle Internet-Gemeinschaft (Community) bezüglich eines Angebotes, Produktes, einer Dienstleistung oder eines damit in Zusammenhang stehenden Themas sinnvoll, beispielsweise in Form von „schwarzen Brettern" oder eines Gästebuches. Darüber hinaus ist auch die Teilnahme an etablierten Foren und virtuellen Gemeinschaften möglich, um die eigene Fachkompetenz darzustellen und so auf sich aufmerksam zu machen (HMWVL 2007, S. 13). Neben der Gründung einer eigenen Internet-Gemeinschaft, also einer Community oder sozialen Gruppe, in der Kunden sich ein Konsumerlebnis teilen, rückt zunehmend auch die Nutzung externer Internet-Gemeinschaften für Werbezwecke und Kundenakquisition in den Fokus. Hochinteraktive Kommunikationsumgebungen im Web 2.0 bieten den Kunden völlig neue Möglichkeiten, um ihre Interessen zu koordinieren. Das Erschließen und Ausschöpfen von Kundenpotenzialen in derartigen Umgebungen, das neuerdings auch als „Societing" bezeichnet wird (Bolz 2008, S. 255), entpuppt sich zunehmend als Schlüsselfaktor. Denn durch das Internet und die Vernetzung von Millionen von Menschen auf der ganzen Welt gibt es nunmehr für jede Gegebenheit konkrete Erfahrungen: Jeder Ort wurde schon einmal besucht, jedes Produkt von jemanden gekauft, jeder positive oder negative Service von jemandem erfahren (Global Brain). In dieser Welt haben Werbeversprechen keine Glaubwürdigkeit mehr. „Nur was gut ist, wird gut genannt" sollte die Strategie von Unternehmen sein. Es geht darum, mithilfe des Kunden gute Produkte und Services mit Mehrwert anzubieten sowie Kunden dazu zu motivieren, durch Beteiligung in Kundenempfehlungen und/oder Produktbewertungen glaubwürdig darüber zu berichten (Heinemann 2014a; Haug und Küper 2010, S. 117).

4.3.1 Target-Marketing mit Potenzial-Conversion

Im Endeffekt zielt das Target-Marketing auch auf Kundengewinnung und Frequenzgenerierung. Hier gilt die Devise „Frequenz ist nicht alles, aber ohne Frequenz ist alles nichts". Diesbezüglich ist die Anzahl der – vor allem durch Suchmaschinenmarketing gewonnenen – Besucher ein erster „Potenzial"-Indikator, der sich gut mit dem Begriff „Potenzial-Conversion" umschreiben lässt und in Abb. 4.13 dargestellt ist (Shopmacher 2012). Die Potenzial-Conversion umschreibt die bestehende Frequenzstruktur oder besser noch „Frequenz nach Besucherstruktur" (Shopmacher 2012). Sie hilft als neue Kennzahl, eine erste Einschätzung der Online-Potenziale eines Händlers vorzunehmen. Potenzial-Conversion bildet den Zusammenhang zwischen der Online-Nachfragehäufigkeit nach einer Marke und nach der entsprechenden Warengruppe dieser Marke einerseits sowie den auf der eigenen Website generierten Unique Visitors andererseits. Es geht also um das Verhältnis von Online-Suchanfragen gesamt und der daraus generierten Anzahl von Besuchen für die eigene Website (Shopmacher 2012). Die Potenzial-Conversion lässt sich nach drei Ebenen differenzieren, und zwar je nachdem, ob sie sich auf die Marke selbst, die Produktkategorie oder aber vergleichbare Produkte beziehen:

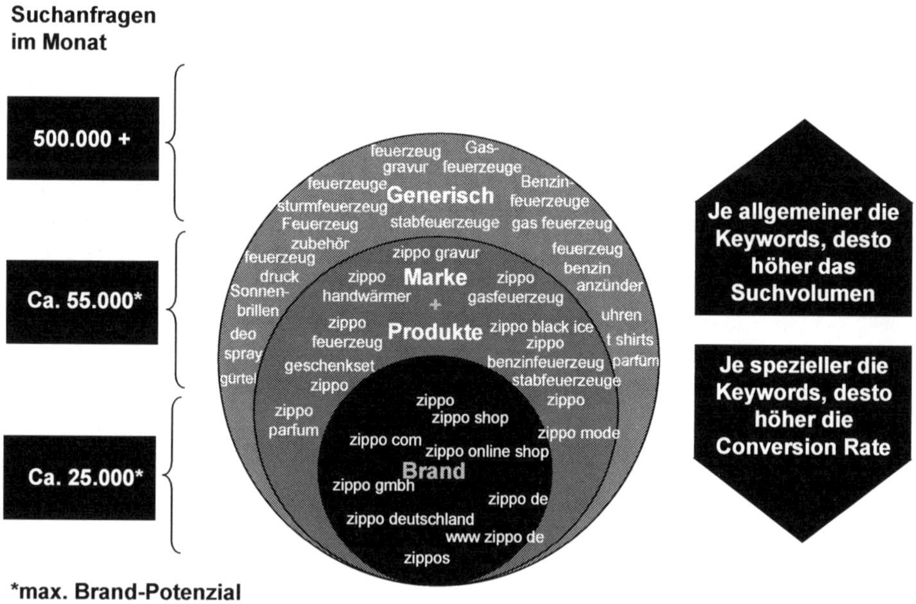

Abb. 4.13 Die Potenzial-Conversion. (Quelle: Diekmann 2012a, b)

- **Brand-Potenzial-Conversion (BPC):** Bezeichnet das Verhältnis aller Suchanfragen nach einer konkreten Marke einer Periode und dem daraus generierten Traffic.
- **Product-Potenzial-Conversion (PPC):** Dem Traffic auf der Website wird das Online-Suchverhalten in einer Periode für eine Produktkategorie ins Verhältnis gesetzt. Daraus lassen sich auch Rückschlüsse ziehen für die Online-Listung bestimmter Produkte und deren Wettbewerbsumfeld.
- **Global-Product-Potenzial-Conversion (GPPC):** Stellt das Verhältnis von Online-Suchen nach homogenen Gütern einer Periode zu dem daraus generierten eigenen Traffic auf der Website dar. Sie ermöglicht Rückschlüsse auf das gesamte Umsatzpotenzial einer Online-Filiale.

4.3.2 Online-Marktsegmentierung und Kundenbeteiligung

Die Segmentierung des Absatzmarktes in homogene Käufersegmente ist im Online-Handel ebenso wichtig wie in den traditionellen Handelsformen, denn auch hier ist die undifferenzierte Bearbeitung des Gesamtmarktes weder möglich noch sinnvoll. Die Einteilung des gesamten Nutzerpotenzials zu Online-Zielgruppen bildet die Basis für das Target-Marketing, das als Fundament für eine Kundenbeteiligung angesehen werden kann (Heinemann 2014a; Haug und Küper 2010; Gömann und Münchow 2004, S. 185). Die verschiedenen Ansätze, zu denen die geographische, demographische, soziokulturelle, affektive und kognitive sowie verhaltensorientierte Segmentierung zählen, sind aber nicht gleichermaßen für eine Online-Marktsegmentierung geeignet. Hier ist es notwendig, die Kunden in verhaltenstypische Zielgruppen einzuteilen und demnach auf die verhaltensorientierte Segmentierung zurückzugreifen, da sie u. a. die Mediennutzung, den Loyalitätsstatus, den Nutzungsgrad sowie die Nutzungssituation berücksichtigen kann. Diesbezüglich liegen umfassende elektronische Daten vor, die die Kunden bei ihren Transaktionen und Interaktionen auf der Website hinterlassen. Aus diesen Informationen lässt sich dann eine Typen-Clusterung vornehmen, mit der Kunden auf der Basis ihrer Merkmalsausprägungen zu Gruppen zusammengefasst werden, die in sich homogen sind (Kollmann 2013).

Als eines von vielen Beispielen für eine Typen-Clusterung von Online-Kunden kann die aktuelle Zielgruppendefinition des Club-Shop-Betreibers Brands4Friends genannt werden. Als Datengrundlage dienten 57.224 Kunden mit ihren kaufrelevanten und demographischen Merkmalen aus einem Zeitraum von sieben Monaten aus 2009. Die Rohdaten über die Kunden wurden dabei mit den verfügbaren Merkmalen zusammengetragen, in verarbeitbare Werte konvertiert, bereinigt und auf Erfüllung der Anforderungen der „Two-Step"-Clusteranalyse geprüft. Die aufbereitete Datengrundlage wurde dann unter Anwendung der statistischen Software PASW (Predictive Analytics Software) analysiert, wobei die in Abb. 4.14 dargestellten Kundensegmente bzw. Kundentypen identifiziert wurden (Heitmeyer und Naveenthirarajah 2010, S. 88).

Mittlerweile gibt es verschiedenste Typologisierungen von Online-Käufern, die entweder die Einkaufmotive oder Values und Lifestyles stärker gewichten. Darüber hinaus gibt es auch Ansätze, mit denen Nicht-Online-Käufer typologisiert werden. Entscheidend für das Target-Marketing ist weniger die Wahl einer Typologisierung als vielmehr die bewusste Entscheidung für oder gegen eine Online-Zielgruppe, damit dementsprechend die Kundenpotenziale in den interaktiven Kommunikationsumgebungen besser abgeschätzt werden können, um die Marketingstrategien darauf auszurichten (Kollmann 2013). Zunehmende Aufmerksamkeit kommt dabei den „Silver Surfern" zuteil, also den älteren Menschen, die einen stark anwachsenden Anteil an den Internet-Usern darstellen (Schulz 2006a, b).

Auf Basis der Online-Zielgruppen lässt sich differenziert die Art der Kundenbeteiligung ausgestalten. Die Kundenbeteiligung wird von Best-in-Class-Unternehmen bereits in diversen Bereichen praktiziert. Neben der klassischen Produktbewertung seitens der Kunden integrieren viele Online-Shops nutzergenerierte Produktbilder und -videos. Ein weiteres Beispiel ist das Thema „Passform": Die fehlende Möglichkeit, etwas vorab anzuprobieren oder zu testen, stellt im Distanzhandel seit jeher ein Problem für Kunden dar. Um eine hohe Retourenquote zu vermeiden, ist es deswegen sinnvoll, möglichst viele Informationen zur Größenberatung aufzubauen. Wenn es gelingt, viele Daten dieser Art zu sammeln und anderen Kunden zur Verfügung zu stellen, kann die Konversionsrate (Anteil der Kunden, die einen Kauf tätigen) erhöht und die Retourenquote substanziell reduziert werden (Heinemann 2014a; Haug und Küper 2010, S. 119 ff.). Vielfach werden Kunden auch in Werbe- und Marketingaktionen integriert. Über Facebook zum Beispiel wurden Kunden von Burger King in einer großen viralen Kampagne („Whopper Sacrifice") aufgerufen, Freunde

Aktiver, wohlhabender Kunde

- durchschnittlich 35 Jahre alt
- berufstätig
- mit Familie
- sehr hohes Referenzpotenzial, ist fasziniert vom Shoppping-Erlebnis und möchte dies weiterempfehlen
- Nutzung von Gutschein, falls vorhanden, aber keine Orientierung am Gutschein
- geringe Preissensibilität
- hohe Kaufkraft
- schreckt nicht vor einer Stornierung oder Retoure zurück
- höchste Umsatzklasse
- mittlere Profitabilitätsklasse

Sicherer, beständiger Käufer

- durchschnittlich 33 Jahre alt
- wohlhabend
- sicher und vorsichtig, achtet sehr auf Style, Fitting, Preis etc.
- storniert und retourniert nicht
- kein Bedarf an Gutscheinen
- keine Neigung zur Weiterempfehlung
- kauft Produkt aus der mittleren Preisklasse
- höchste Umsatzklasse
- höchste Profitabilitätsklasse

Junger, sparsamer Käufer

- durchschnittlich 30 Jahre alt
- Student oder Berufseinsteiger
- geringe Kaufkraft
- sehr sparsam
- hohe Abhängigkeit und Orientierung am Gutschein
- sehr hohes Referenzpotenzial aufgrund des ständigen Bedarfs an Gutscheinen
- Erwerb von Produkten aus den untersten Preisklassen
- storniert und retourniert wenn unzufrieden umgehend
- niedrigste Umsatzklasse
- niedrigste Profitabilitätsklasse

Abb. 4.14 Auszug aus der Käufertypologie von Brands4Friends. (Quelle: Heitmeyer und Naveenthirarajah 2010, S. 88)

zu löschen und als Belohnung einen Burger zu erhalten. Zusätzlich stellen Unternehmen ihren Kunden ganze Verkaufsshops oder Widgets zur Verfügung, sodass Kunden als Vertriebsmitarbeiter für die Unternehmen tätig werden und die Produkte ihrem Freundes- und Bekanntenkreis anbieten. In Abb. 4.15 werden verschiedene Beispiele für Kundenintegration aufgeführt. Bevor jedoch das mögliche Kundenpotenzial abgeschätzt und das „Societing" erfolgswirksam gestartet werden kann, bedarf es einer Online-Marktsegmentierung, um Transparenz über die eigenen Online-Zielgruppen zu bekommen.

Consumer Generated Advertising

„Digital Native" kennzeichnet eine Generation von Internet-Usern, die mit neuen Technologien auf eine so selbstverständliche Art und Weise agieren, die selbst etlichen ausgebildeten „Mediengestaltern" bis heute verschlossen bleibt. Diese „Nets" sowie andere technikaffine Menschen entwickeln sich zunehmend von Konsumenten zu „Prosumenten", also mit in die Erstellung integrierte Kunden. Mit dem Internet-Einkauf und dabei

Einsatzbereiche für UGC	Best-in-Class Beispiele
Produktbewertung	amazon.com, americanapparel.com
Produktdarstellung	zazzle.co.uk, spreadshirt.net, expotv.com
Passform	revolveclothing.com, shoes.com
Marketing	
Werbung	ikea.com, burgerking.com
Empfehlung	polyvore.com, mydeco.com
Vertrieb	
Widgets	lemonade.com, cartfly.com
E-Shops	zlio.de, amazonstore.com
Kommunikation/Branding	nikeplus.com
Sortimentsauswahl	myfab.com, factory.lego.com
Personalisierbarkeit	mymuesli.de, tastebook.com, cafepress.com, chocri.de

Abb. 4.15 Einsatzbereiche für User Generated Content im Online-Shop. (Quelle: Haug und Küper 2010, S. 119)

vor allem der Produktkonfiguration gibt der Konsument freiwillig Informationen über seine Präferenzen preis, die Basis für die Erstellung des eigentlichen Gutes sind. Dabei verwischt die Grenze zwischen Konsument und Produzent. Dementsprechend wird User Generated Content als Elementargut im Web gehandelt, wie YouTube, Flickr oder Facebook eindrucksvoll verdeutlichen. Von insgesamt mehr als sieben Milliarden monatlich betrachteten Online-Videos ist der größte Teil offensichtlich User Generated Content (Unterberg 2008, S. 205). Den interaktiven Gesprächen über Konsumerlebnisse können sich vor allem Online-Händler heute nicht mehr entziehen. Die Konsumenten haben sich mithilfe des Internet emanzipiert und entscheiden heute in zunehmendem Maße darüber, wann, wo und auf welche Weise Medien genutzt werden und damit Werbung „konsumiert“ wird. Der passiv rezipierende Konsument gehört immer mehr der Vergangenheit an. Für die Werbetreibenden wird es zunehmend wichtiger, an den Gesprächen der Konsumenten teilzunehmen oder auch derartige Gespräche zu organisieren. Die damit einhergehende Aktivierung der Kunden ist Inhalt des Consumer Generated Advertising (CGA). Dieser Begriff bezeichnet alle vom Konsumenten erzeugten Inhalte, die werbenden Charakter haben. Ist also die Erstellung werblicher Inhalte von Konsumenten durch ein Unternehmen initiiert, handelt es sich um eine Consumer-Generated-Advertising-Kampagne, die erfahrungsgemäß von anderen Konsumenten als ehrlicher und glaubhafter wahrgenommen wird. Auch sind zum Beispiel Teilnehmer von CGA-Kampagnen häufig Meinungsführer in ihren Konsumwelten oder sogar Erstverwender des beworbenen Produktes (Unterberg 2008, S. 208 ff.).

Bei einer CGA-Kampagne werden im ersten Schritt die Konsumenten per Briefing aufgefordert, ihre Ideen in Form von Foto- und Videomaterial abzugeben. Durch einen Ideenwettbewerb mit ausgelobten Preisen sollen möglichst viele Konsumenten zum Mitmachen motiviert werden. Dabei ist das Briefing erfolgskritisch, wird jedoch häufig von Unternehmen unterschätzt, da sie zu sehr auf die „Kraft" ihrer eigenen Marken und Produkte vertrauen. Bewertung, Abstimmung und Kommentierung der Ideenbeiträge erfolgen wiederum durch die Teilnehmer. Dadurch wird sichergestellt, dass die besten Ideen nicht untergehen sowie zusätzliche Aufmerksamkeit und Community generiert wird. CGA-Kampagnen können außerdem durch weitere community-bildende Maßnahmen unterstützt werden. Wird zum Beispiel der Kampagne eine Plattform zur Verfügung gestellt, lassen sich die Gespräche der beteiligten Community-Mitglieder besser verfolgen und für Marktforschungszwecke nutzen (Unterberg 2008, S. 210). Mittlerweile liegen zahlreiche Beispiele für erfolgreiche CGA-Kampagnen vor. Erstmals praktizierte Mozilla, der Anbieter des Firefox-Browsers, diese neue Art der interaktiven Werbegestaltung. Aber auch BMW nutzt CGA-Kampagnen zunehmend für die Lifestyle-Marke Mini. Im Online-Handel kann zum Beispiel Zappos als CGA-Beispiel aufgeführt werden, da hier von jedem User direkt YouTube-Videos von Kunden aufrufbar sind, die dort ihre Kauferfahrungen wiedergeben.

4.3.3 Community Building und Community-Marketing

Im Zuge von Social Media findet der multioptionale Kunde für fast jeden Lebensbereich inzwischen eine interessenbasierte Gemeinschaft, also eine Community, mit der er sein Konsumerlebnis teilen oder in der er zu speziellen Themen, bestimmten Produkten oder einer bestimmten Marke seine Interessen koordinieren kann. Auch wenn das Targeting im sozialen Netz vielleicht noch etwas Zeit bis zur wirtschaftlichen Anwendungsreife benötigt, so kann ein Online-Händler aber zumindest mit anderen Communities kooperieren, die von Kunden oder anderen Unternehmen ins Leben gerufen wurden. Er kann aber auch selbst eine Community aufbauen und damit das Social Targeting in seinem Einzugsbereich praktizieren. Für den Online-Handel ergeben sich daraus neue Chancen, da er Gruppen von Kunden mit gleichen Interessen gezielt mit einem Leistungsangebot ansprechen kann. Die Best Practices des Online-Handels praktizieren dies bereits überaus erfolgreich (zum Beispiel fahrrad.de). Darüber hinaus besteht die Möglichkeit, neue Leistungen durch das Einbinden der Communities in den Gestaltungsprozess zu schaffen. Im Falle eines Community-Aufbaus muss das Unternehmen die Community allerdings aktivieren, indem es die Interaktion zwischen den Kunden fördert (Enabling), andernfalls kann eine „leblose" Community entstehen (Kaul 2008, S. 55), die nutzlos ist. Als Pionier im Bereich des

Community-Marketing gilt zweifelsohne Spreadshirt (seit 2006 Sprd.net AG). Die Kunden entwerfen ihre Produktmotive (zum Beispiel für Hemden, Tassen oder Mützen) in einem virtuellen Designstudio selbst und bieten diese dann auf ihrer eigenen Homepage zum Kauf an, wobei die Bestellungen direkt an Spreadshirt gehen. Die mittlerweile über 400.000 „Partner-Shops“ oder auch „Motiv-Partner“ bilden zugleich die Spreadshirt-Community, die mit dem Unternehmen zusammen kontinuierlich weiter wächst (Spreadshirt.de 2014).

Das Community-Marketing verfolgt vier Kernaufgaben, und zwar die Kundenakquisition, die Kundenbindung, die Leistungsinnovation sowie die Leistungspflege (Kaul 2008, S. 57):

- Die **Kundenakquisition** umfasst sämtliche Maßnahmen, die den Kunden dazu bewegen sollen, erstmalig im Unternehmen zu kaufen. Dazu können Online-Händler zum Beispiel themenbezogene Partnerprogramme einsetzen, um damit die Mund-zu-Mund-Kommunikation (Viralmarketing) zu aktivieren. Mit Millionen von Teilnehmern weltweit hat zum Beispiel Amazon eines der erfolgreichsten Partnerprogramme entwickelt.
- Durch **Kundenbindung** sollen attraktive Kunden zu Wiederholungskäufern gemacht und ein Wechsel zum Wettbewerb verhindert werden. Als Beispiel lassen sich Support Communities nennen, mit denen die Kundenbindung intensiviert und über Cross Selling und Folgekäufe der Umsatz gesteigert werden kann (zum Beispiel „Mac User Groups“ für Macintosh-Kunden).
- **Leistungsinnovationen** stellen Tätigkeiten von der Ideenfindung bis hin zur Einführung neuer Produkte und Services dar. Spreadshirt ist ein typisches Beispiel für diese Kernaufgabe, indem Kunden eigene Design-Entwürfe austauschen („Open Innovation“).
- Mit der **Leistungspflege** soll eine möglichst lang andauernde Marktpräsenz erzielt werden. Beispiel sind die „Apple User Groups“, die in der öffentlichen Wahrnehmung beständige Aufmerksamkeit genießen.

Um die Kernaufgaben erfolgreich im Markt umsetzen zu können, muss der Online-Händler sein Verhalten gegenüber seinen Communities konkretisieren. Das Unternehmen muss zunächst klären, wie sehr sich der Wissensaustausch der Kundennetzwerke mit den eigenen Interessen deckt und inwieweit es Einfluss auf die interaktive Kommunikation nehmen möchte. In Abhängigkeit davon, ob das Unternehmen die relevanten Communities eher beherrschend führt oder eher der Selbstbestimmung überlässt, kann das autoritäre, kooperative oder Laissez-faire-Community-Marketing unterschieden werden (Kaul 2008, S. 60). Diese Führungsstile lassen sich wie folgt beschreiben, wobei der Aktivitätsgrad der Kunden einerseits und der des Unternehmens andererseits die jeweilige Normstrategie definieren:

- **Autoritäres Community-Marketing:** Die Interaktion zwischen den Kunden soll unterdrückt und/oder kontrolliert werden. Regelverstöße werden gezielt verfolgt (zum Beispiel Lizenzen, Markenrechte etc.). Ein derartiger Kontrollmechanismus wirkt sich aber nur unter der Bedingung, dass die eigenen Leistungen für die Community elementar sind, positiv aus. Manche Community Brands positionieren sich von Beginn an selbstbewusst gegenüber der Gemeinschaft, wie zum Beispiel YouTube, müssen diesen Anspruch aber mit eigenen Kernkompetenzen begründen.

- **Kooperatives Community-Marketing:** Die Interaktionen zwischen den Kunden werden toleriert oder sogar gefördert. Ziel ist ein optimierter Wissensaustausch (zum Beispiel für Marktforschungszwecke). Bei Zappos kann die Beratungsleistung auch als Symbiose aus Unternehmens- und Kundenkompetenz angesehen werden. So wird zum Beispiel das Produktwissen der Kunden mit den eigenen Interessen verbunden, indem beispielsweise Lieblingsartikellisten von Kunden gegenüber anderen Internet-Usern bedürfnisgerecht präsentiert werden.
- **Laissez-faire-Community-Marketing:** Die Interaktionen zwischen den Kunden werden stark gefördert, ohne dass das Unternehmen eingreift (zum Beispiel Loyalitätsgedanke). Für das Enabling können Instrumente wie Blogs, Wikis, Tags sowie Beratungs- und Empfehlungssysteme eingesetzt werden. Dawanda oder Etsy unterstützen die Interaktion der Kunden, um sie beim eigenen Markenaufbau herauszustellen („a place to make friends").

Das integrierte Community-Marketing nimmt ein strategisches Rahmenmodell zu Hilfe, das die Kernaufgaben und Führungsstile im Community-Marketing gegenüberstellt und damit praktikable Hinweise für das Community Building liefert. Abbilldung 2.11 zeigt zwölf Strategiefelder, die jeweils eine grundlegende Handlungsoption repräsentieren. Als Beispiele für eine autoritäre Leistungspflege lassen sich die die großen Internet Globals Apple, eBay, Google und Amazon aufführen, die als „Marketing Leader" unternehmensinterne Kompetenzen treiben. Kooperative Kundenbindung praktizieren die stark interaktiv geprägten Online-Händler Asos, Net-A-Porter, Yoox und Zappos. Zappos-Kunden werden dazu bewegt, über ihre Kauferfahrungen zu berichten, die dann wiederum als Verkaufsargument für andere Käufer eingesetzt werden. Beispiel für ein Laissez-faire-Community-Marketing in Form von Akquisition und Innovation sind die stark community-geprägten Internet-Anbieter Spreadshirt und REI (Recreational Equipment Incorporation) sowie die interaktiven Marktplätze à la Dawanda oder Etsy. Wichtig ist, dass alle Maßnahmen untereinander abgestimmt werden. Bei Zappos sind zum Beispiel Lieblingsartikellisten mit der Suchfunktion der Plattform verknüpft. Aber auch zwischen dem klassischen Marketing und dem Community-Marketing sind alle Maßnahmen zu harmonisieren, sodass es nicht zur Kundenkonfusion kommt (Kaul 2008, S. 68 ff.) (Abb. 4.16).

4.3.4 Community-driven Shopping und Gamification

Zu der Kategorie des Community-driven Shopping zählen die Social-Commerce-Plattformen Etsy oder Dawanda, Open-Innovation-Plattformen wie Threadless und Spreadshirt, Shopping-Börsen à la Ginahhot sowie die Shopping-Clubs mit Clubverkauf. Als Pionier für den Clubverkauf gilt Vente Privée. Der Online-Händler hat in 2002 dieses neue Verkaufskonzept eingeführt, das in Deutschland sehr erfolgreich von den beiden Shopping-Clubs BuyVip und Brands4Friends kopiert wurde. Während allerdings BuyVip in Amazon-VIP aufging, wurde Brands4Friends als neues Geschäftsfeld von eBay

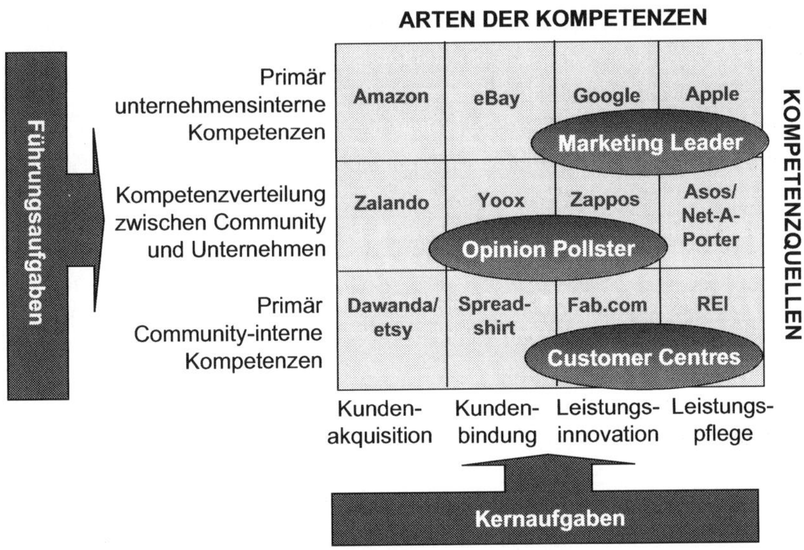

Abb. 4.16 Strategisches Rahmenmodell für Community Building. (Quelle: In Anlehnung an Kaul 2008, S. 66)

übernommen. Im Grunde konnten beide Copycats aber nichts mehr gegen den Pionier Vente Priveé ausrichten, der mittlerweile auch in Deutschland Marktführer sein dürfte. Bei den Clubverkäufen darf nur der Kunde einkaufen, der sich vorher angemeldet hat. Das geht aber wiederum nur, wenn dieser vorher von einem Freund eingeladen wurde. Exklusivität steht demnach im Vordergrund, wobei der Schwerpunkt des Angebotes mit den Prinzipien „Closed Shop, Kundenloyalität, Verknappung" auf Marken-, Mode- und Lifestyle-Produkten liegt (zum Beispiel von Diesel, Swatch, Dolce & Gabbana, Armani oder Converse). Gängig sind fünf Aktionen pro Woche, über die alle Clubmitglieder per E-Mail informiert werden und die dann ein bis zwei Tage laufen (BV Capital 2011; Heinemann 2013a).

Das Mitch&Match ist typisch für Polyvore. Polyvore bietet eine Shopping-Plattform an, auf der die Kunden ihr Outfit von verschiedensten Modeanbietern nach einer strukturierten Rahmenvorgabe zusammenstellen und kombinieren können („Express your style"). Über eine soziale Verlinkung zu Facebook & Co. können diese dann ihre Auswahl dem Fankreis vorstellen und mit ihnen das Ergebnis diskutieren. Über die Feedback-Einholmöglichkeit erhält der Einkaufsprozess eine starke Community-Ausrichtung. Sobald die diskutierte Endauswahl festliegt, kann per Klick gekauft werden (BV Capital 2011; Heinemann 2013a).

Gamification im Online-Handel

Der Trend zu E-Games greift auch auf neue Geschäftsmodelle über. Zu beobachten ist die Integration von Spielemechanismen in nicht spielbezogene Handlungen, wobei dann häufig auf die Technik der Augmented Reality zurückgegriffen wird. Gamification wird im Zusammenhang mit dem Online-Handel vor allem das Einkaufsverhalten der Mobile-Nutzer grundlegend verändern. Diesbezüglich sind die folgenden drei Perspektiven denkbar (Tollmien 2011):

- **Spielend online einkaufen:** Die Shopping-Plattform „deutschlandklickt.de" befördert Nutzer, die online einkaufen möchten, u. a. durch eine Klickbox in eine spielerische Atmosphäre. Diese bietet den Usern Möglichkeiten zu Freiklicks, Gratisproben, Gutscheinen und Sofortpreisen. Alle drei Tage startet dazu eine Kampagne mit 15 Freiklicks, die Teil des Spielkonzeptes sind. Die Spieler haben so pro Tag fünf Klicks frei, um ihr Glück zu versuchen, wobei die Klickbox sich jeden Tag verändert.
- **Spielend real einkaufen:** Der amerikanische Anbieter Checkpoints hat eine Mobile Shopping App entwickelt, mit der die Kunden bei jedem Kauf Treuepunkte sammeln können, die später als Gutscheine oder Leistungen eingetauscht werden können. Betritt ein Kunde den Laden, werden ihm automatisch alle am Treueprogramm teilnehmenden Produkte in seiner Nähe angezeigt. Scannt er den Barcode mit seinem Handy, kann er wertvolle Punkte für sein Benutzerkonto sammeln. Diese kann er durch Teilnahme an zusätzlichen interaktiven Spielen, die sich beim Scan öffnen, beliebig vermehren.
- **Spielend beworben werden:** BBDO-Argentina, Tochter der weltweit tätigen Werbeagentur, hat zusammen mit Castro Innovation House bereits vor etlichen Jahren das Nike Air Race entwickelt. Dieses Spiel kann vor Ort im Nike Store in Buenos Aires, aber auch zu Hause gespielt werden. Dabei schweben zwei Nike-Air-Max-Schuhe rund zwei Zentimeter über einer magnetischen Schiene. Die Schuhe kann der Spieler nach vorne bewegen, indem er in ein Mikrophon pustet. Dazu muss ein Mikrophon oder über das mobile Internet eine Flash-Schnittstelle installiert werden. Die Promotion am Point of Sale wird dadurch mit einem interaktiven Advergame im Netz kombiniert.

Vielfach werden Kunden auch in Werbe- und Marketingaktionen integriert. Die in Abschn. 4.3.2 bereits beschriebene virale Kampagne von Burger King („Whopper Sacrifice") ist hierfür ebenso ein Beispiel wie ganze Verkaufsshops oder Widgets, mit denen Kunden die Produkte eines Unternehmens an ihren Freundes- und Bekanntenkreis vertreiben. Widgets bestehen als Komponente eines grafischen Fenstersystems aus einem sichtbaren Bereich, der Maus- und Tastaturereignisse empfangen kann, und einem nicht sichtbaren Objekt, das den Zustand der Komponente speichert und über bestimmte Zeichenoperationen den sichtbaren Bereich verändern kann. Ein App Store, der die Produkte in derartigen Fenstern bzw. Widgets zeigt, ist im Grunde ein „Widget-Warenhaus", so wie iTunes von Apple auch. Dies betrifft den neuen Ansatz des „Sellaround Widget", der Werbebanner und Mini-Shops integriert. Der Bezahlvorgang findet direkt innerhalb des Widget statt, sodass der Point of Sale damit direkt über das Handy-Display zum Kunden kommt. Die Gestaltung dieses „Sellaround Widget" stellt im Mobile Commerce höchste Ansprüche an die Bedienungsfreundlichkeit und Usability.

Das Gamification-Thema entwickelt sich zeitgleich mit einem Digitalisierungstrend in der Spielebranche. Annähernd elf Millionen Deutsche spielen bereits online (Statista 2014c). Alleine die Computerspiele setzten 2013 in Deutschland mehr als 1,8 Mrd. € um mit stark steigender Tendenz. Dabei entwickeln sich offensichtlich Social Games in Verbindung mit Facebook überdurchschnittlich und stellten bereits in 2011 weltweit einen vier Milliarden US-Dollar schweren Markt dar (Mücke Sturm Company 2011). Die Digitalisierung kommt auch dem Wunsch nach „Immediate Gratification", also sofortiger Verfügbarkeit und Lieferung von mobilen Services, entgegen (BV Capital 2011).

Ein Ziel des Gamification liegt in der Verstärkung des Kunden-Involvement durch seine Einbeziehung in spielerische Handlungen. Ein ähnliches Ziel verfolgen die Ansätze der Open Innovation sowie Mass Customization.

4.3.5 Social Media onsite und offsite

Social Media zielt darauf ab, die Nutzer stärker zu involvieren und Communities aller Art zu bilden, um Dialoge herzustellen. Social Media ist zu einem nicht mehr wegzudenkenden Tool für den Online-Handel geworden und beeinflusst in hohem Maße die Online-Kaufentscheidungen. Es befähigt seine Nutzer, in alle Richtungen sowie untereinander einfach zu kommunizieren. Die Kunden von heute checken die Social-Media-Präsenz ihrer Einzelhändler, deren Bewertungen und Empfehlungen über sie und tauschen Informationen über spezifische Produkte und Händler in ihrem sozialen Netzwerk untereinander aus (Weave 2012, S. 224). Diesbezüglich ist zwischen Offsite- und Onsite-Maßnahmen zu unterscheiden:

- **Social Media offsite** beschreibt die Möglichkeit, auf externen Community-Websites – wie zum Beispiel Blogs, Internet-Foren, Netzwerken, Bild- und Videoportalen, Wikis, Podcasts sowie nutzergenerierten Web-Seiten – Erfahrungen und Informationen zu teilen und auch Beziehungen mit anderen Nutzern einzugehen (Weinberg 2010, S. 23 ff.). Insgesamt stellt Social Media mittlerweile aber keine reine Kommunikationsplattform mehr dar. Es zeichnet sich ab, dass soziale Plattformen neben Kommunikationszwecken auch für den unmittelbaren Verkauf von Produkten eingesetzt werden und dadurch stärker als bisher wieder kommerzialisiert werden, wie auch der Begriff „F-Commerce" für „Facebook Commerce" unterstreicht (von Kuhnhardt 2012, 2013).
- **Social Media onsite** umfasst alle Maßnahmen im eigenen Online-Shop. Wie in Kap. 2 zum neuen Kaufverhalten ausgeführt, handelt es sich dabei um Kundenbewertungen, Kundenmeinungen, eigene Communities, jede Form von Consumer Generated Content, Größen- und Style-Empfehlungen, Personalisierung/Viralität sowie Verknüpfungen mit Social Tagging.

Aufgrund der durch Social Media onsite und offsite zunehmenden Kommunikation und des dadurch angestiegenen Datenaustausches sind Einzelhändler transparenter geworden. Potenzielle Kunden sind jetzt in der Lage, die Aktivitäten, Angebote und Leistungsversprechen der Händler zu überprüfen (Peters 2011, S. 113). Eine Untersuchung von Steel-House bestätigt, dass 64 % aller Käufer Produktbewertungen und Empfehlungen vor ihrem Einkauf lesen (Chaney 2012). In einer anderen Studie, die von dem Marktforschungsinstitut ipsos und der Agentur Hotwire durchgeführt wurde, bestätigen 56 % der deutschen Internet-User, dass sie eher ein Produkt mit positiven Kommentaren anderer Nutzer kaufen würden. Immerhin 30 % bemerken, dass sie keine Transaktion auf Basis von negativen Bewertungen ausführen würden. Dies bestätigt, wie wichtig Kommentare, Bewertungen und Rankings für den Einkaufsprozess geworden sind (Haug 2013a, b; Mühlenbeck und Skibicki 2007). Die Relevanz eines derartig generierten User Generated Content (UGC) steigt umso mehr, je besser sich die involvierten Personen persönlich kennen. Dementsprechend haben 75 der befreundeten User angegeben, dass sie sich eher von Freunden, Familienmitgliedern oder Kollegen/-innen vor einem Kauf inspirieren lassen. Deswegen überrascht auch nicht, dass 68 % der Kunden diese – ihnen näherstehende – Gruppe lieber als Informationsquelle für eine Einkaufsentscheidung nutzen (Intertone 2010).

Vor allem Facebook, Twitter und Community Blogs haben wesentlich die neuen Formen der „Peer-to-Peer"-Kommunikation und -Information im Handel induziert. Eine Untersuchung der Marketingagentur Steel-House aus 2012 bestätigt die herausragende Rolle von Social Media Websites und dabei insbesondere von Facebook. Annähernd die Hälfte der Befragten gab an, dass sie ein auf Social-Media-Seiten bewertetes oder empfohlenes Produkt oder einen Service gekauft hätte (Chaney 2012). Konsumenten vertrauen derartigen Informationsquellen deutlich mehr als den Werbekampagnen etablierter Handelsunternehmen. Ein wesentlicher Grund dafür liegt darin, dass derartige traditionelle Werbeformen ohnehin schon als wenig glaubhaft angesehen werden (Mühlenbeck und Skibicki 2007, S. 76 f.). Abbilldung 4.17 illustriert im Detail, in welchem Ausmaß Kunden den unterschiedlichen Werbeformen trauen. Es unterstreicht die wachsende Bedeutung von sozialen Filtern im Einkaufsprozess. Zudem realisieren viele Unternehmen, dass immer mehr Kunden-Traffic über Social-Media-Plattformen und dabei insbesondere Facebook auf Basis von Empfehlungen aus dem Facebook-Freundeskreis generiert wird. Einige Händler haben daher damit begonnen, nach Wegen zu suchen, dieser Entwicklung hin zu interaktiven Einkaufsformen Rechnung zu tragen und damit das Potenzial aus Social Media zu nutzen.

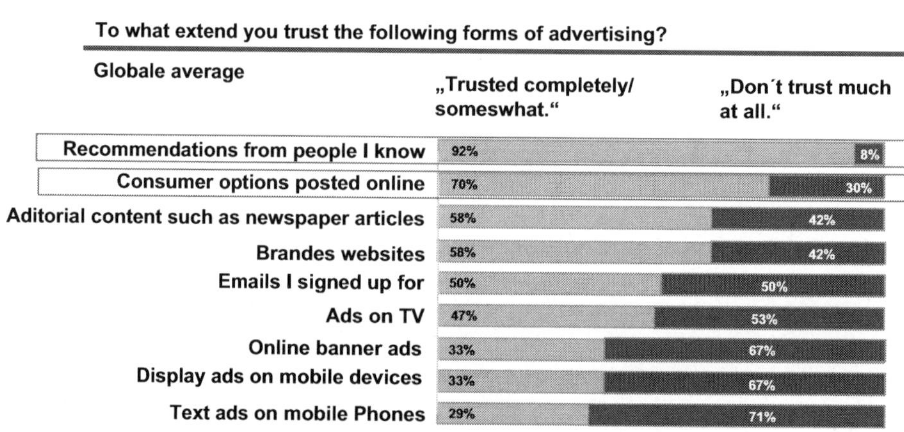

Abb. 4.17 Global Trust of Advertising. (Quelle: Strategicmarketingadvisors 2011)

4.3.6 Social-Commerce-Elemente

Der Austausch von Produktinformationen in sozialen Netzen legt es nahe, diese Produkte mit einer Kaufmöglichkeit direkt im sozialen Netz anzubieten. Wenn schon Mitglieder gewillt sind, sich als Fan zu outen und kaufrelevante Informationen zu sammeln oder auszutauschen, könnte doch gleich eine direkte Kaufmöglichkeit für die betroffenen Angebote dort integriert werden, wo potenzielle Nutzer darüber reden. Schließlich liegt es im Interesse des Anbieters, das Potenzial der „Mund-zu-Mund"-Propaganda maximal für sich zu nutzen und dementsprechend auch die Social-Media-Aktivitäten direkt in den Kaufprozess zu integrieren. In dieser Hinsicht erscheint die Fusion von Social Media und E-Commerce vielversprechend. Social Commerce kann als Symbiose von E-Commerce und Social Media angesehen werden (Haarhaus 2013). Die erste Komponente „E-Commerce" stellt ganz klar den Transaktionsbezug heraus, wodurch der An- und Verkauf von Produkten oder Services via Internet eine wesentliche Bedingung ist (Haarhaus 2013; Wikipedia 2012). Diesbezüglich bedarf die Möglichkeit echter „In-stream-Transaktionen" ganz anderer Lösungen, die den gesamten Einkaufsprozess berücksichtigen. Wenn allerdings ein Konsument im sozialen Netzwerk nicht „in-stream" bezahlen kann, handelt es sich folglich nicht um Social Commerce, sondern allenfalls um Werbung bzw. Kommunikation (Chaney 2012). Als zweite Komponente neben E-Commerce ist Social Media zu berücksichtigen oder zumindest soziale Features beim Einkauf. Der Begriff „social" deutet bereits auf eine natürliche Charakterisierung von Menschen und ihrer Bedürfnisse für Koexistenz und Interaktion untereinander hin (Wikipedia 2013). Sozial zu sein bedeutet, dass Menschen es mögen, miteinander zu interagieren und kommunizieren. Deswegen ist ein soziales Netzwerk mit bestehenden Freunden von herausragender Bedeutung, und Social Commerce stellt eine Art kollektiver Einkaufserfahrung dar (Grabs und Bannour 2011, S. 332). Konsumenten erwarten, mit solchen sozialen Features unterstützt zu werden, die ihnen eine sofortige Verbindung zu Freunden ermöglichen, wie es zum Beispiel in Chat-Programmen der Fall ist. Sie möchten mit Ratings und Empfehlungen anderer User versorgt werden, idealerweise mit personalisierten Ratschlägen. Chats oder Co-Browsing-Funktionen, die von Konsumenten zum Austausch von Produkterfahrungen oder -meinungen in „real time" nutzbar sind, werden von diesen hoch geschätzt und ermöglichen ihnen ein Einkaufserlebnis, das dem Offline-Einkauf in nichts nachsteht (Weave 2012, S. 223). Derartige Tools werden entwickelt und implementiert, um den Konsumenten smarte und positive Einkaufserlebnisse zu ermöglichen. Im Gegenzug erhalten Händler die Möglichkeit, auf die Kunden zu hören und diese zu verstehen sowie ihnen maßgeschneiderte Lösungen anbieten zu können (eTailment.de 2012). Wenn sich zum Beispiel in Anlehnung an die Spezifika des Social Media wesentliche Aspekte im User Generated Content (UGC) wiederfinden, deutet dieses auf ein hohes Maß an Interaktivität hin.

User Generated Content kann dabei auch gut für ein Community Building im Social Commerce genutzt werden. User sollen dazu befähigt werden, eine Beziehung mit anderen Konsumenten aufzubauen, was auch Führung verlangt.

Checkliste für Social Commerce		
1. Commerce	**Ja**	**Nein**
Transaktion muss abgeschlossen werden, ohne Seite zu verlassen		
Erträge aus aktuellen Produktverkäufen; Umsatzzuflüsse aus Werbeaktivitäten oder ähnlichen Aktivitäten zählen nicht		
2. Social	**Ja**	**Nein**
Konsument muss bei Problemlösung oder Lösung sozialer Probleme unterstützt werden		
User sollten befähigt werden, aktiv auf Social Media zu partizipieren – Freiheit der Wahl und Rolle		
3. Result	**Ja**	**Nein**
Individualisierte Produkte und Kauferfahrungen für den Händler		
Sozialer Nutzen für den Kunden		

Abb. 4.18 Checkliste für Social Commerce. (Quelle: Haarhaus 2013)

Social Commerce stellt insofern eher ein sozialwissenschaftliches als ein technologisches Konzept dar, obwohl dies natürlich im Backend einer technologischen Umsetzung bedarf (Mühlenbeck und Skibicki 2007, S. 198). Dabei muss Social Commerce auf Transaktionsmöglichkeiten beruhen. Neben einer „In-stream Transaction" sollten auch entsprechende „Social Tools" bereitgestellt werden. Weiterhin bedarf es einer aktiven Kundenbeteiligung sowie eines hohen Grades an Personalisierung und Individualisierung. Die Anforderungen an Social Commerce sind in Abb. 4.18 dargestellt. Dabei ist darauf hinzuweisen, dass Social Commerce nicht nur ein Thema ausschließlich für die Online-Welt ist, sondern auch darüber hinausgeht. Moderne Social-Commerce-Aspekte sollten auch im stationären Handel Berücksichtigung finden, was durch das mobile Internet ja auch möglich geworden ist (Weave 2012, S. 224).

4.4 Service und Search Solutions als Erfolgsfaktor Nr. 3

Hauptgrund für den Kauf im Online-Handel ist die Reduzierung von zeitlichen und finanziellen Aufwendungen aus Kundensicht (Kollmann 2013). Diese neue Art des Convenience ergibt sich in erster Linie aus der Schnelligkeit und Effizienz der Bedienungselemente Usability, Navigation, Handhabung des Bestellprozesses sowie der Servicefunktionalitäten (Mahrdt 2010, S. 79 ff.). Für effiziente Online-Shops ist die treffsichere Suchfunktionalität absolut erfolgskritisch. So muss die Kategoriensuche schnell zum gewünschten Objekt führen. Hier geht es u. a. darum, ob die Suchergebnisse durch relevante Kriterien wie Marken, Farben, Größen, Preise usw. eingeschränkt werden können. Als selbstverständliche

Voraussetzung gilt heute eine saubere Schlüsselung der Kategorien und Subkategorien, damit es nicht zu einer Kundenkonfusion kommt (Fischer 2009). Wichtige Thematik des Online-Marketing in diesem Zusammenhang ist das Eye Tracking, bei dem mithilfe entsprechender technischer Hilfsmittel die Augen- bzw. Blickbewegungen der Internet-User aufgezeichnet und ausgewertet werden (Schulz 2007, S. 1). Die Ergebnisse des Eye Tracking werden dabei in der Web Usability, also der Benutzerfreundlichkeit der Website, umgesetzt. Häufiger Grund für Desorientierung und Irritation ist zum Beispiel die Art und Weise, wie Online-Kunden über die anfallenden Lieferpreise informiert werden. Während sich diese in klassischen Printkatalogen in der Regel auf den Serviceseiten oder auf dem Bestellschein nachlesen lassen, befinden sie sich im Internet-Kanal häufig an den verschiedensten Positionen. Teils sind die Informationen über die Lieferpreise auf der Startseite anzutreffen, in anderen Fällen muss der Kunde sich damit gedulden, bis er seinen gesamten Warenkorb zusammengestellt hat. Generell sollte dem Kunden die Möglichkeit gegeben werden, sich vor dem Füllen des Warenkorbes über die Lieferpreise informieren zu können, um nicht von völlig inakzeptablen Versandkostenzuschlägen an der Kasse überrascht zu werden. Versandpreisübersichten und auch Allgemeine Geschäftsbedingungen sollten dabei übersichtlich und nicht zu textlastig gestaltet sein.

Ziel eines jeden Online-Händlers muss es sein, das Serviceangebot sinnvoll zu ergänzen und eine bestmögliche Serviceexzellenz zu erreichen, die zu maximaler Kundenzufriedenheit führt. Das Internet bietet dazu viele Möglichkeiten, mit denen zusätzlich sogar noch Kostenvorteile realisiert werden können. Dabei bieten sich Chancen, durch innovative Ideen dem Kunden echten Mehrwert zu bieten (Mahrdt 2010, S. 116; HMWVL 2007, S. 57). Diesbezüglich kommt vor allem der Web Usability eine entscheidende Rolle zu, die zunehmend auch Eye-Tracking-Analysen für Optimierungen heranzieht.

4.4.1 Schnelligkeit und Automatisierung

Vor allem die Aufbaugeschwindigkeit des Online-Shops ist ein entscheidendes Kriterium, um Besucher ohne Verzögerung durch das Angebot klicken zu lassen. Zu schwere Websites mit minutenlangen Ladezeiten jagen Kunden zu den Mitbewerbern, die nur einen Klick entfernt sind. Insbesondere die Tatsache, dass das mobile Web aufgrund von Übertragungsproblemen häufig noch erheblich langsamer ist als ein ultraschneller Turbobreitband-Internet-Zugang, muss insbesondere im mobilen Web-Shop berücksichtigt werden. Im Prinzip reichen die folgenden drei Empfehlungen schon aus, um den Seitenaufbau der Landing Page erheblich zu beschleunigen (Lindo 2009, S. 58):

- **Maßvoller Einsatz speicherintensiver Grafiken:** Die grafischen Elemente sollten auf den Shop angepasst werden. Bilder und Fotos können auf das geforderte Maß verkleinert oder ganz weggelassen werden. Es ist grundsätzlich darauf zu achten, dass sich der Speicherbedarf in Grenzen hält.

- **Verzicht auf Animation und Flash-Dateien:** Derartige Instrumente und Dateien sind regelrechte Speicherfresser und verzögern das schnelle Bewegen innerhalb des Shops. Wenn dann noch zusätzliche Treiber seitens des Anwenders nachgeladen werden müssen, kommt es zu häufigen Abbrüchen der Bestellvorgänge.
- **Fokussierter Einsatz von Video- und Audiodateien:** Die Verwendung dieser Dateien zur Produktpräsentation führt durch das Nachladen häufig zu Verzögerungen beim Aufrufen des Shops. Deswegen ist unbedingt darauf zu achten, dass die entsprechenden Dateien eine erträgliche Speicherplatzgröße haben. Eine Optimierung ist auch durch Kürzung einzelner Sequenzen oder durch eine kleinere Formatierung möglich. Dabei sollten die einzelnen Videosequenzen nicht direkt in den Shop eingebunden werden, sondern in einem separaten Fenster platziert werden.

Bei sehr preisgünstigen Provider-Angeboten besteht die Gefahr, dass die Geschwindigkeit auf der Strecke bleibt. Auch kann die Performance des Shops schnell zusammenbrechen, wenn zu viele Besucher auf die Website kommen (Lindo 2009, S. 58). Automatisierung des Verkaufsprozesses und seiner Teilprozesse (zum Beispiel Informationssuche, Bestellvorgang, Bezahlung, Produktauslieferung) kann helfen, Schnelligkeit sicherzustellen. Die sofortige Übertragung aller anfallenden Daten des Verkaufsprozesses erlaubt eine zeitgleiche Benutzer- und Bedürfnisanalyse, die Anhaltspunkte über Probleme bei der Durchführung einer Transaktion geben kann (Kollmann 2013). Dies spricht dafür, die umgehende Datenübertragung an möglichst vielen Stellen durch nutzerübergreifende Automatisierungen zu ermöglichen, wodurch nicht nur der reine Abverkauf auf Unternehmensseite unterstützt, sondern auch der Kaufvorgang auf Kundenseite vereinfacht wird. Amazon ist bestes Beispiel dafür, wie durch Automatisierung die wahrnehmbare Servicequalität steigen kann. So reduziert der „1-Klick-Kauf" den Aufwand des Kunden erheblich, vor allem, weil die Lieferadresse nicht noch einmal eingegeben werden muss und damit auch ein Log-in durch Cookie-Nutzung sowie eine Abfrage der Zahlungsdaten entfällt. Anhand der Aktivierung des „1-Klick-Buttons" kann der Internet-User sämtliche Einzelschritte, die normalerweise im Kaufprozess üblich sind, für alle zukünftigen Einkäufe umgehen. Dadurch wird der Einkauf aus Kundensicht erheblich vereinfacht und beschleunigt, wodurch der Online-Händler wiederum das Risiko minimieren kann, den Kunden durch Hindernisse im Verkaufsprozess vom Kauf abzuhalten (Kollmann 2013).

Aber nicht nur der zeitliche und personelle Aufwand lässt sich durch Automatisierung verringern, sondern es können zugleich auch Qualitätsvorteile durch Fehlervermeidung realisiert werden. Durch die effiziente Abwicklung der Transaktionen lässt sich außerdem der Verkauf steigern, obwohl die Verkaufsabteilung entlastet wird. Dies setzt aber eine Standardisierung der Transaktionen voraus, sodass diese unabhängig von Zeitpunkt und Anzahl professionell gemanagt werden können und ein größeres Transaktionsvolumen erlauben, ohne dass die Verkaufskosten steigen. Dabei handelt es sich um typische Skaleneffekte („Economies of Scale"). Voraussetzung für die Realisierung derartiger Skaleneffekte ist jedoch, dass die Transaktionen so effizient wie möglich gestaltet sind. Dies geht nur, wenn die Automatisierung alle standardisierbaren Aufgaben übernimmt. Dadurch wird es möglich, Informationen (zum Beispiel Online-Beratung) zeitnah für den Internet-User anzubieten, wodurch der Absatz gefördert wird.

4.4.2 Usability und Navigation

Die Usability bezieht sich auf das Erscheinungsbild des Online-Shops und seine Bedienbarkeit. Hier besteht in der Regel großer Nachholbedarf. Es ist ratsam, die Bedienbarkeit der eigenen Website mit denen der Mitbewerber zu vergleichen und dabei insbesondere zu testen, mit wie vielen Klicks der Kunde an das gewünschte Ziel kommt. Für den Nicht-Pure-Online-Händler stellt sich zusätzlich die Frage, ob und in welchem Ausmaß er das Erscheinungsbild seines Online-Shops dem seiner Versandkataloge sowie dem seiner stationären Geschäfte angleichen sollte. Dabei kann das Eye Tracking helfen. Wird dieses zur Analyse des Benutzerverhaltens auf Internet-Seiten eingesetzt, lassen sich beispielsweise folgende Fragen beantworten (Fischer 2009, S. 471 ff.; Schulz 2007, S. 1):

- Was wird auf der Bildschirmseite von den Usern wahrgenommen?
- Welche Betrachtungsdauer haben einzelne Websites und einzelne Teile innerhalb einer Seite?
- Wie oft und wie lange erfasst der Internet-User bestimmte Inhaltsbereiche mit seinem Blick?
- Welche Bereiche lesen die Nutzer intensiv und welche werden nur schnell überflogen?
- Werden nur Überschriften bzw. Teaser oder auch ganze Inhalte gelesen?

Die aus diesen Fragen gewonnenen Erkenntnisse werden im Rahmen der Web Usability von erfolgreichen Online-Händlern umgesetzt. Deren Websites zeigen, dass sie sich für ihre Besucher interessieren. Dabei geht es für den Kunden weniger darum, unkonventionelles Design zu bewundern, sondern vielmehr darum, eine bestimmte Information zu finden, ein Anliegen schnell zu erledigen oder ein Produkt zügig und unkompliziert einzukaufen (Fischer 2009, S. 471 ff.; Schulz 2007, S. 2). Das erfordert vom Online-Händler eine Vermeidung von Hindernissen, Wartezeiten und Einarbeitungserfordernissen. Die diesbezüglich immer noch häufig anzutreffenden zehn Usability-Fehler sind in Abb. 4.19 dargestellt.

Im Rahmen der Usability ist das Navigationssystem insbesondere aufgrund der Selbstbedienungsorientierung für einen Online-Shop sehr wichtig. Es sollte in jedem Fall dem Besucher die folgenden Fragen beantworten (Schulz 2006a, S. 1):

- Wo bin ich – auf der Website/im gesamten World Wide Web?
- Wo war ich – welchen Weg habe ich hinter mir?
- Wo kann ich hingehen – mit welchen Klicks gelange ich zum Ziel?

Aktuelle Untersuchungen zeigen, dass über 50 % der Internet-User zunächst auf eine untergeordnete Seite („deep link“) einer aufgerufenen Website gelangen, da die Suchmaschine sie dahin verwiesen hatte. Zentrale Bedeutung haben deswegen folgende Orientierungshilfen (Schulz 2006a, S. 1):

Die zehn wesentlichen Usability-Fehler

Schlechte Lesbarkeit: Zu kleine Schrift und schlechte Kontrastierung

Ostereierlinks: Kein farblicher Unterschied des angeklickten Links

Flash-Seiten: Web-Seiten als Farbfernsehwerbungsersatz

Texte web-unspezifisch: Trockene Beschreibungen und Werbesprüche

Untaugliche Suchfunktionen: Website-interne Suchmaschine findet Produkte nicht

Fehlende Filterfunktionen: Kunde kann Produkte nicht bedürfnisgerecht finden

Formularterrorismus: Pflichtfelder und undynamische Formulare

Fehlende Kontaktdaten: Telefonnummer und Firmenadresse nicht auffindbar

Starre Layouts: Layouts mit fester Auflösung und fixiert programmierter Seitenbreite

Nicht vergrößerbare Bilder: Bildern als Haptikersatz wird nicht Rechnung getragen

Abb. 4.19 Die zehn wesentlichen Usability-Fehler. (Quelle: In Anlehnung an Fischer 2009, S. 504 ff.)

- Das Logo in der oberen linken Ecke verweist auf die Homepage.
- Ein Klick auf das Logo sollte von jeder Website auf die Homepage führen.
- In der oberen rechten Ecke jeder Seite sollte ein Suchfeld sein.
- Ein Breadcrumb-Pfad sollte anzeigen, wo der Kunde sich innerhalb der Seite befindet.

Mittlerweile ist es möglich, mithilfe der 3D-Animation den Online-Shop sehr nahe der Realität des stationären Geschäftes anzugleichen und dabei den Kunden einen empfohlenen Einkaufsvorgang zu vermitteln (Immersion).

4.4.3 Shop-Konzeption und -Visualisierung

Im Online-Shop kann der Kunde das Produkt nicht sehen, fühlen und riechen, was höchste Ansprüche an Web-Design und Layout stellt (Lindo 2009, S. 59). Dies gilt vor allem für mobile Internetnutzer, die sich bald in der Mehrheit befinden werden. Herausragende Bedeutung im Rahmen der Shop-Konzeption hat die Warenpräsentation (Mahrdt 2010, S. 84). Dabei sind auch unterstützende Funktionalitäten wichtig, damit der Kunde gut das gesuchte Produkt findet (Mahrdt 2010, S. 85 ff.):

- **Suchen und Filtern:** Die Suchfunktion gehört mittlerweile in einem Shop zur Basisausstattung. Neben einer „attributisierten Suche", die Key-Wörter oder Schlagwörter anzeigt, können auch beratende oder konstruierende Kataloge Hilfestellung geben. In jedem Fall sollte aber eine Filterfunktion implementiert werden, die sich an den

Bedürfnissen der Kunden orientiert und verschiedene Parameter wie zum Beispiel Farbe, Größe, Preis, Stil, Gebrauchsanlass oder Aktualität zur Auswahl anbietet.

- **Visualisierung:** Die ansprechende Visualisierung der Produkte ist zentraler Erfolgsfaktor eines Online-Shops. Dabei sollten alle verfügbaren Farben und Muster abgebildet werden. Aufgrund der Ladezeitenproblematik eignet sich auf Kategorienseiten eine Miniaturansicht, die bei Bedarf vergrößert werden kann.
- **Bilder und Fotografie:** Flatshot-Darstellungen mit hoher Auflösung sind heutzutage Standard. Dies führt aus betriebswirtschaftlicher Sicht häufig zu Diskussionen, da ein gutes Produktfoto schnell 50 € und mehr kostet. Hier sei aber auf den Anspruch „Flagshipstore" verwiesen und den unmittelbaren Einfluss der Bildqualität auf die Conversion Rate.
- **Zoomfunktionen:** Die Implementierung von Zoom- bzw. Lupenfunktionen sind ebenfalls erfolgskritisch. Ohne Zoomfunktion sinken vor allem bei modischen Artikeln die Abverkaufschancen dramatisch.
- **Bewegtbild:** Hier bieten sich insbesondere Videos an, die bereits im Rahmen der Shop Attraction dargestellt wurden, sich allerdings mit Blick auf die Ladezeiten anhalten und im Sound regulieren lassen sollten.
- **Flash Technology:** Dieses Tool gilt als ambivalent, denn es erschwert in der Regel die Usability des Shops. Andererseits kann es einer Website hohe Emotionalität verleihen und ist eventuell auf absolute Produkthighlights zu beschränken.
- **Augmented Reality:** Diese Technologie hilft vor allem, fehlende haptische Produkterlebnisse zu ersetzen, und entwickelt sich insbesondere im Zusammenhang mit der Smartphone-Penetration rasant weiter.

Zur Shop-Konzeption gehört auch das Texting. Im Rahmen des Texting spielt zwar in erster Linie die Qualität der Produktinformation eine herausragende Rolle, es geht dabei aber auch um die Tonalität der Ansprache und die Suchmaschinenoptimierung, die bereits in den Ausführungen zur Kundenakquisition behandelt wurde. Das Cross Selling wird durch die Mehrfachplatzierungen sichergestellt, bei dem ein Artikel gleichzeitig in verschiedenen Kategorien angeboten wird (Mahrdt 2010, S. 94–98).

4.4.4 Serviceorientierte Dialogelemente

Der Online-Kanal erweitert auch die Möglichkeiten zum serviceorientierten Dialog mit dem Kunden unter Anwendung internetbasierter Kommunikationselemente. Dabei müssen Mittel der asynchronen Kommunikation (E-Mail, Foren, Blogs) und der synchronen Kommunikation (Chat, Videokonferenzen, Co-Browsing, Internet-Telefonie, Wikis) unterschieden werden. Zum Teil eignen sich diese Tools auch zur Evaluation (zum Beispiel E-Mail-Korrespondenz und Foren). Folgende Dialogelemente sind zu nennen (Schrödter 2003, S. 87 ff.):

- **E-Mail:** Hierbei handelt es sich wohl um die am meisten genutzte internetbasierte Kommunikationsform. Wesentlicher Vorteil ist die Schnelligkeit und direkte Zustellmöglichkeit. Darüber hinaus sind die formellen Erwartungen nicht so hoch wie bei konventionellen Briefen und bauen mögliche Schwellen zur Kontaktaufnahme ab. Deswegen werden E-Mails häufig genutzt, um Kundenfeedback zu erhalten. Darüber hinaus können damit persönliche und individuell erscheinende Produkthinweise gegeben werden.
- **Forenbeitrag:** Auch der Anbieter kann sich an Foren, die eigentlich Kunden zum gegenseitigen Erfahrungsaustausch dienen, mit eigenen Beiträgen beteiligen. Dadurch werden Foren zu einer weiteren Schnittstelle im Dialog mit den Kunden. In der Regel sind die Kundenanliegen aber an Nutzergemeinschaften und weniger an den Anbieter gerichtet, sodass häufig auch keine Antworten von ihm erwartet werden. Trotzdem kann der Online-Händler jederzeit auch auf einzelne Beiträge eingehen, wie dies zum Beispiel Compaq unter Mitwirkung eigener Experten macht.
- **Chat:** Diese internetbasierte Kommunikation (engl. Plauderei) erlaubt einen Informationsaustausch in Echtzeit. Die Teilnehmer bringen sich durch Diskussionsbeiträge ein, wobei der inhaltliche Rahmen durch themenorientierte Diskussionsbereiche, sogenannte virtuelle Chatrooms, gebildet wird. Allerdings sind die Möglichkeiten der synchronen Kommunikation sehr begrenzt.
- **Videokonferenz:** Videokonferenzen über das Internet sind dort hilfreich, wo Visualisierungen erforderlich sind, um Sachverhalte und Kundenanliegen zu klären. Dieses Kommunikationsmittel kommt eigentlich dem Charakter eines realen Beratungs- und Verkaufsgespräches sehr nahe. Es setzt allerdings spezifische Software beim Kunden voraus (zum Beispiel Headset, Webcam).
- **Co-Browsing:** Das Co-Browsing macht es dem Anbieter möglich, dem Kunden seine Website aus der Distanz vorzustellen und ihn bei der Nutzung zu navigieren. Kunde und Anbieter blicken synchron auf eine identische Seite in ihrem Browser und greifen beide auf die jeweils angebotenen Seitenfunktionen zu. Dadurch spart der Kunde Zeit, es sind allerdings spezifische Software-Komponenten erforderlich.
- **Call-back:** Typische Call-back-Optionen sehen vor, dass der Kunde den Online-Händler per Online-Formular um telefonischen Rückruf bitten kann. Neben dem Namen und der Telefonnummer können in entsprechende Formularfelder auch Stichworte zum Anliegen sowie ein gewünschter Rückruftermin angegeben werden. Obwohl es sich hierbei nicht um einen eigentlichen Online-Service handelt, so wird er doch online eingeleitet. Call-back-Optionen können in der Evaluationsphase für Kunden hilfreich sein, um gezielt weiterführende Informationen zu erfragen.
- **Wiki:** Wikis bezeichnen Software-Lösungen oder Sammlungen von Websites, die von den Benutzern gelesen und auch direkt online geändert werden können. Sie ermöglichen es verschiedenen Autoren, gemeinsam an Texten zu arbeiten und so Erfahrung und Wissen kollaborativ zu erfassen (Wikipedia 2014a).

- **Blog:** Als Blog bezeichnet man ein auf der Website geführtes und öffentlich einsehbares Tagebuch oder Journal. Es ist in der Regel „endlos“, das heißt eine chronologisch sortierte Liste von Einträgen, die in gewissen Abständen unterbrochen werden. Der Blog stellt ein einfach zu handhabendes Medium dar, mit dem zum Beispiel innerhalb einer Community Aspekte des eigenen Lebens, Meinungen zu Themen oder Einkaufserlebnisse dargestellt werden. Es ähnelt dem Internet-Forum und dient dem Informations- und Erfahrungsaustausch (Wikipedia 2014b). Eine besondere Form ist der Mikro-Blog. Dabei können angemeldete Benutzer limitierte Textnachrichten (zum Beispiel 140 Zeichen bei Twitter) senden und die Nachrichten anderer Benutzer empfangen. Solche sind als „Follower“ abonnierbar. Auf der Twitter-Startseite kann man Nachrichten eingeben und die Nachrichten der Personen, denen man folgt, chronologisch sortiert sehen. Der Absender entscheidet, ob er seine Nachrichten oder den Zugang auf eine Freundesgruppe beschränken möchte (Wikipedia 2014b).

4.4.5 Pre- und After-Sales-Service

Aus Sicht der Kunden beinhaltet der Online-Verkaufsprozess vielfältige Servicebereiche (vgl. Abb. 4.20). Die dargestellten Teilprozesse von der Anbietersuche bis zur Belieferung sind mittlerweile weitgehend standardisiert, sodass eine Differenzierung nur inhaltlich erfolgen kann. Insbesondere im Bereich der Kundenpflege und des Services kann der Online-Händler sich positiv vom Mitbewerber abheben. Online-Händler können sowohl in der Vorkauf- als auch in der Nachkaufphase ihren Kunden oft erheblichen Mehrwert bieten. Dabei sollten vor dem Kauf Produkte detailliert beschrieben und möglichst multimedial dargestellt werden. Umfassendes Informationsmaterial und interessante Ergänzungen können zum Download oder als Link zu externen Informationsquellen angeboten werden. Auch besteht die Möglichkeit von Probelieferungen. Darüber hinaus sollte maximale Transparenz gewährt werden. Dazu gehört beim Bestellvorgang und auch im Vorfeld, stets die tatsächlich zu erwartenden Kosten und Preise ersichtlich zu machen. Versteckte Aufschläge oder Zusatzkosten (zum Beispiel Versandaufschlag), die dem Kunden erst bei Abschluss des Geschäftes „überraschend begegnen“, führen zur Verärgerung oder gar

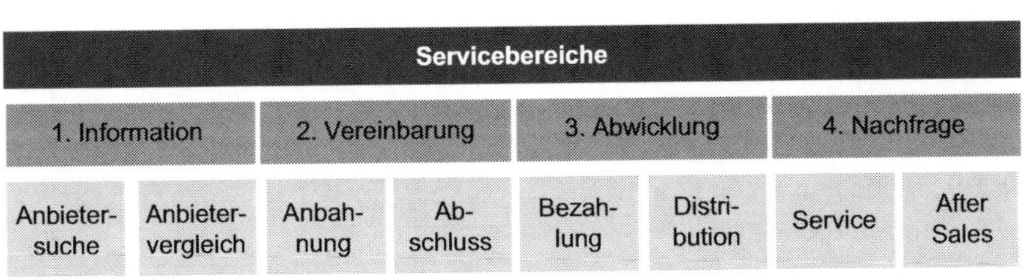

Abb. 4.20 Servicebereiche im Online-Verkaufsprozess. (Quelle: In Anlehnung an HMWVL 2007, S. 57)

Reaktanzen. Als zusätzliche Extras können in der Pre-Sales-Phase den Internet-Kunden Online-Tools zur Verfügung gestellt werden, die ihnen die Entscheidung erleichtern wie zum Beispiel Finanzierungsberatung, Wirtschaftlichkeitsberechnungen, Beantragung öffentlicher Fördergelder oder E-Learning. Für die After-Sales-Phase sollten neben Newslettern auch sämtliche Informationsmaterialien angeboten werden, die vom Kunden nachgefragt werden könnten. Dabei handelt es sich zum Beispiel um Bedienungsanleitungen oder Einbauhilfen. Technische Informationen in Form von Datenblattbibliotheken mit Datenblättern, Bedienungs- und Montageanleitungen, Übersichtstabellen oder Umrechnungshilfen, um einige Beispiele zu nennen, erhöhen die wahrgenommene Servicequalität und können auch noch nach vielen Jahren von Kunden abgerufen werden. Vor allem aber Umtauschservice, Reklamationswesen, Garantieabwicklung sowie Reparaturservice sind sehr sensible Themen im Distanzhandel, die äußerst kulant gehandhabt werden sollten. Diese sind in jedem Fall internetspezifisch in den AGB zu regeln und herauszustellen.

Auf sehr hohe Akzeptanz bei den Online-Kunden stoßen auch Online-Hilfesysteme zur Diagnose und Behebung von Fehlern. Erfolgserlebnisse bei der Selbsthilfe erhöhen die Kundenzufriedenheit und reduzieren zugleich den eigenen Aufwand. Es kann außerdem Sinn machen, den Kunden die Bestellhistorie zur Geschäftsbeziehung online zur Verfügung zu stellen. Kunden können dort aufgeführte Produkte in die aktuelle Bestellung übernehmen und einen Überblick über die getätigten Einkäufe erhalten (hilfreich zum Beispiel beim Online-Weinkauf).

4.4.6 Interaktive Zusatzfunktionen

Im Online-Shop ist eine Vielzahl von interaktiven Gestaltungselementen einsetzbar, mit denen der Prozess der Produktauswahl und -bewertung für die Kunden vereinfacht werden kann. Ihre verbindende Aufgabe ist es, Empfehlungen zu geben, Alternativen darzustellen und Lösungsvorschläge anzubieten. Der Kunde hat den Nutzen, dass sich sein Zeitaufwand bei der Produktauswahl verringert und sich die Qualität des Auswahlprozesses erhöht. Folgende Selektionshilfen und Evaluationsmöglichkeiten sind denkbar (Heinemann 2014b; Schröder 2005, S. 57 ff.):

- **Vorschlaglisten:** Der Anbieter kann dem Kunden eine engere Auswahl von bewährten Produkten vorschlagen und damit den Kreis der Wahlmöglichkeiten eingrenzen. Dabei bietet sich an, auf den „Suggested Lists" die gängigsten Artikel für verschiedene Produktbereiche/Kategorien aufzuführen. So stellt Amazon zum Beispiel in den Kategorien Bücher und CDs sogenannte „Empfehlungen der Redaktion" für verschiedene Interessengebiete zusammen. Das vermittelt den Kunden zusätzlich den Eindruck, dass sich auf den Seiten des Online-Händlers Fachleute oder auch „Gleichgesinnte" mit den Kundeninteressen auseinandersetzen.
- **Checklisten und Einkaufslisten:** Bei vielen Anwendungen ist es auch denkbar, mehrere Produkte eines Anbieters oder anderer kompatibler Anbieter in Kombination

einzusetzen. In derartigen Fällen ist es möglich, entsprechende Listen zusammenzustellen, die dem Kunden einen Überblick über die benötigten Komponenten geben (Checklisten) und zugleich eine Vorselektion geeigneter Artikel vornehmen (Einkaufslisten). Maggi (www.maggi.de) stellt den Nutzern seiner Website verschiedene Kochrezepte zur Verfügung im Zusammenhang mit den eigenen Produkten. Hornbach (www.hornbach.de) stellt Material- und Werkzeuglisten für spezifische Do-it-Yourself-Anwendungen ins Netz.

- **Bestsellerlisten:** Der Anbieter zeigt auf Bestsellerlisten in regelmäßigen Abständen und in jeweils aktualisierter Form seine meistverkauften Produkte nach Themenbereichen, Bedürfnissen, Anwendungen oder Problemstellungen. Der gezeigte Verkaufserfolg der Produkte stellt dabei einen Anhaltspunkt für die Kunden dar.
- **Collaborative Filtering:** Hierbei wird die Darstellung von Produkten und Leistungen mit Hinweisen und Links auf andere Produkte oder Leistungen versehen, die Käufer des gerade begutachteten Artikels auch erworben haben. Bei diesem auch intensiv von Amazon genutzten Tool gehen die Anbieter davon aus, dass ähnliche Gebrauchsmuster und Vorlieben von Kunden vorliegen und potenzielle Kunden durch entsprechende Informationen nützliche Hinweise auf Waren erhalten, die für sie möglicherweise interessant sind. Auch entsteht hierdurch bereits der Eindruck einer gewissen Individualisierung.
- **Produktbewertungen von Kunden:** Dieses Tool beinhaltet die aktive Mitwirkung von Kunden. Dazu müssen auf der Website entsprechende Dialogelemente zur Artikelbewertung integriert sein. Die derartige Einbindung von Kunden kann auch positive Effekte für die Kundenbindung haben. Zugleich wird ein wichtiger Mehrwert für den Anbieter geschaffen, da die Bewertung zumindest mit der Angabe von Name und E-Mail-Adresse des Bewertenden verbunden ist. Bei der Bewertung hat sich das Fünf-Sterne-System als Bewertungsskala durchgesetzt, das auch von Amazon genutzt wird. Häufig können neben der Beurteilung durch Sterne auch Kommentare in Textform abgegeben werden. Darüber hinaus besteht zunehmend die Möglichkeit eines persönlichen Erfahrungsaustausches in Corporate Blogs, in denen unterschiedlichste Themenbereiche im Zusammenhang mit dem Produkt diskutiert werden können, was aber eine unabhängige und authentische Berichterstattung voraussetzt.
- **Ratings:** Immer mehr Anbieter bieten den Nutzern die Möglichkeit, ihre angebotenen Artikel im Rahmen eines sogenannten Ratings auf einer Werteskala zu beurteilen. Dabei werden in der Artikelanzeige jeweils die Anzahl der abgegebenen Wertungen sowie die Durchschnittsnote dargestellt, wodurch sich der potenzielle Kunde relativ schnell ein erstes Bild von der Produktqualität machen kann.
- **Rezensionen und Erfahrungsberichte:** Vom Kunden verfasste Rezensionen in Form von kritischen Beurteilungen oder Erfahrungsberichten geben potenziellen Kunden die Gelegenheit, sich ein differenzierteres Bild über ein Produkt zu machen. Derartige Stellungnahmen besitzen einen hohen Grad an Glaubwürdigkeit und werden deshalb ebenfalls häufig in Artikelanzeigen mit eingebunden. Gerade für Online-Händler bieten sich Rezensionen und Ratings an, da diese in der Regel eine große Auswahl von

Produkten anderer Hersteller vertreiben und auch negative Bewertungen nicht unbedingt auf das eigene Image ausstrahlen.

- **Expertenmeinungen:** Möglichkeiten zur Produktempfehlung bieten auch Hinweise bzw. Darstellungen von Testberichten und Empfehlungen unabhängiger Dritter, also Experten. Dazu zählen auch Institutionen wie zum Beispiel Stiftung Warentest, Verbraucherschutzorganisationen und/oder Fachzeitschriften. Compaq stellt zum Beispiel auf seiner Website (www.compaq.de) eine Übersicht mit derartigen Expertenaussagen zur Verfügung. Auch Amazon zeigt zum Beispiel bei Musik-CDs Rezensionen von Redakteuren bekannter Fachmagazine.
- **Produktgegenüberstellungen:** Hiermit kann dem Kunden der Produktvergleich erleichtert werden. So bietet Hewlett Packard (www.hp.com) ein Tool an, mit dem der Kunde die wichtigsten Eckdaten von drei frei wählbaren Artikeln einer Kategorie in Tabellenform auf einer Seite gegenüberstellen kann.
- **Konfigurationen:** Falls ein Produkt in mehreren Varianten oder Ausführungen (zum Beispiel Farbkombinationen oder Zusatzausstattungen) aus verschiedenen Komponenten kombiniert werden kann, bieten sich Konfigurations-Tools an, die auch als „konstruierende elektronische Kataloge" bezeichnet werden. Vorteilhaft an diesem zunehmend von Bekleidungshändlern und -herstellern wie zum Beispiel Tailor Store (www.tailorstore.com) angebotenen Instruments ist, dass der Kunde das Produkt nach seinen individuellen Wünschen relativ zeiteffizient selbst am PC konfigurieren bzw. zusammenstellen kann und dabei unmittelbar das Ergebnis seiner Arbeit sieht. Dabei bietet sich auch an, dass der Kunde parallel den Preis des Produktes kalkulieren kann, so wie inzwischen bei fast allen Autoanbietern möglich („Car Configurator").
- **Bedürfnisanalysen:** Dieses Instrument können Anbieter nutzen, um den Bedarf beim Kunden abzuklären und zu erforschen, welche Artikel oder Leistungen aus seinem Sortiment für die Bedarfsdeckung geeignet sind. Dazu werden auf den Websites entsprechende Dialogelemente eingesetzt, mit welchen die Rahmenbedingungen und Präferenzen des Kunden erfasst werden können. Es handelt sich um eine Art Eignungsbewertung, die der Anbieter vornimmt, um eine Vorselektion für seine Produkte anbieten zu können. Dabei kommt die web-basierte Bedürfnisanalyse dem Charakter eines realen Verkaufs- und Beratungsgespräches relativ nahe, denn auch hier ist ein gewisses Maß an Vertrauen in die Kompetenz des Anbieters erforderlich. In vereinfachter Form findet die Bedürfnisanalyse bei der Internet-Automobilbörse „Automobiles.com" (www.automobiles.com) Anwendung. Eine detailliertere Bedürfnisanalyse findet sich beim „Skincare Advisor" auf der Website des Schweizer Kosmetikherstellers Juvena (www.juvena.com). Dieser legt Angaben wie Alter, Hauttyp, Hautproblem und bevorzugten Pflegeaufwand seiner Produktempfehlung zugrunde.
- **FAQ-Listen:** Bei FAQ-Listen handelt es sich um eine übersichtliche Auflistung häufig gestellter Fragen („Frequently Asked Questions"), die um entsprechende vom Anbieter formulierte Antworten ergänzt werden. Auch sie können als Selektions- und Evaluationshilfe angesehen werden, soweit sie sich auf die Produkte und Leistungen des Anbieters beziehen. Es kann durchaus vorkommen, dass sich durch FAQ-Listen

der Aufwand einer persönlichen Anfrage für den Nutzer erübrigt und damit auch die Wartezeit auf eine Antwort entfällt. In anderer Richtung profitiert natürlich auch der Online-Händler von der reduzierten Anzahl zu bearbeitender Kundenanfragen sowie von der Information, die indirekt in den Fragen enthalten ist.

- **Tags:** Bei der Speicherung von Daten in Dateien bezeichnet Tag eine Meta- oder Zusatzinformation (zum Beispiel Schlagwörter in Form von Karteireitern), die einer Datei angefügt wird, um sie auf einer anderen Website durch bloßes Anklicken jederzeit zu finden und direkt dorthin gelangen zu können. Dabei werden neben den zu speichernden Daten zusätzlich Informationen zum Beispiel über deren Ursprung oder Verwendungszweck abgelegt (Wikipedia 2014c). So bietet das ID3-Tag etwa in Musikdateien Informationen über Name, Genre, Interpret etc. an. Für Bilddaten ist das Tagged Image File Format (TIFF) gängig. Weiterhin gibt es zur zusätzlichen Auszeichnung von beliebigen Daten EXIF.

Viele der dargestellten Selektionshilfen greifen auf Kundendaten zurück. Auch für die Kundenbindung, die ja gerade im Online-Handel herausragende Bedeutung hat, ist es äußerst dienlich, Kundenwünsche aufzugreifen und zu erfüllen.

4.5 Scale-oriented Customization and Personalization als Erfolgsfaktor Nr. 4

Die Online-Kunden erwarten eine gezielte und personalisierte Bedürfnisbefriedigung. Dies geht mit dem Trend zur Individualisierung einher. Die Fülle an Informationen über die Kunden und damit das Wissen über deren Verhalten, Bedürfnisse und Eigenschaften können mittlerweile relativ einfach für individualisierte Marketingmaßnahmen verwendet werden. Eine Möglichkeit, sich vom Wettbewerb abzugrenzen, Marktanteile dauerhaft zu sichern und zugleich in stärkere Interaktion mit den eigenen Kunden zu treten, liegt zweifelsohne in der Individualisierung von Marketingelementen, die in Verbindung mit der Internet-Technologie unter den Begriffen Crowdsourcing, Mass Customization oder Open Innovation diskutiert wird. Abgesehen von der Individualisierung zeichnet sich der Online-Handel aber vor allem durch einen Zuwachs an „Einzelkundenorientierung mit einzigartiger Behandlung“ aus. Die damit einhergehende Bezeichnung „One-to-One-Marketing“ signalisiert bereits die Realisierung einer „Eins-zu-Eins“-Beziehung mit dem Kunden. Die technischen Möglichkeiten in Verbindung mit dem Internet erlauben es, dem zunehmenden Trend zur Individualisierung bei den Endverbrauchern durch innovative Marketingmaßnahmen Rechnung zu tragen. Zugleich wird es möglich, über Crowdsourcing Unternehmensleistungen an Kunden zu externalisieren, wofür „User Generated Content“ das Paradebeispiel ist. Basis bildet aber die personalisierte Beratung.

4.5.1 Personalisierte Beratung

Da im Online-Handel die persönliche Komponente des sozialen Austausches fehlt, sollte als Kompensation eine internetbasierte Beratung angeboten werden. Hierbei gibt es zahlreiche Möglichkeiten, die Online-Kunden individuell zu unterstützen und sie auf Produkte aufmerksam zu machen, die auf ihre Bedürfnisse abgestimmt sind. Vor allem im Online-Fashion-Handel werden kundenbezogene Hilfestellungen wie Figur- und Problemzonenberatungen eingesetzt. Ferner kann Beratung auch über die Empfehlungs- und Bewertungssysteme anderer Kunden eingesetzt werden, in dem sie ihm einen ersten Eindruck vom Produkt verschaffen. Aber auch virtuelle Verkäufer, sogenannte Avatare, die auch zur Bekleidungssimulation nutzbar sind, können eingesetzt werden (Rathgeber und Weining 2008, S. 78 ff.):

- **Kundenbezogene Hilfestellungen** bezeichnen jegliche Angebote in Form von Beratungsleistungen durch den Online-Händler wie zum Beispiel Figur-, Typ-, Stil-, Problemzonen-, Farb-, Styling- oder Konfektionsgrößenberatung. Diese sind danach zu unterscheiden, ob sie eine Weiterleitung zum individuell abgestimmten Produkt vorsehen oder nicht.
- **Persönliche Produktempfehlungen:** Bei diesem Instrument geht es darum, dass die Kunden jeweils individuell zugeschnittene Produktvorschläge erhalten, die nicht selten in personalisierten Einstiegsseiten eingebunden sind. Voraussetzung ist allerdings, dass individuelle Kundendaten aus bereits getätigten Käufen vorliegen bzw. gesammelt wurden oder ein vom Kunden hinterlegtes Interessenprofil vorhanden ist. Dabei kann ein relativ hohes Maß an Personalisierung des Angebots erreicht werden. Die Kundenidentifikation erfolgt entweder automatisch aufgrund bereits hinterlegter Daten (sogenannte Cookies) oder über ein Login des Kunden.
- **Avatare mit Verkaufsfunktion** sind künstlich animierte Figuren, die in der digitalen Welt eigentlich als Stellvertreter der eigenen Person eingesetzt werden (zum Beispiel im Second Life), jedoch auch als Beratungselement ihren Einsatz finden können. Dabei werden auch Synonyme wie „virtueller Agent", „Bot", „Lingubot" oder „Chatterbot" gebraucht (Rathgeber und Weining 2008, S. 80). In der eher unpersönlichen virtuellen Welt sollen Avatare dem E-Shop eine menschliche Note verleihen mit Funktionen wie in Abb. 4.21 dargestellt.
- **Avatare zur Bekleidungssimulation** haben keine Verkaufsfunktion, sondern ermöglichen „virtuelle Anproben". Dieser sieht die Abstimmung gewisser persönlicher Eigenschaften wie zum Beispiel individuelle Einstellungen von Haut-, Haar- und Augenfarbe vor. Zudem können verschiedene Kleidungsstücke miteinander kombiniert werden, was mit einer rein fotographischen Darbietung von Produkten in der Regel nicht möglich ist.
- **Hochladen eines Selbstportraits** wird von einigen Internet-Anbietern auch zur Produktpräsentation eingesetzt. Dabei kann die Darstellung des Produktes direkt „am Kunden" erfolgen, wodurch auch die Identifikation des Kunden mit der Ware erhöht wird.

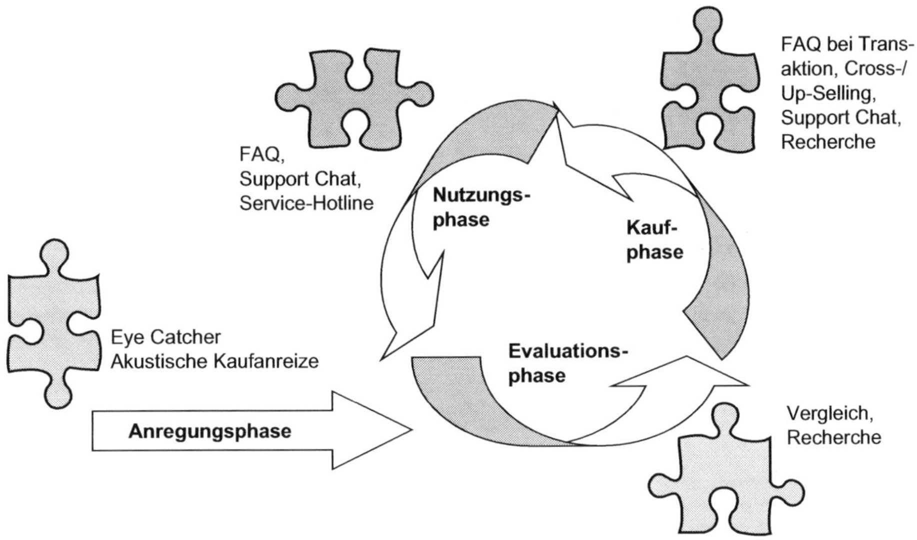

Abb. 4.21 Einsatzfelder für Avatare im Online-Handel. (Quelle: Rathgeber und Weining 2008, S. 81)

Avatare bilden eine Schnittstelle zum Nutzer und führen den Kunden als Navigator durch die Websites. Darüber hinaus unterstützen sie den Internet-User durch den kompletten Kaufprozess hindurch, wobei sie auch zusätzliche Kaufanreize geben, Fragen beantworten (Support Chat) oder auch erweiterte Angebote präsentieren können (Cross/Up-Selling). Gewöhnlich verstehen Avatare natürliche Sprache und sind in der Lage, Fragen in Echtzeit zu beantworten.

4.5.2 Individualisierte Angebote

Die personalisierte Angebotsgestaltung erfordert die Integration von Produkt, Prozess und Kunde (vgl. Abb. 4.22). Insofern sind Kunden und Partner auch in den Prozess der Leistungserstellung mit einzubinden. Von der Interaktion zwischen Online-Händler und -User profitieren beide Seiten. So erhält der Kunde durch das individualisierte Angebot einen höheren Produktnutzen, während der Online-Händler eine nachhaltige Wertsteigerung seines Angebotes sowie mögliche Effizienzgewinne durch die Ausgliederung von Funktionen an Partner erzielt (Booz-Allen & Hamilton 2000, S. 88). Je intensiver der Dialog zwischen dem Online-Händler und seinen Kunden ist und je mehr dieser über seine Kunden und ihre Kaufgewohnheiten erfährt, desto zielgerichteter kann er für sie Produkt- und Servicepakete zusammenstellen. Von der Einbindung in die Prozesse profitiert der Online-Kunde mehrfach. Zum einen ermöglicht ihm die interaktive, leicht zu navigierende Benutzerführung in der Vorkaufphase einen schnellen und nachvollziehbaren Überblick über das Leistungsprogramm. Zum anderen kann der Kunde durch individuelle Gestaltung von Produktparametern das Angebot wunschgemäß zusammenstellen und gleichzeitig seinen

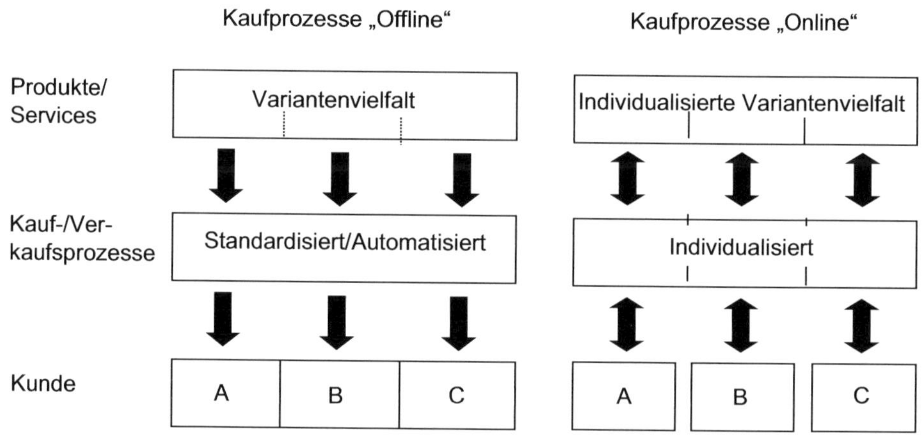

Abb. 4.22 Individualisierte Online-Kaufprozesse. (Quelle: In Anlehnung an Booz-Allen & Hamilton 2000, S. 88)

Endpreis bestimmen. Außerdem wird er auf weitere Angebote seines Interessengebietes oder auf ergänzende Produkte hingewiesen. Auch sollte der Käufer durch übersichtliche Nutzerführung bis zum Abschluss der Transaktion, also bis zur Bezahlung, begleitet werden. Dabei werden ihm idealerweise auch Finanzierungsmöglichkeiten dargelegt (Booz-Allen & Hamilton 2000, S. 90). Diesbezüglich ist es möglich, dem Online-Kunden individuelle Preismodelle und Zahlungsmöglichkeiten anzubieten. Von Auskunftsdateien (zum Beispiel Creditreform) angebotene, differenzierte Scoring-Modelle lassen die Bonität der Kunden anhand des Namens und der Adresse beurteilen und ermöglichen kundenbezogene großzügige Rückgabe- oder Zahlungsmodalitäten, die auch zur Vertrauensbildung und Treue beitragen. Es ist aber auch möglich, scheinbare „Risikokunden“ durch flexible Angebote an das Unternehmen zu binden, wenn diese zum Beispiel nur die „falsche Adresse“ haben. Sind die Kunden persönlich bekannt, sollte eine Teilbelieferung durch eine eins-zu-eins–kalkulierte Risikobegrenzung erwogen werden, was vor allem bei von anderen Unternehmen abgewiesenen „Risikokunden“ zu einer extrem hohen Loyalität führt (HMWVL 2007, S. 38 ff.). Die Individualisierung des Kauferlebnisses sollte Produktangebot und -auswahl einschließen. Denkbar ist zum Beispiel, einem Weintrinker während seines Online-Einkaufs zum Weinkauf auch einen Korkenzieher oder dem Liebhaber einer bestimmten Sorte auch einmal einen anderen Wein zur Probe anzubieten. Darüber hinaus ermöglicht die Auswertung der Kundendaten, dem Kunden Literatur zu einem bestimmten Weinanbaugebiet oder einer Reihe von Gerichten, zu denen ein bestimmter Wein passt, anzubieten. Das individualisierte Angebot kann dem Kunden über einen persönlich gestalteten Shop dargeboten werden. Dabei können wiederholt nicht nachgefragte Warengruppen ausgeblendet sowie eine auffällige, kreative Herausstellung der Kernabteilungen erfolgen. Nach diesem Prinzip würde sich auch verbieten, einen überzeugten Rotweintrinker, der seit Jahren keinen Weißwein bestellt hat, mit Weißweinwerbung zu bombardieren und damit zu nerven.

4.5.3 Mass Customization

Mass Customization bezeichnet die Erstellung von individualisierten Gütern und Leistungen mit der Effizienz vergleichbarer Massenangebote. Hintergrund ist, dass Einzelfertigungen in der Regel die Preisbereitschaften der Kunden sprengen und deswegen auch bei einer Individualisierung Preisschwellen eingehalten werden können. Die Informationen, die im Zuge des Individualisierungsprozesses erhoben werden, dienen dem Aufbau einer dauerhaften, individuellen Beziehung zu jedem Abnehmer (Reichwald und Piller 2009, S. 53). Die Definition von Piller weist aufgrund der starken Fokussierung des Konsumentenbedürfnisses und der Konkretisierung der Kostendimension eine hohe Praxisrelevanz auf. Hinsichtlich der Prinzipien von Mass Customization sind neben der schon beschriebenen Produktindividualisierung sowie Massenproduktionseffizienz auch die Kundenintegration (Prosumentenfunktion) sowie stabile Prozesse und Produktarchitekturen von zentraler Bedeutung. Die Entwicklung vom Konsumenten zum Prosumenten durch „interaktive Wertschöpfung" ist erst durch die Internet-Technologie möglich geworden (Unterberg 2008, S. 203), wobei das Prinzip der Kundenintegration auch im Rahmen des Consumer Generated Advertising wirksam wird. Das Kriterium „stabiler Lösungsraum" schließlich besagt, dass die Prozess- und Produktarchitekturen fixiert und damit standardisiert sein müssen (Reichwald und Piller 2009, S. 226 ff.). Der Erfolg der Online-Händler, die Mass Customization betreiben, beruht auf der individualisierten Bedürfnisbefriedigung der Konsumenten, die ein qualitativ hochwertiges, individualisiertes Produkt zu einem mit Standardprodukten vergleichbaren Preis wünschen (Reichwald und Piller 2009). Umgekehrt hat die Mass Customization in Verbindung mit den Möglichkeiten der Internet-Technologie und der daraus erwachsenden „interaktiven Wertschöpfung" zweifelsohne den entscheidenden Auftrieb erhalten. Wesentliches Ziel der Mass Customization ist dabei, sich vom Wettbewerb abzugrenzen, Marktanteile dauerhaft zu sichern und zugleich in stärkere Interaktion mit den eigenen Kunden zu treten. Dabei wird sowohl Zusatznutzen für die Endkunden als auch für die Unternehmen geschaffen. Denn nach dem Prinzip des Open Source kann externes kreatives Potenzial aktiviert werden. Bei Anbietern wie zum Beispiel Spreadshirt (T-Shirts) oder Sellaband (eigene Musik) kann der Konsument nach dem Prinzip des Open Investment auch zum Produzenten werden und seine Produkte über die Plattform vermarkten.

Mass Customization und die durch diese möglich gewordene Produktindividualisierung liegt im Trend, wie verschiedene Studien zeigen. So wies die „Deutsche Delphi- Studie" bereits 1998 auf die wachsende Bedeutung von Mass Customization hin (Fraunhofer 2008). Eine Studie von Gartner aus dem Jahre 2001 zeigt in einem CRM-Trend-Ranking das Thema Mass Customization bereits auf dem dritten Platz (4managers 2008). Und die jüngste Studie von Förster & Kreuz aus dem Jahre 2003, in der 546 Praktiker zu diesem Themenkreis befragt wurden, führt aus, dass 50 % der Befragten bereits das Konzept Mass Customization kennen und immerhin 34 % schon einmal davon gehört haben (Förster 2003, S. 133).

Die Individualisierung von Produkten ist allerdings keine Innovation. So besteht schon seit vielen Jahren die Möglichkeit, beispielsweise Handtücher bestickt zu bestellen. Innovativ ist jedoch der Ansatz, dies über einen Online-Shop einer breiten Masse von Endkunden anzubieten und in das bestehende Sortiment einzubauen. Ein weiterer Ansatz ist der Online-Vertrieb ausschließlich individualisierter Produkte, wie ihn zum Beispiel Spreadshirt für Bekleidung und Accessoires anbietet. Dieser Trend wird unterstützt von der mittlerweile fast flächendeckenden Anbindung mit breitbandigen Internet-Anschlüssen in Verbindung mit Flatrates, die die Übertragung hoher Datenmengen rund um die Uhr möglich machen. So sind Online-Applikationen für eine hochauflösende Auswahl von Druckmotiven oder Schriftformen und die Versendung für die meisten Haushalte kein Problem mehr. Individualisierung bietet sich aber nicht nur für „Pure Online-Händler" als Serviceerweiterung an. Auch Multichannel-Händler profitieren von dieser Option. So kann die Kundenbindung am Point of Sale deutlich erhöht werden. Für den Handel sind aber zwei zentrale Herausforderungen zu lösen, nämlich die Zeit und die Menge:

- **Herausforderung Zeit:** Im Distanzhandel sind Konsumenten über die Jahre an immer kürzere Lieferzeiten gewöhnt worden. Diese müssen auch bei individualisierten Produkten berücksichtigt werden. Zeitvorteile werden grundsätzlich über räumliche Nähe zum Endkunden sowie Schnelligkeit in den Prozessen erreicht. Dies stellt Vertreiber vor Herausforderungen: Die Produktion findet zunehmend außerhalb des deutschen bzw. europäischen Absatzmarktes statt. Zeitvorteile können nur durch teurere Luft- statt Seetransporte eingekauft werden. Aus diesem Grund sollte der Individualisierungsschritt nachträglich bei den bereits produzierten und im Absatzmarkt zur Verfügung stehenden Produkten erfolgen. Im Gegensatz zu einem Hersteller oder vertikalisierten System muss der Online-Händler deswegen tendenziell auf eine Individualisierung in der Funktionalität des Produktes verzichten (zum Beispiel Verwendungszwecke) und sich eher auf gustative bzw. visuelle Eigenschaften beschränken (zum Beispiel Design, Farben, Muster). Dadurch rückt die Vorproduktion von Rohlingen oder Komponenten in den Fokus, die auf Lager vorgehalten werden müssen.
- **Herausforderung Menge:** Die zweite Herausforderung bei der Individualisierung von Produkten liegt in der Mengenplanung. In der Regel erreicht die Menge der zu individualisierenden Produkte keine kritische Masse, sodass sich für Händler Investitionen in eigene Technik meist nicht amortisieren. Eine Alternative bietet der Einkauf von Veredelungsleistungen. Die Schwierigkeit liegt vor allem darin, geeignete Anbieter zu finden, die auch bei sehr unkonkreten Mengenprognosen in der Lage sind, konkurrenzfähige Preise anzubieten. Die Menge der zu individualisierenden Produkte ist, gerade zu Beginn, nur sehr schwer planbar. Da Individualisierung aber im mittleren Preissegment, in dem der Druck durch das untere Preissegment sehr hoch ist, einen echten Wettbewerbsvorteil darstellt, bleibt hier nicht viel Spielraum. Darüber hinaus sind herkömmliche Dienstleister meist nur auf das Customizing einer bestimmten Materialart bzw. Produktgruppe beschränkt, wie zum Beispiel Textilien.

4.5.4 Open Innovation

„Prosumenten" erwarten zunehmend eine stärkere Einbeziehung in den gesamten Wertschöpfungsprozess und sind bereit, dies zu honorieren, wie threadless.com und spreadshirt.com bewiesen haben.

Grundlage des Wertschöpfungsprozesses ist dabei ein Co-Designprozess zur Definition der individuellen Leistung in Interaktion zwischen Anbieter und Endkunden, der auch als Open Innovation bezeichnet wird (Reichwald und Piller 2009, S. 51 ff.). Der entscheidende Unterschied zur bisherigen Mass Customization liegt in der Einbeziehung des Kunden zu einem früheren Zeitpunkt, das heißt bereits vor Fertigungsbeginn. Wie Abb. 4.23 zeigt, kann der Grad der Kundenintegration unterschiedlich ausgeprägt sein. Ähnlich wie beim Consumer Generated Advertising kann der Kunde dabei bereits in die Ideengenerierung mit einbezogen werden. Hinsichtlich der Ansatzpunkte zur Produktindividualisierung sind je nach Zeitpunkt der Kundenintegration drei Konzepte des Co-Designprozesses zu unterscheiden:

- **Development to order (Engineer to order):** Dies ist die höchste Form der Wertschöpfungsintegration mit Integration des Kunden in die Produktentwicklung. Dabei werden individuelle Neukonstruktionen realisiert, sprich klassische Einzelfertigungen, die jedoch aus Firmensicht effizienzgetrieben sind.

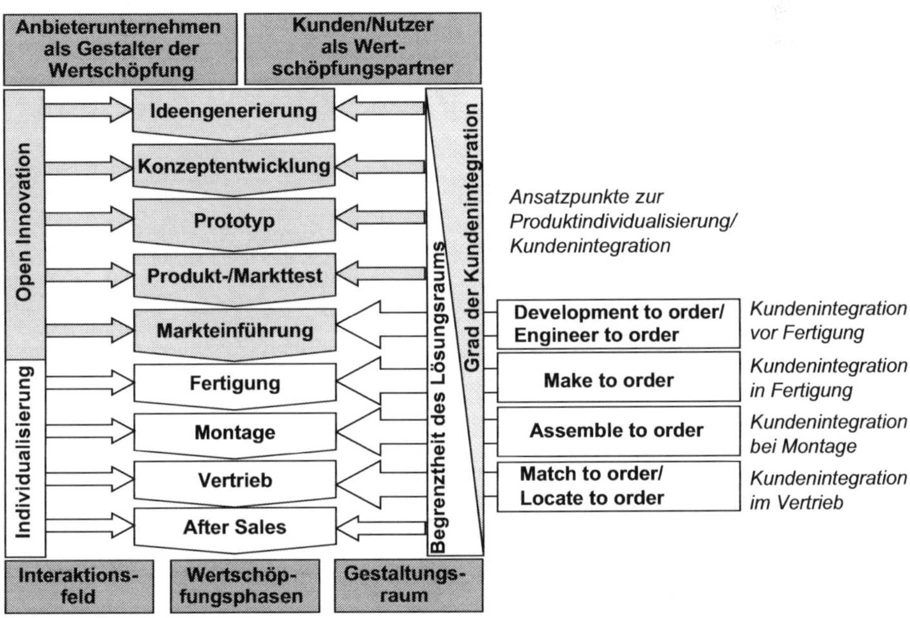

Abb. 4.23 Abgrenzung der Open Innovation. (Quelle: Reichwald und Piller 2009, S. 52)

- **Assemble to order und Make to order (Built to order):** Der optimale Punkt der Kundenintegration wird für die Produktindividualisierung genutzt, wobei ein Eingriff in die Aktivitäten der Fertigung erfolgt („Sonderwünsche"). Bei auftragsbezogener Fertigung von Standardwaren findet allerdings keine Integration des Kunden statt. Typisches Beispiel für diesen Ansatzpunkt der Produktindividualisierung stellt die Produktkonfiguration dar.
- **Match to order und Locate to order (Soft Customization):** Kundenintegration erfolgt erst in nachgelagerten Wertschöpfungsstufen, wobei ein Interaktionstool Wünsche in einem Spektrum von Standardleistungen sammelt und zuordnet. Diese Form der Produktindividualisierung basiert nicht auf Fertigung, sondern auf Tätigkeiten im Vertrieb und Kundenservice.

Für den klassischen Händler, der nicht vertikalisiert ist und damit keinen Einfluss auf die Fertigung und der Fertigung vorgelagerten Stufen der Wertschöpfung nehmen kann, bietet sich ausschließlich die Soft Customization, also das Match to order und Locate to order an.

4.5.5 Skalierbares Crowdsourcing im Online-Handel

Crowdsourcing bezeichnet die Externalisierung von Unternehmensleistungen an Kunden, was häufig auch zur Aussage „Vom Internet zum Outernet" führt. Dies betrifft zwar einerseits neue Geschäftsmodelle im Bereich der Mass Customization und Open Innovation wie u. a. bei Nike iD mit integrierter Kamera, bei denen die Kunden ihre Produkte selbst gestalten und damit typische Unternehmensfunktionen übernehmen. Andererseits ist mit dem Crowdsourcing aber auch ein „kostenentlastender Effekt" zu beobachten, wenn Blogger und Community-Mitglieder zum Beispiel Serviceanfragen untereinander selbst beantworten. Diesbezüglich hat es sogar einen positiven Einfluss auf die Kundenzufriedenheit, wenn der Online-Kunde unmittelbar und selbst zum gewünschten Ergebnis kommt. Die Übergänge von Kommunikationsinstrumenten zu Selbstbedienungsfunktionen sind fließend und aus Kundensicht nicht unterscheidbar. Gibt zum Beispiel der Internet-User eine Anschriftenkorrektur in ein Web-Formular ein, ist es für ihn ohne Bedeutung, ob dies eine automatische Datenbankänderung zur Folge hat oder lediglich eine E-Mail an den zuständigen Sachbearbeiter erzeugt. Die Automatisierungsmöglichkeiten in der Abwicklung des Online-Handels eröffnen gerade im interaktiven Zusammenspiel mit den Kunden sogenannte Self-Service-Funktionalitäten auf der Website. Diese machen es möglich, dass der Kunde selbst Transaktionen mit dem Unternehmen abwickelt, ohne dass ein Verkaufsmitarbeiter aktiv werden muss.

Grundproblem bei der Nutzung solcher Self-Service-Module ist die Benutzerführung, die oftmals komplizierter ist als ein schneller Anruf im Callcenter. Die sich daraus ergebende Ablehnung des Self-Service kann aber durch Anreizsysteme überwunden werden. Es gilt die Daumenregel, dass die Höhe der Anreize umgekehrt proportional zu der Nutzungsfrequenz sowie proportional zu der Komplexität der Aufgabe ist. Folgende Anreizbeispiele für die Nutzung der Self-Service-Funktionalität lassen sich nennen (Laue 2004, S. 81):

- 24/7-Verfügbarkeit des Internet vs. Callcenter,
- kostenlose Kontoführung oder Brokerage-Konditionen,
- geringere Versandkostenpauschalen,
- nur im Internet exklusiv verfügbare Artikel,
- Sonderpreise für ausgewählte Produkte im Internet,
- Vermeidung des Anrufs kostenpflichtiger Servicenummern.

Man kann aber davon ausgehen, dass vor allem dann für den Informationsaustausch ein dauerhafter Anreiz gegeben werden sollte, wenn der Kunde die Self-Service-Module nicht mindestens einmal pro Woche nutzt. Die Erfahrung zeigt, dass gewerbliche Kunden höhere Nutzungsfrequenzen haben als private Kunden. Private Kunden geben die Transaktionsvereinfachung (zum Beispiel Online-Banking) sowie weitergehende Produktinformationen als Nutzungsgrund an, wie in Abb. 4.24 dargestellt ist. Ein Teil der Nutzer wird aber auch stets Self-Service-Funktionen ohne explizite Anreize nutzen. Es ist deswegen wichtig, die Erfahrungswerte für diese konstanten Nutzer zu sammeln, um die Kosten für Anreizsysteme den Einsparpotenzialen gegenüberzustellen. Die Frequenzsteigerungen können beträchtlich sein. Durch Entfall der Versandkostenpauschale werden erfahrungsgemäß die Transaktionszahlen um ein Vielfaches erhöht. Im Einzelfall sollte aber jede Maßnahme noch einmal nachkalkuliert werden (Laue 2004, S. 87).

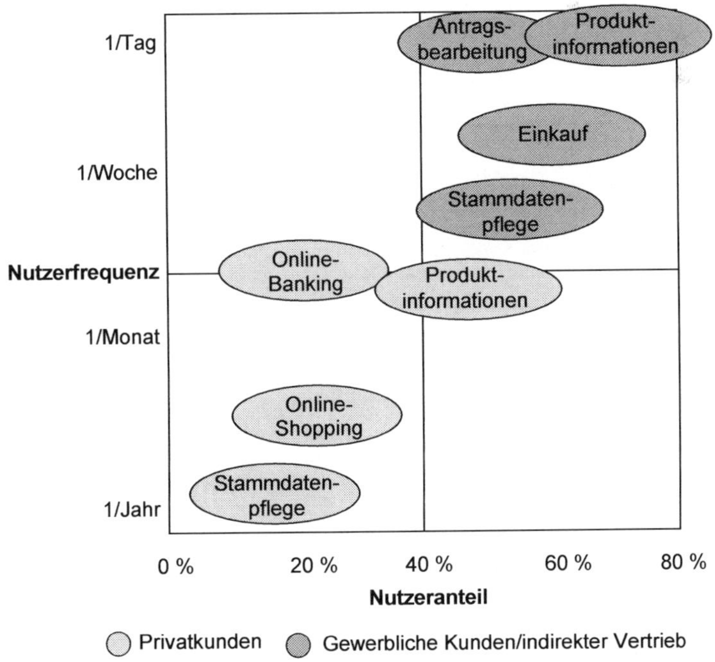

Abb. 4.24 Typisches Online-Nutzungsverhalten ohne Anreize. (Quelle: Laue 2004, S. 87)

4.5.6 Persönliches Kunden-Feedback

Das Internet bietet hervorragende Möglichkeiten, Kundenwünsche zu erfragen und zu erkennen. Dementsprechend lassen sich durch Feedback-Formulare und/oder Online-Befragungen Kundenzufriedenheiten und Verbesserungspotenziale ermitteln. Diesbezüglich sollte unbedingt auf die Befragung hingewiesen werden, um einen hohen Response zu bekommen. Für Web-Umfragen stellen mittlerweile mehrere Marktforschungsanbieter Systeme zur Verfügung, die in die eigene Webpräsenz eingebunden werden können. Über Zugangscodes (TAN) kann die Teilnahme offen gesteuert und durch Einladungs- bzw. Erinnerungs-E-Mails gefördert werden.

Da über potenzielle Kunden noch keine umfassenden Informationen vorliegen, bietet sich an, alle Daten, die aufgrund jeglicher Art von Interaktionen mit den Internet-Usern anfallen, zu sammeln und auszuwerten (zum Beispiel Anfragen, Newsletter, Beschwerden). Die Speicherung der Daten kann automatisiert erfolgen und zur Erstellung sogenannter Kundenprofile genutzt werden. Dazu sollten zusätzlich auch externe Daten über den Markt, die Mitbewerber sowie Präferenzen bestimmter Käufergruppen gesammelt werden, um ein exaktes Bild der Zielgruppe zu erhalten. Im Data Warehouse können dann alle Daten systematisiert und gespeichert werden, die bisher durch Interaktionen angefallen sind. Dort werden dann sowohl die externen Daten als auch die internen – durch Automatisierung generierten – Daten zusammengeführt. Daraus entsteht mit der Zeit ein Datenpool, der durch den Einsatz von Data-Mining-Methoden für Werbemaßnahmen genutzt werden kann, wodurch dann das Database-Marketing zum Einsatz kommt (Kollmann 2013). Mithilfe von Web-Umfragen gewonnene Daten können auf dem Webserver analysiert werden, wobei dann jeder Abruf vom Webserver in Protokolldateien (Web-Log) gespeichert und nach verschiedensten Fragestellungen ausgewertet werden kann (Web-Mining). Die Online-Befragung stellt aber nur eine unter vielen möglichen Methoden der Datenerhebung dar. Wie Abb. 4.25 zeigt, bedient

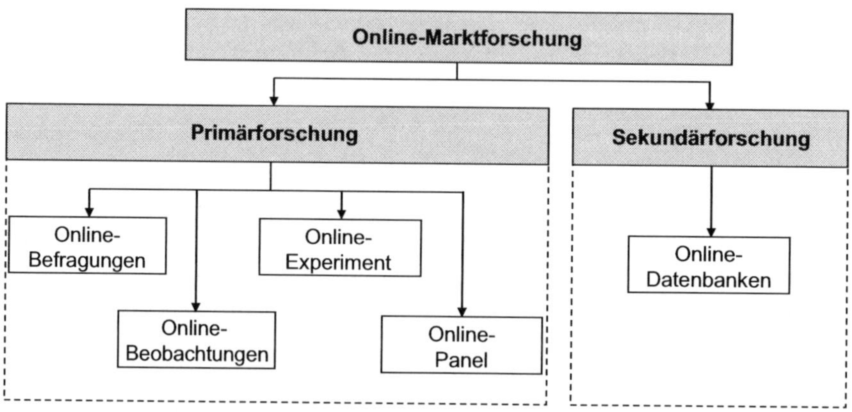

Abb. 4.25 Methoden der Online-Marktforschung. (Quelle: Kollmann 2013)

sich die Online-Marktforschung prinzipiell der gleichen Erhebungsformen wie in der klassischen Marktforschung, weist jedoch aufgrund der Transaktionsart erhebliche Effizienzvorteile auf (Kollmann 2013). Außerdem bieten zahlreiche Online-Datenbanken umfassendes Informationsmaterial an, das weit über die klassischen Möglichkeiten der Sekundärforschung hinausgeht. Neben Datenbanken stehen zudem Suchmaschinen, Mailinglisten, Kataloge, Informationsseiten sowie Rankings jeglicher Art zur Verfügung.

Kostenlose Traffic-Rankings für die meistbesuchten Websites in den verschiedensten Produktkategorien liefert zum Beispiel Alexa (alexa.com – „The Web Information Company"), eine Tochtergesellschaft von Amazon, die auch unterschiedlichste Kennzifferanalysen anbietet. Folglich stehen für den Online-Händler mehr als genug Tools zur Verfügung, um Kunden-Feedback einzuholen. Besondere Bedeutung erlangt dabei die „Online-Beobachtung", die den Einsatz von Tracking Tools beinhaltet. (Lammenett 2006, S. 28 ff.; Kollmann 2013). Außerdem liegen zahlreiche internet-spezifische Kennziffern vor, die regelmäßig überprüft werden können und auch sollten. Dazu zählen beispielsweise die Anzahl der abgerufenen Seiten (Page Impressions) sowie die Anzahl der Besuche (Visits). Darüber kann eine Analyse des Surf-Ablaufs (Click Stream) Auskunft über Probleme der Navigation geben. Dabei zeigt eine Auswertung der Vorgängerseiten, welche Wege zum Angebot bevorzugt werden oder welche Suchbegriffe verwendet werden und über welche Werbewirkung Banner und Suchmaschinenwerbung verfügen. Oftmals stellt der Internet-Service-Provider in professionellen Nutzungsangeboten Basisauswertungen zur Verfügung, wenn die Website nicht selbst betrieben wird (Web-Hosting). Das Web-Mining kann aber auch an spezialisierte Dienstleister (ASP-Modell) wie eTracker, Intares, HotTracker oder Netstat ausgelagert werden. Das selbst betriebene Web-Mining erfordert ein gewisses Verständnis der eingesetzten Konzepte und Methoden. Die entsprechende Software (zum Beispiel Mescalero oder Clicktracks) ist je nach Version aber schon ab 100 € erhältlich (HMWVL 2007, S. 67 ff.).

4.6 System and Supply Chain Excellence als Erfolgsfaktor Nr. 5

Zentrale Erfolgsvoraussetzung im Online-Handel sind schlagkräftige Systeme, welche die schnellstmögliche Abwicklung der Kundenaufträge sicherstellen (Cycle Time Reduction). Wesentliche Herausforderung besteht diesbezüglich in der maximalen Automatisierung einerseits (IT- und Systemmanagement) und zugleich kanalspezifischen Sicherstellung der optimalen und effizienten Arbeitsabläufe/Prozesse andererseits (Supply Chain Management). Dies erfordert ein strategisches Konzept für den IT-Einsatz, das sich unter dem Aspekt der Skalierbarkeit eng an die Wachstumsziele des Online-Shops anlehnt. Insofern kommt auch der Auswahl des richtigen Shop-Systems eine Schlüsselrolle zu.

4.6.1 Höchstmöglicher Automatisierungsgrad

Die Kunden kommunizieren im Online-Kanal über eine Software-Schnittstelle mit dem Unternehmen. Die Wichtigkeit der Informationstechnologie (IT) und ihrer Infrastruktur zeigt sich in deren Entwicklung von einem unterstützenden Bereich hin zu einer Kernfunktion, die in alle Wertschöpfungsstufen und -prozesse integriert ist. Damit wird der IT-Einsatz zu einer zentralen Erfolgsvoraussetzung auch für den Online-Handel. Die sofortige Datenübertragung aller anfallenden Daten des Verkaufsprozesses erfordert eine zeitgleiche Benutzer- und Bedürfnisanalyse, die Anhaltspunkte über Probleme bei der Durchführung einer Transaktion geben kann (Kollmann 2013). Dies spricht dafür, die umgehende Datenübertragung an möglichst vielen Stellen durch nutzerübergreifende Automatisierungen zu ermöglichen. So wird nicht nur der reine Abverkauf auf Unternehmensseite unterstützt, sondern ebenfalls der Kaufvorgang auf Kundenseite vereinfacht. Amazon und sein „1-Klick-Kauf" sind bestes Beispiel dafür, wie durch Automatisierung auch die wahrnehmbare Servicequalität steigen kann. Anhand der Aktivierung des „1-Klick-Buttons" kann der Internet-User sämtliche Einzelschritte, die normalerweise im Kaufprozess üblich sind, für alle zukünftigen Einkäufe umgehen. Dadurch wird der Einkauf aus Kundensicht erheblich vereinfacht und beschleunigt, und der Online-Händler kann das Risiko minimieren, den Kunden durch Hindernisse im Verkaufsprozess vom Kauf abzuhalten (Kollmann 2013).

Aber nicht nur der zeitliche und personelle Aufwand lässt sich durch Automatisierung verringern, sondern es können zugleich auch Qualitätsvorteile durch Fehlervermeidung realisiert werden. Durch die effiziente Abwicklung der Transaktionen lässt sich außerdem der Verkauf steigern, obwohl die Verkaufsabteilung entlastet wird. Dies setzt aber eine Standardisierung der Transaktionen voraus, um sie unabhängig von Zeitpunkt und Anzahl professionell managen zu können sowie ein größeres Transaktionsvolumen zu erlauben, ohne dass die Verkaufskosten steigen. Dabei handelt es sich um typische Skaleneffekte („Economies of Scale"). Voraussetzung für die Realisierung derartiger Skaleneffekte ist jedoch, dass die Transaktionen so effizient wie möglich gestaltet sind, dass also die Automatisierung alle standardisierbaren Aufgaben übernimmt. Dadurch wird es möglich, Informationen (zum Beispiel Online-Beratung) zeitnah für den Internet-User anzubieten, wodurch der Absatz gefördert wird. Damit ist dann das wesentliche Ziel, das mit der Automatisierung des Verkaufsprozesses und seiner Teilprozesse (zum Beispiel Informationssuche, Bestellvorgang, Bezahlung, Produktauslieferung) verfolgt wird, erreicht (Kollmann 2013). Buch.de nutzt zum Beispiel die Automatisierung auch weitgehend im Rahmen der Verkaufsförderung. So wurde in 2007 ein E-Mail-System eingeführt, mit dem der Workflow und die Benutzerfreundlichkeit bei der Erstellung von Mailings effektiver gestaltet werden können. Dieses E-Mail-System wurde in das Warenwirtschaftssystem und die Online-Shops integriert. Dabei ist es möglich, dass durch die Eingabe eines kurzen Artikelcodes die Newsletter-Redakteure die gesamten Produktinformationen aus dem jeweiligen E-Shop bzw. ERP-System direkt in die E-Mail importieren. So werden Name und Beschreibung des Artikels, Bild, Preis sowie URL automatisch übernommen. Ein einheitliches Newsletter-Design, das einmalig eingerichtet wurde, stellt die Formatierung aller versendeten Newsletter sicher (Schwarz 2008, S. 43).

Automatisierung, Vereinfachung und Beschleunigung des Einkaufs sind mit gewissen Gefahren verbunden. Die Umgehung von Einzelschritten durch die einmalige Aktivierung des „1-Klick-Buttons" beispielsweise erleichtert auch den Missbrauch der User Accounts, wenn andere Personen Zugriff auf die fixierten Einstellungen haben. Derartige Gefahren und eine gewisse Sensibilisierung auf Kundenseite in Hinblick auf die „Tücken des Einkaufs im Internet" (Fründt 2008) beeinflussen maßgeblich die Risikowahrnehmung der Internet-User und damit das Sicherheitsimage des Online-Händlers. Angesichts der Anonymität im Internet sowie der weltweiten Zugriffsmöglichkeit fragen sich immer mehr Kunden, ob der Anbieter –insbesondere, wenn er noch nicht sehr bekannt ist – seriös ist. Das Sicherheitsimage des Online-Händlers wird damit zunehmend zu einem zentralen Erfolgsfaktor. Dies wird maßgeblich von der aktuellen Risikowahrnehmung der Kunden sowie deren Einschätzung in Hinblick auf Bezahlsicherheit und -flexibilität, Datenschutz sowie Rechts- und AGB-Sicherheit bestimmt (Kollmann 2013).

4.6.2 Optionale Internationalisierbarkeit

Die scheinbare Grenzenlosigkeit des Web legt den Schritt ins Ausland nahe. Allerdings ist diesbezüglich eine Vielzahl von Aspekten zu beachten. Um ein Geschäftsmodell im Online-Handel erfolgreich internationalisieren zu können, sollte neben der Sprachvielfalt und der internationalen Kompatibilität der eingesetzten Systeme eine Reihe von grundlegenden Voraussetzungen erfüllt sein. Dazu zählen u. a. die hinreichende Nachfrage im Zielmarkt sowie die positiven legalen und regulativen Rahmenbedingungen (Leybold 2010). Geschäftsmodelle können Merkmale aufweisen, die in unterschiedlichen Ländern zu legalen oder regulativen Problemen und Konflikten führen und damit die Internationalisierung behindern. Zentrale Voraussetzung für eine Auslandsexpansion ist vor allem eine ausreichende Online- und Offline-Infrastruktur. Was im Heimatmarkt nur noch eine untergeordnete Rolle spielt, kann bei einer Internationalisierung in weniger entwickelten Märkten zum Problem werden. Dies betrifft insbesondere die Zahlungssysteme, die eine ausreichende Verbreitung aufweisen müssen, oder die Feindistribution bzw. Endlogistik, für die zumindest professionelle Dienstleister zur Verfügung stehen sollten (Leybold 2010). Auch wenn es bei der Umsetzung einer Internationalisierung eine Reihe von Möglichkeiten gibt, so ermöglicht das Internet heute insbesondere eine starke Zentralisierung mehrerer Länderorganisationen an einem Standort. Dies stellt eine vorteilhafte Alternative zu einer dezentralen Auslandsexpansion dar, die durch einen hohen Ressourcenaufwand und komplexe Prozesse eher nicht mit dem Prinzip der Skalierbarkeit vereinbar ist (Leybold 2010).

4.6.3 Schnelligkeit und Effizienz

Im Zuge der fortschreitenden „Wikinomics" verliert die vertikale Integration zukünftig an Bedeutung zugunsten der Fokussierung auf die eigentlichen Kernkompetenzen der Internet-Unternehmen (Tapscott 2008, S. 14). Online-Händler sind angesichts des veränderten Marktumfeldes sowie der Kundenerwartungen an Zeit und Kosten unausweichlich dazu gezwungen, einerseits die Effektivität zu erhöhen und andererseits nachhaltige Effizienzschübe zu realisieren, um den anstehenden Herausforderungen standzuhalten. Diesbezüglich kommt zum Beispiel im Online-Handel der Geschwindigkeit der innerbetrieblichen Entscheidungs- und Arbeitsabläufe eine Schlüsselrolle zu. Der „traditionelle" Händler muss begreifen, dass vor allem kundenorientierte Geschäftsprozesse und uneingeschränkte Kundenorientierung Erfolgsvoraussetzung Nr. 1 im Online-Handel sind. Schnelligkeit, Transparenz und Serviceorientierung sind allerdings Themen, die in der „Servicewüste Deutschland" häufig erst noch gelernt werden müssen.

Dieser Anspruch ist nur erfüllbar, wenn durch eine prozessorientierte Neuausrichtung die Organisation schlanker, schneller und schlagkräftiger ausgestaltet wird. Hinzu kommt der Anspruch an eine kompromisslose Kundenorientierung, die infolge der drastisch verkürzten Kundenreaktionszeiten Grundvoraussetzung für die Wettbewerbsfähigkeit ist und die Basis für Wachstumsdynamik bildet. Die durch radikale Prozessoptimierungen hervorgerufene Reduzierung der Durchlaufzeiten kann erwiesenermaßen Effizienzverbesserungen zwischen 20 % und in einzelnen Fällen sogar über 60 % bewirken. Das ergibt sich u. a. aus erhöhter Lagerumschlagsgeschwindigkeit, Produktivitätssteigerung, Bestandsabbau sowie deutlicher Minimierung von Nicht-Verkaufsaktivitäten (Management Engineers 2008). Doch gelingt dieser Kraftakt nur, wenn nicht nur die Kostenstrukturen, sondern ebenfalls das gesamte Geschäftssystem auf die Anforderungen im Online-Handel getrimmt werden. Gerade in „traditionellen" Einzelhandelsunternehmen sind immer noch deutliche Ineffizienzen in Prozessen und Strukturen zu finden. Unzureichende Verzahnung der Kernprozesse, suboptimale Regelungen von Verantwortlichkeiten sowie strukturell bedingte Verzögerungen deuten in der Regel auf umfangreiche Verbesserungspotenziale hin.

Im Rahmen der kundenorientierten Neuausrichtung sind alle Kernprozesse nach Zeit-, Qualitäts- und Kostenaspekten infrage zu stellen. Ziel ist es, sich auf die Kernfunktionen zu fokussieren, um so auf Kosten- sowie Umsatzseite Wettbewerbsvorteile zu erzielen. Die Prozessoptimierung hat „spitz" entlang der Kernprozesse in Marketing/Logistik, Zentrallagerlogistik, Distribution/Verteilung sowie Retrodistribution zu erfolgen. Diesbezüglich müssen alle Prozessabläufe auf ihren erfolgskritischen Kern hin untersucht und neu ausgerichtet werden. Barrieren, die eine reibungslose und effiziente Leistungserstellung verhindern, sind zu beseitigen. Dabei sind Sachbarrieren (zum Beispiel unzureichende WWS-Instrumente), Prozessbarrieren (zum Beispiel fehlende WWS-Prozessverantwortung) und Kulturbarrieren (zum Beispiel mangelnde Teamkultur) zu unterscheiden.

Im Gegensatz zum bisherigen Verständnis des Komplexitätsmanagements geht es bei der Komplexitäts-Performance nicht um die bloße Reduzierung der Komplexität, sondern die Bewältigung der „nicht reduzierbaren Komplexität". Während dem „Lean Thinking" noch die Überlegung zugrunde liegt, die Komplexität um jeden Preis reduzieren zu müssen, um damit die Komplexitätskosten zu senken, löst sich der Komplexitäts-Performance-Ansatz von diesem Postulat. Er nimmt die Tatsache als gegeben hin, dass die Geschäftswelt immer komplexer wird und die immer differenzierteren Marktanforderungen nur mit einer immer höheren Komplexität erfüllbar sind. Die neuen Möglichkeiten der Netzwerkorganisation („virtuelle Organisation") befähigen allerdings Unternehmen auch dazu, diese Komplexität zu bewältigen und trotz steigender Komplexität oder sogar gerade deswegen erfolgreich zu sein (Zentes et al. 2004, S. 295 ff.).

4.6.4 Prinzip der Skalierbarkeit

Je zentralisierter die Internationalisierbarkeit erfolgen kann, je höher der Automatisierungsgrad ist und je weniger Komplexität die Systemlandschaft aufweist, desto skalierbarer ist das Geschäftsmodell. Dies ist insbesondere aufgrund der hohen Fixkostenintensität im E-Commerce erfolgskritisch für eine Rentabilisierung (Diekmann 2012a, b). Nicht nur in der Auslandsexpansion erfordert die Skalierbarkeit eher zentralisierte Systeme und Organisationen, ist dort allerdings am stärksten wirksam. So werden bei der Internationalisierung zum Beispiel mit der Ansiedlung von Länderfunktionen in einer einzigen Zentrale vor allem dadurch Kosten gespart, dass Ressourcen wie Verwaltung und IT geteilt werden. Auch können Teilaufgaben abgedeckt werden, was bei einer dezentralen Organisation so nicht möglich wäre und zu einem erhöhten Koordinationsaufwand führen würde. Somit können in zentralen Systemen generell Ressourcen besser ausgenutzt und damit eher Skalierungsvorteile realisiert werden (Leybold 2010).

Tendenziell werden die Komplexität und darüber die Skalierbarkeit eines Geschäftsmodells von den folgenden drei Elementen beeinflusst, die sich aus den Geschäftsanforderungen ableiten (Heinemann 2013a; Booz-Allen & Hamilton 2000, S. 157):

- **Bestmögliche Integration** mit bestehenden Systemen, was sicherlich von der organisatorischen Einbindung des Internet-Kanals abhängt (zum Beispiel Ausgründung, Greenfield, Start-up vs. organisatorische Einbettung), jedoch so weit wie möglich eine manuelle Durchführung von Prozessen verhindern sollte („Medienbrüche"). In den Anfangsjahren der New Economy sind vor allem Internet-Unternehmen mit nicht integrierten Systemen und vielen Medienbrüchen gescheitert.
- **Maximaler Grad an Standardisierung** von Internet-Lösungen innerhalb des Unternehmens: Hierbei geht es einerseits um die Kompatibilität und damit Verknüpfbarkeit, andererseits um die Prozesseffizienz, -transparenz sowie -überprüfbarkeit. Insellösungen verhindern in der Regel den Anspruch der bestmöglichen Integration.

- **Weitestgehende IT-Abdeckung** aller Wertschöpfungsprozesse und Unterstützung. Auch hier geht es darum, Prozessabläufe ohne Medienbrüche sicherzustellen und damit die Basis für Schnelligkeit und Vollautomatisierung zu schaffen. Erfolg haben vor allem die Internet-Unternehmen, die auf die Integration im bestehenden Backoffice verzichtet haben und von der Kundenschnittstelle bis zur Produktion und Logistik eine komplett neue Systemarchitektur entwickelt haben.

Alle drei Elemente entwickeln sich schnell zu Komplexitätstreibern, wenn sie missachtet werden. Abb. 4.26 zeigt diesen Zusammenhang auf. Je weiter die erforderliche IT-Architektur auf den drei Achsen nach außen gezogen wird, umso mehr steigen die Anforderungen an die Umsetzung, was wiederum höhere Investments erfordert. Diese Anforderungen werden vor allem vom Markt und Geschäftssystem diktiert und treiben die Komplexität. Aufgrund der hohen Realtime-Anforderungen ist bei digitalisierten Produkten (zum Beispiel E-Books, Downloads etc.) auf jeden Fall eine Backoffice-Integration erforderlich. Bei klassischen Produkten (zum Beispiel Textil, Möbel etc.) sind diese Anforderungen aufgrund der zeitverzögerten Auslieferungen geringer. Allerdings steigen auch hier die Schnelligkeitsanforderungen der Kunden, sodass heutzutage mindestens eine 48-Stunden-Belieferung sicherzustellen ist. Mehr Erfolg haben die noch schnelleren Online-Händler mit einer 24-Stunden-Belieferung, was dann aber auch in jedem Fall eine Backoffice-Integration erfordert.

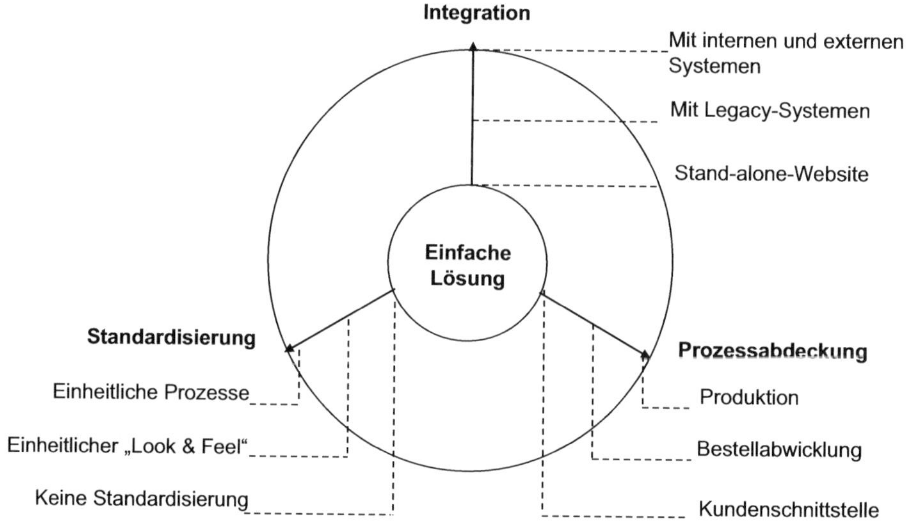

Abb. 4.26 Komplexitätstreiber der Internet-IT-Architektur. (Quelle: Booz-Allen & Hamilton 2000, S. 158)

4.6.5 Middleware und Schnittstellenlösungen

In dem komplexen Zusammenspiel mehrerer Kanäle und unterschiedlicher Dienstleister werden an unterschiedlichsten Stellen die verschiedensten Daten benötigt. Dabei handelt es sich mitunter um vertrauliche Daten, die aus Datenschutzgründen nicht allen Systempartnern gleichermaßen zugänglich sind. Insofern erfordert die Zusammenführung der verschiedenen Systeme ein Bündel an Schnittstellen, die verstanden und auch bedient werden müssen (Menzel 2012, S. 228). Der Systemverbund einer Online-Shop-Anwendung ist insofern eine komplexe Umgebung, die zu jeder der anzuschließenden Instanzen immer auch ein passendes Gegenstück erfordert. Eine derartige Anbindung kann eine Middleware bieten, die ein regelrechtes Schnittstellensortiment anbietet. Sie ist in der Lage, unvorhergesehene Änderungen in Teilfunktionen, die einen erheblichen Aufwand für die Teilsysteme bedeuten würden, aufzufangen. Dies wird dadurch abgefedert, indem die Anpassungen separat vorgenommen werden können, ohne dass der Shop am Frontend verändert werden muss. Die Schnittstellenverwaltung erfordert lediglich, dass alle Teilsysteme mit der Middleware kommunizieren, die deswegen über alle relevanten Informationen verfügen muss. Deswegen sollte die Middleware in jeder Hinsicht das führende System sein, das sämtliche Prozesse zusammenführt und koordiniert (Menzel 2012).

Durch Gleichschaltung der separierten Teilsysteme anstelle einer integrierten Lösung können Partnersysteme relativ einfach ausgetauscht werden, was auf Basis wirtschaftlicher Faktoren permanent überprüft und ggf. auch vollzogen werden kann. Dabei werden die Dienstleister austauschbarer, nicht jedoch der Betreiber der Middleware. Darüber hinaus wird die Funktionalität der Middleware der bestimmende Faktor für alle angeschlossenen Partnersysteme (Menzel 2012). Das führt auch dazu, dass vor allem Logistikdienstleister zunehmend eigene Interface-Systeme anbieten. Diese stellen dann bis auf die fest angebundenen Logistik- und Lagerverwaltungssysteme auch eine Middleware-Lösung dar, erfordern aber für den Online-Shop-Betreiber eine objektive Analyse im Vorfeld der Systementscheidung. In Abb. 4.27 ist das Prinzip der Middleware dargestellt, deren Funktionalität maßgeblich von der Strategie, Geschäftsmodell und -system sowie der Aufbauorganisation des Unternehmens abhängt.

4.6.6 Systemstrategie und Auswahl des Shop-Systems

Für die Auswahl des richtigen Shop-Systems ist zuerst zu klären, welchen Anforderungen es genügen sollte. Diesbezüglich sind in einem ersten Schritt die Zielgruppe zu analysieren. Es geht darum, die Erwartungen der Kunden in Hinblick auf Bedienbarkeit und Funktionen zu klären. Darüber hinaus ist festzulegen, in welchem Kontext der Shop verwendet werden soll. Dieser ändert sich durch die Mobilisierung des Internets und die enorme Verbreitung der Smartphones permanent. Auch ist im Rahmen der Kontextfaktoren zu prüfen, welche Anforderungen von den Produkten ausgehen. Mit zunehmender Komplexität steigt in der Regel der Flexibilitätsbedarf. Ein Produkt mit vielen Varianten

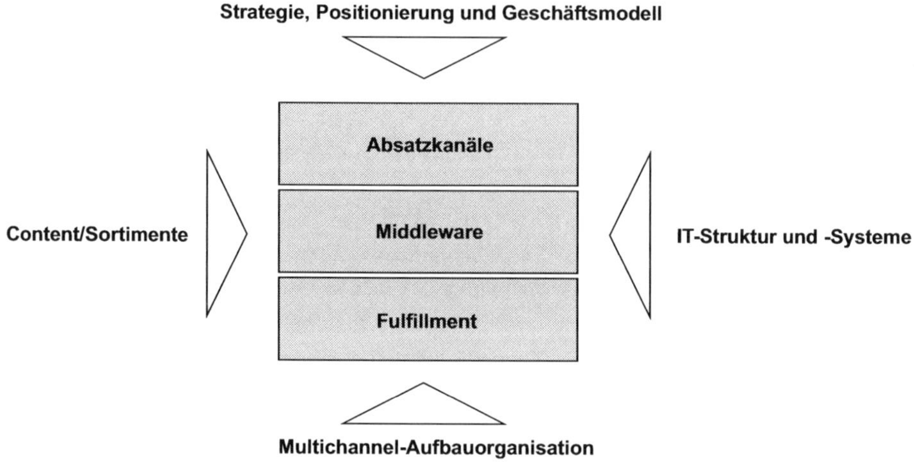

Abb. 4.27 Einbindung der Middleware in die Online-Welt. (Quelle: In Anlehnung an Menzel 2012, S. 229)

und verschachtelten Preisfindungsregeln lässt Standardsysteme schnell an ihre Grenzen kommen. Die folgenden Kriterien können zur Auswahl eines Shop-Systems herangezogen werden (Zenner 2012, S. 188):

- **Skalierbarkeit:** Die mögliche Besuchsfrequenz ergibt sich vor allem aus der Geschwindigkeit und Funktionsfähigkeit eines Online-Shops. Deswegen sollte die Anzahl der Besucher und auch der Bestellungen frühzeitig geplant werden. Darüber hinaus ist die Anzahl der gespeicherten Kategorien und Artikel festzulegen, um die Shop-Technik dimensionieren zu können.
- **Internationalisierung:** Diesbezüglich sollte der erforderliche Internationalisierungsgrad rechtzeitig definiert werden und geklärt werden, welche Sprachen und landesspezifischen Regelungen zu berücksichtigen sind. Auch ist die Frage der Differenzierung zwischen den Ländern festzulegen.
- **Merchandising:** Das Shop-System muss auch in der Lage sein, die geplanten Merchandising-Aktionen zu unterstützen. Dies betrifft Gutscheine und Rabatte, Newsletter und auch die Anbindung an soziale Netzwerke.
- **Agilität:** Die Umsetzungsgeschwindigkeit von Shop-Systemen, auch als „Time to Market“ bezeichnet, wird zunehmend wichtiger. Kleine und schnelle Anbieter können mittlerweile innerhalb weniger Wochen Angebote im Web platzieren. Dabei haben SaaS-Lösungen den Vorteil, dass Roll-outs in verschiedenen Ländern schnell durchgeführt werden können, weil eine integrierte Plattformlösung schon existiert.
- **Schnittstellen:** In der Regel wird ein Shop-System nicht als Insellösung betrieben, sondern integriert Schnittstellen zu anderen Systemen wie zum Beispiel Zahlungs- und Logistiksysteme, Warenwirtschaftssysteme oder Kassensysteme. So ist es erforderlich,

Informationen wie Lagerbestände etc. aus den verschiedenen Verkaufskanälen zu synchronisieren. Tendenziell sollten bei der Systemauswahl Standardlösungen bevorzugt werden.

- **Know-how:** Ideal ist es, wenn bereits eine Online-Abteilung existiert, die dann für die Gestaltung und die Server-Administration verantwortlich gemacht werden kann. Häufig werden aber auch der technische Aufbau und die Pflege einer kompetenten Agentur überlassen. Mietmodelle sind ebenfalls denkbar.
- **Budget:** Die Kosten für den Aufbau und technischen Betrieb des Online-Shops sind nur ein Teil der Gesamtkosten, in die auch Prozesskosten sowie Logistik- und Marketingaufwendungen einfließen. Darüber hinaus ist zu klären, ob der Shop aus bereitstehendem Kapital (KapEx) oder aus dem operativen Geschäft heraus (OpEx) finanziert werden soll (Abb. 4.28).

Alles in allem beeinflussen viele Fragestellungen und Kriterien die Auswahl des Shop-Systems. Deswegen ist eine detaillierte Analyse und Investitionsrechnung im Vorfeld entscheidend. Unabhängig davon geben aber die Betriebsgröße des Online-Shops sowie das Handelsvolumen und die Internationalität des Handelsunternehmens bereits entscheidende Hinweise für die Shop-Auswahl. Wie in Abb. 2.23 dargestellt ist, sollte die Auswahl der Shop-System-Anbieter nach Größenklassen erfolgen.

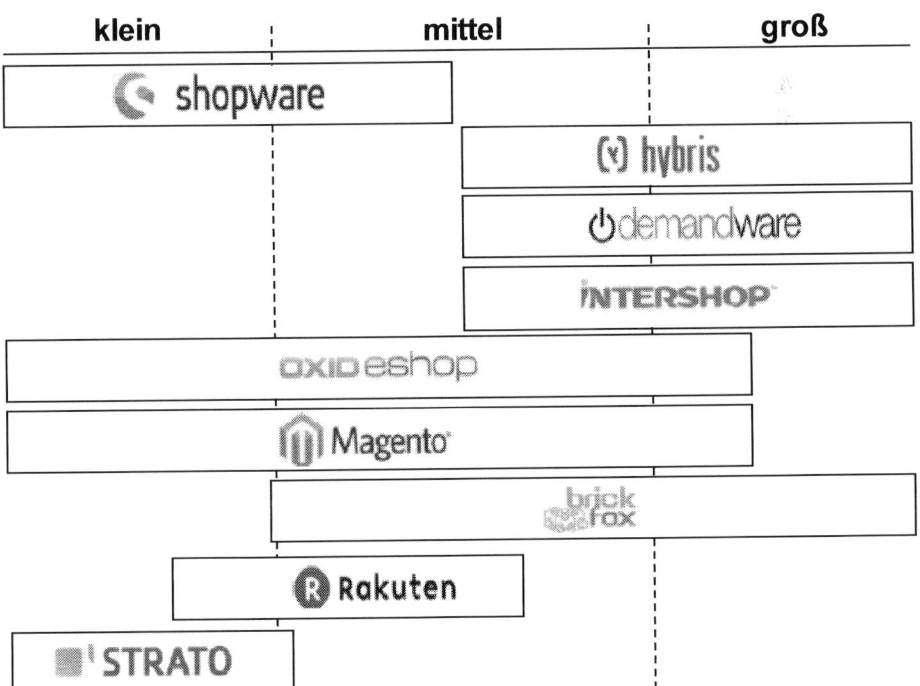

Abb. 4.28 Shop-Systeme nach Größenklassen. (Quelle: Shopmacher 2012)

4.7 Security Standard and Reputation als Erfolgsfaktor Nr. 6

Die Automatisierung, Vereinfachung und Beschleunigung des Einkaufs ist mit gewissen Gefahren verbunden. Die Umgehung von Einzelschritten durch die einmalige Aktivierung des „1-Klick-Buttons" beispielsweise erleichtert auch den Missbrauch der User-Accounts, wenn andere Personen Zugriff auf die fixierten Einstellungen haben. Derartige Gefahren und eine gewisse Sensibilisierung auf Kundenseite in Hinblick auf die „Tücken des Einkaufs im Internet" (Fründt 2008) beeinflussen maßgeblich die Risikowahrnehmung der Internet-User und damit das Sicherheitsimage des Online-Händlers (Abb. 4.29).

„Sicherheitsbedenken verhindern Transaktionen im Internet", registrierte Computerbild kürzlich. Vor allem betroffen sind Online-Shopping oder -Banking (vgl. Abb. 4.30). Immerhin 17 % aller Internet-Surfer in Deutschland unterlassen Online-Transaktionen komplett. Diese Zahlen sind Ergebnis einer repräsentativen Befragung des Instituts Aris im Auftrag des Bitkom und wurden erstmals anlässlich der Messe CeBIT 2015 in Hannover veröffentlicht. Rund 55 Mio. Deutsche ab 14 Jahren nutzen demnach zwar das Internet, doch schicken 41 % von ihnen wichtige Dokumente lieber per Post statt per Mail. Auf Online-Shopping verzichtet gut ein Viertel der Nutzer, auf die Buchung von Reisen oder Tickets fast jeder fünfte. Nur 20 % der Internet-Nutzer bekunden laut Computerbild, keine Sicherheitsbedenken bei Transaktionen im Internet zu haben (Computerbild 2015). Deswegen darf auch nicht verwundern, dass sich angesichts der Anonymität im Internet sowie der weltweiten Zugriffsmöglichkeit insbesondere bei noch nicht sehr bekannten Anbietern nach wie vor viele Kunden fragen, ob der Online-Händler seriös ist. Das Kundenvertrauen gegenüber dem Anbieter im Internet wird damit immer mehr zu einem zentralen Erfolgsfaktor. Dies wird maßgeblich von der aktuellen Risikowahrnehmung der Kunden sowie

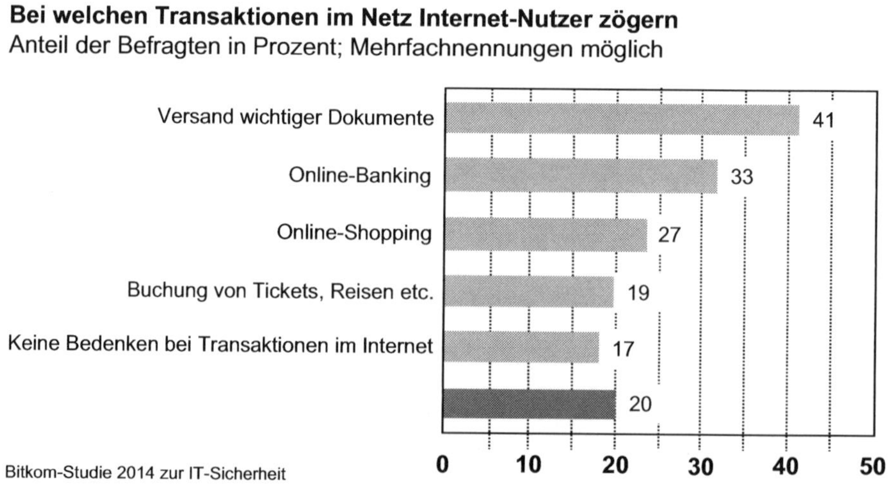

Abb. 4.29 Sicherheitsbedenken bei Transaktionen im Web. (Quelle: Computerbild 2015)

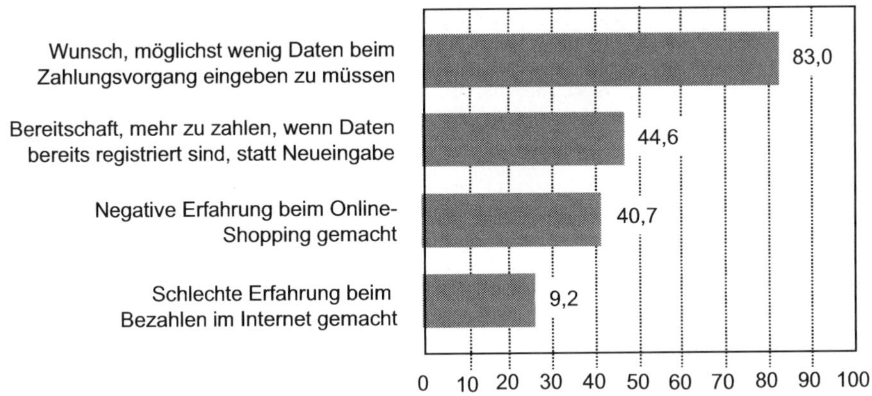

Abb. 4.30 Erwartungen und Erfahrungen beim Online-Kauf. (Quelle: Siebers 2011)

deren Einschätzung im Hinblick auf Bezahlsicherheit und -flexibilität, Datenschutz sowie Rechts- und AGB-Sicherheit bestimmt. Auch bei der Preisgabe persönlicher Daten sind die Deutschen vorsichtig (Kollmann 2013). Eine Umfrage des Statistischen Bundesamtes, bei der die Nichtkäufer im Internet nach ihren Nichtkaufgründen gefragt wurden, bestätigt die genannten Punkte. Diese machen neben dem bisher noch nicht wahrgenommenen Bedarf sowie dem Mangel an persönlicher Beratung die wichtigsten Nichtkaufgründe aus (Lochmann 2007, S. 64). Wie aus Abb. 4.31 hervorgeht, ist es für mehr als 83 % der Internet-User wichtig, möglichst wenige Daten beim Zahlungsvorgang eingeben zu müssen. Von ihnen geben 44,6 % auch an, lieber mehr Geld bei dem Händler auszugeben, bei dem sie bereits registriert sind, anstatt bei einem neuen Anbieter erneut relevante Daten eingeben zu müssen. Insgesamt haben 40,7 % der User schlechte Erfahrungen im Internet gemacht, allerdings nur 9,2 % beim Bezahlen im Internet (Siebers 2011, S. 1–2).

4.7.1 Risikowahrnehmung im Online-Handel

Eine Vielzahl unterschiedlicher Einflussgrößen wirkt auf das wahrgenommene Risiko bei Internet-Käufen. Neben den produktbezogenen wirken dabei personenbezogene Einflussgrößen, die je nach Kundentyp sehr unterschiedlich ausfallen und wirken, sowie situationsbezogene Einflussgrößen, die sich aus dem Verwendungszweck, zeitlichen Rahmen (zum Beispiel Zeitdruck) und dem Einkaufsmodus (zum Beispiel Kauf im hybriden Online-Handel) ergeben. Diese Einflussgrößen sind eng miteinander verknüpft und beeinflussen sich gegenseitig. Allerdings kann das daraus resultierende wahrgenommene Risiko völlig unterschiedlich ausfallen, je nachdem wie stark jeweils das funktionale, finanzielle, persönliche oder zeitliche Risiko wirkt (Kollmann 2013). Dieser Zusammenhang ist in Abb. 4.31 dargestellt.

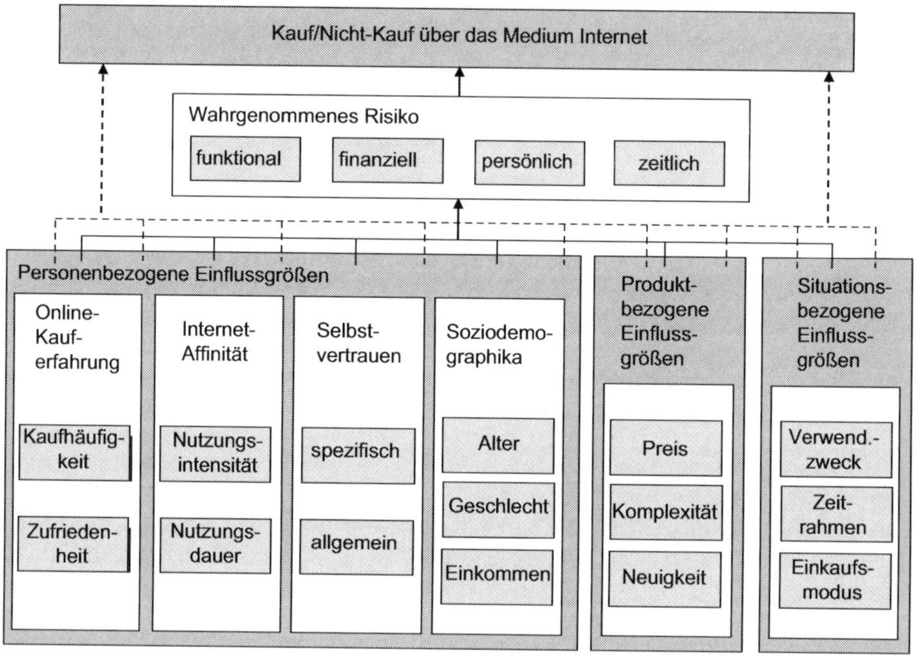

Abb. 4.31 Einflussgrößen auf das wahrgenommene Risiko bei Online-Käufen. (Quelle: In Anlehnung an Kollmann 2013)

- **Funktionales Risiko** wird beim Online-Kauf wahrgenommen, da weder Qualität noch Funktionalität eines Produktes physisch überprüfbar sind. Die einzige Möglichkeit des Online-Händlers, diesem spezifischen Informationsdefizit seiner Kunden entgegenzuwirken, besteht in der Art des Angebotes (zum Beispiel Markenware), in der Zusicherung von Rechten (zum Beispiel Umtauschmöglichkeit) sowie in der Stärkung seiner eigenen Reputation (zum Beispiel PR-Arbeit).
- **Finanzielles Risiko** besteht aus Kundensicht für den Fall der Rücksendung bzw. Reklamation von Waren oder in Hinblick auf Datenmissbrauch während der Übertragung von Kreditkartennummern, obwohl mittlerweile ausgeklügelte Verfahren zur Erhöhung der Sicherheit existieren. Hier kann der Online-Händler entgegenwirken, indem er großzügige AGB herausstellt sowie alternative Zahlungsmöglichkeiten anbietet (zum Beispiel Bankeinzug).
- **Persönliches Risiko** sehen die Internet-User vor allem in Hinblick auf den Datenmissbrauch bei persönlichen Angaben, die Kunden bei Transaktionen machen müssen. Dabei stört es Kunden insbesondere, wenn unautorisierter Zugriff auf vertrauliche Daten möglich wird (zum Beispiel Herausgabe der E-Mail-Adresse). Oberste Priorität müssen Online-Händler deswegen der Wahrung der Privatsphäre sowie Gewährleistung der Anonymität ihrer Kunden einräumen.

- **Zeitliches Risiko** sehen Kunden im Falle ausufernder Lieferzeiten, insbesondere wenn bei Geschenkkäufen Termine eingehalten werden müssen. Nicht selten kommt es bei Auftragsspitzen vor Weihnachten zu längeren Lieferzeiten als erwartet, woraus Stressfaktoren entstehen können. Hier muss der Online-Händler durch flexible Kapazitätsplanung entgegenwirken. Aber auch das zeitliche Risiko im Rahmen von Reklamations- und Umtauschaktivitäten darf nicht unterschätzt werden, insbesondere wenn Kunden gezwungen werden, sich mit schlecht erreichbaren Callcentern in Verbindung zu setzen (zum Beispiel Telekom) oder längere Distanzen bis zur nächsten Postfiliale zurückzulegen. Die Kosten der Rücksendung beinhalten dabei zusätzliche finanzielle Risiken.

Empirische Studien zeigen, dass das finanzielle Risiko den stärksten Einfluss auf die Kaufentscheidung hat. Den größten Einfluss auf die Wahrnehmung des Risikos haben Kaufhäufigkeit, Zufriedenheit sowie das spezifische Selbstvertrauen. Insofern sollten Online-Händler keine Möglichkeit ungenutzt lassen, die Kundenzufriedenheit zu maximieren (Kollmann 2013).

4.7.2 Bezahlsicherheit und -flexibilität

Die Zahl der Überweisungen vom heimischen PC steigt stetig, da sie bequem und schnell sind. Wie aus Abb. 4.32 zu entnehmen ist, liegt die Online-Quote bei Girokonten bereits bei deutlich über 55 % mit 56 Mio. Online-Girokonten (Statista Girokonten 2016). Dabei wird es für Kriminelle immer verlockender, Straftaten von zu Hause aus zu begehen. So gelten als gängigste „Abzockertricks“ die „Phishing-Mail“, das „trojanische Pferd“, der „Keylogger“,

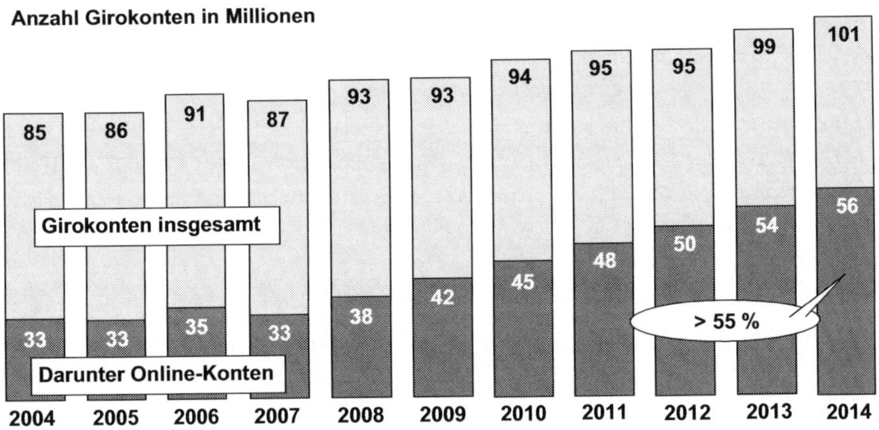

Abb. 4.32 Online-Girokonten in Deutschland. (Quelle: Statista. Girokonten 2016: Konto-Report 2015)

die gefälschte „Pharming-Web-Seite" und der „Man-in-the-Middle-Angriff", hinter denen sich unerlaubte und häufig unerkannte Fälschungen, Anschläge und Manipulationen verbergen. Am häufigsten verbreitet ist das sogenannte Phishing, also der Versuch, über eine gefälschte Internet-Seite oder massenhaft verschickte E-Mails an Daten des Internet-Nutzers zu gelangen. Allerdings haben die Banken und Verbraucher offensichtlich die nötigen Abwehrmaßnahmen getroffen, weshalb sich auch seit 2008 ein deutlicher Rückgang des Phishing abzeichnet. Statistisch ist sogar von einer Halbierung der Fallzahlen auszugehen. Tipps gibt es im Internet zum Beispiel bei www. bitkom.org. Oft schützen schon komplexe Passwörter vor Missbrauch. Wie aus Abb. 4.29 bereits hervorgeht, haben aber nur noch 9,2 % der Internet-User schlechte Erfahrungen beim Bezahlen im Internet gemacht, gegenüber 22 % in 2008 (Siebers 2011, S. 1–2). Etliche Online-Händler wollen aber auf Nummer sicher gehen und bieten Vorkasse als einzige Zahlungsmöglichkeit an (IWB 2011b, S. 26). Das ist aus Kundensicht insofern bedenklich, als dass der Zahlung bei Nichtlieferung nicht widersprochen werden kann, da aktiv bezahlt wurde. Hier sollte der Online-Händler unbedingt in seinen AGB eine entsprechend kulante Regelung herausstellen, wenn er auf Vorauszahlungen angewiesen ist. Etablierte Online-Händler bieten meistens unterschiedliche Zahlungsarten an, was auch von den Internet-Kunden gewünscht wird. Nach der neusten ECC-Studie bevorzugen knapp 20 % von ihnen den Rechnungskauf vor dem Lastschriftverfahren mit 17,4 %. Es folgen PayPal (16,1 %), Vorauskasse (14,3 %) und Kreditkarte mit 11,7 % (Siebers 2011, S. 1–2). Zur Risikovermeidung werden von speziellen Dienstleistern verschiedene Arten von Risikoprüfungen angeboten, um mögliche Gründe für Zahlungsstörungen bereits im Voraus zu erkennen und zu vermeiden. Risikokunden können dann im Sinne einer Zahlungswegesteuerung sichere Zahlungsverfahren wie zum Beispiel Vorkasse angeboten werden. Bei positiven Prüfergebnissen dagegen können dann zusätzliche Zahlungsmöglichkeiten offeriert werden (IWB 2011b, S. 26). Dennoch sind auch hausgemachte Fehler auf Unternehmensseite möglich, sodass eine gewisse Flexibilität erforderlich ist. Es kann vorkommen, dass Händler gehäufte Kundenzahlungen nicht eingeplant haben oder im Weihnachtsstress auch mal eine Buchung übersehen wird. Diesbezüglich bietet es sich an, den Geldeingang per E-Mail zu bestätigen oder entsprechende Versandinformationen zu verschicken. Auch sollten Kunden die Möglichkeit haben, beim Online-Händler jederzeit bezüglich ihrer Zahlungen nachfragen oder nachhaken zu können.

In Hinblick auf Kreditkartenzahlungen befürchten Kunden, dass es Sicherheitslücken gibt und Hacker bei Informationsübertragung Kreditkartennummern lesen und missbrauchen können. Solche Vorfälle können sehr teuer für den Internet-Käufer werden. Experten raten Online-Kunden deswegen, stets darauf zu achten, dass relevante Zahlungsinformationen ausschließlich verschlüsselt übertragen werden. Dabei werden alle Angaben mithilfe eines geheimen Schlüssels für die Übertragung unlesbar gemacht und erst wieder vom Online-Händler übersetzt. Immer mehr Käufer achten darauf, dass aus dem in der Internet-Adresse ein wird, wobei das „s" für „secure" steht. Auch wird den Internet-Usern empfohlen, auf das kleine Schlosssymbol rechts unten im Fenster zu achten.

Mit Abstand am sichersten ist und bleibt allerdings für die Online-Kunden die Zahlung per Lastschrifteinzug, da sie das Geld hier innerhalb von sechs Wochen von ihrer

Bank zurückholen lassen können. Bei den Zahlungsarten Giropay, Firstgate oder PayPal wird das Geld fast in Echtzeit gutgeschrieben, womit die Ware dann umgehend bezahlt ist und verschickt werden kann. Diese Zahlungssysteme haben sich mittlerweile etabliert und sind auch aus Kundensicht sicher, schnell und vertrauenswürdig.

4.7.3 Datensicherheit und -schutz

„Peinliche Panne bei Beate Uhse: Dem Erotikanbieter Beate Uhse ist offenbar eine pikante Datenpanne unterlaufen. Vertrauliche Kundendaten – darunter tausende E-Mail-Adressen – lagen frei im Internet für jedermann verfügbar, und das monatelang. Ein Journalist entdeckte zufällig die sensiblen Adressdaten. Mittlerweile ist der Zugriff gesperrt“ (t-online vom 2. September 2008). Die unerlaubte Weitergabe von Kundendaten ist nicht nur rechtlich problematisch, sondern hinterlässt vor allem auch gravierende Vertrauensschäden. Vielen Internet-Usern war bisher gar nicht bewusst, dass sie beim Surfen permanent Daten hinterlassen. Bei einem ganz normalen Online-Einkauf werden zum Beispiel neben Adresse und Bankverbindung in der Regel auch persönliche Daten registriert. Außerdem speichert das Online-Tracking Präferenzen der Nutzer für besuchte Websites und bevorzugte Waren. Die Kunden werden diesbezüglich aufgeklärter und realisieren, dass ihre Daten nicht löschbar sind. „Das Internet schläft nie. Zwar hat man zum Beispiel das Recht am eigenen Bild und kann kompromittierende Fotos löschen lassen. Doch was einmal im Internet ist, kann millionenfach kopiert werden und vielleicht erst in 20 Jahren wieder auftauchen“ (Breitkopf 2008, S. E3). Datenschützer raten bereits, äußerst zurückhaltend mit der Dateneingabe ins Internet zu sein. „Alles was nicht im Internet ist, kann auch nicht missbraucht werden. Am besten sehr sparsam mit der Weitergabe persönlicher Informationen sein“ (Breitkopf 2008, S. E3). Weiterhin empfehlen Experten, für jeden Zugang im Netz möglichst ein anderes Passwort zu benutzen und nicht den Namen der Freundin oder des Freundes zu verwenden. Im Zuge der allgemeinen Verunsicherung sollten Online-Händler aber nicht den Kopf in den Sand stecken, sondern in die Offensive gehen und ihre Kunden aufklären. Sie können sich die Tipps der Datenschützer auch zu eigen machen und proaktiv an ihre Kunden weitergeben. Außerdem geht es darum, vertrauensbildende Maßnahmen zu nutzen und gesetzliche Vorschriften nicht nur zu beachten, sondern auch als Chance zu begreifen. So schreibt das Telemediengesetz (TMG) dem Online-Händler vor, seine Kunden über Art, Zweck und Umfang der Erhebung von persönlichen Daten zu unterrichten (§ 13 TMG). Er muss dem Internet-User auch mitteilen, wenn er zum Beispiel seine Daten anderen Unternehmen zur Verfügung stellt. Dabei sollte die Handelsplattform eine derartige Datenunterrichtung gut sichtbar darstellen. Andernfalls besteht die Gefahr, dass der Kunde annimmt, das Online-Unternehmen gebe seine Adressen und Telefonnummern weiter und er erhalte zum Beispiel unerwünschte Werbung. Transparenz, Offenheit, proaktive Initiativen, Aufklärung und Lernfähigkeit sind Attribute, die vor allem in dem sensiblen Bereich der Kundendaten zur Normalität des Online-Händlers gehören sollten.

4.7.4 Angriffspunkte und technische Lösungen im mobilen Internet

Die mobile Nutzung von Kommunikationstechniken erfordert eine entsprechende Sicherheit im Mobile Commerce, die über den „normalen" Online-Handel hinausgeht. Hier stellt der allgegenwärtige Zugang zu Daten und Prozessen eine besondere Herausforderung dar. Ein gewisses Maß an Sicherheit kann mithilfe der IT-Grundschutzkataloge des Bundesamtes für Sicherheit in der Informationstechnologie (BSI) erzielt werden, jedoch ist im Grunde die Anwendung der im BSI-Standard 100–2 beschriebenen Vorgehensweise unumgänglich (Logara 2008, S. 90).

Im mobilen Internet sind drei Arten von Angriffspunkten zu berücksichtigen, und zwar das mobile Endgerät, die Luftschnittstelle sowie die drahtgebundenen Übertragungswege. Der Fokus beeinflussbarer, technischer Lösungen liegt auf den vier folgenden, weit verbreiteten Schnittstellen zu mobilen Endgeräten (Logara 2008, S. 90):

- **GSM:** Dem GSM-Netz liegt das Ziel zugrunde, das Netz insbesondere vor nichtautorisiertem Telefonieren und unerlaubtem Abhören zu schützen und die Identität und den Aufenthaltsort des Nutzers nicht preiszugeben. Dabei stellt ein „Challenge-and-Response"-Mechanismus den Schutz vor nichtberechtigtem Telefonieren sicher. Unerlaubtes Abhören wird verhindert durch die Verschlüsselung mit einem 64 Bit langen, algorithmischen Sitzungsschlüssel, der schon für die Authentifizierung erforderlich ist. Die Identität ist durch eine temporäre Teilnehmeridentität sichergestellt, die nur dem Mobilfunknetz bekannt ist.
- **WLAN:** Die Nutzung von WLAN beinhaltet große Sicherheitsrisiken: Dritte können das Funknetzwerk schnell ausspionieren, wenn sie in Reichweite sind. Als Sicherheitsmechanismen existieren der „Service Set Identifier" (SSID), die „Media Access Control" (MAC) und der Zugriffsschutz mittels WEP/WPA/WPA2-Verschlüsselung („Wired Equivalent Privacy" bzw. „Wi-Fi Protected Access"). Während das SSID für Nutzer des Netzwerkes eine SSID-Konfiguration am Gerät benötigen, dient das MAC als Identifizierung der verbundenen Endgeräte. Die WEP-Verschlüsselung ermöglicht es, unerwünschte Teilnehmer auszuschließen. Das System ist dann nicht mehr im eigentlichen Sinne „offen", da für die Nutzung der WEP-Schlüssel benötigt wird. Demgegenüber ist es auch möglich, ein WLAN gänzlich ohne Zugriffsschutz zu betreiben.
- **Bluetooth:** Mit seiner sehr kurzen Reichweite hat Bluetooth den Vorteil, dass die potenziellen Angreifer in unmittelbarer Nähe sein müssen. Außerdem stellt ein dreistufiges Konzept Sicherheit her. Die Stufe 1 erlaubt eine Kommunikation ohne Einschränkungen, während Stufe 2 beim Verbindungsaufbau danach unterscheidet, welche Dienste zu welchen Zugriffsbedingungen bereitgestellt werden. Dies setzt mindestens Authentifizierung voraus, während in Stufe 3 zusätzlich in jedem Fall eine Autorisierung notwendig wird. Dabei wird ein Challenge-and-Response-Mechanismus eingesetzt, bei dem der Link Key den geheimen Schlüssel darstellt. Durch Verschlüsselung erreicht Bluetooth auch eine gewisse Abhörsicherheit.

- **IrDA/Infrarot:** Bezüglich des Infrarottransfers von Daten gibt es keine wesentlichen Sicherheitsmerkmale in der Spezifikation und auch keine Authentifizierungs- bzw. Vertraulichkeitsanforderungen. Dennoch ist diese Methode relativ sicher, da die sehr begrenzte Reichweite im PAN (Personal Area Network) und der obligatorische direkte Sichtkontakt ein Abhören nahezu unmöglich machen.

Die mit den Sicherheitsmaßnahmen verbundenen Vor- und Nachteile sind im Einzelfall abzuwägen. Häufig wird hohe Sicherheit mit Einschränkungen bei der Flexibilität und in der Reichweite erkauft. Insofern erfordert das Sicherheitskonzept auch eine genaue Risk-Benefit-Betrachtung.

4.7.5 Beachtung rechtlicher Rahmenbedingungen

Die rechtlichen Rahmenbedingungen des Online-Handels sollten Beachtung finden und nicht aufgrund von Missachtung Anlass dafür sein, das wahrgenommene Risiko des Internet-Einkaufs zu verstärken. So sind im B2C-Online-Handel mit Verbrauchern insbesondere die besonderen Bestimmungen des Fernabsatzrechtes zu berücksichtigen. Gerade bei Maßnahmen des Online-Marketings bestehen zudem große Gefahren, gegen Bestimmungen des Urheber- und Wettbewerbsrechts, des Marken- und Datenschutzes sowie gegen Persönlichkeitsrechte zu verstoßen. Beispielsweise bestehen bereits bei der Bereitstellung von Inhalten Haftungsrisiken in Hinblick auf urheberrechtlich geschützte Werke wie Texte, Musikstücke, Filme, Fotos, Pläne, Karten oder Tabellen. Diese sind nur mit Einwilligung zu verwenden. Wird dagegen verstoßen, kann es, abgesehen von kostenpflichtigen Abmahnungen, auch schnell zu hohen Schadensersatzforderungen kommen. Darüber hinaus sind unzulässige Links zu vermeiden, zum Beispiel zu Programmen, die den Kopierschutz entfernen oder umgehen bzw. fremde Marken unerlaubt verwenden. Problematisch ist auch die Frage, ob fremde Marken als Suchwort bei eigenen Google-AdWord-Kampagnen genutzt werden dürfen. Nicht zuletzt zu beachten sind auch Werbebeschränkungen für bestimmte Produktgruppen (zum Beispiel Arzneimittel und alkoholische Getränke) sowie spezielle standes- bzw. berufsrechtliche Einschränkungen (zum Beispiel bei Apothekern, Optikern, Ärzten und Rechtsanwälten) (HMWVL 2007, S. 81). Insbesondere im Zusammenhang mit dem E-Mail-Marketing gilt es, spezifische gesetzliche Regelungen zu beachten. Demnach gelten E-Mails, die unverlangt zu Werbezwecken versendet werden, grundsätzlich als unzumutbare Belästigung, wenn keine vorherige ausdrückliche Einwilligung vorliegt. Das Vorliegen dieser „vorherigen ausdrücklichen Einwilligung“ ist regelmäßig der rechtliche Problempunkt bei der Verwendung gekaufter E-Mail-Adressen zu Werbezwecken. Der Käufer der E-Mail-Adressen wird nämlich in der Regel nicht sicher beurteilen können, ob die Erteilung der Einwilligung durch die Adressinhaber auch tatsächlich rechtswirksam war. Nur bei wirksamer Einwilligung wäre eine unverlangte Werbe-E-Mail aber nicht als unzumutbare Belästigung anzusehen. Das bloße Vertrauen in das Vorhandensein einer wirksamen

Einwilligung im Sinne eines „gutgläubigen Erwerbs“ ist nicht geschützt. Online-Händler sollten daher mehr das wahrgenommene Risiko der Kunden im Auge behalten als vorrangig die Nutzung eines „Schlupflochs“, zumal der Absender und der kommerzielle Zweck der E-Mail-Kommunikation stets klar erkennbar sein müssen. Demnach ist eine Tarnung als private E-Mail unzulässig, ebenso wie der Zugang zu Informationen nicht von der Preisgabe persönlicher Daten abhängig gemacht werden darf. Weiterhin besteht aus Datenschutzgründen eine Informationspflicht gegenüber dem Adressaten einer E-Mail, wenn persönliche Online-Verhaltensweisen mit Response-Tracking-Systemen aufgezeichnet werden (HMWVL 2007, S. 82). Wie im klassischen Handel existieren auch in der virtuellen Welt weitgehende Informationspflichten bezüglich des Betreibers (Anbieterkennzeichnung bzw. „Impressum“), der Preisauszeichnungen (Preisangabenverordnung – PAngV) sowie der Allgemeinen Geschäftsbedingungen (AGB).

4.7.6 Rechts- und AGB-Sicherheit

Mit der Internet-Entwicklung und der Verbreitung des Online-Handels kommt zunehmend die Frage nach der gesetzeskonformen Gestaltung der AGB in diesen neuen Handelskanälen auf. Wie die auf diesem Gebiet spezialisierte Anwaltskanzlei Heineman (www.raheinemann.de) aus Magdeburg ausführt, liegen AGB im Sinne der gesetzlichen Vorschriften vor, wenn es sich um für eine Vielzahl von Verträgen vorformulierte Regelungen handelt, die dem einen vom anderen Vertragspartner gestellt werden (§ 305 Abs. 1 S. 1 BGB). Dabei ist gleichgültig, ob die AGB ein gesonderter Bestandteil eines Vertrages sind oder in den Vertragstext selbst aufgenommen werden. Darüber hinaus ist irrelevant, welchen Umfang die AGB haben und in welcher Schriftart sie verfasst sind. Keine AGB liegen vor, wenn im Einzelfall ausgehandelte, individuelle Vertragsbedingungen vereinbart werden.

Vielen Online-Händlern sind die Tragweite falscher und unspezifischer AGB und das daraus resultierende Konfliktpotenzial nicht bewusst. So werden die AGB gemäß § 305 Abs. 2 BGB nur dann Bestandteil eines Vertrages, wenn der Verwender bei Vertragsschluss auf sie hinweist. Darüber hinaus muss die Möglichkeit der zumutbaren Kenntnisnahme des Inhalts der AGB bestehen und die andere Vertragspartei mit der Geltung der AGB einverstanden sein. Dabei reicht ein pauschales Einverständnis über die Einbeziehung der AGB in den Vertrag aus. Allerdings werden sogenannte überraschende Klauseln gemäß § 305c Abs. 1 BGB in keinem Fall Vertragsbestandteil. Überraschende Klauseln liegen vor, wenn sie so ungewöhnlich sind, dass der Vertragspartner des Verwenders nicht mit ihnen zu rechnen braucht. Die Überraschungswirkung kann sich dabei auch aus dem äußeren Erscheinungsbild des Vertrages ergeben. Als überraschend wäre zum Beispiel eine Klausel zu bewerten, wonach der Käufer eines Fotoapparates auch verpflichtet sein soll, die aufgenommenen Bilder beim Händler entwickeln zu lassen.

Die Verwendung von AGB dient regelmäßig der Abwandlung gesetzlicher Vorgaben, um mögliche Unzulänglichkeiten auszugleichen. AGB bezwecken in der Regel eine Rationalisierung, Ergänzung und Risikoverlagerung. Sind keine AGB vereinbart, gelten die allgemeinen Regeln, zum Beispiel des BGB oder HGB. Dies kann für den Internet-Anbieter mitunter nachteilig sein. Andererseits können AGB ein starkes Machtinstrument sein, durch das ein Vertragspartner, also in der Regel der Online-Kunde, unangemessen benachteiligt werden kann. Deswegen hat der Gesetzgeber mit den §§ 307 bis 309 BGB einen gesetzlichen Rahmen vorgegeben. In diesem Rahmen müssen sich die anbieterspezifischen Regelungen bewegen, um wirksam sein zu können. Darüber hinausreichende Regelungen wären unwirksam. Danach ist zum Beispiel eine Klausel, wonach bei einem Kauf neu hergestellter Sachen die Gewährleistungsrechte vollständig ausgeschlossen sein sollen, wegen des Verstoßes gegen das spezielle Klauselverbot des § 309 Nr. 8 b) aa) BGB unwirksam.

Soweit Regelungen in AGB nicht Vertragsbestandteil geworden oder unwirksam sind, bleibt der Vertrag im Übrigen bestehen. Sein Inhalt richtet sich dann aber nach den allgemeinen gesetzlichen Vorschriften (§ 306 Abs. 2 BGB).

Bei der Verwendung von AGB im Internet ist insbesondere zu berücksichtigen, dass dem Kunden gemäß § 312i Abs. 1 Nr. 4 BGB die Möglichkeit

- des Abrufs bei Vertragsabschluss und
- des Speicherns in wiedergabefähiger Form

zu verschaffen ist. Zudem ist, entsprechend dem allgemein geltenden Transparenzerfordernis, auf eine übersichtliche und sinnvolle Gliederung Wert zu legen. Sichergestellt werden muss auch, dass die AGB leicht, das heißt durch wenige Klicks, erreichbar sind. Nur so kann von einer „zumutbaren Kenntnisnahme" gesprochen werden. Dem dürfte jedenfalls dann noch entsprochen sein, wenn die AGB über einen sogenannten sprechenden Link, also einen Link mit der Bezeichnung „AGB" o. ä., mit maximal zwei Klicks erreicht werden können, wie der BGH zur vergleichbaren Frage der leichten Erreichbarkeit der Anbieterkennzeichnung („Impressum") mit seinem Urteil vom 20. Juli 2006 (I ZR 228/03) entschieden hat.

Um Zweifel über die Einbeziehung von AGB zu vermeiden, sollte ein Hinweis auf die AGB oder die ganzen AGB vor Abgabe der Vertragserklärung des Kunden (Bestellung) erscheinen. Am besten wird das Einverständnis mit der Geltung der AGB in einem gesonderten Fenster verlangt. Technisch muss dann gewährleistet sein, dass nur bei Betätigung des Bestätigungsbuttons mit der Menüführung fortgefahren werden kann. Durch die Erfüllung der Anforderungen von § 312i Abs. 1 Nr. 4 BGB genügt der Verwender regelmäßig zugleich seinen Obliegenheiten aus § 305 Abs. 2 Nrn. 1 und 2 BGB.

Die AGB im Online-Handel sollten – unbeschadet der sich letztlich aus § 312d BGB in Verbindung mit Art. 246a bis 246b EGBGB ergebenden Anforderungen – zweckmäßigerweise insbesondere drei Aspekte ausdrücklich regeln, und zwar den Transport, die Versandkosten sowie die Bezahlung:

- **Transport:** Die Beschädigung von Waren auf dem Transportweg zum Verbraucher („B2C") geht zulasten des Internet-Anbieters (§ 474 Abs. 4 BGB). Deswegen sind Transportversicherungen anzuraten. Dafür anfallende Kosten dürfen dem Kaufpreis nicht zugeschlagen werden. Eine Berechnung als „Servicepauschale" o. ä. dürfte aufgrund mangelnder Transparenz für den Verbraucher gemäß § 307 BGB unwirksam sein.
- **Versandkosten:** Im Distanzhandel und damit auch im Online-Handel können dem Kunden die Versandkosten auferlegt werden, wobei ab einem bestimmten Bestellwert üblicherweise das Unternehmen die Versandkosten übernimmt; so zum Beispiel bei Amazon ab 29 € Kaufsumme. Gängig ist es, eine zusätzliche Versandkostenpauschale bei Expressversand zu berechnen. Für Fälle der Ausübung des Widerrufsrechts des Verbrauchers ist es nach Maßgabe von § 357 Abs. 6 BGB möglich, dem Verbraucher die Kosten der Rücksendung aufzuerlegen.
- **Bezahlung:** Kunden werden im Online-Handel verschiedene Bezahlmöglichkeiten zur Verfügung gestellt wie zum Beispiel Kreditkarte, Rechnung oder Vorkasse. Sollen für die angebotenen Zahlungsarten Zuschläge gelten, ist dies nur nach Maßgabe des § 312a Abs. 4 BGB zulässig. Bei Zahlungsverzug werden dem Kunden gewöhnlich Zinsen berechnet. Übersteigen diese den gesetzlichen Zinssatz, ist § 309 Nr. 5 BGB zu beachten.

4.8 Supplement and Support Media Strategy als Erfolgsfaktor Nr. 7

Die Internet-Nutzer lassen sich nicht mehr einem bestimmten Medium zuordnen, sondern verwenden unterschiedliche Medien. Im Internet auf Produktsuche gehen, Angebote und Preise vergleichen, per Handy bestellen oder beim nächsten Einkaufsbummel in der City im Geschäft kaufen – ein solches Konsumentenverhalten ist mittlerweile für viele Verbraucher zur Selbstverständlichkeit geworden. Das Internet beeinflusst mehr denn je als Informationsmedium das herkömmliche Informationsverhalten und ist damit zu einem zentralen Bestandteil der Medienwelt geworden. Auch das Multi-Screening, also die Nutzung unterschiedlicher Gerätetypen, ist Ausdruck dieser neuen Mediennutzung. Die Gerätenutzung erfolgt entweder sequenziell oder simultan und damit als „Channel Hopping" oder in Form einer „Omnichannel-Nutzung". Deswegen ist es von zentraler Bedeutung, im Rahmen der Cross-Media-Strategie alle relevanten Medien zu berücksichtigen. Nicht ohne Grund ist derzeit der Trend zu beobachten, dass immer mehr große Pure Plays auch in klassischen Medien und dabei vor allem im TV Werbung schalten. Dabei geht es nicht nur um den parallelen Einsatz von klassischen und digitalen Medien, sondern vielmehr um eine „360°-Kommunikation", „Integration" oder „vernetzte Kommunikation" und damit Verzahnung dieser Medien (Mahrdt 2010, S. 15 ff.). Eine crossmediale Kampagne dient nicht nur der parallelen Verwendung unterschiedlicher Medien. Hier steht vor allem das Ziel im Vordergrund, alle Kommunikationskanäle derart miteinander zu verknüpfen, dass eine kanalübergreifende Kommunikation möglich wird (Mahrdt 2010, S. 15 ff.). Dies wird durch das bereits skizzierte neue Kaufverhalten und die veränderte Mediennutzung erforderlich. Im Rahmen seiner Omnichannel-Nutzung möchte der Konsument die Kommunikationskanäle flexibel nutzen und sich nicht ausschließlich für einen Kanal entscheiden müssen. Das Cross-Media-Konzept soll diesbezüglich in einer Art der vernetzten Kommunikation sicherstellen, dass der Konsument auf allen Kanälen erreicht wird (Bajrami 2012, S. 6 ff.). Dabei hat insbesondere das Smartphone eine Sonderstellung im ganzheitlichen Mediakonzept, da es nicht nur ein eigenständiges Medium darstellt, sondern auch als Verbindungsglied zwischen Offline- und Online-Werbung agiert (Bajrami 2012, S. 6 ff.). Es soll die Kommunikation von der Werbebotschaft bis hin zum Kauf vernetzen. Dies hat multisensorisch zu erfolgen. Darüber hinaus sollte es Hinweise auf die Zielmedien geben und einen Mehrwert für den Konsumenten bieten, was Social Media ja vom Grundansatz her schon beabsichtigt (Bajrami 2012, S. 6 ff.).

4.8.1 Notwendigkeit eines Customer-Touchpoint-Managements

Sowohl im neuen Kaufprozess als auch in der Customer Journey zum Kaufprozess findet in der Mehrzahl aller Fälle für einen einzigen Kaufvorgang eine Nutzung verschiedener Einkaufs- und/oder Kommunikationskanäle statt. Diese erfolgt entweder sequenziell oder parallel. Typisch für die sequenzielle Nutzung ist das Channel Hopping. Dabei kann zum Beispiel ein Konsument in einem gedruckten Katalog auf ein Produkt aufmerksam werden und beschafft sich dann über das Internet weitere Informationen. Es ist auch denkbar, dass er anschließend ein Geschäft aufsucht, um sich das ausgewählte Produkt genauer anzuschauen und dieses danach zu bestellen. Statt zwischen den Kanälen „sequenziell" hin- und herzuspringen, nutzen allerdings immer mehr Kunden verschiedene Kanäle parallel (ohne tüte 2012, S. 1). Diese sogenannte Omnichannel-Nutzung ist vor allem im Zuge der Smartphone-Verwendung zu beobachten, wenn zum Beispiel Kunden über QR-Codes, die an Werbeplakaten angebracht sind, kaufen. Auch Showrooms, die wie im eBay Inspiration Store Ende 2014 in Bremen Artikel mit QR-Codes zum Kauf ausstellen, sind Ausdruck dieser parallelen Kanal- bzw. Mediennutzung. Für Pure-Online-Händler ist es normal, dass der Online-Kanal dabei der „Lead Channel" bleibt und die Markenhoheit über alle anderen Kanäle hinweg innehält, die sich dann dem Online-Kanal unterordnen und diesen arrondieren. Dabei kann der Internet-Kanal als Lead Channel dominieren und den anderen Kanälen bzw. Medien eher eine Support-Funktion für das Online-Geschäft zukommen.

Unter der Voraussetzung gegebener finanzieller Mittel und entsprechender Kunden- und Produktstruktur lässt sich generell davon ausgehen, dass eine durchgängige Präsenz auf möglichst vielen Kanälen bzw. in Customer Touchpoints am vorteilhaftesten ist. Auch wenn vordergründig Kosten und Komplexität steigen, sollte ein Unternehmen sich heute für möglichst viele Kanäle entscheiden, da die Kunden mittlerweile eine ubiquitäre Erreichbarkeit und damit durchgängige Präsenz des Unternehmens erwarten. Damit verbunden ist eine einheitliche und konsistente Erfahrbarkeit des Leistungsversprechens für die Kunden über alle für sie relevanten Kanäle und Kontaktpunkte hinweg. Die Optimierung der Customer Touchpoints muss berücksichtigen, dass die betriebenen Absatzkanäle selbst Customer Touchpoints darstellen. Zudem führen folgende Tendenzen dazu, die Kontaktpunkte zum Kunden stärker zu berücksichtigen (Schögel 2010):

- **Die explodierende Anzahl an neuen Kommunikationsmöglichkeiten** macht es Unternehmen und Kunden immer schwerer, den Überblick zu behalten und auf dem neuesten Innovationsstand zu bleiben. Vor allem bei Facebook, Twitter und Google stellen sich immer mehr Unternehmen in der letzten Zeit die Frage, ob sich daraus nutzbare Touchpoints ergeben, die in den Marketingbudgets mit zu berücksichtigen sind.
- **Neue Anforderungen werden an das Markenmanagement gestellt**, da die unzähligen Kommunikationsmöglichkeiten heute das Markenerlebnis des Kunden prägen, das immer vielfältigeren und kaum noch kontrollierbaren Eindrücken unterliegt.
- **Die Kunden fordern zunehmend Omnichannel-Nutzungsmöglichkeiten** als Folge der fortschreitenden Internet-Penetration. Sie wollen je nach Lust und Laune zwischen verschiedenen Kanälen hin und her springen können. Außerdem bereiten immer mehr Kunden ihre stationären Einkäufe im Netz vor, indem sie entweder gezielt nach Informationen suchen oder sich mit anderen Kunden über deren Erfahrungen austauschen. Dabei stellen die unterschiedlichen Kanäle immer auch Customer Touchpoints dar.

Insofern ist die Nutzung und Abstimmung der verschiedenen Touchpoints erfolgskritisch (vgl. Abb. 4.33).

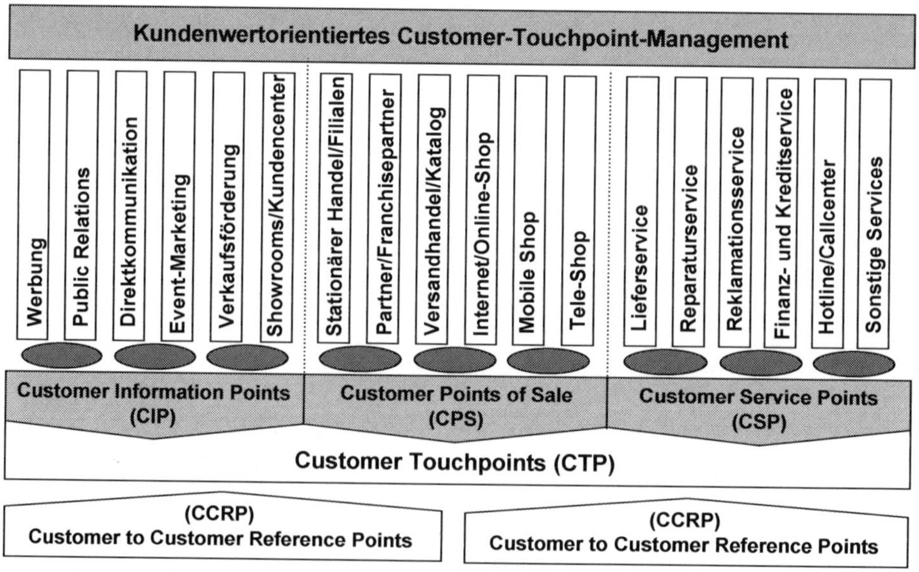

Abb. 4.33 Customer-Touchpoint-Management. (Quelle: In Anlehnung an Wirtz 2013)

Es gilt, sowohl die nutzbaren Touchpoints zu erkennen und zu priorisieren, als auch die Kontaktpunkte im Gesamtzusammenhang erfolgsorientiert auszurichten. Dabei hilft die Unterscheidung zwischen den Customer Information Points, den Customer Points of Sale und den Customer Service Points (Wirtz 2013). Diese Abgrenzung entspricht den primären Funktionen entlang des Absatzprozesses, und zwar Pre Sales, Verkauf bzw. Sales sowie After Sales. Den Customer Information Points kommt die Aufgabe zu, für den Kunden die kaufrelevanten Informationen bereitzustellen. In den Customer Points, den Absatzkanälen, werden dann die Produkte verkauft, während in den Service-Points die Pre-Sales- und After-Sales-Leistungen erbracht werden. Darüber hinaus gibt es noch die Customer to Customer Reference Points (CCRP), die sich auf die Interaktionen zwischen den Kunden beziehen und im Zuge der sozialen Vernetzung in den letzten Jahren an Bedeutung gewonnen haben. Obwohl diese nicht direkt durch das Unternehmen beeinflusst werden können, sind die CCRPs gerade für die Imagebildung extrem wichtig (Wirtz 2013). Durch sie werden vor allem Werturteile über Unternehmensleistungen transferiert, wobei die Mund-zu-Mund-Propaganda eine herausragende Bedeutung besitzt. Bei optimaler Koordination der Customer Touchpoints erhalten die Kunden die Möglichkeit, diverse Kundenschnittstellen in unterschiedlichen Phasen des Kaufprozesses in Anspruch zu nehmen. Typisch hierfür ist die kaufvorbereitende Informationssuche stationärer Käufer im Netz. Immer mehr Verbraucher informieren sich vor ihrem Kauf im Internet über die gewünschten Produkte. Aber auch Online-Käufer beanspruchen unterschiedliche Customer Touchpoints vor ihrem Kauf. So informieren sich 68 % von ihnen vor dem Online-Kauf im nächstgelegenen Ladengeschäft über das gewünschte Produkt. Demnach geht es nicht länger um „online“ versus „offline“, sondern um No-Line-Kommunikation vs, Mehrwegdialog. Insofern sollte ein Marketingbudget auch als integriertes Ganzes geführt werden, um über alle Customer Touchpoints für bestmögliche und abgestimmte Informationsqualität sorgen zu können (Heinemann 2013a).

4.8.2 Mediennutzung und Handlungsbedarf

Integriertes Social and Cross Media kann als höchste Evolutionsstufe einer optimal vernetzten Kommunikation im Online-Handel bezeichnet werden. Diesbezüglich ist es möglich geworden, die Konsumenten über ihre Smartphones mit verschiedenen Mediengattungen zu verknüpfen. Neben einer optimalen Vernetzung steht dabei vor allem die interaktive Kommunikation im Vordergrund, welche durch mobile Dienste und Applikationen unterstützt werden soll. Das Smartphone dient in diesem Fall als Brücke für die klassischen Medien. Es stellt aber auch ein eigenständiges Medium dar (Bajrami 2012, S. 6). Im Zuge der Omnichannel-Nutzung sind die Grenzen zwischen dem reinen Empfang einer Werbebotschaft und der darauffolgenden Kaufabsicht fließend. Um diesbezüglich den Verbraucher bestmöglich an jedem Touchpoint zu erreichen, worauf die cross-mediale Kommunikation abzielt, müssen die Customer Touchpoints eines Online-Händlers optimiert werden. Customer Touchpoints stellen diesbezüglich alle denkbaren Schnittstellen

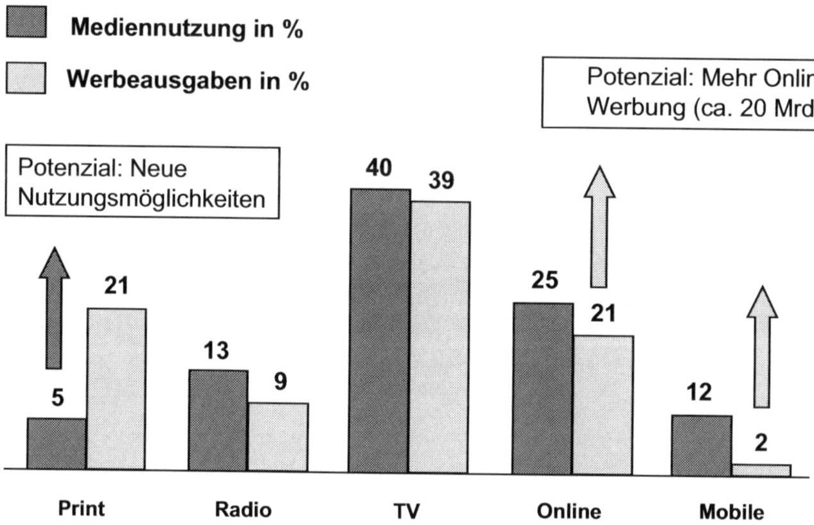

Abb. 4.34 Mediennutzung vs. Werbeausgaben in den USA (2012). (Quelle: Statista 2013)

eines Unternehmens zu seinen Kunden dar. Diese müssen koordiniert werden, damit ein einheitliches Bild für den Konsumenten entsteht (Wirtz 2013). Eine konsistente Imagebildung ist allerdings schwierig, da der Kunde über die verschiedenen Medien nicht nur eine Werbebotschaft empfangen kann. Darüber hinaus hat er über sein Smartphone mittlerweile auch die Möglichkeit zur interaktiven Kommunikation sowie zur sofortigen Transaktion. In diesem Zusammenhang spielen soziale Netzwerke für den Smartphone-Nutzer eine immer größere Rolle. Sie ermöglichen es ihm, jede seiner Handlungen mit Freunden zu teilen, sie in Kaufentscheidungen mit einzubeziehen sowie soziale Plattformen als Inspirationsquelle und darüber hinaus als Einkaufsplattform jederzeit zu nutzen. Das Kernziel von Cross and Social Media besteht diesbezüglich in der nahtlosen, medialen und sozialen Verknüpfung der Kanäle (Bajrami 2012, S. 7 f.). Für die Optimierung von Social and Cross Media sollte zunächst analysiert werden, wie sich die aktuelle Mediennutzung der Konsumenten darstellt.

In diesem Zusammenhang stellt Abb. 4.34 den Anteil der zeitlichen Nutzung eines Mediums seinem Anteil an den Werbeausgaben gegenüber, bezogen auf das Jahr 2012. Die Darstellung verdeutlicht, welche Medien die US-Amerikaner (dunkel) nutzen und wie im Vergleich dazu die Media Spendings der Werbetreibenden (hell) sind. Beim TV stehen sowohl die Mediennutzung als auch die Werbeausgaben in einem ausgeglichenen Verhältnis zueinander. Nach wie vor werden die Printmedien von der Werbebranche gepusht, obwohl deren Nutzung kontinuierlich zurückgeht. Dagegen nimmt die Nutzung der Online- und Mobile-Medien unentwegt zu, was in den Media Spendings (noch) nicht hinreichend berücksichtigt wird. Diesbezüglich besteht insbesondere für den Mobile-Markt noch viel Potenzial und somit auch Nachholbedarf (Statista 2013; Kerkau 2012; Wolter 2012). Insgesamt verdeutlicht der Vergleich zwischen Mediennutzung und Media Spendings, dass Werbenutzer ihr Verhalten schneller verändern, als es die Werbebranche tut. Vor allem das Mobile-Marketing wird bisher kaum genutzt, obwohl es viel Potenzial in sich birgt. Dies gilt vor allem für Social Media, denn bereits deutlich mehr als 53 % der Facebook-Nutzer tätigen ihren Facebook-Zugang über mobiles Internet (von Kuhnhardt 2013). Insofern sind die Marketingbudgets im Zuge von Social and Cross Media neu auszurichten. Die Konsumenten verändern vor allem durch den technischen Fortschritt ihr Medienverhalten, was neue Werbeformen erfordert. So heben sich die Grenzen zwischen Marketing und Verkauf durch neue Formen des Mobile Commerce zunehmend auf, was eine Studie der Nielsen Group zeigt. Demnach klicken in Deutschland 19 % der Mediennutzer eine Werbung an, nachdem sie mobile gesendet wurde, um sich die gesamte Werbung und/oder das Produkt anzusehen. Von ihnen tätigen dann 8 % einen direkten Kauf über ihr mobiles Endgerät. Weitere 20 % kaufen ein Produkt in einem Store, nachdem die mobile Werbung gesendet wurde. Insofern sollten die Online-Händler bedeutende Weiterentwicklungen und Einflüsse der Mediennutzung erkennen und diese entsprechend in ihrem Media-Mix berücksichtigen, um den Konsumenten mit einem „multikanalen Konzept“ zu erreichen. Dafür spricht auch, dass sich die Zeit der Mediennutzung künftig um eine Stunde verlängern wird. Das bedeutet, dass die Zahl der sogenannten Intensivnutzer weiter zunehmen wird. Während die Nutzung des stationären Internet in Deutschland bis 2012 um 39 % steigen soll, wird die Nutzung von Smartphones um 83 % zunehmen. Dementsprechend wird fast jeder Zehnte in Deutschland täglich das mobile Internet nutzen. Deswegen werden die digitalen Medien in Zukunft weiter stark an Bedeutung gewinnen. Deren Nutzung wird um rund 40 % wachsen (Go-Smart-Studie 2012, S. 6 f.). Aber auch die parallele Nutzung der Medien durch deren Nutzer erfordert eine cross-mediale Vernetzung, da diese Art der Mediennutzung neue Bedürfnisse und Anforderungen auf Konsumentenseite entstehen lässt. So erwarten die Verbraucher flexible Optionen während der Nutzung der Medien, welche durch eine intelligente Verknüpfung der einzelnen Mediengattungen mit einem kreativen Marketing erreicht werden können. Dabei begünstigt das mobile Endgerät eine nahtlose Vernetzung der Medien. Es bietet einen schnellen und bequemen Zugang zum Internet von jedem Ort aus. Es entstehen auch neue Mediensituationen. Bereits rund 50 % der Smartphone-User nutzen ihr Gerät in Leerzeiten, Intensivnutzer sogar zu 80 % (Go-Smart-Studie 2012, S. 8). Zusätzlich erfordert es die Mobilität der Gesellschaft, dass die Menschen überall erreichbar sind. Darüber hinaus hat sich durch die Konvergenz und die Verschmelzung der Medien deren Rolle grundsätzlich verändert (Plank 2011, S. 20). So werden klassische und digitale Medien nicht mehr separat wahrgenommen und müssen im Kommunikationsmix intelligent verknüpft werden. Diesbezüglich kommt dem Smartphone eine große Bedeutung zu. Es ist prädestiniert für den Einsatz in einer „multikanalen Kommunikation“, da der „Alleskönner“ nicht nur Informations- und Werbefunktionen, sondern auch unabhängig von Ort und Zeit Kauffunktionen ermöglicht (Bajrami 2012, S. 36 ff.).

4.8.3 Kanalübergreifende Vernetzung durch Cross Media

Es geht darum, mithilfe innovativer Marketingstrategien alle vom Kunden genutzten Kanäle in ein Cross-Media-Konzept einzubinden und damit quasi neu zu erfinden. Dieses betrifft auch Medien wie zum Beispiel das Hybrid-TV, Radio, Kino, Pop-Marketing, Events, Public Relations, Messen, Werbeartikel, Sponsoring, Guerilla, Viralmarketing sowie Dialogmarketing (Mahrdt 2010, S. 113). Zur Sicherstellung einer Cross-Media-Vernetzung sollte der Online-Händler vor der Planung eines crossmedialen Media-Konzepts klären, welche Zielgruppe er mit welchem Medium und mit welcher Vernetzungsoption erreichen möchte. In Hinblick auf Smartphone-User stellt sich diesbezüglich heraus, dass die breite Masse derzeit noch weit von deren Vorreitern, den Smart Natives, entfernt ist. Dies wird sich allerdings durch den stark wachsenden Absatz von Smartphones voraussichtlich sehr schnell ändern. Immer mehr Smartphone-User werden mobile-affiner und offener für die Cross-Media-Ideen. Smart Natives sind bereits zu 92 % internet-affin und zu 74 % technikaffin. Sie sind vor allem von neuen Techniken begeistert und nutzen das mobile Internet in der Regel von unterwegs aus. Dabei sind 49 % von ihnen „always in touch", also immer online, weil sie nichts verpassen wollen (Go-Smart-Studie 2012, S. 10).

Bei der Planung einer crossmedialen Kampagne sollten zunächst Kriterien für eine integrierte Kommunikation im Online-Handel festgelegt werden. Berücksichtigen Unternehmen diese Aspekte in ihrem Media-Konzept, können sie eine erfolgreiche Kommunikation auf allen Ebenen erreichen (Bajrami 2012, S. 45; Mahrdt 2010, S. 18). Folgende Kriterien sind relevant:

- durchgehende und eindeutige Idee des Media-Konzepts,
- geeignetes Medium im Hinblick auf Zielgruppe/Marke und Produkt,
- zeitliche, inhaltliche und formale Integration der Kommunikation,
- werbliche Vernetzung der Medien,
- Interaktionschance und Aktivierung,
- multisensorische Ansprache,
- Zielmedium und CRM-Potenzial,
- Mehrwert und Nutzwert für den Werbeempfänger.

Unter Berücksichtigung dieser Kriterien erfolgt die Planung der crossmedialen Kampagne. In einem ersten Planungsschritt wird diesbezüglich sichergestellt, dass eine durchgängige Idee für das Markenimage und die Story in dem „multikanalen Konzept" über die verknüpften Medien hinweg für den Verbraucher erkennbar ist. Es geht u. a. darum, dass die Unternehmensziele durch eine ausformulierte Unternehmensstrategie und ihre Umsetzung erreicht werden. Dieser Schritt beinhaltet üblicherweise eine SWOT-Analyse im Wettbewerbsvergleich bezogen auf das zu bewerbende Produkt. Diesbezüglich sollte die aktuelle Wahrnehmung der Marke, des Unternehmens und des Produktes durch die Kunden ermittelt werden (Mahrdt 2010, S. 101 ff.). Im zweiten Schritt geht es vorrangig um den Konsumenten. Diesbezüglich sollte in Erfahrung gebracht werden, wer eigentlich die Zielgruppe der Kampagne ist und welche Zielgruppe mit dem Einsatz der unterschiedlichen Medien und deren Verknüpfung angesprochen werden soll. Außerdem sollten hier auch das Zielgebiet und der Zeitraum der crossmedialen Kampagne festgelegt werden. Im dritten Schritt geht es dann um die Neuausrichtung der Kampagne. Dazu dient die sogenannte Copy-Strategie, die folgende Aspekte beinhaltet (Bajrami 2012, S. 46; Mahrdt 2010, S. 102):

- Consumer Benefits: Was kann das Unternehmen bieten?
- USP: Was kann das Unternehmen als Einziger anbieten?
- Reason Why: Mit welcher Glaubwürdigkeit bietet es das beworbene Produkt an?
- Supporting Evidence: Welche Statistiken und Fakten gibt es?
- Tonalität: Wie ist das Unternehmen?

Das Nutzenversprechen an den Kunden muss in allen Kanälen und Touchpoints gehalten und durch Fakten und Beweise in der Kundenansprache belegt werden. Dazu passend sollten die Gestaltung, die Illustration der medialen Kampagne und der Slogan festgelegt werden (Mahrdt 2010, S. 105), was den dritten und vierten Schritt betrifft. Die damit verbundenen Kosten ergeben sich insbesondere aus der Kombination und zeitlichen Abstimmung der verschiedenen Medien in einem Cross-Media-Konzept. Im fünften Schritt geht es um die Analyse der Instrumente, welche für das Mediakonzept eingesetzt werden müssen. Darauf aufbauend betrifft der sechste Schritt Auswahl und Budgetierung der Kommunikationsträger. Im siebten Schritt wird die Analyse der Schnittstellen zwischen den Kommunikationsträgern durchgeführt. Im Vordergrund steht dabei die Frage, welche Medien vernetzt werden können. Davon ist auch deren inhaltliche, formale und zeitliche Integration betroffen. Im achten und letzten Schritt werden schließlich die technischen Möglichkeiten der Vernetzung geprüft (Mahrdt 2010, S. 106).

4.8.4 Synergien einer Cross-Media-Vernetzung

Dass sich aus der Vernetzung von klassischen und digitalen Medien Synergien ergeben, liegt auf der Hand. Der kombinierte Einsatz von Out-of-Home-, Print- und Mobile-Marketing hat große Chancen, die Werbewirkung zu erhöhen. Die Einbeziehung des Smartphones berücksichtigt zum Beispiel, dass seine Nutzer damit rund 1,5 h am Tag erreichbar sind, ausgehend von der durchschnittlichen täglichen Nutzungsdauer. Zusätzlich stellt das Plakat als Basismedium im Cross-Media-Mix sicher, dass ein kreatives Design mit viralen Elementen verknüpft werden kann (Mahrdt 2010, S. 52). Die Printmedien ermöglichen in Form von Zeitschriften, Katalogen und/oder Magazinen eine innovative Verbindung mit spielerischen Elementen und sind in der Lage, durch ein neues Design den Verbraucher zu begeistern. Sie können das Image positiv beeinflussen, die Marke verankern sowie Erlebniswelten schaffen (Mahrdt 2010, S. 46).

Auch der Point of Sale kann durch die Kombination mit dem Mobile-Marketing im Cross-Media-Mix zu einer effektiven Werbefläche werden. Diese ermöglicht den Einsatz innovativer Dienste und Services im Store, wodurch dem Konsumenten zusätzliche Kauferlebnisse sowie Mehrwerte und Vorteile geboten werden. Dadurch fungiert der stationäre Absatzkanal zugleich auch als Werbemedium. Das Mobile Commerce hat dabei den Vorteil, mobile Zielgruppen ohne große Streuverluste erreichen zu können. Durch das Mobile-Marketing sind Online-Händler darüber hinaus in der Lage, ihre Marke emotional aufzuladen. Da das Smartphone in der Regel immer im Einsatz oder zumindest einsatzfähig ist, ermöglicht es eine sofortige Transaktion. Auch das Verschicken von SMS-Gutscheinen am Point of Sale ist denkbar (Mahrdt 2010, S. 61). Diesbezüglich besteht noch großes ungenutztes Potenzial, da die meisten mobilen Dienste noch nicht von den Nutzern ausprobiert wurden. Insofern kann davon ausgegangen werden, dass sich die Werbe- und Absatzerfolge der Online-Händler noch erheblich steigern lassen, wenn sie ein ganzheitliches Media-Konzept umsetzen, das die Vorteile der klassischen Medien mit denen der digitalen Medien im Cross-Media-Mix verbindet. Dadurch wird es möglich, neue Zielgruppen zu erreichen und neue Kunden zu gewinnen. Erfolgreiche cross-mediale Konzepte können aber vor allem bestehende Kunden dauerhaft binden. Die Synergien einer crossmedialen Vernetzung führen letztendlich dazu, die eigene Markenbildung zu stärken, den Werbedruck durch Mehrfachkontakte zu erhöhen, die Werbeerinnerung durch die aktive Teilnahme der Verbraucher zu verbessern und im Endeffekt damit die Umsätze zu steigern (BITKOM 2012). Der Erfolg eines Multichannel-Unternehmens wird in erster Linie jedoch an den Schnittstellen zum Konsumenten, den Customer Touchpoints, bestimmt. Die Touchpoints beeinflussen maßgeblich die Zufriedenheit des Konsumenten mit dem Online-Händler. Sie bestimmen damit über die Kundenbindung (Wirtz 2013).

Im Customer-Touchpoint-Management geht es darum, dass die Medien des Cross-Media-Mix als Touchpoints erfasst und berücksichtigt werden. Zudem ist ihre Einbettung in die Customer Touchpoints von großer Bedeutung, da es mittlerweile unzählige Kommunikationsmöglichkeiten gibt. Diese machen es Konsumenten und Unternehmen immer schwerer, auf dem neusten Stand zu bleiben und nicht den Überblick über die Kontaktpunkte zu verlieren (Wirtz 2013). Der Online-Händler kann das Verhalten der Konsumenten in den jeweiligen Kanälen beobachten, dieses interpretieren und analysieren. Die Kunden hingegen nehmen das Unternehmen durch kurze Eindrücke über die Customer Touchpoints wahr. Dabei wird die Zufriedenheit oder auch Unzufriedenheit des Konsumenten maßgeblich durch die Wahrnehmung dieser Momentaufnahmen bestimmt. Deshalb ist es wichtig, die klassischen und digitalen Medien mit den Customer Touchpoints zu vernetzen, um den Kunden möglichst an jedem Touchpoint zu erreichen. Im Zuge der weiter zunehmenden Internet-Nutzung fordern die Kunden nicht nur in den Vertriebskanälen, sondern auch in den Kommunikationsmedien eine Channel-Hopping-Möglichkeit. Cross Media ermöglicht es ihnen, zwischen den klassischen und den digitalen Medien hin und her zu springen bzw. diese miteinander zu verbinden. Dabei erlaubt vor allem das Smartphone eine Verknüpfung beider Mediengattungen und bietet den Nutzern damit mehr Berührungspunkte. Zudem lässt es die Werbemaßnahmen in den einzelnen Kaufphasen verschmelzen. Dadurch kann der Kunde schneller reagieren und eine Transaktion wird direkt ermöglicht (Wirtz 2013).

4.8.5 Zieladäquates Online-Media-Budget

Im Rahmen der Cross- und Social-Media-Strategie ist ein zieladäquates Marketingbudget erfolgskritisch. Allerdings entspricht schon das Online-Marketing-Budget häufig nicht den Nutzungsintensitäten der digitalen Medien (Wirtz 2013; Wolter 2012), und nicht selten wird das Social-Media-Budget vernachlässigt. Insgesamt beträgt der Anteil von Internet-Werbung am Media-Mix rund ein Fünftel des gesamten Werbeetats mit steigender Tendenz (Statista 2013; ovk 2012). Während sich die Online-Werbung über den anhaltenden Aufwärtstrend freuen kann und sich seit 2006 mehr als verdoppelt hat, verliert Printwerbung in Zeitungen, Zeitschriften und Fachzeitschriften kontinuierlich an Bedeutung (webhelps 2011). In Hinblick auf die Segmente der Internet-Werbung fällt auf, dass die klassische Online-Werbung, zu der zum Beispiel Pop-ups, Werbebanner und Layer Ads gehören, am stärksten von dieser Entwicklung profitierte. Wie in Abb. 4.35 ersichtlich ist, steigen die Ausgaben für Online-Werbung in den nächsten Jahren zweistellig. Während sich Kleinanzeigen unterproportional entwickeln, werden sich diesbezüglich die Suchmaschinen- und Bannerwerbung ein Kopf-an-Kopf-Rennen liefern und in 2016 mit jeweils über 70 Mrd. US-Dollar Volumen weltweit den mit Abstand größten Teil ausmachen. Bezogen auf Deutschland entspricht das Gesamtvolumen für Online-Werbung dann rund 10 Mrd. €.

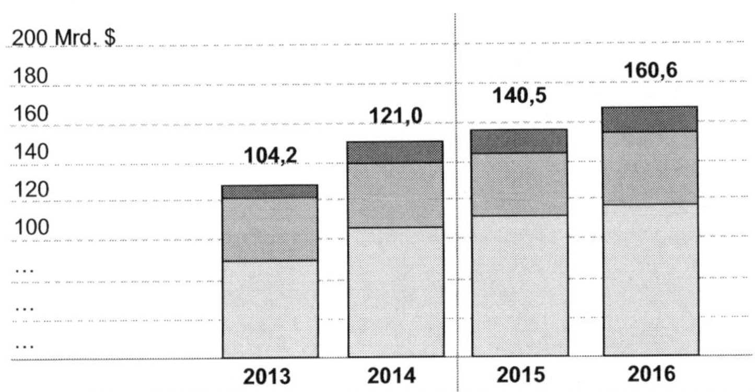

	2013	2014	2015	2016	
Kleinanzeigen	12,8	13,5	14,2	15,1	Mrd.
Banner	42,4	51,8	63,2	74,4	Mrd.
Suchmaschinen	49,0	55,7	63,1	71,1	Mrd.

Abb. 4.35 Ausgaben für Online-Werbung weltweit steigen zweistellig. (Quelle: Statista 2014a)

4.8.6 Angemessenes Social-Media-Budget

Im Rahmen der Online-Werbung spielt auch Social Media eine immer größere Bedeutung. Schon in 2011 lagen die Ausgaben für Social Media in den USA durchschnittlich bei 5,6 % des Gesamtbudgets. Wie die US-Marketingverantwortlichen erklärten, wollten sie die Ausgaben für 2012 schon auf knapp 10 % und bis 2016 sogar auf knapp 20 % erhöhen. Gleichzeitig gaben die Umfrageteilnehmer zu, dass sie immer noch große Probleme damit haben, Social Media in das Marketingkonzept ihres Unternehmens erfolgreich zu integrieren. Fast die Hälfte der Teilnehmer gab an, dass es ihnen bisher gar nicht bzw. kaum gelungen sei, ihre Aktivitäten richtig zu koordinieren. Das Ergebnis der Untersuchung verdeutlicht ein Problem, das für Social Media typisch ist: Während auf der einen Seite mittlerweile etliche Unternehmen gewillt sind, ihre Spendings für Social Media zu erhöhen, fehlt es ihnen auf der anderen Seite an Möglichkeiten, die sozialen Aktivitäten in ein umsetzungsfähiges Konzept zu fassen. So lassen sich die Aktivitäten auf Facebook, Twitter und Co. kaum mit den herkömmlichen Marketingmaßnahmen vergleichen. Insbesondere der Aufbau eines dauerhaften Dialogs mit der breiten Masse, der für Social Media notwendig ist, fällt vielen Unternehmen schwer (Seo-united 2011). Auf diesem Gebiet sind die US-Unternehmen deutlich weiter als in Deutschland. Für sie ist eine Erhöhung des Social-Media-Budgets an der Tagesordnung. Wie das Adzine-Magazin für Online-Werbung darstellt, sind im Durchschnitt nur rund 50.000 € pro Jahr erforderlich, um Social-Media-Funktionen in die Website einzubinden und diese für ein Jahr upzudaten. Dabei besteht eine optimale Social-Media-Integration aus den folgenden drei Elementen (Adzine 2012):

- Alle relevanten sozialen Netzwerke müssen jeweils separat mit der eigenen Website verknüpft werden.
- Die Website muss hinsichtlich Funktionalität und Usability derart optimiert werden, dass alle Vorteile der sozialen Netzwerke auch nutzbar sind.
- Die Nutzerdaten aus den sozialen Netzwerken sollten sinnvoll gesammelt und ausgewertet werden, um sie für das eigene Online-Marketing einsetzen zu können.

Die ersten beiden Elemente können durchaus bis zu 60 Entwicklerstunden pro Netzwerk beanspruchen. Auf der anderen Seite können mit einer einzigen Schnittstelle bzw. Application Programming Interface (API) die Integrationskosten um bis zu 80 % gesenkt werden (Adzine 2012).

4.9 Sourcing Concept and Strategic Alliances als Erfolgsfaktor Nr. 8

In Bezug auf die Besonderheiten des Geschäftssystems „Online-Handel" erhält das Sourcing eine zusätzliche Dimensionen, da es angesichts der Einbindung in das „World Wide Web" quasi zwangsweise auch aus der globalen Perspektive, also unter dem Aspekt des

„Global Sourcing" beleuchtet werden sollte. Untrennbar mit dem Sourcing sind dabei die neuen Formen des „E-Sourcing" verbunden, bei dem es u. a. um die Integration von E-Procurement-Systemen geht. Weiterhin hat das „Outsourcing", also die Auslagerung von Unternehmensaufgaben an Drittunternehmen, im Online-Handel herausragende Bedeutung erlangt, wird jedoch zunehmend durch das „Insourcing" ersetzt. Kaum ein Online-Händler kann mittlerweile auf die Dienste von Fulfillment-Anbietern verzichten. Aus den Begriffen Outsourcing und Crowd wurde mit „Crowdsourcing" eine erst 2006 geprägte Wortneubildung geboren. Crowdsourcing setzt auf die Verlagerung von Unternehmensfunktionen auf die Kunden, die „Intelligenz und die Arbeitskraft einer Masse von Freizeitarbeitern" (Unterberg 2008, S. 210) im Internet. Das Crowdsourcing wird vorrangig in der Mass Customization und Open Innovation praktiziert, findet sich aber auch in den Self-Service-Funktionalitäten sowie im Consumer Generated Advertising wieder.

4.9.1 Zielorientiertes Sourcing

Das Sourcing, das als „Gesamtheit aller auf die Beschaffungsmärkte gerichteten Aktivitäten von Organisationen mit dem Ziel ihrer Beeinflussung" (Liebmann und Zentes 2001, S. 709 ff.) definiert werden kann, hat sich zu einem wesentlichen Erfolgsfaktor für Online-Händler entwickelt. Entsprechend der traditionellen Handelsweisheit, wonach „der Gewinn im Einkauf liegt", verfolgt Sourcing vordergründig kundengerichtete, lieferantengerichtete und wettbewerbergerichtete Ziele:

- **Kundengerichtete Ziele** umfassen die Sicherstellung der Versorgung der Kunden. In Hinblick auf das gestiegene Anspruchsniveau der Konsumenten gilt es Lösungen zu finden, um diesem Anspruchsdenken gerecht werden zu können. Dabei rückt die ausschließliche Beurteilung von Lieferanten nach Preis- und Produktqualitätskriterien zunehmend in den Hintergrund bzw. muss um zusätzliche Aspekte erweitert werden.
- **Lieferantengerichtete Ziele** sind darauf ausgerichtet, auf Basis stabiler Lieferantenbeziehungen über Mengeneffekte und stabile Vertrauenspositionen eine Konditionenverbesserung im Zeitablauf anzustreben. Dabei geht es vor allem auch um die Innovationsfähigkeit der Lieferanten. Lieferantenbezogene Aspekte gewinnen auch angesichts der ECR-Thematik („Efficient Consumer Response") zunehmend an Bedeutung. In diesem Zusammenhang geht es nicht mehr nur um eine optimale Abwicklung der Beschaffung von Produkten, sondern vielmehr auch um den partnerschaftlichen Aufbau eines effizienten Versorgungssystems. Die ECR-Bestrebungen führen dabei zu einer deutlichen Verringerung der Lieferantenzahl, wodurch die Abhängigkeit von den Lieferanten steigen kann.
- **Wettbewerbergerichtete Ziele** stellen auf eine konkurrierende Abgrenzung ab, die bis zum Abschluss von Ausschließlichkeitsverträgen führen kann. Entscheidend dafür ist aber die Wettbewerbsposition des Handelsunternehmens. Können nämlich Unternehmen aufgrund ihrer Größe alleine keinen nennenswerten Einfluss auf die Einkaufskonditionen ihrer Lieferanten nehmen, sollte eher über eine kooperative Beschaffung nachgedacht werden.

<table>
<tr><th>Beschaffungssortiment</th><td colspan="2">Wide</td><td colspan="2">Narrow</td></tr>
<tr><th>Beschaffungsobjekt</th><td colspan="2">Passive</td><td colspan="2">Active</td></tr>
<tr><th>Lieferant</th><td>Sole</td><td>Single</td><td>Dual</td><td>Multiple</td></tr>
<tr><th>Beschaffungszeit</th><td>Stock</td><td colspan="2">Stock Reduced</td><td>Stockless</td></tr>
<tr><th>Beschaffungssubjekt</th><td colspan="2">Individual</td><td colspan="2">Cooperative</td></tr>
<tr><th>Beschaffungsareal</th><td>Local</td><td colspan="2">Domestic</td><td>Global</td></tr>
</table>

Abb. 4.36 Sourcing Toolbox. (Quelle: Liebmann und Zentes 2001, S. 712)

Sourcing ist nicht generell anwendbar und wird durch die Sortimentsstrategie maßgeblich vorbestimmt. Ist ein Bekleidungshändler gezwungen, aufgrund von Pull-Wirkungen starke Marken (zum Beispiel Boss, Adidas und Puma) im Sortiment zu führen, sind Lieferanten-, Beschaffungs- und Verhandlungsmanagement aus Handelssicht kaum beeinflussbar. Dies trifft für Zweit- und Drittmarken sowie Eigenmarkenlieferanten jedoch nicht zu. Hier findet vorrangig das Sourcing Anwendung. Da der größte Sortimentsanteil im Bekleidungshandel auf nicht markierte Ware oder Produkte mit Eigenlabels entfällt, spielt das Sourcing hier eine große Rolle.

Bei der Systematisierung der Sourcing-Strategien kann eine Sourcing Toolbox herangezogen werden, die in Abb. 4.36 dargestellt ist (Liebmann und Zentes 2001, S. 712 ff.). Wie aus der Abbildung zu entnehmen ist, bestehen die Sourcing-Strategien aus sechs Teilstrategien, die sich jeweils auf eine bestimmte Dimension beziehen. In der Dimension „Beschaffungssortiment" steht der Sortimentsumfang im Vordergrund, der entweder eng („Narrow Sourcing") oder breit („Wide Sourcing") sein kann. Bei der Dimension „Beschaffungsobjekt" geht es darum, ob der Bekleidungshändler versucht, aktiv Einfluss auf die Produktgestaltung des Herstellers zu nehmen („Active Sourcing") oder aber nicht („Passive Sourcing").

Bezüglich der Dimension „Lieferant" bestimmt die Anzahl der Lieferanten die zu wählende Strategievariante. Existiert nur ein Lieferant als Quasimonopolist, über den nur ein bestimmtes Produkt bezogen werden kann (zum Beispiel starke Markenartikler), dann spricht man von „Sole Sourcing". Demgegenüber liegt „Single Sourcing" vor, wenn aufgrund freiwilliger Entscheidung der Bezug der Ware nur von einem Lieferanten erfolgt. Handelt es sich um zwei Lieferanten, spricht man von „Dual Sourcing" bzw. von „Multiple Sourcing" bei vielen Lieferanten. In Bezug auf die Dimension „Beschaffungszeit" wird festgelegt, inwieweit Zeitpunkt der Beschaffung und des Abverkaufes auseinander liegen sollen, wobei zwischen bedarfsnaher Beschaffung („Stockless") und bedarfsferner Beschaffung („Stock") im Extremfall unterschieden wird. Die Teilstrategie „Beschaffungssubjekt" differenziert zwischen einer Alleinstellung („individuell") und einem kooperativen Vorgehen („Cooperative"). Im Rahmen des Aspektes „Beschaffungsareal" geht es schließlich um die internationale Ausdehnung der Beschaffungsmärkte, die entweder „local", „domestic" oder „global" sein kann (Liebmann und Zentes 2001, S. 712 ff.).

Welche dieser Sourcing-Strategien sinnvoller ist, muss einer eingehenden Prüfung unterzogen werden. So kann ein international tätiges Unternehmen bei Konzentration auf ein oder zwei Lieferanten seine Nachfragemacht dazu benutzen, beim Lieferanten Preisvorteile durchzusetzen. Andererseits kann dies jedoch dazu führen, dass die eigene Liefersicherheit bei einem Ausfall des Vorlieferanten (zum Beispiel bei einem Streik) Schaden nimmt. Der Aufbau von Partnerschaften ist jedoch wiederum mit einem Multiple Sourcing nicht möglich (Zentes et al. 2004, S. 341 f.). Unabhängig von der gewählten Sourcing-Strategie besteht ein ungelöstes Kernproblem der internationalen Beschaffung bislang darin, dass ein ganzheitliches Konzept fehlt, mit dem die zahlreichen Aspekte der komplexen Beschaffungsrealität abgebildet werden können. Neuere Ansätze des Multichannel Sourcing versuchen deshalb, eine ganzheitliche Betrachtungsweise der internationalen Beschaffung sicherzustellen und die relevanten Stellhebel aufzuzeigen, durch die das unternehmensspezifische Mehrkanalbeschaffungssystem gesteuert werden kann (Rudolph und Loos 2006, S. 726 ff.).

Zunehmend zeichnet sich ein Trend zu zwei Ansätzen im Rahmen des Global Sourcing ab, die auch für den Online-Handel von großer Relevanz sind (Zentes et al. 2007, S. 85):

- **Low Cost Country Sourcing:** Sehr niedrige Lohnkosten sind Haupttreiber einer Verlagerung der Beschaffung in Länder wie Vietnam, Kambodscha oder Bangladesch. Diese Länder werden deshalb auch als Low Cost Countries (LCC) definiert, aus denen im Rahmen des Low Cost Country Sourcing (Zentes et al. 2007, S. 85) dann die Ware bezogen wird. Gleichzeitig können auch Vorteile bei den Energiesowie Kapital- oder administrativen Kosten für die Entscheidung für ein LCC mitentscheidend sein. Während allerdings die LCCs eine wichtige Rolle in Hinblick auf Preis-Leistungs-Verhältnis, niedrige Einstandspreise sowie niedrige Gesamtbeschaffungskosten spielen, liegen die Vorteile einer Beschaffung in Non-LCCs insbesondere in besseren Serviceleistungen der Lieferanten, der höheren Qualität der Produkte sowie der deutlich kürzeren Beschaffungszeiten (Zentes et al. 2007, S. 85). Die Dominanz von LCCs in kostenorientierten Aspekten in Verbindung mit dem weiter zunehmenden Kostendruck im Handel verleiht der Beschaffung in LCCs einen dauerhaften Charakter. Es muss davon ausgegangen werden, dass Bekleidungshändler ihre Beschaffungsaktivitäten noch verstärkt geographisch distribuieren, um alle Beschaffungsvorteile zu nutzen (Zentes et al. 2007, S. 85).
- **Speed Sourcing:** Trotz des dargestellten Trends des LCC-Sourcing gewinnen geographisch nahe Beschaffungsregionen immer mehr an Bedeutung. Zentrale Erfolgsfaktoren im Online-Handel sind nun einmal die schnelle Reaktion auf Veränderungen, die Kollektionszahl pro Saison, die schnelle Identifikation und Umsetzung von Trends sowie die möglichst zeitnahe Beschaffung und Belieferung. Aus China beispielsweise lässt sich eine beschleunigte Lieferung nur über den relativ teuren Luftweg bewerkstelligen, wodurch die Arbeitskostenvorteile schnell überkompensiert werden können. Der Konflikt „Kosten vs. Zeit" findet sich vor allem im Online-Fashion-Handel bei modischer Ware. Dies führt zu einer Bedeutungszunahme von Beschaffungsregionen, die

sich durch räumliche Nähe auszeichnen und über kurze Strecken die Lieferzeiten reduzieren. Im Rahmen dieses sogenannten Speed Sourcing (Zentes et al. 2007, S. 85 ff.) bestimmt die Geschwindigkeit nicht nur die Länderauswahl, sondern ebenfalls die Lieferantenselektion. Sie dominiert zunehmend die Anforderungen an Umfang und Intensität des Informationsaustausches, der immer mehr elektronisch per EDI oder Internet erfolgt. Große Bedeutung kommt diesbezüglich ebenfalls den modernen Supply-Chain-Konzepten (zum Beispiel VMI oder Quick Response) zu.

Zusammenfassend kann festgehalten werden, dass die Auswahl von Beschaffungsmärkten zunehmend bei modischer Ware nach regionaler Nähe und Lieferschnelligkeit erfolgt, während bei „zeitunkritischer" Standardware (zum Beispiel Basics) weiterhin auf LCCs gesetzt wird.

4.9.2 E-Sourcing

Weitere Möglichkeiten im Bereich der Beschaffung bietet das Thema „E-Sourcing", das sich hervorragend in das Geschäftssystem des Online-Handels einfügt. Zugrunde liegt die Tatsache, dass die Beschaffung im Online-Handel größtenteils durch die Prozesskosten belastet wird. Kostensenkungsmaßnahmen können daher Maßnahmen zur Vereinfachung dieser Prozesse sein. Durch die Integration von E-Procurement-Systemen ist es möglich, die Prozesse effektiver und gleichermaßen effizient zu gestalten. Dabei ist eine ausführliche Analyse der Prozesse und ihrer Kosten die Grundvoraussetzung. Unter E-Sourcing können alle Maßnahmen bzw. Aktivitäten eines Unternehmens verstanden werden, die webbasierte Einkaufs-Tools in Anspruch nehmen mit dem Ziel, die Effizienz und Effektivität zu verbessern (Booz-Allen & Hamilton 2003, S. 3).

Wie Abb. 4.37 zeigt, kann E-Sourcing in unterschiedlichster Form in Erscheinung treten. Entweder geht es um die Nutzung sogenannter E-Kataloge, in denen Lieferanten ihre Produkte präsentieren und die je nach Statik und Konfigurationsmöglichkeit in unterschiedlicher Form auftreten können. Diese Form des E-Sourcing hat einen relativ geringen Interaktionsgrad, der zum Beispiel steigt, wenn via Internet gezielt Angebote eingeholt werden (Bidding bzw. Tender). So können kleinere Unternehmen, die nicht unbedingt über das notwendige Marktwissen und Know-how verfügen, beispielsweise ohne großen Aufwand über internet-basierende Procurement-Plattformen Aufträge an fähige Hersteller vergeben. In den letzten Jahren haben sich einige Systeme etabliert. Größere Bekleidungsunternehmen können über eingerichtete Plattformen ihre geplanten Artikel den weltweit verteilten Lieferanten präsentieren und dabei die notwendigen Informationen übertragen.

Die interessanteste Variante ist hierbei eine Art Lieferantenauktion. Über die eingerichtete Plattform können die Unternehmen bestimmte oder alle Lieferanten zum Bieten einladen. Dabei sind entweder „englische Auktionen" möglich, die von der Verkäuferseite initiiert werden, oder „Reverse-Auktionen", die von Käuferseite aus durchgeführt werden. Neben den Auktionen besteht auch die Option, über verschiedene Tools Informationen über Lieferanten

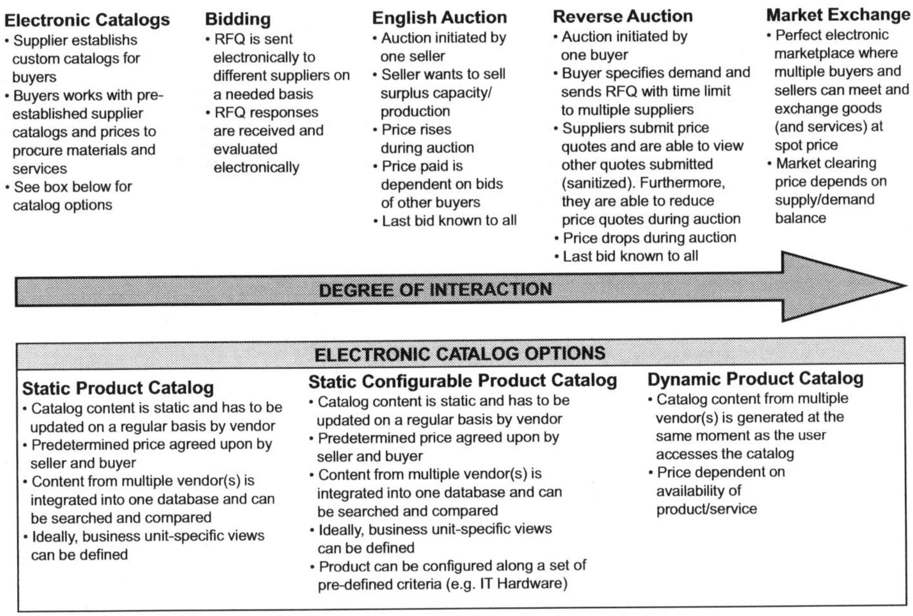

Abb. 4.37 Formen des E-Sourcing. (Quelle: Booz-Allen & Hamilton 2003, S. 3)

zu erhalten und diese somit zu bewerten. Zusammenfassend bietet E-Procurement ein breites Anwendungsfeld, das jedoch bisher erst von wenigen Bekleidungsunternehmen genutzt wird. Der virtuelle Marktplatz bietet entscheidende Vorteile auf Beschaffungsseite. Kalkuliert man zu den Geboten lieferanten- bzw. länderspezifische Fakten hinzu, lassen sich alle Angebote vergleichen. Die Prozesse sind für alle transparent, womit eine extreme Konkurrenzsituation zwischen den Lieferanten geschaffen wird.

E-Sourcing spart dem Beschaffungsmanagement demnach nicht nur Zeit, sondern auch Kosten. Diese Mechanismen greifen jedoch nur, wenn eine entsprechende leistungsfähige E-Sourcing-Plattform in Form eines elektronischen Marktplatzes tatsächlich nutzbar ist. Dabei ist entscheidend, ob es sich um handels- bzw. käufergetriebene, industrie- bzw. verkäufergetriebene sowie neutrale Tauschsysteme handelt. In dem Zusammenhang ist auch die Wahl eines geeigneten Providers eine wichtige Entscheidung. Dieser kann schnell einen Wissensvorsprung erwerben, den er als aktiver Marktteilnehmer für sein eigenes Angebot- und Nachfrageverhalten gewinnbringend einsetzen kann (Bergauer und Wierlemann 2008, S. 13). Die wesentlichen Vorteile des E-Sourcing sind in Abb. 4.38 dargestellt. Demnach kann E-Sourcing u. a. die Transaktionskosten senken und den Orderprozess beschleunigen. Zudem steht eine erheblich größere Auswahl an Lieferanten zur Verfügung. Auch wenn die Vorteile für das E-Sourcing offensichtlich sind, so ist es nicht ohne Risiken. Erfahrungsgemäß kommt es im Rahmen von E-Sourcing-Projekten immer noch zu Schwierigkeiten im Zusammenhang mit Sicherheitsaspekten, unvorhergesehenen Kosten sowie Schwierigkeiten in der neuen Käufer-Verkäufer-Beziehung. Außerdem darf

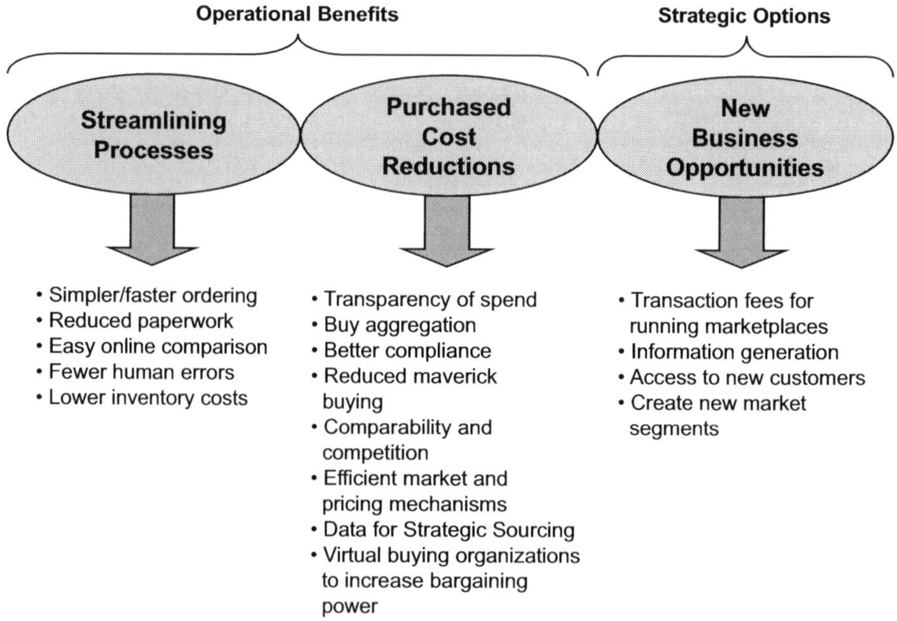

Abb. 4.38 Vorteile des E-Sourcing. (Quelle: Booz-Allen & Hamilton 2003, S. 4)

nicht vernachlässigt werden, dass E-Sourcing zu erheblichen Veränderungen führt und hohe Anforderungen an ein professionelles Change-Management stellt.

4.9.3 Outsourcing versus Insourcing – Betreibermodellbetrachtung

Vor allem in den Anfangsjahren des Online-Handels wurde vielfach ein Total-Outsourcing als Grundregel verfolgt: „Internet-Unternehmen sind heute nackt (…) Um das herum, was ein Internet-Händler am besten kann, baut er ein Business-Netz mit Partnern, die ihrerseits das tun, was sie am besten können. Zum zweiten gilt es, die Kraft der Selbstorganisation für das Unternehmen zu nutzen, sowohl innerhalb wie auch außerhalb (…) Dabei werden Unternehmen auf vielen Ebenen weniger hierarchisch (…) Durch Outsourcing und Zusammenarbeit mit Kunden und Anspruchsgruppen gelangen Internet-Unternehmen auf eine neue Ebene des Fortschritts“ (Tapscott 2008, S. 14). Dabei stellte sich für jede einzelne Aktivität der Wertekette eines Online-Händlers die Frage nach der zweckmäßigen Transaktionsform. Gängig war fast durchweg die Auslagerung bestimmter Aktivitäten an Logistikdienstleister (Zentes et al. 2004, S. 185). Das ist auch einer der Gründe dafür, dass mittlerweile die europäischen Logistikströme von Logistikdienstleistern dominiert werden. Wesentlicher Treiber dieser Entwicklung war zweifelsohne auch die Internationalisierung im Sinne einer verstärkten Cross-Border-Wertschöpfung und die Forcierung von Auslandsmärkten. Auch hatte vielfach die Tendenz zur Fokussierung auf Kernkompetenzen eine Auslagerung von „Randaktivitäten“ zur Folge.

Trotz der mittlerweile großen und überwiegend professionellen Fulfillment-Dienstleister muss verwundern, dass die meisten Online-Händler nicht gerade vor Profitabilität strotzen, obwohl sie zum Teil enorm gewachsen sind und bereits beträchtliche Betriebsgrößen aufweisen. Je größer der Umsatz ist, desto eher sollte sich der Online-Shop nach dem Prinzip der Skalierbarkeit eigentlich rechnen. Dies setzt allerdings voraus, dass die Infrastruktur und damit der Fixkostenapparat skalierbar sind. Ist das der Fall, dann sollten bzw. können die B2C-Prozesse auch für andere Online-Aktivitäten wie zum Beispiel Marktplätze oder sonstige Internet-Vermarkter genutzt werden. Vor allem Marktplätze gelten als nachhaltiger Renditehebel, den immer mehr Pure Plays zur Rentabilisierung nutzen (zum Beispiel Zalando aktuell mit dem Partnerprogramm). Das erfordert bei einigen E-Commerce-Anbietern allerdings eine Professionalisierung in der Basisausstattung. Dazu zählen sowohl schlagkräftige E-Commerce-Organisationen, die alle notwendigen Funktionalitäten und dabei vor allem auch Sourcing und Einkauf in Eigenregie professionell abbilden, als auch moderne und flexible Systeme. Voraussetzung ist in der Regel jedoch ein Mindestmaß an Insourcing. Die bisher gängige Annahme, dass in jedem Fall Outsourcing-Lösungen vorzuziehen sind, führt häufig in die Renditefalle. Denn mit variablen Vergütungsmodellen sind eigentlich keine Skalierungseffekte erzielbar. Diese sind aber Grundvoraussetzung zur Rentabilisierung. Vor allem Multichannel-Händler, die niemals einen stationären Laden outsourcen würden, tun dies in der Regel mit der Online-Filiale und wundern sich dann darüber, dass diese nicht rentabel arbeitet und „E-Commerce sich nicht lohnt“.

Insofern stellt sich für die meisten Online-Händler derzeit und in den nächsten Jahren die „Gretchenfrage“: Schaffen es die neuen Geschäftsmodelle, nachhaltig rentabel zu werden und einen angemessenen Return on Investment sicherzustellen, oder aber ist „außer Umsatz nichts gewesen“? Als besonders gefährdet gelten Online-Händler mit austauschbaren Sortimenten oder fehlender Kanalexzellenz. Vor allem die Online-Shops, die heute wirtschaftlich noch nicht tragfähig sind, werden es in den nächsten Jahren nicht leicht haben. Dennoch kann E-Commerce erfolgreich und gewinnbringend betrieben werden, wenn ein paar Grundregeln beachtet werden. Insofern muss die Entscheidung „Outsourcing vs. Insourcing“ gut überlegt sein. Sie sollte für alle Kernfunktionen in regelmäßigen Abständen hinterfragt und betriebsgrößenabhängig entschieden werden. Das geht aber nur, wenn die Vertragsbindungen mit möglichen Outsourcing-Partnern nicht zu langfristig und regide gestaltet sind. Oberstes Gebot sollte es insofern sein, flexible Verträge mit kurzfristigen Ausstiegsmöglichkeiten auszuhandeln.

In Abb. 4.39 ist beispielsweise die Outsourcing-Entscheidung in der Logistik dargestellt. Diese hängt von der Frage ab, inwieweit die Logistik eine Kernkompetenz des Unternehmens darstellt. Eine Kernkompetenz ist dabei umso höher zu gewichten, je austauschbarer die angebotenen Sortimente und Produkte sind. Insofern ist die Outsourcing-Entscheidung anhängig vom Differenzierungspotenzial der logistischen Prozesse. In der Konsumgüterwirtschaft haben sich beispielsweise die Form der Zusammenarbeit und damit die Art der Arbeitsteilung zwischen Industrie- und Handelsunternehmen

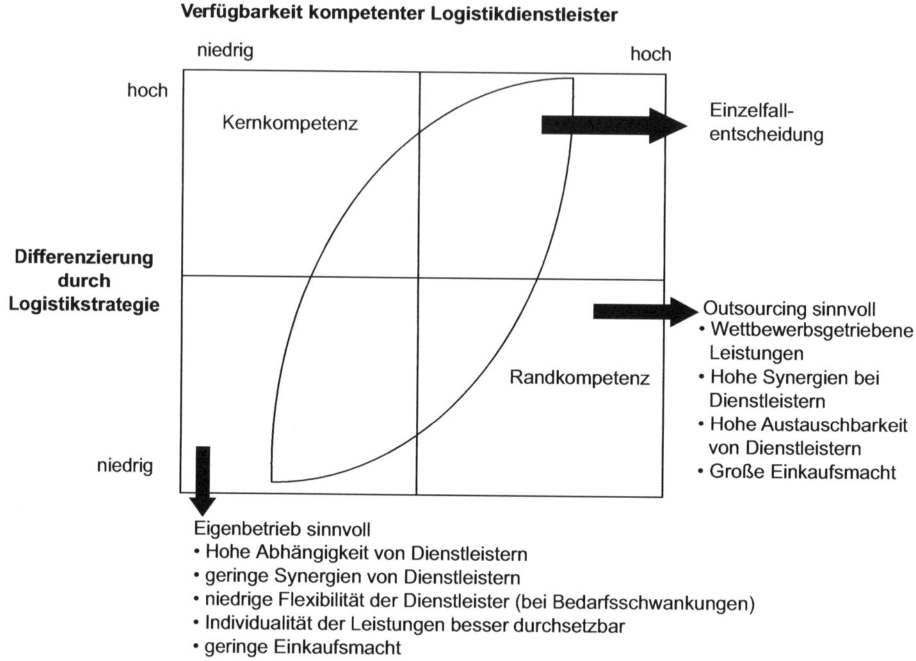

Abb. 4.39 Logistik-Outsourcing-Entscheidung im Online-Handel. (Quelle: Zentes et al. 2004, S. 498)

grundsätzlich verändert, womit aber nicht immer nur Outsourcing-, sondern auch Insourcing-Entscheidungen verbunden sein können. Die Wahl zwischen „make or buy" bzw. Eigenleistung oder Fremdbezug der Leistung kann sich demzufolge auch durchaus auf die Reintegration von Leistungen beziehen (Insourcing). Dies gilt für alle Funktionsbereiche, auf welche die hier am Beispiel der Logistik untersuchten Fragestellungen übertragen werden können.

Outsourcing-Entscheidung für Internationalisierung Aufgrund der grenzüberschreitenden Präsenz des Internets stellt sich im Online-Handel schnell die Frage der Internationalisierung. Bei der Übertragung erfolgreicher Online-Shops von einem Land auf neue internationale Märkte erweist es sich als sinnvoll, auf die Erfahrungen und Abläufe international agierender Full-Service-Provider zurückzugreifen (Rogalla 2012, S. 237).

Diesbezüglich ist darauf zu achten, dass leistungsstarke und skalierbare IT-Systeme zum Einsatz kommen. Diese sollten mit dem Bedarf der Kunden mitwachsen können, ohne sprungfixe Kosten zu verursachen. Andererseits müssen aber auch die landesspezifischen Besonderheiten berücksichtigt werden können. Darüber hinaus macht es Sinn, auf ein internationales Kooperationsnetz mit leistungsstarken Paketdienstleistern zurückzugreifen. Ein durchgängiges Track und Trace gehört dabei zum Standardprogramm. Idealerweise

sind eigentlich nur im englischsprachigen Raum anzutreffen. Bemerkenswert bei den gezeigten Erfolgsbeispielen ist, dass die „echten“ Multichannel-Anbieter trotz ihres zum Teil enormen Wachstums rentabel arbeiten. Ihre Konzepte zeigen einen hohen Integrationsgrad zwischen den Kanälen. Die „Customer Proposition“ zwischen den Kanälen ist annähernd identisch in Bezug auf Preispolitik, Kernsortimente und Servicelevels. Obwohl Migrationen vom Printkatalog zum Online-Shop stattfinden, arbeiten beide Kanäle mit hoher Komplementarität zusammen und ergänzen sich hervorragend. Dabei entwickelt sich der Online-Kanal deutlich schneller als die anderen Kanäle. Er ist in den Augen der Kunden eine kostengünstige und angenehme Bestellmöglichkeit. Die erfolgreichen Multichannel-Anbieter nutzen neben der hohen Integration die spezifischen Vorteile der unterschiedlichen Kanäle durch „maßgeschneiderte“ Kanalangebote. Im Folgenden sollen ausgezeichnete Multichannel-Unternehmen kurz charakterisiert werden. Es handelt sich um Tesco, Williams Sonoma, John Lewis und Nordstrom:

- **John Lewis** (www.johnlewis.com) ist Teil der John-Lewis-Gruppe (www.johnlewispartnership.co.uk), verfolgt als ehemals typischer Warenhausbetreiber mittlerweile eine konsequente No-Line-Strategie und kam in 2015 auf rund 4,6 Mrd. Britische Pfund Brutto-Umsatz (+ 4,4 %). Der Operating Profit betrug in diesem Zeitraum 250,2 Mio. Britische Pfund (+ 0,2 %). Die John-Lewis-Gruppe konnte in 2015 insgesamt rund 9,75 Mrd. Britische Pfund (+ 2,2 %) umsetzen mit einem „Operating Profit“ in Höhe von 482 Mio. Britischen Pfund (+ 7 %). Die Hauptgeschäftsfelder bestehen aus den Marken Waitrose mit 346 Waitrose Shops und John Lewis mit 46 Warenhäusern bzw. Shops (John Lewis 2016). Im Zuge der No-Line-Aktivitäten wächst der Online-Shop johnlewis.com überdurchschnittlich und konnte in 2015 bereits 1,6 Mrd. Britische Pfund Umsatz erzielen (+ 17,6 %), was einem Online-Anteil von 34 % entspricht, wobei die Click&Collect-Umsätze um 11 % stiegen. Dieser Wert ist für einen Warenhausbetreiber mit hochkomplexen Sortimentsstrukturen bemerkenswert und straft die „Killerargumente im deutschen Handel“ Lügen, die insbesondere mit ihrer Sortimentskomplexität ihre defensive Online-Strategie begründen. Vor allem die Warengruppe Mode stellt sich als Haupttreiber des Online-Wachstums heraus, zu dem neu gelistete Marken wie zum Beispiel Ghost, Armani und Mint Velvet beitragen. Weiterhin wurde die positive Entwicklung durch eine generelle Ausweitung des Produktangebotes sowie Investitionen in den Ausbau und die Optimierung der Logistikaktivitäten erreicht. Hinzu kommt eine Forcierung des Serviceangebotes. Dazu gehört „Click and Collect“, womit den Kunden mehr Flexibilität in ihren Einkaufsprozessen gegeben wird. Der Kunde kann nach seinem Online-Kauf die Ware in einer beliebigen Filiale seiner Wahl abholen. Damit zielt John Lewis auf eine maximale Integration der Absatzkanäle. Per Ende des Jahres 2014 war „Click and Collect“ in allen John-Lewis-Shops möglich. Diese Multichannel-Leistung stellt sich bei John Lewis als am schnellsten wachsende Belieferungsform heraus. Die Kunden wählen zunehmend diese Einkaufsform, statt zu Hause auf die Zustellungen zu warten. Vor allem der Einkauf über Mobiles wächst rasant. Dieser Entwicklung trägt John Lewis dadurch Rechnung, dass die Mehrzahl der Filialen bereits mit kostenlosem WiFi ausgestattet ist, um Kunden den Preisvergleich während ihres Einkaufs zu ermöglichen. Im vergangenen Jahr launchte John Lewis mehr neue Produkte als jemals zuvor. Dementsprechend wurden wiederum etliche neue Marken eingeführt, neue Eigenmarkenlinien angeboten sowie zahlreiche Kooperationen mit Designern geschlossen. Darüber hinaus arbeitet John Lewis intensiv an neuen Zukunftsformaten, mit denen die No-Line-Strategie noch konsequenter auf verkleinerten Flächen umgesetzt wird. Mit der Neueröffnung der Warenhausfiliale in Exeter soll die am stärksten integrierte No-Line-Filiale eröffnet worden sein. Die Servicepriorität soll eindeutig auf Multichannel-Kunden gelegt werden. Die Lieferfähigkeit von johnlewis.com auf internationaler Ebene wird sukzessive ausgedehnt, schwerpunktmäßig zunächst auf Mitteleuropa, Skandinavien und Irland. John Lewis forciert zusätzlich das Modeangebot in Richtung Premium mit Betonung der Innovationen. Der hohe Standard des Online-Shops spiegelt sich auch im Mobile-Konzept wider, das mehr als „state of the art" ist und sich nahtlos in die Kanalvernetzung einfügt (Internetretailer 2012). Das No-Line-System von John Lewis wird von Handelsexperten als Benchmark angesehen, was sich auch in einer Vielzahl von Awards niederschlägt. So erhielt das Unternehmen u. a. den „Drapers Etail Awards 2011" als bester Multichannel Retailer und bester „Etailer of the Year" (John Lewis 2015). Der Erfolg von John Lewis beasiert auf sieben Geschäftsprinzipien, die den Kern des Genossenschafts-/Partnerschaftsmodells bilden. Nach diesen Prinzipien, die in Abb. 5.3 dargestellt sind, ist auch der Geschäftsbericht strukturiert.

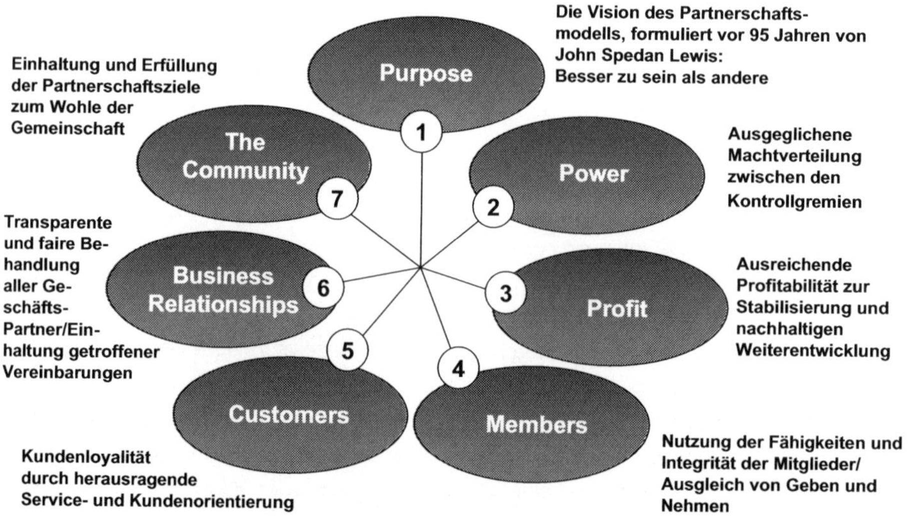

Abb. 5.3 Grundprinzipien von John Lewis. (Quelle: John Lewis 2016)

- **Nordstrom** (www.nordstrom.com) gilt als einer der führenden Fashion Retailer in den USA mit 323 Filialen – davon 121 „Nordstrom"-Vollsortimenter – in 38 Bundesstaaten und mit einem stark wachsenden Online-Shop. Der Umsatz in 2015 betrug knapp 14,1 Mrd. US-Dollar (+ 7,5 %). Bezogen auf das „EBIT" werden rund 7,8 % Umsatzrendite erzielt. Der Nettogewinn betrug in 2015 rund 600 Mio. US-Dollar. Dabei wuchs der Online-Umsatz um 15,2 % auf exakt 2,3 Mrd. US-Dollar, was einem Online-Anteil von 16,3 % entspricht (Nordstrom 2016). Obwohl das Geschäftsprinzip eines „Seamless Shopping" ohne Kanalgrenzen verfolgt wird, bestehen ambitionierte Pläne für das Online-Geschäft. Diesbezüglich soll die Kundenrelevanz durch ein verbessertes Online-Angebot in Hinblick auf Werthaltigkeit, Vorauswahl, Convenience sowie Erlebnis gesteigert werden. Deshalb wurde „everyday free shipping" sowie „free returns last" eingeführt. Darüber hinaus sollen alle Abläufe bis hin zur Belieferungszeit beschleunigt werden. Weiterhin wurden Shopping Apps installiert, die dem Kunden bessere Funktionalität und Convenience bieten (Nordstrom 2015, 2016). Diese Mobile Apps stellen auch die Mobile-Personalisierung in den Vordergrund, damit die Interaktivität und das Mobile-Erlebnis für die Kunden gesteigert werden können. Auch das Engagement im Social Commerce soll verbessert werden. In 2015 wurden die Multichannel-Leistungen ebenfalls ausgebaut, was sich an einer weiter steigenden Zahl von „Pick-Up-Online-Umsätzen" niederschlägt. Kunden, die papierlose Belege bevorzugen, erhalten digitale Bons bzw. Quittungen. Ferner wurde das Ladenpersonal mit Handgeräten zum mobilen Check-out sowie zur Bestandskontrolle ausgestattet. Die Filialen arbeiten darüber hinaus mit neuen Tablets, die den Verkauf in den Läden unterstützen und den Kunden ein „No-Line-Erlebnis" bieten sollen. In den nächsten fünf Jahren ist geplant, über eine Milliarde US-Dollar in die E-Commerce-Infrastruktur zu investieren. Dementsprechend wurde in 2013 das neue E-Commerce-Fulfillment-Center in San Bernadino errichtet, und in 2015 wurde ein weiteres Center in Elizabethtown, Pennsylvania, in Betrieb genommen. Damit soll das Online-Wachstum noch einmal verdoppelt werden. Durch eine intelligente Verflechtung der Kanäle ist dabei auch die Realisierung von Synergiepotenzialen vorgesehen. Dazu passt auch das innovative Merchandising, wonach die Abteilungen nicht mehr nach Warengruppen, sondern nach individuellen Lifestyles aufgebaut sind. Die seit 1901 verfolgte Unternehmensphilosophie soll auch bei der Ausrichtung zum No-Line-Anbieter beibehalten werden, vor allem in den „Full Line" Stores, neuen Nordstrom Racks, zwei Jeffrey-Boutiquen, einem „Treasure&Bond" Store sowie einem „Clearance" Store (Nordstrom 2015). Nordstrom wird von Experten bereits als Benchmark für die konsequente Nutzung aller Kanalvorteile angesehen (ohne tüte 2012). In den stationären Filialen empfängt ein exzellent geschultes Verkaufspersonal den Kunden mit dem iPad. Dabei erhält der Kunde Style-Vorschläge und Outfit-Empfehlungen vom Verkäufer. Über das iPad und iPhone werden dann weitere Farben oder nicht verfügbare Größen angeboten. Der Kunde kann wählen, ob er die Sachen nach Hause geliefert haben oder aber gleich mitnehmen möchte. Er kann dabei per Kreditkarte oder EC-Karte über die mobilen Devices der Verkaufsberater bezahlen und muss sich daher nicht mehr in der langen Schlange an der Kasse anstellen. Die Rechnung bekommt er entweder ausgedruckt vom Verkaufsberater überreicht, auf dem Postweg zugestellt oder digital zugemailt. Diese Art von „Multichannel"-Service wertet das Einkaufserlebnis im Geschäft derart auf, dass hier absolute Kanalexzellenz erreicht wird. Zusätzlich wird dem Kunden die Verfügbarkeit der Internet-Sortimente transparent gemacht und die Wahrscheinlichkeit, dass die Kunden auch später selbst den Online Store aufsuchen, steigt („Store to Web"). Der Online-Kunde, der das perfekte Online-Einkaufserlebnis sucht, findet es durch das Angebot exzellenter Multichannel-Leistungen wie „Abholen im Geschäft" und „Verfügbarkeitsabfrage für den Store" noch überzeugender. Diesbezüglich lassen sich zwei Kanalvorteile gemeinsam nutzen, und zwar das Stöbern im Netz mit allen denkbaren Produktinformationen, die zur Entscheidungsfindung nützlich sind, sowie die Vorteile des stationären Einkaufs. Passformsicherheit und persönliche Beratung können nun einmal nicht wirklich gut im Online-Shop geboten werden. Umgekehrt baut Nordstrom aber zunehmend die Vorteile des „digital in store" aus. So werden in zwei Filialen smarte Umkleidekabinen getestet, wie Internet Retailer berichtet (Locationinsider 2015). Die Technik für die interaktiven Spiegel, über die Kunden u. a. passende Produktvorschläge erhalten, soll von eBay stammen. Die Kunden können damit auch Mitarbeiter rufen und Produktverfügbarkeiten prüfen. Dazu müssen die Nutzer lediglich den Barcode eines Kleidungsstücks scannen. Zunächst sollen die internetfähigen Touchscreens in der Filiale am Hauptsitz in Seattle, später auch im kalifornischen San José verfügbar sein (Locationinsider 2015).

- **Williams-Sonoma** (www.williams-sonoma.com) erzielte in 2015 gut 4,97 Mrd. US-Dollar Netto-Umsatz (+ 5,9 %). Das Unternehmen wurde 1956 zunächst als gehobenes Möbelfachgeschäft in Sonoma/California eröffnet und nach erfolgreichem Start zu einem Filialsystem multipliziert mit aktuell 618 stationären Geschäften, davon rund 25 in Kanada. In 1972 wurde als zweiter Kanal das Versandgeschäft mit dem „Flagship"-Katalog „A Catalog for Cooks" gegründet. Als dritter Absatzkanal wird seit 1999 der Online-Shop betrieben. Dieser erreichte in 2014 mehr als 2,5 Mrd. US-Dollar Umsatz und damit über 50,6 % Anteil am Gesamtumsatz (Williams-Sonoma 2015). Die „Operating Margin" liegt bei 9,8 %, womit das „Operating Income" gegenüber dem Vorjahr leicht gestiegen ist. Bemerkenswert ist die erfolgreiche Differenzierung in unterschiedliche Store Brands wie zum Beispiel Williams-Sonoma Grande Cuisine und Classic, Pottery Barn Design Studio und Classic, Pottery Barn Kids sowie als neue Marken West Elm, PBten und Williams-Sonoma Home. West Elm entwickelt sich derzeit zu einem Wachstumstreiber. Sämtliche Store Brands werden sowohl online als auch offline betrieben und zeichnen sich durch einen hohen Integrationsgrad aus. Durch die Kanalausdifferenzierung erreicht Williams-Sonoma deutlich mehr Kunden, als getrennt in den Einzelkanälen möglich wäre. Fast 40 % der Kunden kaufen in mehr als einem Kanal. Diese „hüpfenden" Kunden sind „wertvoller" als die Einkanalkunden und geben im Schnitt 20 % mehr aus. Derzeit bereitet Williams-Sonoma zunächst auf Basis des Online-Kanals und der eher jüngeren

Risk Benefit im Online-Handel 6

Zusammenfassung
Wie die E-Commerce-Landschaft in drei bis fünf Jahren aussehen wird, ist schwer abzuschätzen. Im Grunde geht es darum, dass sich die E-Commerce-Branche häufig noch eher als High-Tech- denn als Handelsbranche versteht: Darin liegt wohl eines der Hauptrisiken für Online-Händler, weswegen auch viele der kleinen Online-Shops nicht überleben werden. Umgekehrt liegt ein großes Risiko für die Multichannel-Händler darin, das Online-Thema zu unterschätzen und systemtechnisch zu kleckern statt zu klotzen. Unabhängig davon gilt es, die rechtlichen Risiken im Auge zu behalten, die sich vor allem im Zuge der EU-Harmonisierung ergeben.

6.1 Risiken nicht anforderungsgerechter AGB im Online-Handel

6.1.1 Neue Widerrufsbelehrungen und Button-Lösung

Mit Wirkung vom 4. August 2011 hat der Gesetzgeber die Musterbelehrung über das Widerrufs- bzw. Rückgaberecht bei Fernabsatzverträgen mit Gesetzesrang versehen. Die gesetzlichen Änderungen im Jahr 2011 haben dazu geführt, dass alle bis dahin gültigen Widerrufsbelehrungen nicht mehr verwendet werden dürfen. Andernfalls droht eine teure Abmahnung (Anwaltskanzlei Heinemann 2014; Anwaltskanzlei Heinemann 2016). Nur Händler, die zur Erfüllung ihrer Informationspflichten die in den Anlagen 1 und 2 zu Art. 246a § 1 Abs. 2 Nr. 1 und § 2 Abs. 2 Nr. 2 EGBGB vorgesehenen Muster in Textform verwenden, kommen in den Genuss der sogenannten Privilegierung und der damit verbundenen Rechtssicherheit. Da das Muster Gesetzesrang hat, sind die Gerichte an das

G. Heinemann, *Der neue Online-Handel,* DOI 10.1007/978-3-658-15384-7_6

gesetzliche Muster gebunden und können es nicht mehr als wettbewerbswidrig einstufen (Anwaltskanzlei Heinemann 2014; Anwaltskanzlei Heinemann 2016).

Besonders vorsichtig müssen allerdings Händler sein, die in der Vergangenheit bereits abgemahnt worden sind und eine strafbewehrte Unterlassungserklärung abgegeben haben. Denn durch die Änderung der Belehrung könnte ein Verstoß gegen die Unterlassungserklärung erfolgen. Dies hätte dann zur Folge, dass eine Vertragsstrafe fällig wird. Betroffene sollten daher in Erwägung ziehen, ihre Unterlassungserklärung mit Verweis auf die geänderte Rechtslage zu kündigen (Anwaltskanzlei Heinemann 2014).

Aber auch danach ist der Gesetzgeber nicht untätig geblieben. So ist am 1. August 2012 das „Gesetz zur Änderung des Bürgerlichen Gesetzbuches zum besseren Schutz der Verbraucherinnen und Verbraucher vor Kostenfallen im elektronischen Geschäftsverkehr und zur Änderung des Wohnungseigentumsgesetzes" in Kraft getreten. Danach muss bei sämtlichen Online-Betellungen eine Schaltfläche mit der Aufschrift „zahlungspflichtig bestellen" oder einer entsprechenden Formulierung vorhanden sein. Der Button soll dem Verbraucher sofort und unmissverständlich klarmachen, dass er durch das Anklicken Zahlungsverpflichtungen eingeht. Fehlt der auf die Kostenpflicht hinweisende Button oder ist er unzulässig beschriftet, kommt kein Vertrag zustande. Der Kunde muss dann auch nicht bezahlen. Bereits vorab muss er zudem klar, verständlich und in hervorgehobener Weise über die wesentlichen Merkmale der Ware oder Dienstleistung, deren Preis, die Lieferkosten sowie eine etwaige Mindestvertragslaufzeit informiert werden. Kosten dürfen nicht mehr im Kleingedruckten versteckt werden. Der neue Schutz greift bei jeder Online-Bestellung von Waren oder Dienstleistungen – egal ob per Computer, Smartphone oder Tablet.

Schließlich ist mit Wirkung vom Freitag, den 13. Juni 2014, das „Gesetz zur Umsetzung der Verbraucherrechterichtlinie" in Kraft getreten. Damit gingen erneut vielfältige Änderungen für Online-Händler einher. Eine bestand darin, dass einheitlich ein 14-tägiges Widerrufsrecht gilt. Das vormals bestehende Rückgaberecht ist abgeschafft – der Widerruf erfordert eine „eindeutige Erklärung" gegenüber dem Unternehmer. Diese Erklärung ist anders als bisher aber nicht mehr an die Textform (zum Beispiel Brief, Fax, E-Mail) gebunden, sondern kann auch telefonisch erfolgen. Eine kommentarlose Rücksendung genügt nicht mehr. Ab dem 13. Juni 2014 musste – unter anderem aufgrund der Neuregelung zum Beginn der Widerrufsfrist – auch die Widerrufsbelehrung (schon wieder) neu gestaltet werden. Der Beginn der Widerrufsfrist richtet sich nun nach der Bestell- und Liefersituation bei der konkreten Bestellung. Für nach dem 13. Juni 2014 geschlossene Verträge gilt dabei grundsätzlich, dass der Verbraucher im Falle des Widerrufs die Kosten der Rücksendung zu tragen hat. Hinsendekosten sind aber nach wie vor zu erstatten.

6.1.2 Kein Widerrufsrecht bei Produktindividualisierung

Bei Fernabsatzverträgen für Produkte, die nicht vorgefertigt sind und für deren Herstellung eine individuelle Auswahl oder Bestimmung durch den Verbraucher maßgeblich ist oder die eindeutig auf die persönlichen Bedürfnisse zugeschnitten sind, besteht kein

Widerrufsrecht (§ 312 g Abs. 2 S. 1 Nr. 1 BGB). Dies wird von Anbietern entsprechender Produkte in den AGB häufig nicht bedacht und in den AGB nur pauschal formuliert, der Kunde habe ein Widerrufsrecht. Online-Händler, die individualisierte Produkte anbieten (zum Beispiel Einzelfertigungen oder Mass Customization) sollten deshalb besondere Regelungen in ihre AGB aufnehmen. Gleiches gilt für urheberrechtliche Regelungen, wenn Kunden zum Beispiel eigene Gestaltungsideen verwirklichen können.

In Hinblick auf das Widerrufsrecht ist unbedingt zu berücksichtigen, dass Produkte, die nach einem sogenannten Baukastensystem individuell nach Kundenwünschen zusammengestellt werden, von § 312 g Abs. 2 S. 1 Nr. 1 BGB nicht erfasst werden (z. B. Computer, Schmuck). Diesbezüglich kann auf das Urteil des Bundesgerichtshofs (BGH) vom 19. März 2003 – VII ZR 295/01 hingewiesen werden, welches das Widerrufsrecht bei Fernabsatzverträgen betrifft. Der die Rückabwicklung begehrende Kläger hatte ein Notebook nach seinen Wünschen ausstatten und mit Zusatzkomponenten versehen lassen. Der BGH ging deshalb davon aus, dass das Notebook in der konkreten Zusammenstellung nur zufällig einen anderen Käufer finden könne. Gleichwohl sei das Widerrufsrecht des Klägers nicht nach § 3 Abs. 2 Nr. 1 FernAbsG (jetzt § 312 g Abs. 2 S. 1 Nr. 1 BGB) wegen Anfertigung der Ware nach Kundenspezifikation ausgeschlossen. Das Notebook sei aus Standardbauteilen zusammengesetzt worden, die ohne größeren Aufwand getrennt und anderweitig verwendet werden könnten. Für den beklagten Händler habe daher die Möglichkeit einer wirtschaftlich tragbaren Verwertung des Notebooks bestanden. Deshalb sei, so die Richter, der Schutzbereich von § 3 Abs. 2 Nr. 1 FernAbsG (jetzt § 312 g Abs. 2 S. 1 Nr. 1 BGB) nicht eröffnet.

Eine Studie, die im Rahmen eines Forschungsprojektes unter Betreuung des Autors an der Hochschule Niederrhein durchgeführt wurde, untersuchte am Beispiel von 14 ausgesuchten Mass-Customization-Internet-Anbietern, inwieweit den spezifischen Anforderungen an die AGB Rechnung getragen wird. Dabei wurden vor allem Widerrufsmöglichkeiten, aber auch Gewährleistungen, Retourenregelungen, Schutzrechteregelungen sowie Produkthaftungsregelungen im Mass Customization untersucht. Bei den untersuchten Internet-Anbietern sind in der Regel die untersuchten rechtlichen Rahmenbedingungen im Rahmen der AGB geregelt. In wenigen Fällen sind die AGB unvollständig, in einem Fall fehlten sie ganz. Gewährleistung (§ 437 BGB) und Produkthaftung sind meistens nach gesetzlichen Bestimmungen geregelt bzw. begrenzt. Ein Link zu den AGB ist auf jeder Seite integriert, teilweise existiert eine direkte Download-Funktion.

Einen empfehlenswerten Umfang von AGB eines Mass-Customization-Anbieters im Internet zeigen die diesbezüglichen Best-Practice-Anbieter:

- § 1 Allgemeines, Geltungsbereich (§ 305 BGB),
- § 2 Verantwortlichkeit für Online-Angebot (§ 312d BGB, Art. 246a § 1 Abs. 1 S. 1 Nr. 1, 2, 3 EGBGB),
- § 3 Vertragsschluss (§ 312i BGB, Art. 246c Nr. 1 EGBGB),
- § 4 Lieferung/Versand (§ 312d BGB, Art. 246a § 1 Abs. 1 S. 1 Nr. 4, 7 EGBGB),
- § 5 Preise (§ 312d, Art. 246a § 1 Abs. 1 S. 1 Nr. 4 EGBGB),

- § 6 Bezahlung (§ 312d BGB, Art. 246a § 1 Abs. 1 S. 1 Nr. 7 EGBGB),
- § 7 Eigentumsvorbehalt (§ 449 BGB),
- § 8 Gewährleistung (§ 312d BGB, Art. 246a § 1 Abs. 1 S. 1 Nr. 8, §§ 437, 309 Nr. 8b.) BGB),
- § 9 Haftung/Haftungsbeschränkung (§ 309 Nr. 7 BGB),
- § 10 Bestehen oder Nichtbestehen eines Widerrufsrecht (§§ 312 g BGB, Art. 246 Abs. 3, 246a § 1 Abs. 3 EGBGB) und Bedingungen, Fristen und Verfahren zur Ausübung des Widerrufsrechts (§ 312 g BGB, Art. 246a § 1 Abs. 2 EGBGB),
- § 11 Kosten bei Widerruf (§ 357 Abs. 6 BGB, Art. 246a § 1 Abs. 2 S. 1 Nr. 2 EGBGB,
- § 12 Schutzrechte/Urheberrechte (UrhG),
- § 13 Technische und gestalterische Abweichungen,
- § 14 Datenschutz (BDSG),
- § 15 Erfüllungsort, Gerichtsstand.

Welchen Mindestinhalt AGB von Gesetzes wegen haben sollten, kann insbesondere aus Art. 246 bis Art. 246c EGBGB herausgelesen werden. Dort sind verschiedene, noch über obige Punkte hinausgehende Informationen aufgeführt, die der Händler dem Kunden zur Verfügung stellen muss. Zwar betreffen die Art. 246 bis 246c EGBGB rechtsdogmatisch die Erfüllung bestimmter Informationspflichten. Die danach mitzuteilenden Informationen wirken sich aber insbesondere auch auf die inhaltliche Ausgestaltung von Verträgen und damit den Regelungsbereich von AGB aus. Es bietet sich daher an, dem Kunden die danach erforderlichen Pflichtinformationen in AGB mitzuteilen. Die Informationen müssen dabei „vor Abgabe der Vertragserklärung" des Verbrauchers angeboten werden. Online-Händler kommen also schlicht nicht umhin, ihre AGB auf den Shop-Seiten vorzuhalten. In welcher Form die Informationen mitzuteilen sind, ergibt sich insbesondere aus Art. 246a § 4 EGBGB: Die Informationen müssen „klar und verständlich" und „lesbar" zur Verfügung gestellt werden. Im Zuge der Compliance müssen sich vor allem die Best Practices daher an diesen Regelungen messen lassen. Neben diesen Best Practices gibt es aber immer noch Anbieter, bei denen überhaupt keine AGB zu finden sind. Dies ist gerade deshalb besonders problematisch, weil der Unternehmer dem Verbraucher verpflichtend bestimmte Informationen zur Verfügung zu stellen hat. Die Urheberrechte werden immer noch nicht von allen Mass-Customization-Anbietern im Internet beachtet. Spreadshirt nutzt die Bestimmung „zur Regelung des Urheberrechts an geistigem Eigentum der Kunden" und bietet seinen Kunden die Möglichkeit, eine Lizenz über ihre selbst gestalteten Motive an Spreadshirt zu vergeben. Spreadshirt vertreibt dann dieses Motiv und der Kunde erhält eine Provision vom Umsatz des Motives.

6.1.3 Verbraucherwiderrufsrecht

Gemäß § 312 g Abs. 1 BGB steht einem Verbraucher bei einem Fernabsatzvertrag ein Widerrufsrecht zu. Ein Fernabsatzvertrag in diesem Sinne ist dabei jeder Vertrag, bei dem der Unternehmer oder eine in seinem Namen oder Auftrag handelnde Person und der Verbraucher für die Vertragsverhandlungen und den Vertragsschluss ausschließlich Fernkommunikationsmittel verwenden, es sei denn, dass der Vertragsschluss nicht im Rahmen eines für den Fernabsatz organisierten Vertriebs- oder Dienstleistungssystems erfolgt (§ 312c Abs. 1 BGB). Verbraucher ist der Vorschrift des § 13 BGB zufolge jede natürliche Person, die ein Rechtsgeschäft zu Zwecken abschließt, die überwiegend weder ihrer gewerblichen noch ihrer selbstständigen beruflichen Tätigkeit zugerechnet werden können. Unternehmer ist nach § 14 BGB eine natürliche oder juristische Person oder eine rechtsfähige Personengesellschaft, die bei Abschluss eines Rechtsgeschäfts in Ausübung ihrer gewerblichen oder selbstständigen beruflichen Tätigkeit handelt.

Um als Verbraucher in den Genuss des Widerrufsrechts zu kommen – bzw. spiegelbildlich als Unternehmer dem Risiko eines Widerrufs durch einen Verbraucher ausgesetzt zu sein – muss der Vertrag also unter „ausschließlicher Verwendung von Fernkommunikationsmitteln" geschlossen worden sein. Dies ist immer dann der Fall, wenn sowohl für das Vertragsangebot (§ 145 BGB) als auch die damit korrespondierende Annahmeerklärung (§§ 146 ff. BGB) sogenannte Fernkommunikationsmittel eingesetzt werden. Fernkommunikationsmittel sind gemäß § 312c Abs. 2 BGB alle Kommunikationsmittel, die zur Anbahnung oder zum Abschluss eines Vertrags eingesetzt werden können, ohne dass die Vertragsparteien gleichzeitig körperlich anwesend sind, wie Briefe, Kataloge, Telefonanrufe, Telekopien, E-Mails, über den Mobilfunkdienst versendete Nachrichten (SMS) sowie Rundfunk und Telemedien. In Betracht kommen aber beispielsweise auch Nachrichten über WhatsApp und andere Messenger-Dienste oder über soziale Netzwerke.

Bei buchstabengetreuer Anwendung dieser Regelungen müsste man zum Beispiel einen Fernabsatzvertrag annehmen, wenn der im Geschäftslokal des Unternehmers anwesende Verbraucher ihm dort im Regal präsentierte Ware mit seinem Handy im vom Unternehmen zusätzlich betriebenen Online-Shop einkauft. Auch müsste man von einem Fernabsatzvertrag ausgehen, wenn ein Verbraucher beispielsweise vor Ort im Geschäft eingekauft hat und nachfolgend dann weitere Käufe derselben Ware im Online-Shop tätigt. Dies könnte etwa beim wiederholten Kauf von Toner für einen Drucker der Fall sein. Allerdings wird man mit solchen Ergebnissen weder den besonderen Gegebenheiten gerecht noch dem Willen des Gesetzgebers.

Die deutschen Vorschriften über das Verbraucherwiderrufsrecht basieren letztlich auf der sogenannten Fernabsatzrichtlinie – FernAbsRL der EU (Richtlinie 97/7/EG des Europäischen Parlamentes und des Rates vom 20. Mai 1997 über den Verbraucherschutz bei Vertragsschlüssen im Fernabsatz). Nach Nr. 14 der Erwägungsgründe soll ein Widerrufsrecht bestehen, weil der Verbraucher bei Fernabsatzverträgen keine Möglichkeit hat, vor Abschluss des Vertrages das Erzeugnis zu sehen oder die Eigenschaften der Dienstleistung im Einzelnen zur Kenntnis zu nehmen. In den Beispielfällen ist dem Verbraucher aber eine Prüfung der Ware möglich bzw. deren Eigenschaften sind ihm aus einem vorherigen identischen Kauf bekannt. Ein Widerrufsrecht wäre demnach eher abzulehnen. Andererseits bezweckt der Gesetzgeber einen möglichst weit gehenden Verbraucherschutz. Dies wiederum kann nur erreicht werden, wenn Einschränkungen des

Widerrufsrechts restriktiv gehandhabt werden. Dies spräche wohl eher für eine Annahme eines Widerrufsrechts.

Im Ergebnis wird man daher davon ausgehen müssen, dass nach dem Schutzzweck der gesetzlichen Vorschriften in Fällen, in denen sich der Verbraucher während der Vertragsanbahnung über alle für den Vertragsschluss wesentlichen Umstände informiert hat und der Vertrag im unmittelbaren zeitlichen Zusammenhang mit diesem persönlichen Kontakt zustande kommt, ein Fernabsatzvertrag nicht angenommen werden kann. Auch wird man keinen Fernabsatzvertrag annehmen können, wenn der Verbraucher die aus seiner Sicht notwendigen Informationen anlässlich eines persönlichen Kontakts bei einem früheren, gleichartigen Vertragsschluss erhalten hat. Somit sollte in beiden der gebildeten Beispiele ein Vertragsschluss anzunehmen sein, ohne dass dem Verbraucher ein Widerrufsrecht zustehen kann.

Das Problem dürfte in diesem Zusammenhang aber auf der Beweisebene liegen. Der Vertragsschluss unter Verwendung von Fernkommunikationsmitteln dürfte im Wege des Anscheinsbeweises zunächst zulasten des Unternehmers sprechen: Typischerweise handelt es sich bei mittels Fernkommunikationsmitteln geschlossenen Verträgen um Fernabsatzverträge. Der Unternehmer müsste also einen von diesem typischen Geschehensablauf abweichenden Ablauf darlegen und ggf. auch beweisen.

6.2 Risk Benefit für den Pure-Online-Handel

Insbesondere gegenüber anderen Kanälen besitzt der Internet-Kanal als Verkaufsform spezifische Vor- und Nachteile sowie Chancen und Risiken. Betrachtet man die Merkmale des Handels über das Internet, empfiehlt sich eine Zweiteilung nach Handels- und Kundensicht. Dadurch wird vermieden, dass die Wertschöpfungskette vom Handelsunternehmen zum Konsumenten „abgeschnitten" untersucht wird und dementsprechend nur ein Partner von der Transaktion entscheidend profitiert (Passenheim 2003, S. 99). In Abb. 6.1 sind die Vor: und Nachteile des Absatzkanals Internet zunächst aus Handelsperspektive zusammenfassend dargestellt

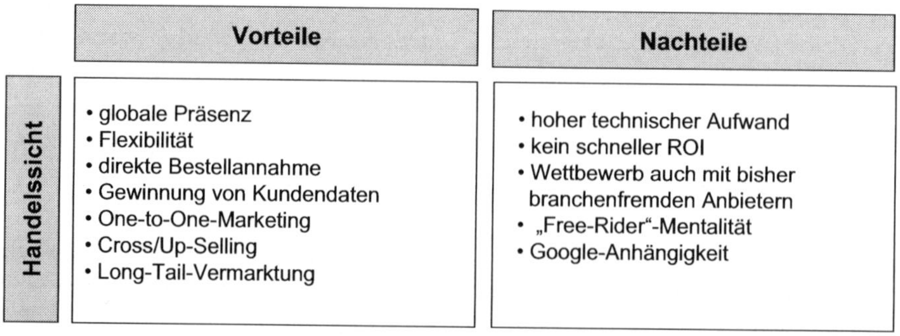

Abb. 6.1 Risk-Benefit des Online-Absatzkanals aus Handelssicht. (Quelle: In Anlehnung an Passenheim 2003, S. 99)

6.2.1 Risk Benefit aus Online-Handelssicht

Als zentrale **Vorteile und Chancen des Online-Handels aus Unternehmenssicht** gelten die globale Präsenz, direkte Bestellannahme, Gewinnung von Kundendaten, One-to-One-Marketingmöglichkeiten, Cross-/Up-Selling-Möglichkeiten sowie die Long-Tail-Vermarktung:

- **Globale Präsenz** des Internets ermöglicht dem Online-Händler Zugang zu neuen Zielgruppen und Märkten. Gleichzeitig werden durch den Online-Verkauf eine höhere Flexibilität und damit ein Wettbewerbsvorteil ermöglicht. Außerdem können Waren tagesgenau in das bestehende Sortiment auf- und auch wieder herausgenommen werden. Weiterhin sind Querverweise zwischen den Produktgruppen möglich.
- **Direkte Bestellannahme** führt zur Verkürzung der Vertriebskette, bei der bisherige Funktionen auf den Kunden übertragen werden können. Resultat sind erhebliche Zeit- und Kostenvorteile, da manuelle Bearbeitungen oder Callcenter-Aktivitäten entfallen, wodurch sich wiederum höhere Margen für den Händler ergeben.
- **Gewinnung von Kundendaten** wird auf elektronischem Weg für den Händler in bisher unerreichter Qualität möglich, da das tatsächliche Such- und Kaufverhalten elektronisch nachvollzogen werden kann. Anhand der so gewonnen Kundendaten kann ein für den Kunden individualisiertes Angebotsprofil bis hin zur persönlichen Marketingstrategie entwickelt werden.
- **One-to-One-Marketing** wird aufgrund der vorliegenden Informationen über jeden einzelnen Kunden möglich, ohne dass dies sich in Kostensteigerungen niederschlagen muss, da nahezu alle Prozessschritte bis hin zur E-Mail-Erstellung voll automatisiert werden können.
- **Cross/Up-Selling** stellt die Möglichkeit dar, über das angebotene Produkt hinaus noch weitere Leistungen anzubieten. Es handelt sich dabei um eine aktive Absatzförderung, die entweder mit Angeboten anderer Anbieter (zum Beispiel im Rahmen einer Kooperation) oder innerhalb des eigenen Sortimentes stattfindet. Am besten eignen sich dafür Komplementärprodukte (zum Beispiel Parfüm und Duschgel).
- **Long-Tail-Vermarktung** beinhaltet den Verkauf umsatzschwacher Produkte oder Restsortimente, die nicht bis zum Saisonende verkauft werden konnten. Dahinter steht auch die Idee, für Nischenprodukte durch die Kumulation geografisch separierter Kundengruppen eine kritische Nachfrage erreichen zu können. Diese Art der Vermarktung ist allerdings nur zur Arrondierung bestehender Kernsortimente geeignet. In Hinblick auf die Long-Tail-Vermarktung und damit einhergehende Dimensionierung der Sortimente ist im Online-Handel eine „Renaissance der Randsortimente“ (Ehrmann und Schmale 2008, S. 44) zu beobachten. „Keine Listungsgebühren, geringe Regalkosten und effektive Suchmaschinen: Das Internet macht die Vermarktung umsatzschwacher Produkte und damit die Sortimentsnischen attraktiv“ (Ehrmann und Schmale 2008, S. 44).

Als zentrale **Nachteile und Risiken des Online-Handels aus Unternehmenssicht** gelten der hohe technische Aufwand, der auch einen schnellen ROI verhindert, der Wettbewerb mit bisher branchenfremden Anbietern, die „Free-Rider"-Mentalität sowie die Google-Abhängigkeit auf Handelsseite:

- **Hoher technischer Aufwand** ergibt sich aus der häufig unterschätzten Notwendigkeit, eine spezifische informationstechnische Infrastruktur zu schaffen. Insbesondere die Umsetzung der technischen und medialen Systemvoraussetzungen bedeutet in der Regel hohe Anfangsinvestitionen, die allerdings zum Teil durch Zusammenarbeit mit Fulfilment-Dienstleistern umgangen werden können.
- **Keine schnelle Amortisation** des eingesetzten Kapitals ist aufgrund der hohen Anfangsinvestitionen gegeben. Außerdem ist der Aufbau einer Kundenbasis mit erheblichen Anstrengungen verbunden, sodass der Umsatz sehr zeitverzögert generiert wird. Andererseits ist nach der längeren Anlaufphase aber ein nachhaltiger Skaleneffekt realisierbar.
- **Wettbewerb mit branchenfremden Anbietern** ergibt sich aus der räumlichen und zeitlichen Unbegrenztheit des Online-Kanals, der es anderen Anbietern ermöglicht, auch ohne großen Aufwand Fremdprodukte zu verkaufen. Außerdem verleitet das Internet bisherige Lieferanten dazu, direkt an die Kunden zu verkaufen und damit Disintermediation zu betreiben.
- **„Free-Rider"-Problematik** entsteht durch Kunden, die sich im stationären Handel beraten lassen und anschließend im Internet dem günstigsten Angebot hinterherjagen. Hier gilt es, durch intelligentes CRM die Kunden nachhaltig zu binden. Das Channel Hopping spricht außerdem auch dafür, eine Multichannel-Lösung anzudenken.
- **Google-Abhängigkeit** hat für Internet-Händler „Akzeptanzzwang". Mittlerweile kommt kein Online-Händler mehr an der „Frequenzabschöpfung" in der Google-Suchmaschine vorbei. Unternehmen, die ihr Geschäftsmodell im Internet auf den Besucherstrom von Google aufgebaut haben, sind dadurch abhängig geworden.

6.2.2 Risk Benefit aus Online-Kundensicht

Das Internet, als virtueller Begegnungsraum zwischen Anbieter und Nachfrager, weist Eigenschaften der Ort- und Zeitunabhängigkeit (Ubiquität) auf. Jeder Teilnehmer kann in Abhängigkeit von seiner technischen Infrastruktur und seinen Präferenzen diesen virtuellen Raum betreten, in ihm verbleiben und ihn auch wieder verlassen. Damit unterscheidet er sich grundlegend von anderen Märkten, in denen diese globale und augenblickliche Reichweite nicht möglich ist. Dieser und auch andere Vorteile haben sicherlich zur Diffusion des Internet beigetragen. In Abb. 6.2 sind die Vor- und Nachteile des Absatzkanals Internet aus Kundenperspektive zusammenfassend dargestellt.

Als wesentliche **Vorteile und Chancenaus Kundensicht** entpuppen sich die Überallerhältlichkeit, die Unabhängigkeit von Ladenöffnungszeiten und Standorten, die größere

	Vorteile	Nachteile
Kundensicht	• Anywhere- und Anytime-Verfügbarkeit • Unabhängigkeit von Öffnungszeiten • größere Auswahl und Vergleichbarkeit an Produkten und Angeboten • Markttransparenz • individuelle Angebote • Offenheit • bessere Informationen	• fehlender physischer Kontakt mit den Produkten • fehlender sozialer Aspekt beim Einkauf • mögliche Schwierigkeiten bei der Reklamation • Sicherheit bei der Zahlungsabwicklung • Mindestbestellwert und zusätzliche Kosten

Abb. 6.2 Risk Benefit des Online-Absatzkanals aus Kundensicht. (Quelle: In Anlehnung an Passenheim 2003, S. 99)

Auswahl und Vergleichbarkeit an Produkten und Angeboten, die Markttransparenz, die individuellen Angebote, die Offenheit sowie die besseren Informationen:

- **Anywhere- und Anytime-Verfügbarkeit** ergibt sich durch den Zugang zum weltweiten Netz. Aufgrund der Internationalität des WWW hat der Kunde Zugang zu sämtlichen Anbietern weltweit und somit zu erheblich mehr alternativen Anbietern, als es stationär möglich wäre.
- **Unabhängigkeit von Öffnungszeiten** ist durch die 24-h-Bestellmöglichkeit sowie die Belieferung an jede gewünschte Adresse gegeben. Bisherige Erfahrungen zeigen, dass mittlerweile im Online-Handel bevorzugt abends und nachts geordert wird.
- **Größere Auswahl** ergibt sich nicht nur durch den Zugang zum weltweiten Netz, sondern auch durch die fehlenden räumlichen und zeitlichen Grenzen auf Angebotsseite, die zum Beispiel zur Long-Tail-Vermarktung führen.
- **Markttransparenz** ist vollumfänglich durch die „Echtzeit"-Vergleichsmöglichkeit, Preisvergleiche im elektronischen Absatz sowie die Suchmaschinen oder Software-Agenten, die nach Vorgabe der Nutzer die für ihn besten Angebote suchen, gegeben. Mit der insgesamt verbesserten Markttransparenz findet der Kunde ohne zusätzliche Transaktionskosten leicht das für ihn beste Angebot.
- **Individuelle Angebote** sind unmittelbare Folge des One-to-One-Marketings. Mit der Produktindividualisierung geht der Trend zur interaktiven Wertschöpfung, also Mass Customization und Open Innovation einher. Weiterhin erlaubt die Technik eine Personalisierung der Kundenansprache.
- **Offenheit und Transparenz** kennzeichnen das Internet-Zeitalter. Davon sind nicht nur die Kunden betroffen, sondern auch die Unternehmen, die gegenüber ihren Kunden nichts mehr verbergen können.
- **Bessere Informationen** im Sinne der Verbindlichkeit ergeben sich sowohl aus der Transparenz als auch aus der Dokumentation. Das Internet ermöglicht es, bewegte Bilder und Töne zu übermitteln, wodurch es im Vergleich zum Versandhandel die Produktanschauung plastischer gestalten kann. Gleiches gilt für die immer häufiger anzutreffende 3D-Animation.

Trotz der vielfältigen technischen Möglichkeiten weist der Online-Kanal weiterhin nicht zu unterschätzende **Nachteile und Risikenaus Kundensicht** auf. Diese ergeben sich aus den fehlenden Kontaktmöglichkeiten (physisch und sozial), Schwierigkeiten und Risiken bei Reklamation und Zahlung sowie möglichen finanziellen Risiken durch Mindestbestellwerte oder kriminelle Energie:

- **Fehlender physischer Kontakt** erweist sich aus Kundensicht als entscheidender Nachteil. Dieser ist mit dem funktionalen Risiko verbunden, die Qualität und Funktionalität des Produktes nicht direkt prüfen zu können.
- **Fehlender sozialer Kontakt**, der beim Einkauf im stationären Geschäft gegeben ist, erhöht im Distanzhandel aufgrund der damit einhergehenden Anonymität das wahrgenommene Risiko der Kunden. Technische Innovationen wie zum Beispiel Kommunikationsplattformen können daran nichts ändern. Dies spricht für einen stationären Supplement Channel oder zumindest für eine Callcenter-Option.
- **Mögliche Schwierigkeiten bei der Reklamation** ergeben sich aus der relativen Anonymität, die mit Sorgen von Konsumenten bezüglich möglicher Schwierigkeiten beim Umtausch verbunden ist. Die Rücksendung der Waren und der damit verbundene Gang zur nächsten Postfiliale stellt außerdem ein zeitliches und finanzielles Risiko aus Kundensicht dar.
- **Sicherheitsrisiken bei der Zahlungsabwicklung** verursachen latente Ängste bei den Kunden, die durch ansteigende Betrugsfälle im Zusammenhang mit Online-Überweisungen genährt werden und von Online-Händlern unbedingt ernst genommen werden sollten.
- **Mindestbestellwert und zusätzliche Kosten** aufgrund von Reklamationen, Rücksendungen und Reparaturen sind ebenfalls ein „Dauerthema auf Kundenseite". Das resultiert nicht selten auch aus intransparenten oder nicht internet-spezifisch ausgestalteten AGB. Es lässt sich nachweisen, dass etliche Online-Händler diese Thematik bisher vernachlässigt haben.

6.3 Risk Benefit für den Multichannel-Handel

Der Aufbau eines neuen Vertriebsweges stellt für einen Einzelhändler eine Innovation dar und zwar sowohl in Bezug auf den einzelnen innovativen Vertriebskanal „Pure-Internet-Handel" als auch im Hinblick auf den Einstieg in den Multichannel-Handel. Neben zahlreichen Chancen einer derartigen Innovation können sich auch Spannungen, Konflikte und damit Risiken ergeben, die kontraproduktiv zu der ursprünglichen Idee einer zusätzlichen Umsatzquelle wirken. Betrachtet man die Chancen und Risiken des Multichannel-Handels, empfiehlt sich aus ähnlichen Gründen wie bei der Vorteilhaftigkeitsbetrachtung des reinen Online-Handels eine Aufteilung nach Handels- und Kundensicht.

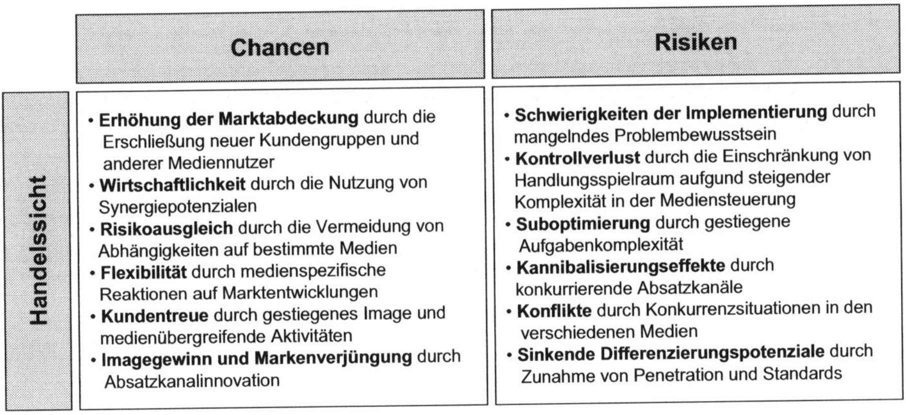

Abb. 6.3 Risk Benefit des Multichannel-Handels aus Handelssicht. (Quelle: In Anlehnung an Passenheim 2003, S. 124)

6.3.1 Risk Benefit aus Multichannel-Handelssicht

In Abb. 6.3 ist die Vorteilhaftigkeit der Verwendung paralleler Absatzkanäle aus Handelsperspektive zusammengefasst. Als **Vorteile und Chancenaus Handelssicht** lassen sich Erhöhung der Konsumentenreichweite und der Marktabdeckung, Wirtschaftlichkeit, Risikoausgleich, Flexibilität, Kundentreue sowie Imagegewinn und Markenverjüngung nennen:

- **Erhöhung der Konsumentenreichweite** durch Angebote in mehreren, breiter gestreuten Absatzkanälen: Mit Konsumentenreichweite ist die Anzahl der aktuellen und potenziellen Kunden gemeint, die von einer Kombination aus verschiedenen Vertriebskanälen, über die Waren vertrieben werden, tatsächlich erreicht werden können. Kunden entscheiden sich bei der Kaufentscheidung für den Betriebstyp, der für den aktuellen Bedarf die Leistungserwartungen am besten erfüllen kann. Im Extremfall entscheidet sich der Kunde bei jedem Einkauf neu, welchen Betriebstyp bzw. Absatzkanal er in welchem Handelsunternehmen frequentiert. Dabei steigt die Auswahlwahrscheinlichkeit, wenn die Produkte über mehrere, die verschiedenen Erwartungen erfüllenden Betriebstypen und Kanäle angeboten werden. Die dadurch ansteigende Konsumentenreichweite eröffnet einem Handelsunternehmen die Chance, dass es bei unterschiedlichen Kaufanlässen ausgewählt wird. Multichannel-Systeme zielen folglich darauf ab, möglichst viel von der Konsumentenrente abzuschöpfen und unter Effizienzgesichtspunkten „aus möglichst vielen Rohren breit zu schießen" (Schobesberger 2007, S. 29).
- **Erhöhung der Marktabdeckung** durch Erschließung neuer Kundengruppen: Durch den Einsatz einzelner Absatzkanäle erreichen die Anbieter häufig nur einen Bruchteil des anvisierten Marktes. Erst durch die Distribution in mehreren Absatzkanälen kann brachliegendes Marktpotenzial erschlossen werden. Damit verbessert sich auch

die Möglichkeit, höhere Umsätze zu erzielen. Außerdem tun sich mit neuen Kanälen wiederum neue Marktpotenziale auf, da andere Zielgruppen als bisher erschlossen werden können (Schobesberger 2007, S. 29). Durch abgestimmte Kommunikation kann der Kunde auf die unterschiedlichen Beschaffungskanäle und ihre spezifischen Vorteile hingewiesen werden. Ein Mitglied des Bertelsmann Buchclubs wird sowohl in Katalog und Filialen als auch bei der telefonischen Bestellung immer wieder auf die Möglichkeit eines Besuchs der Internet-Seite hingewiesen. Eine erhöhte Marktabdeckung, verbunden mit einer umfassenden Erschließung aller Marktpotenziale kann häufig die Hinzunahme eines weiteren Absatzkanals rechtfertigen (Ahlert et al. 2003, S. 18). Häufig wird auch der Einstieg in den Multichannel-Handel genutzt, um eine Internationalisierung vorzubereiten. Die WWW-Präsenz kann als „Speerspitze" in neue Länderregionen genutzt werden, wie es zum Beispiel Douglas erkannt hat oder auch die Versandhändler zunehmend praktizieren.

- **Wirtschaftlichkeit** durch Realisierung von Synergien: Mit der Distribution über Mehrkanalsysteme gehen nicht nur Effektivitätsüberlegungen einher. Es werden damit häufig auch Kostenziele verfolgt. Die Überlegung besteht darin, durch den Einsatz verschiedener, wertkettenergänzender Absatzkanäle die Wirtschaftlichkeit zu erhöhen. So kann ein kostenintensiver Außendienst durch Stützpunktsysteme und forciertes Direktmarketing via Internet entlastet werden, wodurch die Wirtschaftlichkeit steigt. Weitere Beispiele sind Synergieeffekte durch die Nutzung vorhandener Ressourcen, durch die laufende Kosten und notwendige Anfangsinvestitionen reduziert werden können. Die gemeinsame Nutzung eines Warenlagers durch verschiedene Kanäle gibt zum Beispiel die Möglichkeit, Kapazitäten besser auszulasten und Fixkosten zu relativieren. Über gute Voraussetzungen für Effizienzvorteile verfügen vor allem die traditionellen Versandhändler. In der forcierten, von vielen Versandhändlern betriebenen Substitution des klassischen Kataloggeschäftes durch den Internet-Kanal steckt häufig auch die Überlegung, Druck- und Katalogkosten des klassischen Versandgeschäftes senken zu können. Die Versandhändler beherrschen die hinter dem Online-Auftritt stehenden Geschäftsprozesse, da diese in der Regel identisch sind mit dem traditionellen Geschäftsmodell. Das gilt auch für die Zentrallagerlogistik und das Management der Verpackungszentren. Mit dem Einstieg in den Online-Handel wird praktisch nur die Stückzahl „im Back-Office" erhöht, sodass die damit anfallenden Stückkosten zumindest teilweise von der bereits in Gang gesetzten Erfahrungskurve profitieren können. Dadurch kann gegenüber Wettbewerbern ein Kostenvorteil erzielt werden. Branchenfremde Händler und Neugründer sind damit im Vergleich zum Versandhandel erheblich benachteiligt (Krone 2004, S. 18 ff.). Die entsprechenden Infrastrukturdefizite in der „New Economy" waren wesentlicher Grund für das Scheitern vieler Internet-Newcomer. Mit der Beschaffungsabhängigkeit von den relativen teuren und damit auf die Margen drückenden Barsortimentern konnten viele der neu gegründeten Internet-Buchhändler ohne eigene Infrastruktur niemals schwarze Zahlen erreichen (zum Beispiel BOL). Voraussetzung für die Erzielung von Effizienzvorteilen in Multichannel-Systemen ist aber in jedem Fall die Verknüpfung und Koordination der verschiedenen Kanäle.

- **Risikoausgleich** durch die Vermeidung von Abhängigkeiten auf bestimmten Kanälen: In einzelnen Absatzkanälen können immer auch starke Anhängigkeiten von einzelnen Kundengruppen entstehen. In vielen Branchen hat sich der Marktzugang als Nadelöhr für Lieferanten erwiesen. Einkaufsmacht, Handelskonzentration und Abhängigkeit bedrohen vor allem mittelständisch strukturierte Industrien, die über Multichannel-Handel und insbesondere den damit verbundenen Online-Vertrieb eine Möglichkeit zur Direktvermarktung erhalten. Viele Anbieter wie zum Beispiel Gerry Weber nutzen diese Vertikalisierungschance, um sich aus der Abhängigkeit von ihren Vertriebspartnern zu lösen. Für den Händler ergibt sich ein Risikoausgleich auch aus einer mit dem Einstieg in den Multichannel-Handel verbundenen Betriebstypendiversifikation. Das Betriebstypenportfolio lässt sich besser ausbalancieren, wodurch das Geschäftsrisiko auf eine breitere Basis gestellt wird.
- **Flexibilität** durch kanalspezifische Reaktionen auf Marktentwicklungen: In Bezug auf die Internet-Nutzung lassen sich zum Beispiel Vorteile der Vertriebskanalkombination nennen, die dergestalt sonst nicht bestehen. Insbesondere als flexibel einsetzbares Informationsmedium hat das Internet vielfach eine wichtige, nicht zu ersetzende Rolle im Rahmen von Multichannel-Systemen eingenommen. Studien besagen, dass ca. 40 % aller Verbraucher sich vor einem Kauf im stationären Handel im Internet informieren und dabei entscheidend beeinflussen lassen. Das Internet ermöglicht es den Handelsunternehmen, die Konsumenten gezielt, flexibel und aktuell anzusprechen und deren Bedürfnisse besser auszuloten. Unter Zuhilfenahme des Internets können sich Händler ihren wertvollsten Kunden widmen und damit die profitabelsten Kundenbeziehungen intensiv pflegen (Krone 2004, S. 15–16), wie zum Beispiel von Bogner-Homeshopping praktiziert.
- **Kundentreue** durch kanalübergreifende Aktivitäten: Multichannel-Handel eröffnet die enorme Chance, den Kunden durch personalisierte Produktangebote und kundengerechte Sortimentsgestaltung langfristig zu binden. Auf Basis der neuen Systeme können Handelsunternehmen über verschiedene Kanäle eine Fülle unterschiedlichster Informationen über ihre Kunden sammeln und gewinnbringend einsetzen. In Verbindung mit Kundenkartensystemen sind sämtliche Käufe eines Kunden kanalübergreifend nachvollziehbar und seine Kaufhistorie dokumentierbar. Damit lässt sich ein aussagefähiges Kaufverhaltensprofil des Kunden aufzeichnen, das u. a. über sein Suchverhalten Auskunft gibt und für persönliche Kaufempfehlungen genutzt werden kann (Krone 2004, S. 17). Hinzu kommt, dass Kunden, die permanent auf der Suche nach neuen Angeboten sind, Mehrfachangebote auf differenzierten Kanälen registrieren und in der Regel auch honorieren.
- **Imagegewinnund Markenverjüngung** durch Absatzkanalinnovation: Unternehmen ohne Internet-Präsenz gelten mittlerweile als „veraltet". Die Mehrzahl der Konsumenten nutzt das Internet, um sich im Vorfeld eines Kaufes über Produkte zu informieren. Eine Website kann dabei auch gut dazu genutzt werden, Imagewerbung zu betreiben. Viele Besucher schließen vom Internet-Auftritt auf das Unternehmen und bilden sich dabei eine gefestigte Meinung. Dies gilt insbesondere für die jungen Käufergenerationen,

die ohne Internet vielfach gar nicht mehr erreicht werden können. Wenn ein Unternehmen allerdings den Internet-Kanal als Marketinginstrument zur Imageverbesserung und Markenverjüngung nutzen will, darf es sich diesbezüglich nicht mit „halben Sachen" zufrieden geben. Mit schlechten Websites kann der Schuss dabei „schnell nach hinten losgehen". Dies hat zum Beispiel Karstadt erkannt und mit Karstadt.de in den letzten beiden Jahren eine regelrechte „Online-Offensive" gestartet.

Als **Nachteile und Risiken aus Handelssicht** können Implementierungsschwierigkeiten, Kontroll- bzw. Komplexitätsgefahren, Suboptimierung, Kannibalisierungseffekte, Konflikte sowie sinkendes Differenzierungspotenzial genannt werden:

- **Schwierigkeiten der Implementierung** von Online-Vertrieb durch mangelndes Problembewusstsein: Die Implementierung von Online-Vertriebskanälen in bestehende Filialsysteme bringt nicht selten erhebliche Schwierigkeiten mit sich. Für den stationären Handel besteht die Herausforderung dieses Modells insbesondere in der Koordination des neuen Absatzkanals mit den traditionellen Vertriebswegen. Dabei sollte berücksichtigt werden, dass der Internet-Kanal von den vorhandenen Kunden nicht nur zum Einkauf, sondern vor allem auch als Informationsmedium genutzt wird. Es macht wenig Sinn und birgt große Gefahren in sich, den neuen Kanal implementieren zu wollen, ihn aber dann nicht als gleichwertige Verkaufsform zu akzeptieren, zu pflegen und weiterzuentwickeln. So gehen Kunden, die im Internet bestellen, von einer extrem hohen Warenverfügbarkeit und einer vergleichsweise sehr schnellen Lieferfähigkeit aus. Gerade hier haben etliche Probleme ihren Ursprung, da die Bestellvorgänge in vielen Unternehmen noch manuell oder über den stationären Handel ausgeführt werden, womit die Kundenerwartungen aber nicht erfüllbar sind und Unzufriedenheit vorprogrammiert ist. Nur eine Automatisierung des Bestellwesens „ohne Medienbrüche" ist in der Lage, die zeitlichen Erwartungen der Kunden zu erfüllen. Den Internet-Kanal als „Nebenkanal" anzusehen, nicht zu integrieren und den Kunden dabei das Gefühl zu geben, mit einem völlig neuen Anbieter statt mit dem Stammgeschäft zu kommunizieren, ist in vielen Unternehmen Grund für den schlechten Start des Online-Verkaufs (Krone 2004, S. 7–9), wie zum Beispiel bei Mediamarkt in der Vergangenheit zu beobachten war (Heinemann 2012a).
- **Kontrollverlust** durch die Einschränkung von Handlungsspielräumen aufgrund **steigender Komplexität** in der Kanalsteuerung: Ein Multichannel-Unternehmen ist nun einmal ein komplexes Gebilde, das nicht selten über lange Jahre hinweg gewachsen ist. Es ist daher schwer, allgemeine Regeln für die Identifikation und Realisierung von Potenzialen abzuleiten. Zwar können die verschiedenen Kanäle durch Aufgabenverteilung gewisse Wertschöpfungspotenziale realisieren, der steigende Koordinationsaufwand finanzieller und personeller Art ist jedoch erheblich. Der Start ins Multichannel Retailing wird häufig auch dadurch erschwert, dass keine geeigneten Controllingsysteme vorliegen, wodurch die genauen Ergebniswirkungen der Kanäle insbesondere untereinander nicht transparent sind. Eng damit verbunden ist die Tatsache, dass sich

mit der Einführung neuer Kanäle auch die Rangfolge der betrieblichen Ziele verschiebt. Als Auswirkung des Internet-Vertriebs zeichnet sich zum Beispiel ab, dass aus Kundensicht die jederzeitige Erreichbarkeit und die Möglichkeit, jederzeit zu bestellen und den Lieferstatus zu erfahren, an Bedeutung gewinnen. Die nachhaltigsten Veränderungen ergeben sich in den Bereichen Informationsfluss, Zeit, Geschwindigkeit und Effizienz. Außerdem ist davon auszugehen, dass mit der Implementierung eines Internet-Kanals die Qualifikationsanforderungen der Verkaufsmitarbeiter verändert werden. Die Vertriebsmitarbeiter müssen sich von der bisherigen „Value Communication" lösen, um eine Chance gegen die hohen Effizienz- und Servicepotenziale des Internet zu haben und aus Kundensicht wertvolle Beziehungs- und Dialogleistungen zu erbringen (Krone 2004, S. 14).

- **Suboptimierung** durch gestiegene Aufgabenkomplexität: In der Regel müssen die neuen Fähigkeiten für die neuen Geschäftsarten und -systeme erst noch gelernt werden, wodurch viele Multichannel-Händler gerade in der Anfangsphase vielfach überfordert sind. Die große Gefahr dabei ist, dass die Anlaufschwierigkeiten und Probleme durch den neuen Kanal zu viel Managementkapazität binden und vom Tagesgeschäft im traditionellen Geschäftsteil ablenken. Risiken bestehen häufig auch in der Suche nach allgemein gültigen Lösungen, die sich dann in allen Absatzkanälen anwenden lassen. Die Spezifika der Kanäle werden dabei außer Acht gelassen, wodurch sich die eigentlichen Vorteile des Multichannel-Systems nivellieren. Ferner können zusätzliche Kosten entstehen, wenn die Unterschiede der Kanäle zwar antizipiert werden, aber keine integrierten Lösungen gefunden wurden, was die Wirtschaftlichkeit des gesamten Gebildes gefährden kann (Schobesberger 2007, S. 33).
- **Kannibalisierungseffekte** durch konkurrierende Absatzkanäle: Durch neue Kanäle verlieren Stammkanäle an Bedeutung und damit an Umsatz. Wie stark solche Kannibalisierungseffekte wirken, hängt unter anderem von der Art des Produktes, der Zugänglichkeit der verschiedenen Kanäle sowie der Habitualisierung des Kaufprozesses auf Kundenseite ab. Untersuchungen über Kannibalisierung in Multichannel-Systemen kommen jedoch auch zum Ergebnis, dass Befürchtungen in diese Richtung häufig übertrieben sind und die Kanäle sich bei richtiger Ausgestaltung eher gegenseitig fördern können.
- **Konflikte** durch Konkurrenzsituation in den verschiedenen Kanälen: Werden zum Beispiel die einzelnen Absatzkanäle als eigenverantwortliche Bereiche im Sinne eines Profit Centers geführt, kann es zu erheblichen Konflikten zwischen den Kanälen kommen, die auf opportunistisches Verhalten der einzelnen Absatzkanäle zurückzuführen sind. Sind die Kanalverantwortlichen dann noch für ihren Kanal ergebnisverantwortlich tätig und ist ein Teil ihres Einkommens erfolgsabhängig gestaltet, ist der Konflikt vorprogrammiert. Wieso sollte der Filialleiter eines stationären Geschäftes seinen Kunden empfehlen, das Produkt doch besser online einzukaufen? Insofern benötigen Multichannel-Systeme auch geeignete Anreiz- und Kontrollsysteme, die weniger umsatz- und absatzabhängig gestaltet sind und so eine zielsetzungsgerechte Koordination ermöglichen (Ahlert et al. 2003, S. 21 ff.). Die neuen Multichannel-Händler

müssen sich insgesamt die grundlegende Frage stellen, welche Konfliktwirkungen sich aus der neuen Konstellation ergeben können und wie in der spezifischen Konfliktsituation zu agieren ist, sei es durch ein präventives oder ein situatives Konfliktmanagement. Vor allem bei langfristigen Veränderungen sollten Konflikte bereits im Vorfeld vermieden werden, zum Beispiel durch eine offene Kommunikation der Ziele sowie der angestrebten Prioritäten im neuen Distributionssystem. Missverständnisse lassen sich auch dadurch ausräumen, dass die Rollenverteilungen zwischen den Absatzkanälen klar und nachvollziehbar geklärt werden (Krone 2004, S. 11).
- **Sinkende Differenzierungspotenziale** durch Zunahme von Penetration und Standards: Es kommt vor, dass Handelsunternehmen die Leistungsunterschiede zwischen den Absatzkanälen anders interpretieren, als diese von den Kunden wahrgenommen werden. Je weniger Unterschiede allerdings zwischen den Kanälen hervorgehoben werden können, desto eher kannibalisieren sie sich (Krone 2004, S. 9 ff.). Zur Herausstellung der Unterschiede müssen die Besonderheiten des jeweiligen Absatzkanals verdeutlicht werden. Erkennbare Differenzierungsmerkmale liegen nur dann für den Konsumenten vor, wenn ihm ein zusätzlicher Absatzkanal einen bedeutsamen Nutzen bzw. Vorteil bietet, den andere Kanäle nicht aufweisen (zum Beispiel 24-h-Verfügbarkeit). Weiterhin muss die angebotene Problemlösung von den Kunden als relevant und einzigartig angesehen werden. Auch sollten die Bedürfnisse in dem spezifischen Absatzkanal für den Kunden besser erfüllt werden als durch den Wettbewerber (zum Beispiel Lieferzeit). Allerdings besteht im Handel ein grundsätzliches Manko darin, dass eine vom Kunden wahrnehmbare Serviceleistung oder Profilierung nur von wenigen Handelsunternehmen erbracht wird. Zusätzlich wird eine Differenzierung durch einen neuen Online-Kanal und den damit verbundenen „First-Mover"-Vorteil immer schwieriger, denn je mehr Händler im Internet aktiv werden, desto geringer werden die Differenzierungspotenziale einzelner Angebote (Passenheim 2003, S. 125).

6.3.2 Risk Benefit aus Multichannel-Kundensicht

Auch aus Kundensicht sind mehrere Chancen und Risiken zu beachten (vgl. Abb. 6.4). Dabei lassen sich als Chancen die Anpassung an Kundenbedürfnisse und der Risikoausgleich nennen:

- **Anpassung an Kundenbedürfnisse** durch gezielte Distribution in verschiedenen Kanälen: In der Regel sind Kunden bereit und wünschen auch, bei einem ihnen bekannten Anbieter weitere Produkte zu erwerben, insbesondere wenn die bisherigen Erfahrungen gut waren. So erwägt der Kunde nach dem Kauf einer Spielkonsole, vielleicht auch die passenden Spiele oder sogar ein Nachfolgemodell der Spielkonsole zu erwerben. Gleiches gilt für den PC-Kauf, dem sich der Erwerb von Software-Programmen anschließen kann. Neue „Storeless"-Kanäle versetzen den Kunden dabei in die Lage, auch ortsunabhängig und zu jeder Uhrzeit flexibel ordern zu können.

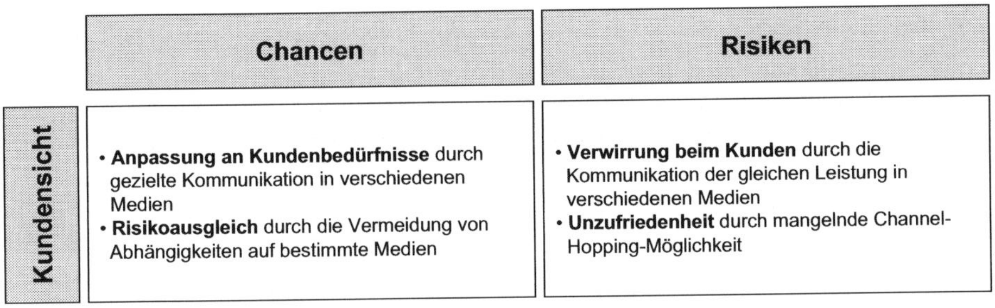

Abb. 6.4 Risk Benefit des Multichannel-Handels aus Kundensicht. (Quelle: In Anlehnung an Passenheim 2003, S. 124)

Beispielsweise erzielt der Fernseh-Shop QVC nachts zwischen ein und zwei Uhr seine höchsten Umsätze bei der Vorstellung seiner Neuangebote. Dieses Kaufverhalten könnte in stationären Geschäften definitiv nicht befriedigt werden.

- **Risikoausgleich** durch Vermeidung von Abhängigkeiten auf bestimmte Kanäle: Die Standortproblematik im stationären Handel schafft insbesondere in strukturschwachen Regionen Versorgungsabhängigkeiten, die im Falle von Geschäftsschließungen zu katastrophalen Konsequenzen führen können. Hier schaffen zusätzliche Online-Einkaufsmöglichkeiten Abhilfe und reduzieren aus Kundensicht Versorgungsrisiken.

Als **Nachteile und Risiken des Multichannel Retailing aus Kundensicht** lassen sich demgegenüber Verwirrung und Unzufriedenheit beim Kunden nennen:

- **Verwirrungbeim Kunden** durch das Angebot unterschiedlicher Leistungen in verschiedenen Absatzkanälen oder mangelnde Channel-Hopping-Möglichkeiten. In Fällen, in denen an eine spezielle Kundengruppe unterschiedliche Leistungen über verschiedene Kanäle distribuiert werden, kann es außerdem zur Überforderung der Kunden kommen, wenn diese die Angebote und deren Vorteilhaftigkeit nicht mehr beurteilen können. Dabei sind nicht selten ungenaue Vorgaben für einzelne Absatzkanäle für die Verwirrung der Kunden verantwortlich (Schobesberger 2007, S. 32). Auch das unkoordinierte Nebeneinander von Absatzkanälen ist in der Regel Ursache für Desorientierung der Nutzer. So werden zum Beispiel Sonderangebote nicht in allen Kanälen kommuniziert oder die Sortimentsgestaltung ist vollkommen unterschiedlich ausgerichtet, Produkte haben unterschiedliche Preise und das Corporate Design (zum Beispiel Design, Schriftzug, Farbe, Position) fällt völlig unterschiedlich aus. Dadurch haben die Kunden ständig das Gefühl, es auch mit unterschiedlichen Unternehmen zu tun zu haben. Sie können dann nicht mehr beurteilen, welches Angebot für sie von Vorteil ist, und sind dementsprechend überfordert. Bei den Konsumenten entsteht so ein Bild der Unprofessionalität und Unkoordiniertheit. Das kann letztlich auch zum Abwandern der Kunden und damit zu Umsatzeinbußen führen. Verbraucher betrachten Unternehmen trotz unterschiedlicher Kanäle als Einheit und reagieren auf Widersprüche überaus sensibel (Krone 2004, S. 12).

- **Unzufriedenheit** durch mangelnde Channel-Hopping-Möglichkeit: Haben Kunden keine Möglichkeit zum unbeschwerten Channel Hopping, kann das Unternehmen auch nicht davon profitieren und sogar eher eine Imageschädigung davontragen. Folge ist eine nachhaltige Kundenunzufriedenheit, die sich nur noch schwer korrigieren lässt. Das Handelsunternehmen muss auf allen Kanälen seine kompletten Produkte und Services anbieten können, sonst verliert es an Glaubwürdigkeit (Krone 2004, S. 12).

6.4 Szenarien zum Überleben im E-Commerce

Wie die E-Commerce-Landschaft in drei bis fünf Jahren aussehen wird, ist schwer abzuschätzen. Im Grunde geht es um einen Aspekt, der in der E-Commerce-Branche immer noch zu kurz kommt. Denn diese versteht sich häufig eher als High-Tech- denn als Handelsbranche. So sehr es allerdings im E-Commerce von hochkarätigen Online-Experten wimmeln sollte, so wenig Handelsexperten gibt es dort immer noch, die sich mit Einkauf, Sortimentierung und Preisbildung auskennen. Vereinfacht gesagt geht es darum, sich auf Handelskompetenzen und dabei vor allem auf das Sortiment als Herzstück des Handels zu konzentrieren. Diesbezüglich lassen sich vier Szenarien darstellen, wie Online-Shop-Betreiber auf den Konzentrationsprozess reagieren können, indem sie Category Killer oder aber spezialisierter Nischenanbieter werden. Außerdem können sie eine Killer-Technologie entwickeln oder aber neue Geschäftsfelder erschließen. Diese Szenarien sind zusammenfassend in Abb. 6.5 dargestellt. Im Prinzip gibt es allerdings nur

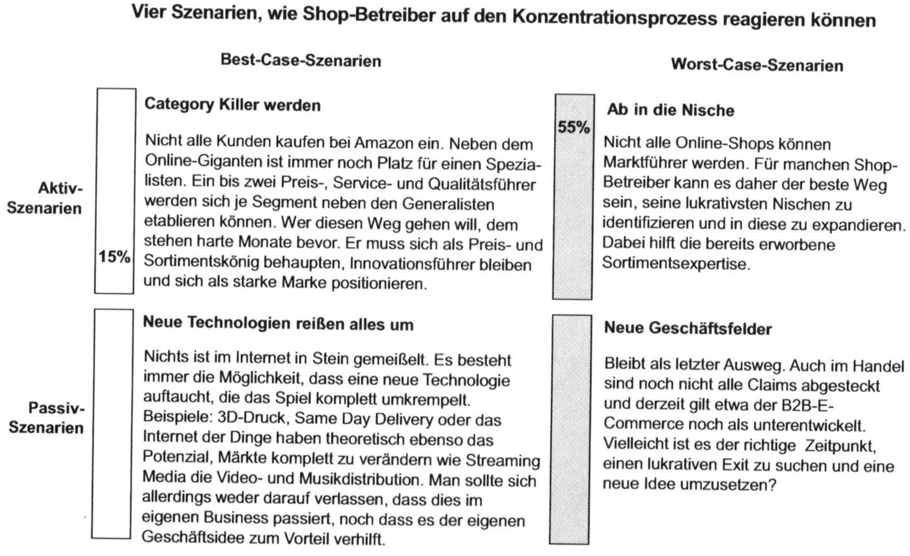

Abb. 6.5 Szenarien zum Überleben im E-Commerce. (Quelle: iBusiness 2014)

einen erfolgsversprechenden Weg, um als Gewinner aus dem Konzentrationsprozess hervorzugehen, und zwar selbst ein zweiter Zalando werden. Ein Online-Händler, der sich auf die klassische Händlertugend besinnt und als reiner Produktverkäufer agiert, verfolgt mit Sicherheit den falschen Ansatz. Vielmehr müssen Online-Händler selbst eine Marke werden. Wer es schafft, als Marke für ein bestimmtes Segment – und wenn auch nur für eine Nische – ein Synonym zu werden, kann zu den Großen aufschließen. Damit ist nicht unbedingt gemeint, wie bei Zalando teure Marketingkampagnen zu schalten. In erster Linie muss der Online-Händler es verstehen, ein Markenversprechen zu geben und einzulösen. Auch geht es darum, ein Image aufzubauen und mit Emotion aufzuladen. Neben Sortimentstiefe und/oder Preisführerschaft sind Geschäftsideen oder Produkte, die das Markenversprechen im Kern erfüllen, unabdingbar. Darauf aufbauend kann er auch versuchen, mit Eigenmarken der Vergleichbarkeitsfalle zu entkommen. Dazu sollte der Kunde der Marke aber bereits sehr viel Vertrauen entgegenbringen. Der entsprechende Markenaufbau ist zwar teuer, aber es lockt ein lukrativer Platz in der 1a-Lage des Internets (iBusiness 2014c).

Literatur

4managers. (2008). Mass Customization. Massenhafte Kundenindividualität, Themen, Tipps und Trends für Manager. www.4managers.de/themen/mass-sutomization. Zugegriffen: 1. März 2013.

Accenture. (Hrsg.). (2010a). Mobile Web Watch Studie 2010 – Durchbruch auf Raten – mobiles Internet im deutschsprachigen Raum. http://www.accenture.com/NR/rdonlyres/1DDC7A71-5693-446F82EBF57F5DDA1210-/0/Accenture_Mobile_Web_Watch_2010.pdf. Zugegriffen: 27. Feb. 2010.

Accenture. (Hrsg.). (2010b). Non-Food Multichannel-Handel 2015 – Vom Krieg der Kanäle zur Multichannel-Synergie, Studie von Accenture und GfK.

Accenture. (2012). Preisbereitschaften für Multi-Channel-Leistungen, Studie in Kooperation mit dem eWeb-Research-Center der Hochschule Niederrhein.

Acquisa. (2015). Marketing Automation – Wie Sie das Leadmanagement auf ein neues Level heben, Sonderpublikation in Zusammenhang mit Oracle.

Adzine. (2012). Kosten für Social Media Integration senken. http://www.adzine.de/site/artikel/6690/social-media-marketing/2012/03/kosten-fuer-social-media-integration-senken-vom-06-03-2012. Zugegriffen: 4. Juli 2012.

AGOF. (2013). Dem mobilen User auf der Spur, Zahlen, Daten, Fakten, Vortrag von Stefan Brax auf dem Mobile-Gipfel 2013 am 28.5.2013 in Berlin.

Ahlert, D., Hesse, J., Jullens, J., & Smend, P. (2003). *Multikanalstrategien, Konzepte, Methoden und Erfahrungen*. Wiesbaden: Gabler.

Ahlert, D., Große-Bölting, K., & Heinemann, G. (2009). *Handelsmanagement in der Textilwirtschaft – Einzelhandel und Wertschöpfungspartnerschaften*. Frankfurt a. M.: Deutscher Fachverlag.

Alby, T. (2008). *Das mobile Web*. München: Hanser.

Alexa Traffic Rankings. (2011). Top Sites in Germany per 25. Juni 2011. http://www.alexa.com/topsites/countries/DE. Zugegriffen: 25. Juni 2012.

Amazon. (2015). Amazon.com, Inc. Form 10-K for the fiscal year ended December 31st, 2014.

Amazon. (2016). Amazon.com, Inc. Form 10-K for the fiscal year ended December 31st, 2015.

Anwaltskanzlei Heinemann. (2014). Internetrecht. http://raheinemann.de/category/internetrecht/. Zugegriffen: 28. Aug. 2014.

Anwaltskanzlei Heinemann. (2016). *Neuste Änderungen im Internetrecht. Interne Unterlage*. Magdeburg.

Apple. (2015). Apple Inc. Form 10-K for the fiscal year ended December 31st, 2014.

Apple. (2016). Apple Inc. Form 10-K for the fiscal year ended December 31st, 2015.

Arcadiagroup. (2014). Financial results for the year ended 30th August 2014.

Asdecker, B. (2014). „Statistiken Retouren Deutschland – Definition". http://www.retourenforschung.de/definition_statistiken-retouren-deutschland.html. Zugegriffen: 13. Aug. 2014.

G. Heinemann, *Der neue Online-Handel*, DOI 10.1007/978-3-658-15384-7

Asos. (2015). Annual Report and Accounts 2014 Asos.

Asos. (2016). Annual Report and Accounts 2015 Asos.

Bähre, J. (2007). Erfolgreicher Multi-Channel-Handel, Vortrag auf dem Kongress Multi-Channel-Handel 2007 am 12./13. Juni in Köln.

Bain. (2015). Global Digital Insurance Benchmarking Report 2015. Pathways to success in a digital world. Boston: Bain & Company.

Bajrami, A. (2012). Möglichkeiten des Mobile-Commerce durch Cross & Social Media an ausgewählten Beispielen aus dem Fashion-Handel, Bachelor-Arbeit. Hochschule Niederrhein.

Barton, D. (2013). Das Zeitalter der digitalen Innovation. In: Wirtschaftsblatt.at vom 17.12.2013. http://wirtschaftsblatt.at/home/meinung/gastkommentare/ivy_league/1508605/Das-Zeitalterder-digitalen-Innovation?from=suche.intern.portal. Zugegriffen: 25. Aug. 2014.

Bergauer, M., & Wierlemann, F. (2008). *Einkauf – Die unterschätzte Macht*. Frankfurt a. M.: Frankfurter Allgemeine Buch.

Bernauer, D. (2008). *Mobile Internet – Grundlagen, Erfolgsfaktoren und Praxisbeispiele*. Saarbrücken: VDM-Verlag.

Best-practice-business.de. (2014). Täglich neue Ideen für erfolgreiche Unternehmen. best-practice-business.de vom 1.12.2013. http://www.best-practice-business.de/blog/zukunftstrends/2013/12/01/10-ecommerce-trends-10-best-practice-beispiele/. Zugegriffen: 23. Aug. 2014.

Bevh. (2016). Online-Handel wuchs 2015 um 12 Prozent. bevh-Studie "Interaktiver Handel". http://www.internetworld.de/e-commerce/zahlen-studien/online-handel-wuchs-2015-um-12-prozent-1078072.html. Zugegriffen: 23. Feb. 2016.

Bevh – Bundesverband des Versandhandels. (2014). Aktuelle Zahlen zum Interaktiven Handel – bvh-Studie 2013. http:/www.bevh.org/markt-statistik/zahlen-fakten/. Zugegriffen: 18. Juni 2014.

Bevh – Bundesverband des Versandhandels. (2015). Interaktiver Handel rechnet für 2015 mit über 50 Milliarden Umsatz. http://etailment.de/thema/studien/Interaktiver-Handel-bevh-rechnet-fuer-2015-mitueber-50-Milliarden-Euro-3116 . Zugegriffen: 3. Aug. 2015.

BGB. (2014). Bürgerliches Gesetzbuch BGB, ProdukthaftungsG, WohneigentumsG, ErbbauG, Allgemeines, GleichbehandlungsG, Beck-Texte in dtv, 73. Auflage.

BITKOM. (2012). Der Bundesverband Informationswirtschaft, Telekommunikation und neue Medien e. V., Themen. http://www.bitkom.org/de/themen/54842_53362.aspx. Zugegriffen: 16. Juni 2012.

BITKOM. (2015). Zukunft der Consumer Electronics – 2015. Marktentwicklung, Schlüsseltrends, Mediennutzung Konsumentenverhalten, Neue Technologien. Berlin.

BITKOM & Goldmedia. (Hrsg.). (2008). Goldmedia Mobile Life Report 2012 – Mobile Life in the 21st century – Status quo and outlook, Berlin. PDF-Download. http://www.goldmedia.com/publikationen/bestellung-mobile-life-2012.html. Zugegriffen: 17. Jan. 2009.

Boersma, T. (2010). Warum Web-Exzellenz Schlüsselthema für erfolgreiche Händler ist – Wie das Internet den Handel revolutioniert. In G. Heinemann & A. Haug (Hrsg.), *Web-Exzellenz im E-Commerce – Innovation und Transformation im Handel* (S. 21–42). Wiesbaden: Springer.

Boersma, T. (2011). Amazon Umsatz Deutschland und Gesamt 2007–2010. Zwischendurch@ThorstenBoersma vom 31. Jan. 2011.

Boersma, T. (2014). Marktplatzstrategien für Online- und Multi-Channel-Händler, Vortrag auf dem Treffen des E-Commerce-Clubs Niederrhein vom 2. Juli. 2014, Mönchengladbach.

Böker, T., & Bomm, S. (28. April 2014). Kunde sucht Erlebnis. *IWB Internet World Business, 9*(14), 18–19.

Bolz, N. (2008). Linking Value – der Mehrwert des 21. Jahrhunderts. In H. Kaul & C. Steinmann (Hrsg.), *Community Marketing – Wie Unternehmen in sozialen Netzwerken Werte schaffen* (S. 251–260). Stuttgart: Schäffer-Poeschel.

Bongartz, M. (2002). Marke und Markenführung im Kontext des Electronic Commerce. In H. Meffert, C. Burmann, & M. Koers (Hrsg.), *Markenmanagement Grundfragen der identitätsorientierten Markenführung*. Wiesbaden: Gabler.

Bonprix. (2014). Bonprix weiter auf Wachstumskurs, Pressemitteilung vom 2. April 2014. http://www.bonprix.de/company/presse/pressemittei-lungen/bonprix-weiter-auf-wachstumskurs/. Zugegriffen: 23. Aug. 2014.

Bonprix. (2016). Erfolgreiche Jahresbilanz: Bonprix mit zweistelligem Umsatzplus, Pressemitteilung vom 16. März 2016.

Booz-Allen & Hamilton. (2003). *E-Sourcing: 21st century purchasing*. Viewpoint: Springer.

Booz-Allen & Hamilton. (Hrsg.). (2000). *10 Erfolgsfaktoren im e-business*. Düsseldorf: Frankfurter Allgemeine Buch.

brandeins. (2014). Das alles und noch viel mehr. Der Kunde ist ein unangenehmer Geselle. Und das ist gut so. Sagt der Handelsexperte Gerrit Heinemann, Interview. Ausgabe, 05/2014, 90–94.

brandeins. (2015a). Wehrt Euch! Oder ist es dafür zu spät? Streitgespräch zwischen Jochen Krisch und Gerrit Heinemann. Ausgabe 04/2015 – Schwerpunkt Handel, S. 62–67.

brandeins. (2015b). Der Ton macht die Musik. Ein Familienunternehmen aus Franken läuft Amazon den Rang ab. Ein Portrait. Ausgabe 04/2015 – Schwerpunkt Handel, S. 44–51.

Brandwatch. (2014). 10 wichtige E-Commerce Marketing Trends für 2014, von Kinjal Adeshara. In Brandwatch vom 17.3.2014. http://www.brandwatch.com/de/2014/03/10-wichtige-e-commerce-marketing-trends-fur-2014/. Zugegriffen: 23. Aug. 2014.

Breitkopf, T. (30. April 2008). Unsichtbare Spur im Netz. *Rheinische Post*, E3.

Bruce, A. (2011). Multi-Channeling der Zukunft – Multi-Channel-Erfolgsfaktoren im wachsenden Markt aus Sicht von Google. In G. Heinemann, M. Schleusener, & S. Zaharia (Hrsg.), *Modernes Multi-Channeling im Fashion-Handel*. Frankfurt a. M.: Deutscher Fachverlag.

Bruhn, M., & Hadwich, K. (Hrsg.). (2016). *Servicetransformation. Entwicklung vom Produktanbieter zum Dienstleistungsunternehmen. Forum Dienstleistungsmanagement*. Wiesbaden: Springer-Gabler.

Bruhn, M., & Heinemann, G. (2013). Entwicklungsperspektiven im Handel – Thesen aus der ressourcen- und beziehungsorientierten Perspektive. In G. Crockford, F. Ritschel, & U.-M. Schmieder (Hrsg.), *Handel in Theorie und Praxis, Festschrift zum 60. Geburtstag von Prof. Dr. Dirk Möhlenbruch*. Wiesbaden: Springer.

Buchreport magazin. (Februar 2013). „Der Online-Shop dient als Flagship" – Gerrit Heinemann skizziert ungenutzte Online-Potenziale für Buchhändler. *buchreport.magazin*, 51.

Bundesanzeiger. (2014). Unternehmenskennzahlen im Zugriff. http://www.bundes-anzeiger.de. Zugegriffen: 5. Aug. 2014.

BV Capital/eVenture. (2011). Overview: eCommerce & Online Trends San Francisco, April 2011.

BVH. (2013). „Interaktiver Handel in Deutschland" – Die Entwicklung des Multichannel Online- und Versandhandels B2C im Jahr 2012, Unterlage zur bvh-Jahrespressekonferenz 2013, Berlin.

Chaney, P. (2012). Shoppers count on social commerce but not mobile and tablet devices this holiday season [infographic], 16. November 2012. http://networkedblogs.com/EOxsY. Zugegriffen: 20. Aug. 2013.

Computerbild. (2015). Nutzer schrecken vor Online-Shopping und Bankgeschäften zurück: Sicherheitsbedenken verhindern Transaktionen im Internet. In Computerbild.de vom 16. März 2015 anlässlich der CEBIT-Eröffnung. http://www.computerbild.de/artikel/cb-News-Sicherheit-Sicherheitsbedenken-verhindern-Transaktionen-im-Internet-4073781.html. Zugegriffen: 14. Juni 2015.

Computerwoche. (2015). Top-Ten: Die BI-Trends für 2015. In Computerwoche vom 15.07.2015. http://www.computerwoche.de/a/top-ten-die-bi-trends-2015,3211943. Zugegriffen: 13. Aug. 2015.

Computerwoche. (2016). Anbieter und Lösungen. Mobile Payment in Deutschland kommt langsam in Gang. http://www.computerwoche.de/a/mobile-payment-in-deutschland-kommt-langsam-in-gang,3096970. Zugegriffen: 10. Feb. 2016.

Denk-selbst. (2009). Prosument 2.0. http://www.denk-selbst.com/2009/08/19/prosument-2-0/. Zugegriffen: 31. Dez. 2011.

Der Handel. (2014). Zahlensalat im E-Commerce, Gastkommentar von Gerrit Heinemann. Derhandel.de vom 5. April 2014. https://www.derhandel.de/news/technik/pages/Onlinehandel-Zahlensalat-im-E-Commerce-10478.html. Zugegriffen: 5. April 2014.

Dgroup. (2014). *Multi-Channel-Umsätze. Interne Unterlage zum Thema Multi-Channel-Handel*. Hamburg.

Die Presse. (2014). Amazon denkt sich: Fuck the Germans, Interview von Herbert Asamer mit Gerrit Heinemann. Ausgabe vom 25.5.2014. http://diepresse.com/home/wirtschaft/handelimwandel/3811519/Amazon-denkt-sich_Fuck-the-Germans-. Zugegriffen: 25 Mai 2014.

Die Welt. (9. Mai 2011). Suchmaschinen für Superschnäppchen. *Die Welt,* 17.

Die Welt. (29. September 2012). Das Internet der Dinge. *Die Welt,* 29.

Die Welt. (29. September 2013). Wie eBay sich zum neuen Amazon wandeln will. Welt.de. http://www.welt.de/finanzen/verbraucher/article120430568/Wie-Ebay-sich-zum-neuen-Amazonwandeln-will.html. Zugegriffen: 17. Juni 2014.

Diekmann, M. (2012a). Potenzial-Conversion. In Shopmacher. (Hrsg.), *eCommerce lohnt sich nicht* (S. 106–121). Gescher: Shopmacher.

Diekmann, M. (2012b). eCommerce lohnt sich nicht. Ein Plädoyer für erfolgreichen No-Line-Handel. In Shopmacher. (Hrsg.), *eCommerce lohnt sich nicht* (S. 106–121). Gescher: Shopmacher.

Diligenz. (2012). *Customer-Data-Plattform, Interne Unterlage zum Thema Big Data*. Hamburg.

DMC. (2013). Von der Zukunft des Handels und dem Handel der Zukunft. DMC.de, veröffentlichte Studie und Blog vom 10. Juli 2013. http://www.dmc.de/presse/zukunft-des-handels-handel-derzukunft/. Zugegriffen: 10. Juli 2013.

dpa. (2014). Der Online-Handel bedroht die Innenstädte. dpa-Meldung vom 17.2.2014.

DPDHL. (2014). Global E-Tailing 2015- E-Commerce und Logistik weltweit auf Wachstumskurs, Studie von Deutsche Post DHL. http://www.dpdhl.com/content/dam/global-etailing-2025_de.html. Zugegriffen: 2. Aug. 2014.

Droege&Comp. (2003). Fusionen und Integrationsprojekte erfolgreich umsetzen, Teil 1: Leitfaden für die operative Projektarbeit. Düsseldorf.

dslweb.de. (2014). Anzahl Breitband-Kundenverträge. DSL-WEB Marktreport. http://www.dslweb.de/breitband-report-deutschland-q1-2014.php. Zugegriffen: 2. Aug. 2014.

DSL-WEB Marktreport. (2015). DSLWEB Breitband Report Deutschland Q1 2015, Q1 2015: Premium oder Preisbrecher – Deutsche Breitband-Anbieter bringen sich neu in Stellung. https://www.dslweb.de/breitband-report-deutschland-q1-2015.php. Zugegriffen: 11. Aug. 2015.

DSL-WEB Marktreport. (2016). DSLWEB Breitband Report Deutschland Q1 2016, Q1 2016. Trendwende bei o2 DSL und große Konkurrenten-Schelte von der Telekom. https://www.dslweb.de/breitband-report-deutschland-q1-2016.php. Zugegriffen: 23. Juni 2016.

Düweke, E., & Rabsch, S. (2012). *Erfolgreiche Websites. SEO, SEM, online-marketing, usability* (2. Aufl.). Bonn: Galileo Computing.

eBay. (2012). Die Zukunft des Handels, Dokumentation über das Projekt „Die Zukunft des Handels", Berlin.

eBay. (2014). Zukunft des Handels – über das Projekt. http://www.zukunftdeshandels.de/ergebnisse. Zugegriffen: 26. Aug. 2014.

eBay. (2015). eBay Inc. Annual Report on Form 10-K for the fiscal year ended December 31st, 2014.

ECC. (2014). Erfolgsfaktoren im E-Commerce. Deutschlands Top-Online-Shops Vol. 3. Köln.

ECC. (2015). Erfolgsfaktoren im E-Commerce. Deutschlands Top-Online-Shops Vol. 4. Köln.

Eckstein, A. (2012). Digitalisierung des Handels über Smartphones, Vortrag auf dem Mobile-Gipfel vom 27.7.2012 in Düsseldorf.

E-Commerce-Magazin. (2014). E-Commerce-Trends 2014. *E-Commerce-Magazin*. http://www.e-commerce-magazin.de/ecm/news/e-commerce-trends-2014. Zugegriffen: 10. Aug. 2014.

E-Commerce-Vision. (2014). E-Commerce-Trends 2014: Das sagen 10 Experten aus der Branche. ecommerce-vision.de vom 13.12.2014. http://www.ecommerce-vision.de/e-commerce-trends-2014-das-sagen-experten-aus-der-branche/. Zugegriffen: 02. Aug. 2014.

Ehrmann, T., & Schmale, H. (2008). Renaissance der Randsortimente. *absatzwirtschaft, 2,* 44–46.

EHI. (2014). E-Commerce: Online-Handel wächst deutlich langsamer. EHI Pressemeldung vom 15.09.2014. https://www.ehi.org/presse/pressemitteilungen/detailanzeige/article/e-commerce-onlinehandel-waechst-deutlich-langsamer.html. Zugegriffen: 4. Aug. 2015.

Emap. (2015). Trends und Analysen im E-Commerce, etailment Sonderheft.

eMarketer. (2015). Western Europe B2C E-Commerce Trends – Omnichannel is the Watchword as Markets Gain Sophistication.

Enderle, G., & Voll, L. (2011). *Turning pitfalls into snares – crafting a successful multi-channel-strategy* (S. 22–25). Rotterdam: OC & C Strategic Insights.

Estrategy. (2014). E-Commerce Trends der Zukunft. *estrategy-Magazin*. http://www.estrategy-magazin.de/e-commerce-trends-der-zukunft.html. Zugegriffen: 10. Aug. 2014.

eTailment. (2014). Payment: Die Entwicklung von Bezahlverfahren im Online-Handel bleibt spannend. http://etailment.de/thema/studien/Payment-Die-Entwicklung-von-Bezahlverfahren-im-Online-Handel-bleibt-spannend-2284. Zugegriffen: 3. Juni 2016).

eTailment. (2016). Cross-Border. Vom 8. März 2016. http://etailment.de/thema/news/repricing-amazon-marktplatz-3980. Zugegriffen: 23. Feb. 2016.

eTailment.de. (2012). Die sieben Säulen des Social-Commerce. http://etailment.de/thema/social-commerce/die-sieben-saeulen-des-social-commerce-269/. Zugegriffen: 20. Aug. 2013.

eTailment.de. (2013). Versenderkämpfen mit High-Tech gegen Retouren. In etailment vom 10.10.2013. http://etailment.de/thema/e-commerce/Versender-kaempfen-mit-High-Tech-gegen-Retouren-1668.

eTailment.de. (2015). Die digitale Lüge – Kommentar von Gerrit Heinemann vom 13.02.2015. http://etailment.de/thema/player/Gerrit-Heinemann-Die-digitale-Luege–3068. Zugegriffen: 14. Febr. 2015

Etsy. (2013). Homepage von Etsy. http//www.etsy.com. Zugegriffen: 2. Aug. 2013.

Etsy. (2015). Initial Public Offering of Shares of Common Stock of Etsy, Inc.

European B2C E-Commerce Report. (2015). Facts, Figures, Infographics & Trends of 2014 and the 2015 Forecast of the European B2C E-commerce Market of Goods and Services, executed by Ecommerce Foundation.

eWeb Research Center. (2014). Always-on – die neue Kundenorientierung im Digital Commerce, Vortrag von Prof. Dr. Gerrit Heinemann auf dem Deutschen Online-Handels-Kongress 2014 am 22.1.2014 in Bonn.

eWeb Research Center. (2015a). Key Trends 2015 im Online-Handel und im Digital Commerce, Vortrag von Prof. Dr. Gerrit Heinemann auf dem Deutschen Online-Handels-Kongress 2015 am 19.1.2015 in Bonn.

eWeb Research Center. (2015b). Die Online-Zahlen 2014, interne Studie zu den Umsätzen des Online-Handels in Deutschland.

eWeb Research Center. (2016). Die Online-Zahlen 2015. Interne Studie zu den Umsätzen des Online-Handels in Deutschland.

Examone. (2013). Mobile Internet Users. http://blog.examone.com/why-innovation-matters-to-your-applicants-a-consumer-driven-process/. Zugegriffen: 24. Aug. 2013.

Excitingcommerce. (2010). Etsy 2009 Etsy verdoppelt Jahresumsatz auf 181 Mio. Dollar. http://ecommerce.typepad.com/. Zugegriffen: 1. Apr. 2014.

Excitingcommerce. (2013a). Etsy steigert sein Handelsvolumen 2012 auf 895 Mio. Dollar. http://www.www.excitingcommerce.de/2013/01/etsy-2012.html. Zugegriffen: 15. März 2013.

Excitingcommerce. (2013b). Asos wächst um 40 Prozent. excitingcommerce.de. http://excitingcommerce.de/2013/10/23/asos-umsatze-2013/. Zugegriffen: 25. Aug. 2014.

Excitingcommerce. (2014a). Umsatzeinbrüche – Wenn der bevh für den E-Commerce schwarz sieht. excitingcommerce.de vom 2.8.2014. http://excitingcommerce.de/2014/08/02/umsatzeinbruche-wenn-der-bevh-für-den-e-commerce-schwarz-sieht/comment-page-1/. Zugegriffen: 3. Aug. 2014.

Excitingcommerce. (2014b). Zalando präsentiert sich börsenfit beim Halbjahresergebnis. http://excitingcommerce.de/2014/08/28/zalando-prasentiert-sich-borsenfit-beim-halbjahresergebnis/. Zugegriffen: 4. Sept. 2014.

Excitingcommerce. (2015). K5 Depot 2025. Warum Zooplus für uns die erste Wahl ist. In Excitingcommerce vom 10. Januar 2015. http://excitingcommerce.de/2015/01/10/k5-depot-2025-warum-zooplus-fur-uns-die-erste-wahl-ist/. Zugegriffen: 20. Jan. 2015.

Excitingcommerce. Thomann. (2016). Thomann steigert seine Umsätze 2015 auf 656 Mio. Euro (+10%). https://excitingcommerce.de/2016/03/28/thomann-steigert-seine-umsatze-2015-auf-656-mio-e-10/. Zugegriffen: 23. Juni 2016.

Fashionmag. (2014). 2013 – ein Rekordjahr für Yoox. fashionmag 2013. http://de.fashionmag.com/news/2013-ein-Rekordjahr-fuer-Yoox,384553.html#.U_dtVlh00fc. Zugegriffen: 25. Aug. 2014.

Fashionunited. Asos. (2015). Umsatz steigt deutlich, Ergebnis nur leicht. https://fashionunited.de/nachrichten/business/asos-umsatz-steigt-deutlich-ergebnis-nur-leicht/2015102019029. Zugegriffen: 23. Juni 2016.

FAZ. (2007a). Frankfurter Allgemeine Zeitung. (30. Juni 2007). Ein kurzer Rausch und 30 Jahre Leiden. *FAZ, 18.*

FAZ. (2007b). Frankfurter Allgemeine Zeitung (20. September 2007). Das „Jesus-Phone" und sein graubärtiger Vater. *FAZ, 219,* 20.

FAZ. (2008). Frankfurter Allgemeine Zeitung. (8. Januar 2008). Der zweite Aufschwung. *FAZ, 6,* 15.

FAZ. (2011). Frankfurter Allgemeine Zeitung. (1. Februar 2011). Rabatte ohne Ende. *FAZ, 26,* 17.

FAZ. (2013a). Frankfurter Allgemeine Zeitung (7. Oktober 2013). Auf dem besten Weg zu einem Ebay. *FAZ, 232,* 22.

FAZ. (2013b). Frankfurter Allgemeine Zeitung (8. Oktober 2013). E-Books beschleunigen Auslese im Buchmarkt, von Georg Giersberg. *FAZ, 233,* 15.

FAZ. (2013c). Frankfurter Allgemeine Zeitung (23. Oktober 2013c). Schnelleres Internet wird weitere 20 Milliarden kosten. *FAZ, 246,* 10.

FAZ. (2014a). Frankfurter Allgemeine Zeitung (14. Januar 2014). Das Internet der Dinge. *FAZ, 11,* 22.

FAZ. (2014b). Frankfurter Allgemeine Zeitung (24. Januar 2014). Deutschland im Online-Handel mit Nachholbedarf. *FAZ, 20,* 17.

FAZ. (2014c). Frankfurter Allgemeine Zeitung (23. Februar 2014). In der digitalen Welt hat Deutschland Luft nach oben. *FAZ, 47,* 13.

FAZ. (2014d). Frankfurter Allgemeine Zeitung (20. Juni 2014). Amazon wagt sich an das Smartphone. *FAZ, 140,* 21.

FAZ. (2014e). Frankfurter Allgemeine Zeitung (10. November 2014). Zukunft des Online-Handels liegt in den Nischen. *FAZ, 261,* 22.

FAZ. (2016). Frankfurter Allgemeine Zeitung (29. März 2016). Online-Handel ist eine Radikalreform. *FAZ, 73,* 18.

finance.yahoo. (2015). Kennzahlen Apple Inc. per 13. August 2015. https://de.finance.yahoo.com/q/ks?s=AAPL. Zugegriffen: 13. Aug. 2015.

Fischer, M. (2009). *Website Boosting 2.0-Suchmaschinenoptimierung, Usability, Online-Marketing* (2. Aufl.). Heidelberg: MITP.

Forbes. (2014). Knock off became A $ 5 billion retailing sensation. Forbes vom 18.8.2014. http://www.forbes.com/sites/ryanmac/2014/07/30/zalando-europe-zappos-fashion/. Zugegriffen: 30. Juli 2014.

Forrester. (2011). Website: Functionality benchmark 2010: European apparel multichannel retailers, Studie vom 8. Februar 2011.

Forrester. (2015). More than half of European retail sales will be touched by digital over the coming five years: New Forrester Study. Internetretailing aus July 2015. http://internetretailing.net/2015/07/more-than-half-of-european-retail-sales-will-be-touched-by-digital-over-the-coming-five-years-forrester/. Zugegriffen: 12. Aug. 2015.

Förster, A. (2003). *Marketing & Trends, Ideen und Konzepte für Ihren Markterfolg* (1. Aufl.). Wiesbaden: Gabler.

Fraunhofer. (2008). Delphi'98. Befragung zur globalen Entwicklung von Wissenschaft und Technik, Fraunhofer Institute für Systemtechnik und Innovationsforschung (ISI), Fraunhofer Gesellschaft. www.isi.fhg.de/publ/downloads/isi98b07/delphi98-daten.pdf. Karlsruhe. Zugegriffen: 24. Juni 2010.

Fraunhofer. (2015). Das Internet der Dinge wird die Welt verändern … In Fraunhofer IML. http://www.internet-der-dinge.de/. Zugegriffen: 12. Aug. 2015.

Fründt, S. (27. Januar 2008). Überleben im digitalen Niemandsland. *Die Welt am Sonntag, 4,* 26.

Gehrckens, M., & Boersma, T. (2013). Zukunftsvision Retail – Hat der Handel eine Daseinsberechtigung? In G. Heinemann, M. Gehrckens, K. Haug, & dgroup (Hrsg.), *Digitalisierung des Handels mit ePace – Innovative E-Commerce-Geschäftsmodelle unter Timing-Aspekten* (S. 51–76). Wiesbaden: Springer-Gabler.

German Digitalization Consumer Report. (2014). Research Report No. 2, Digitalization Think:Lab, Marketing Center Münster & Roland Berger Strategy Consultants, Münster.

GFM. (2014a). Mobile Strategy: M-Days starten am 13. Mai 2014 – Die nächste Revolution. *GFM Nachrichten. Printausgabe, 35*(4/14), 1–3.

GFM. (2014b). Mobile Payment: Ein globaler Schnappschuss. gfm-nachrichten.de vom 7.8.2014. http://www.gfm-nachrichten.de/news/aktuelles/article/mobile-payment-ein-globaler-schnappschuss.html. Zugegriffen: 25. Aug. 2014.

gfm-nachrichten.de. (2014). Mobile Payment: Ein globaler Schnappschuss. gfm-nachrichten.de vom 7.8.2014. http://www.gfm-nachrichten.de/news/aktuelles/article/mobile-payment-ein-globaler-schnappschuss.html. Zugegriffen: 25. Aug. 2014.

Global Digital Report. (2015). Aktuelle Zahlen zur weltweiten Internet- und Social Media-Nutzung. http://www.jobambition.de/global-digital-report-2015-zahlen-digital-social-mobile/. Zugegriffen: 5. Aug. 2015.

Global Digital Report. (2016). Aktuelle Zahlen zur weltweiten Internet- und Social Media-Nutzung. http://www.jobambition.de/global-digital-report-2016-zahlen-digital-social-mobile/. Zugegriffen: 23. Juni 2016.

Gömann, S., & Münchow, M.-M. (2004). Handel im Wandel – Vom Target zum Attraction Marketing. Oder: Was ist das Erfolgsgeheimnis von IKEA, H & M, Aldi, Ebay & Co.? In H.-C. Riekhoff (Hrsg.), *Retail business in Deutschland; Perspektiven, Strategien, Erfolgsmuster* (S. 197–218). Wiesbaden: Gabler.

Google. (2012). The new multi-screen world: Understanding cross-platform consumer behaviour. August 2012.

Google, Ipsos OTX MediaCT. (2012). Unser mobiler planet: Deutschland. services.google.com. http://services.google.com/fh/files/blogs/our_mobile_planet_germany_de.pdf. Zugegriffen: 2. Jan. 2013.

Go-Smart-Studie. (2012). Allways-In-Touch, Studie zur Smartphone-Nutzung 2012, Google, Otto Group, TNS-Infratest, Trendbüro.

Grabs, A., & Bannour, K.-P. (2011). *Follow me! Erfolgreiches Social Media Marketing mit Facebook, Twitter & Co* (1. Aufl.). Bonn: Galileo.

Graehl, S. (2012). Was bringt Web-Analyse? Web-Analyse im eCommerce. In Shopmacher. (Hrsg.), *eCommerce lohnt sich nicht* (S. 140–145). Gescher: Shopmacher.

Güttler, W. (2003). *Die Adaption des Electronic Commerce im deutschen Einzelhandel*. Bayreuth: Springer.

Gyllensvaerd, S., & Kaufmann, S. (2013). Curated Shopping als Alternative zu ePace getriebenen Category-Killer-Konzepten. In G. Heinemann, M. Gehrckens, K. Haug, & dgroup (Hrsg.), *Digitalisierung des Handels mit ePace – Innovative E-Commerce-Geschäftsmodelle unter Timing-Aspekten* (S. 187–200). Wiesbaden: Springer-Gabler.

H & P. (2004). Humm & Partner, Studien zum Multi-Channel-Handel. Viersen.

Haak, A., Finger, L., & Smolinski, R. (2013). Im Labyrinth der Screens – Produktstrategien in einem Multi-Device-E-Commerce. In G. Heinemann, K. Haug, M. Gehrckens, & dgroup (Hrsg.), *Digitalisierung des Handels mit ePace – Innovative E-Commerce-Geschäftsmodelle und digitale Zeitvorteile* (S. 27–49). Wiesbaden: Springer-Gabler.

Haarhaus, H. (2013). Opportunities for social commerce in fashion retailing with special consideration of SoLoMo – Final work of the master course of study to get the academic degree „Master of Science", Mönchengladbach.

Haderlein, A. (2012). Social Commerce: Verkaufen im Community-Zeitalter, Salesdesign. http://de.slideshare.net/Haderlein/social-commerce-verkaufen-im-communityzeitalter. Zugegriffen: 20. Aug. 2013.

Handelsblatt. (2015). Sterbende Innenstädte – City-Händler wagen die Flucht nach vorne. Handelsblatt.com vom 11. August. 2015. http://www.handelsblatt.com/unternehmen/handel-konsumgueter/sterbende-innenstaedte-moenchengladbach-macht-es-wie-brooklyn/12169056-2.html. Zugegriffen: 11. Aug. 2015.

Haufe. (2014). Online-Shop: Service macht den Unterschied. Haufe.de vom 14. September 2014. http://www.haufe.de/marketing-vertrieb/vertrieb/online-handel-servicewueste-oder-oase/online-shop-service-macht-den-unterschied_130_277290.html. Zugegriffen: 10. Aug. 2015.

Haug, A., & Hildebrand, R. (2010). Innovationsmanagement im Digital Business – Wie Unternehmen sich neu erfinden können. In G. Heinemann & A. Haug (Hrsg.), *Web-Exzellenz im E-Commerce – Innovation und Transformation im Handel* (S. 43–70). Wiesbaden: Gabler.

Haug, K. (2013a). Digitale Potenziale für den stationären Handel durch Empfehlungsprozesse, lokale Relevanz und mobile Geräte (SoLoMo). In G. Heinemann, K. Haug, M. Gehrckens, & dgroup (Hrsg.), *Digitalisierung des Handels mit ePace – Innovative E-Commerce-Geschäftsmodelle und digitale Zeitvorteile* (S. 27–49). Wiesbaden: Gabler.

Haug, K. (2013b). It's like air – it's everywhere: Herausforderungen und Chancen durch Social Media, Vortrag vor dem E-Commerce-Club Niederrhein vom 15. Mai 2013, eWeb Research Center der Hochschule Niederrhein, Mönchengladbach.

Haug, K., & Küper, J. (2010). Das Potenzial von Kundenbeteiligung im Web-2.0-Online-Shop -Produktbewertungen als Kernfaktor des „Consumer-Generated-Marketing". In G. Heinemann & A. Haug (Hrsg.), *Web-Exzellenz im E-Commerce – Innovation und Transformation im Handel* (S. 115–134). Wiesbaden: Gabler.

HDE. (2013). *Factbook Einzelhandel 2013 – Daten, Fakten, Trends, Perspektiven, Wirtschaftsfaktor Einzelhandel, handelsjournal*. Neuwied: Verlag LPV Media.

HDE. (2014a). *Factbook Einzelhandel 2014 – Daten, Fakten, Trends, Perspektiven, Wirtschaftsfaktor Einzelhandel, handelsjournal*. Neuwied: Verlag LPV Media.

HDE. (2014b). Online-Handel wächst 2015 um 12 Prozent. Pressemitteilung des HDE vom 19.11.2014. http://www.einzelhandel.de/index.php/themeninhalte/e-commerce/item/124819-online-handel-w%C3%A4chst-2015-um-12-prozent. Zugegriffen: 11. Aug. 2015.

HDE. (2015). Handel digital – Online-Monitor 2014 in Kooperation mit GfK. http://www.einzelhandel.de/online-monitor. Zugegriffen: 2. Jan. 2015.

HDE. (2016). E-Commerce-Umsätze. Entwicklung der E-Commerce-Umsätze in Milliarden Euro in den vergangenen Jahren. Februar 2016. http://www.einzelhandel.de/index.php/presse/zahlenfaktengrafiken/item/110185-e-commerce-umsaetze. Zugegriffen: 22. März 2016.

Heinemann, G. (1989). *Betriebstypenprofilierung und Erlebnishandel*. Wiesbaden: Springer-Gabler.

Heinemann, G. (2012a). Online-Kunden sind nicht blöd, Gastkommentar. *Der Handel, 5*, 8.

Heinemann, G. (2012b). *Mobile-Commerce, Erfolgsfaktoren und Best Practices*. Wiesbaden: Springer-Gabler.

Heinemann, G. (2013a). *No-Line-Handel – höchste Evolutionsstufe im Multi-Channeling*. Wiesbaden: Springer-Gabler.

Heinemann, G. (28. Oktober 2013b). Der neue Kunde kommt mit Handy. *FAZ, 250*, 22.

Heinemann, G. (2013c). Social Media als Bestandteil einer No-Line-Strategie. In M. Bruhn & K. Hadwich (Hrsg.), *Dienstleistungsmanagement und Social Media, Forum Dienstleistungsmanagement*. Wiesbaden: Springer-Gabler.

Heinemann, G. (2014a). *SoLoMo – Always-on im Handel – Die soziale, lokale und mobile Zukunft des Shopping*. Wiesbaden: Springer-Gabler.

Heinemann, G. (2014b). *Der neue Online-Handel, Erfolgsfaktoren und Best Practices* (5. Aufl.). Wiesbaden: Springer-Gabler.

Heinemann, G., & Boersma, T. (2014). Innovative Formen der Offsite-Downstream-Kundeninteraktion. In M. Bruhn & K. Hadwich (Hrsg.), *Forum Dienstleistungsmanagement 2015 – interaktive Wertschöpfung durch Dienstleistungen*. Wiesbaden: Springer-Gabler.

Heinemann, G., & Gaiser, C. (2014). *Social, local, mobile – The future of location-based services*. Heidelberg: Springer.

Heinemann, G., & Gaiser, C. (2015). *SoLoMo – Always-on im Handel – Die soziale, lokale und mobile Zukunft des Shopping* (2. Aufl.). Wiesbaden: Springer-Gabler.

Heinemann, G., & Gaiser, C. (2016). *SoLoMo - Always-on im Handel – Die soziale, lokale und mobile Zukunft des Omnichannel-Shopping* (3. Aufl.). Wiesbaden: Gabler-Springer.

Heinemann, G., Gehrckens, M., Haug, K., & dgroup (Hrsg.). (2013). *Digitalisierung des Handels mit ePace – Innovative E-Commerce-Geschäftsmodelle unter Timing-Aspekten*. Wiesbaden: Springer-Gabler.

Heinemann, G., & Haug, A. (Hrsg.). (2010). *Web-Exzellenz im E-Commerce – Innovation und Transformation im Handel*. Wiesbaden: Springer.

Heinemann, G., & Puhlmann, M. (1999). Relationship-Management. In V. Heydt (Hrsg.), *Efficient consumer response. Konzepte, Erfahrungen, Herausforderungen, Handbuch* (S. 312–328). München: Vahlen.

Heinemann, G., & Schwarzl, C. (2010). *New online retailing – innovation and transformation*. Wiesbaden: Springer-Gabler.

Heinzel, A. (2014). Relevante Betriebssysteme im Mobile-Commerce – Bestandsaufnahme, Bewertung und kritischer Vergleich. Bachelorarbeit am Fachbereich für Textil- und Bekleidungstechnik, Mönchengladbach.

Heise. (2014). OECD: Deutschland hinkt beim mobilen Breitband und Glasfaser hinterher. heise.de vom 24.7.2014. http://www.heise.de/newsticker/meldung/OECD-Deutschland-hinkt-beim-mobilen-Breitband-und-Glasfaser-hinterher-2267789.html. Zugegriffen: 25. Aug. 2014.

Heitmeyer, C., & Naveenthirarajah, S. (2010). Online Customer Segmentation in Shopping-Clubs – Auf dem Weg zur ultimativen Kundenorientierung bei Brands4Friends. In G. Heinemann & A. Haug (Hrsg.), *Web-Exzellenz im E-Commerce – Innovation und Transformation im Handel* (S. 71–92). Wiesbaden: Springer-Gabler.

Hermes, O. (2004). Survival Of The Fittest: Was Retail-Marken von der Evolution lernen können. In H.-C. Riekhoff (Hrsg.), *Retail Business in Deutschland, Perspektiven, Strategien, Erfolgsmuster* (S. 277 ff.). Wiesbaden: Springer-Gabler.

Heymann-Reder, D. (2011). *Social Media Marketing: Erfolgreiche Strategien für Sie und Ihr Unternehmen* (S. 20). München: Addison-Wesley.

HGB. (2014). *Handelsgesetzbuch, WechselG, ScheckG, PublizitätsG, Beck-Texte in dtv*. 56. Auflage.

HMWVL – Hessisches Ministerium für Wirtschaft, Verkehr und Landesentwicklung. (2007). Internet-Marketing nicht nur für kleine und mittlere Unternehmen.

Hollensen, S. (2011). *Global marketing: A decision-oriented approach* (2. Aufl.). Hollensen: Prentice Hall.

Horizont. (7. März 2013). „Andrew Mason: Gefeuerter Groupon-Chef". *Horizont, 10,* 10.

H & P. (2004). *Humm & Partner, Studien zum Multi-Channel-Handel*. Viersen: H & P.

Hüllemann, M. (2013). E-Commerce: Das sind die Payment-Trends für 2014. t3n.de vom 12.11.2013. http://t3n.de/news/payment-trends-506945/. Zugegriffen: 26. Aug. 2014.

ibi. (2013). Retourenmanagement erfolgreich gestalten. Contentmanager.de vom 27. Februar 2014. http://www.contentmanager.de/cms/e-commerce/retourenmanagement-erfolgreich-gestalten/. Zugegriffen: 25. Aug. 2014.

iBusiness. (2013). Reality-Check: Was Methoden zur Retourenvermeidung wirklich bringen. iBusiness vom 8.8.13. http://www.ibusiness.de/members/aktuell/db/869997cr.html. Zugegriffen: 9. Aug. 2013.

iBusiness. (2014a). Zukunft E-Commerce: Zwölf Trends für 2014. iBusiness vom 18.6.2014. http://www.ibusiness.de/members/preview/db/475366SUR.html. Zugegriffen: 25. Aug. 2014.

iBusiness. (2014b). Multichannel-Händler profitieren stärker vom M-Commerce. iBusiness vom 8.8.2014. http://www.ibusiness.de/members/mobile/db/480102grollmann.html. Zugegriffen: 25. Aug. 2014.

iBusiness. (2014c). Konsolidierung im deutschen E-Commerce: 80 % der Online-Händler werden nicht überleben. iBusiness vom 10.3.14. http://www.ibusiness.de/members/aktuell/db/201226jg.html. Zugegriffen: 25. Aug. 2014.

iBusiness. (2016). Snapchat-Marketing: So wichtig wird Facebooks 'Angstgegner' wirklich. In: iBusiness vom 23. Februar 2016. https://www.ibusiness.de/members/aktuell/db/723661veg.html. Zugegriffen: 23. Feb. 2016.

IfH. (2014). Der Handel muss sich neu erfinden – fünf Thesen für den Handel bis 2020 des IfH. IWB vom 27.5.2014. http://www.internetworld.de/e-commerce/zahlen-studien/handel-neu-erfinden-475486.html. Zugegriffen: 28. Mai 2015.

Inditex. (2014). Inditex Reports Growth in Net Profit & Revenue, 19.3.2014. http://static.inditex.com/annual_report_2013/en/year-review/milestones-of-the-year.php. Zugegriffen: 25. Aug. 2014.

Inditex. (2015). Inditex Annual Report 2014.

Inditex. (2016). Inditex Annual Report 2015.

Internetretailer. (2012). John Lewis: uk-retailer-john-lewis-reports-big-increase-web-sales. Internet Retailer – portal to e-commerce intelligence vom August 8, 2012, 2:39 PM. http://www.internetretailer.com/2012/08/08/uk-retailer-john-lewis-reports-big-increase-web-sales. Zugegriffen: 15. Aug. 2012.

Internetretailer. (2014). Macy's expects a holiday boost from buy online, pickup in store. internetretailer.com vom 13.8.2014. http://www.internetretailer.com/2014/08/13/macys-expects-holidayboost-buy-online-pickup-store. Zugegriffen: 25. Aug. 2014.

Internetworld.de. (2014). VentePrivee wächst weiter. internetworld.de vom 10.2.2014. http://www.internetworld.de/e-commerce/internet/vente-privee-waechst-237641.html. Zugegriffen: 25. Aug. 2014.

Internetworldstats. (2015). Internet Users in the World by regions November 2015. http://www.internetworldstats.com/stats.htm. Zugegriffen: 23. Feb. 2016.

Intertone. (2010). The Age of On. http://www.interone.de/iphone-studie/study.php. Zugegriffen: 20. Aug. 2013.

IWB Internet World Business. (2011a). Groupon ja, aber richtig! Heft 12/11 vom 14. Juni, 2011, S. 26.

IWB Internet World Business. (2011b). Pure Player überwiegen. Heft 3/11 vom 7. Februar 2011, S. 29.

IWB Internet World Business. (2011c). Optimaler Zahlart-Mix. Heft 9/11 vom 2. Mai 2011, S. 26–29.

IWB Internet World Business. (2011d). Auf die Touchpoints achten. Heft 10/11 vom 16. Mai 2011, S. 16–17.

IWB Internet World Business. (2011e). 2020 kein Bargeld mehr. Heft 13/11 vom 22. August 2011, S. 12.

IWB Internet World Business. (2013a). Passion für eBay. Heft 20/13 vom 30. September 2013, S. 2.

IWB Internet World Business. (2013b). Konsolidierung droht – Nicht nur auf Web-Händler mit vergleichbaren Sortimenten kommen härtere Zeiten zu. Nr. 2/13 2013, S. 1, 22.

IWB Internet World Business. (2014). Mehr Profit im Online-Shop. Internet World Business Sonderausgabe InternetWorld vom 24. Februar 2014, S. 6–9.

John-Lewis. (2015). John Lewis partnership annual report and accounts 2015.

John-Lewis. (2016). John-Lewis partnership annual report and accounts 2015.

kaufDA. (2014). Studie zum Thema „Zukunft und Potenziale von Location-based Services für den stationären Handel – Zeitreihenanalyse im Vergleich zu 2013", Mönchengladbach.

kaufDA. (2015). Studie zum Thema „„Zukunft und Potenziale von Location-based Services für den stationären Handel – Zeitreihenanalyse im Vergleich zu 2013 und 2014", Mönchengladbach.

kaufDA. (2016). Studie zum Thema „Zukunft und Potenziale von Location-based Services für den stationären Handel – Zeitreihenanalyse im Vergleich zu 2014 und 2015", Mönchengladbach.

Kaul, H. (2008). Integriertes Community Marketing – Kunden und Leistungspotenziale erfolgreich verknüpfen. In H. Kaul & C. Steinmann (Hrsg.), *Community Marketing – Wie Unternehmen in sozialen Netzwerken Werte schaffen* (S. 53–72). Stuttgart: Schäffer-Poeschel.

Kenning, P. (2014). Kundendatenmanagement. Gabler Wirtschafts-Lexikon2014. http://wirtschaftslexikon.gabler.de/Definition/kundendatenmanagement.html?extGraphKwId=10688. Zugegriffen: 24. Aug. 2014.

Kerkau, F. (2012). Smartphone – unsere Fernbedienung des Lebens, Vortrag auf dem Mobile Gipfel 2012, Managementforum, 26.6.2012, Düsseldorf.

Klopfleisch, M. (2009). *Mobile E-Commerce: Business in Motion. Masterarbeit*. Jena: Fachhochschule Jena.

Kolbrück. (2013). 10 Erfahrungen von Zalando. *eTailmentNewsletter vom 20. Februar 2013*.

Kolbrück. (2014). Die wichtigsten Trends im E-Commerce 2014. etailment.de vom 7. Oktober 2013. http://etailment.de/thema/e-commerce/Die-wichtigsten-Trends-im-E-Commerce-2014-1892. Zugegriffen: 25. Aug. 2014.

Kollmann, T. (2007). Online-Marketing. Kohlhammer: Grundlagen der Absatzpolitik in der Net Economy. Stuttgart.

Kollmann, T. (2013). *E-Business – Grundlagen elektronischer Geschäftsprozesse in der Net Economy*. Wiesbaden: Springer-Gabler.

Kollmann, T. (2014). *E-Entrepreneurship – Grundlagen der Unternehmensgründung in der Net Economy* (4. Aufl.). Wiesbaden: Springer-Gabler.

Konto-Report. (2015). Girokonten in Deutschland – Anzahl der Filial- und Onlinekonten. http://konto-report.de/girokonto/. Zugegriffen: 10. Aug. 2015.

KPMG. (2005). Trends im Handel 2005, Ein Ausblick für die Branchen Food, Fashion & Foodware.

Krekeler, M. (2010). Suchmaschinen als zentrale Trafficquelle im digitalen Zeitalter – Erfolgreich durch gesucht, gefunden und gekauft im „Google-Age. In G. Heinemann & A. Haug (Hrsg.), *Web-Exzellenz im E-Commerce – Innovation und Transformation im Handel*. Wiesbaden: Springer.

Kreutzer, R. T. (2014). *Praxisorientiertes Online-Marketing, Konzepte – Instrumente – Checklisten* (2. Aufl.). Wiesbaden: Springer-Gabler.

Krone, B. (2004). *Alter Wein in neuen Schläuchen- Chancen und Risiken des Multi-Channel-Retailing*. Gelsenkirchen: GRIN.

Lammenett, E. (2006). *Praxiswissen online-marketing*. Wiesbaden: Springer.

Laue, L. (2004). Faustformel für Multichannel-Management. In O. Merx & C. Bachem (Hrsg.), *Multichannel-Marketing-Handbuch* (S. 81–96). Berlin: Springer.

Lehner, F. (2002). Einführung und Motivation. In R. Teichmann & F. Lehner (Hrsg.), *Mobile Commerce – Strategien, Geschäftsmodelle, Fallstudien*. Berlin: Springer.

Leybold, C. (2010). Erfolgreiche Internationalisierung von Online-Pure-Plays – Konzeption und Umsetzung am Beispiel der Experteer GmbH. In G. Heinemann & A. Haug (Hrsg.), *Web-Exzellenz im E-Commerce – Innovation und Transformation im Handel*. Wiesbaden: Gabler.

Liebmann, H.-P., & Zentes, J. (2001). *Handelsmanagement*. München: Vahlen.

Lindo, W. (2009). *Online-Shop auswählen, einrichten und betreiben*. Poing: Franzis.

Linnhoff-Popien, C., Zaddach, M., & Grahl, A. (Hrsg.). (2015). *Marktplätze im Umbruch, digitale Strategien für Services im Mobilen Internet*. Wiesbaden: Springer-Gabler.

Locafox. (2016). Studie: Der Online-Handel rüstet weiter online auf. https://www.locafox.de/pos/magazin/studie-einzelhandel-ruestet-online-weiter-auf/. Zugegriffen: 6. Juli 2016.

Locationinsider. (2015). Mit eBay-Technik: Nordstrom testet smarte Umkleidekabinen. In Locationinsider vom 18. Mai 2015. http://locationinsider.de/mit-ebay-technik-nordstrom-testet-smarte-umkleidekabinen/. Zugegriffen: 18. Mai 2015.

Lochmann, J. (2007). *E-Commerce in der Modeindustrie – Grundlagen, Strategien, Chancen, Risiken*. Berlin: VDM.

Logara, T. (2008). *M-Business kompakt* (2. Aufl.). Norderstedt: Books-on-Demand.

Löwenau, M. (2011). Usability of fashion online shops, evaluation, comparison and improvements under special consideration of barrier-free demands for the illness makuladegeneration, master Thesis at Niederrhein University. Summer Term 2011.

Lebensmittelzeitung. (2015). Keiner will nur online kaufen, Interview mit dem eBay Chef Dr. Stefan Zoll. In LZ 28 vom 10.07.2015. S. 36.

Mahrdt, M. (2010). *Erfolgsfaktoren von Fashion-Online-Shops – Eine Studie der Beratungsgesellschaft Media Economics*. Köln.

Mahrdt, N., & Krisch, M. (2010). *E-Fashion – E-Shops für Luxusmode aufbauen und profitabel managen*. Wiesbaden: Gabler.

Management Engineers. (2008). *Komplexitäts-Performance, interne Studie*. Düsseldorf.

Managementforum. (2014). Online-Handel 2014 – Digital Commerce im Wandel, Programmheft zum Kongress Online-Handel 2014 vom 22.1.–23.1.2013 in Bonn.

Managementforum. (2015). 11. Online-Handel 15, Online-Handelskongress vom 21.–22. Januar 2015 in Bonn. Managementforum/Verlagsgruppe Handelsblatt.

Manager Magazin. (Hrsg.). (2010). Die bemerkenswerte zweite Gründer-Chance. http://www.manager-magazin.de/unternehmen/artikel/0,2828,707576,00.html. Zugegriffen: 8. Dez. 2010.

Marketingteacher. (2014). Business Strategy and CRM. http://www.marketingteacher.com/business-strategy-and-crm/. Zugegriffen: 2. Aug. 2014.

Meffert, H., Burmann, C., & Kirchgeorg, M. (2012). *Marketing, Grundlagen marktorientierter Unternehmensführung* (11. Aufl.). Wiesbaden: Gabler.

Meffert, H., & Heinemann, G. (1999). Operationalisierung des Imagetransfers. In H. Meffert (Hrsg.), *Marktorientierte Unternehmensführung im Wandel* (S. 119–134). Wiesbaden: Springer.

Meixner, S., & Krisch, J. (2012). *Video shopping guide. Visuelle Zukunftsperspektiven für den Online-Handel, excitingcommerce*. München: HighText-Verlag.

Menzel, A. (2012). Führungsrolle – Middleware im eCommerce. In Shopmacher (Hrsg.), *eCommerce lohnt sich nicht*. Gescher: Shopmacher.

METRO GROUP. (2013). Annual report 2013.

Meyer, A., & Schneider, D. (2002). Loyalitätsprogramme im internationalen Vergleich. In D. Ahlert, J. Becker, R. Knackstedt, & M. Wunderlich (Hrsg.), *Customer relationship management im Handel; Strategien – Konzepte – Erfahrungen*. Berlin: Springer.

Mobile Internet. (2011). Sonderheft Internet World Business, August 2011.

Möhlenbruch, D., Dölling, S., & Ritschel, R. (2008). Web 2.0-Anwendungen im Kundenbindungsmanagement des M-Commerce. In H. H. Bauer et al. (Hrsg.), *Erfolgsfaktoren des Mobile Marketing – Strategien, Konzepte und Instrumente*. Berlin: Springer.

Monitoring-Report. (2014). Monitoring-Report Digitale Wirtschaft 2014 – Innovationstreiber IKT, Bundesministerium für Wirtschaft und Energie. http://www.tns-infratest.com/Wissensforum/studien/pdf/bmwi/TNS_Infratest_Monitoring_Report_2014_Langfassung.pdf. Zugegriffen: 12. Aug. 2015.

Morschett, D. (2012). Betriebstypen im eCommerce. In Shopmacher (Hrsg.), *eCommerce lohnt sich nicht*. Gescher: Shopmacher.

Mücke Sturm Company. (2011). Social Gaming – Ein Trend wird zur Goldgrube, Vortrag von Achim Himmelreich auf dem Online-Handels-Kongress 2011 am 18./19. Januar 2011 in Bonn.

Mühlenbeck, F., & Skibicki, K. (2007). *Verkaufsweg Social Commerce. Blogs, Podcasts, Communities – Wie man mit Web 2.0-Marketing Geld verdient*. Köln: Books on Demand GmbH.

NBrown. (2015). N Brown Group plc, Annual Report & Accounts 2014.

NBrown. (2016). N Brown Group plc, Annual Report & Accounts 2015.

Negele, M. (2011). Betriebssysteme im Mobile-Shopping – Bestandsaufnahme, Systemvergleich und Zukunftsprognosen für ausgewählte Anwendungsbeispiele, Bachelor Arbeit, Hochschule Niederrhein, Wintersemester 2010/2011.

Neuhandeln. (2016). Marktkonsolidierung droht: Warum viele Online-Pureplayer sterben. http://neuhandeln.de/marktkonsolidierung-droht-warum-viele-online-pureplayer-sterben/. Zugegriffen: 24. Feb. 2016.

Next. (2015). Next Annual Report and Accounts 2014.

Nordstrom. (2015). Annual Report 2014 on Form 10-K, Nordstrom, Inc.

Nordstrom. (2016). Annual Report 2015 on Form 10-K, Nordstrom, Inc.

ntv. (2015). Smartphone-Neuheiten – so sinken die Preise. ntv vom 25. Februar 2016. http://www.n-tv.de/technik/So-sinken-die-Preise-article14580331.html. Zugegriffen: 23. Feb. 2016.

NWZ. (2014). Kauf Hier – Online-Handel wächst seit Jahren rasant. NWZ vom 2.4.2014. http://www.nwzonline.de/wirtschaft/online-handel-waechst-seit-jahren-rasant_a_14,6,3107668145.html. Zugegriffen: 2. Apr. 2014.

OC&C. (2011). Kanal total – Kundenbasierte Strategien im Multi-Channel-Handel. OC&C-Insight, S. 7.

OECD. (2015). OECD broadbandstatistics update 2014. http://www.oecd.org/internet/oecdbroadbandportal.htm. Zugegriffen: 12. Aug. 2015.

OECD. (2016). OECD broadbandstatistics update 2015. http://www.oecd.org/internet/oecdbroadbandportal.htm. Zugegriffen: 23. Juni 2016.

ohne tüte. (2012). Bist Du noch Multi-oder schon Omni-Channel? http://ohnetuete.wordpress.com/vom22.4.2012. Zugegriffen: 12. Aug. 2012.

Olbrich, R., Schultz, C. D., & Holsing, C. (2015). *Electronic Commerce und Online-Marketing – ein einführendes Lehr- und Übungsbuch*. Wiesbaden: Springer-Gabler.

Onlinehaendler-News. (2014). VentePrivee-Gründer verrät die E-Commerce-Trends 2014. Onlinehaendler.de vom 30.1.2014. http://www.onlinehaendler-news.de/handel/allgemein/3464-vente-privee-e-commerce-trends-2014.html. Zugegriffen: 25. Aug. 2014.

Osterloh, M., & Frost, J. (2003). *Prozessmanagement als Kernkompetenz – Wie Sie Business Reengineering strategisch nutzen können* (4. Aufl.). Wiesbaden: Gabler.

Otto. (2015). Otto Group, Unterwegs: Klares Ziel, spannende Reise, Geschäftsbericht 2014/2015.

Otto Group & Google Inc. (Hrsg.). (2012). Go Smart – 2012: Always in Touch – Studie zur Smartphone-Nutzung 2012. http://www.ottogroup.com/fileadmin/pdf/go_smart.pdf. Zugegriffen: 28. Okt. 2010.

Ovk. (2012). OVK online-report 2012/01 – Zahlen und Trends im Überblick.

Paletta, G. (2014). Walmart setzt stärker auf Online-Handel. Onlinehaendler.de vom 4.8.2014. http://www.onlinehaendler-news.de/handel/internationales/8273-walmart-setzt-staerker-auf-online-handel.html. Zugegriffen: 25. Aug. 2014.

Passenheim, O. (2003). *Multi-Channel-Retailing. Entwicklung eines adaptiven und innovativen Konzeptansatzes zur Integration des Internet als Absatzkanal im deutschen Lebensmitteleinzelhandel.* München: Rainer Hampp.

Patt, P.-J. (1988). *Strategische Erfolgsfaktoren im Einzelhandel.* Frankfurt a. M.: Campus.

Peppers, D., & Rogers, M. (1997). *Enterprise one to one: Tools for competing in the interactive age.* New York: Crown Publishing Group.

PBS. (2013). „Die Kunden wollen es so", Top-Story, Interview mit Gerrit Heinemann in der PBS-Business.de, Heft 01/2013 vom 13.6.2013. http://www.pbs-business.de/inhalt/11970-Das_Einkaufen_von_morgen_-_Die_Kunden_wollen_es_so/. Zugegriffen: 25. Juni 2013.

Peichl, T. (2009). Lebensstile und Zielgruppenmarketing (im Zeitalter der Krise), Vortrag im Rahmen des Marketingclub Dresden, GfK AG, Lebensstilforschung, S. 69–80.

Peters, P. (2011). *Reputationsmanagement im Social Web-Risiken und Chancen von Social Media für Unternehmen, Reputation und Kommunikation* (S. 113). Nordstedt: Social Media Verlag.

Pichlmeier, T. (2010). *Die Bedeutung des M-Commerce als eigenständige Multi-Channel-Strategie des stationären Einzelhandels. Bachelorarbeit.* Ingolstadt: GRIN.

Piller, F. (2003). *Mass-Customization -Ein wettbewerbsstrategisches Konzept im Informationszeitalter.* Wiesbaden: Gabler.

Plank, C. (2011). *Public Relations crossmedial: Potenziale nutzen, ein Praxisratgeber* (S. 20). Bremen: Falkenberg.

Plusminus. (2014a). Anschluss verpasst, Deutschland digitales Desaster. ARD-Sendung Plusminus vom 27.8.2014. http://www.daserste.de/information/wirtschaft-boerse/plusminus/sendung/mdr/2014/sendung-vom-27082014-136.html. Zugegriffen: 30. Aug. 2014.

Plusminus. (2014b). ARD-Sendung Plusminus vom 27.8.2014 in der ARD über die „Digitale Agenda" der Bundesregierung.

pr-blogger.de. (2011). Die 20 einflussreichsten Modeblogs Deutschlands. In J. Gerlach & pr-blogger.de vom 19.5.2011. http://pr-blogger.de/2011/05/19/die-20-einflussreichsten-modeblogsdeutschlands/. Zugegriffen: 31. Jan. 2014.

Presseportal Stylefruits. (2016). "App First": Fast 80 Prozent der Internetnutzer shoppen via App Inspiration, Produktsuche und Shopping – so werden mobile Apps genutzt. http://www.presseportal.de/pm/111394/3360427. Zugegriffen: 23. Juni 2016.

Qype. (Hrsg.). (2012). Über Qype. qype.com. http://www.qype.com/business_pitch/what_we_do. Zugegriffen: 20. Dez. 2012.

Rathgeber, H. J., & Weining, S. (2008). *Virtuelle, personalisierte Produktpräsentation – Analyse des Angebots und der Auswirkungen auf das Kaufverhalten von Bekleidung.* Diplomarbeit. am Fachbereich Textil-und Bekleidungstechnik der Hochschule Niederrhein, Mönchengladbach.

Rayport, J. F., & Jaworski, B. J. (2002). *Introduction to e-commerce.* New York: McGraw Hill.

Reichwald, R., & Piller, F. (2009). *Interaktive Wertschöpfung – Open Innovation, Individualisierung und neue Formen der Arbeitsteilung* (2. Aufl.). Wiesbaden: Gabler.

Riekhoff, H.-C. (Hrsg.). (2008). *Retail business in Deutschland; Perspektiven, Strategien, Erfolgsmuster* (2. Aufl.). Wiesbaden: Gabler.

Rio Mobile. (2010). Die empirische Studie zum Thema „Business-Motor mobiles Internet – Wie das mobile Internet unser Leben verändert und bereichert. http://www.riomobile.de/presse/download/100331_rio-mobile-Studie_Businessmotor-Internet.pdf. Zugegriffen: 16. Juli 2011.

Rogalla, U. (2012). Grenzüberschreitender Erfolg – worauf es bei der Internationalisierung ankommt. In Shopmacher (Hrsg.), *eCommerce lohnt sich nicht* (S. 236–239). Gescher: Die Welt.

Rotax, O. (2010). Neue Internet-Service-Geschäftsmodelle revolutionieren den E-Commerce-Markt-Zappos war nur der Anfang. In G. Heinemann & A. Haug (Hrsg.), *Web-Exzellenz im E-Commerce – Innovation und Transformation im Handel* (S. 189–206). Wiesbaden: Gabler.

RP – Rheinische Post. (2015a). Leselust der Deutschen sinkt. In RP vom 11. August 2015. Kultur. S. B5.

RP – Rheinische Post. (2015b). Zalando wächst – auch in Mönchengladbach. In RP vom 14. August 2015. S. B3.

Rudolph, T., & Loos, J. (2006). Internationalisierung der Beschaffung – Die zunehmende Bedeutung des Multi-Channel-Sourcing. In J. Zentes (Hrsg.), *Handbuch Handel, Strategien – Perspektiven – Internationaler Wettbewerb* (S. 717–734). Wiesbaden: Gabler.

Ruland, K., Hardt, K., & Heinemann, G. (2007). Barrierefreies Internet für Textil und Bekleidung. Melliand 1-2 (S. 65–67).

Sales Management Review. (2013). Multichannel ist das Ende der Bequemlichkeit, Interview von Susanne Krah mit Gerrit Heinemann. *Sales Management Review, 11/12,* 6–13.

Scheer, A.-W., et al. (2002). Das mobile Unternehmen. In G. Silberer, J. Wohlfahrt, & T. Wilhelm (Hrsg.), *Mobile Commerce – Grundlagen, Geschäftsmodelle, Erfolgsfaktoren.* Wiesbaden: Gabler.

Schleusener, M. (2012). Pricing im Multi-Channel-Handel – Herausforderungen und Chancen für Multi-Channel-Händler. In G. Heinemann, M. Schleusener, & S. Zaharia (Hrsg.), *Modernes Multi-Channeling im Fashion-Handel* (S. 165–181). Frankfurt a. M.: Deutscher Fachverlag.

Schneider, D. (2001). *Marketing 2.0 – Absatzstrategien für turbulente Zeiten.* Wiesbaden: Gabler.

Schneller, D. (2008). Die Meinung der Anderen. Statista.com am 17.10.2008. http://de.statista.com/statistik/daten/studie/2051/umfrage/produktrecherche-im-internet-in-deutschland-in-2008/. Zugegriffen: 14. Okt. 2009.

Schnetkamp, G. (2001). Aktuelle und zukünftige Erfolgsfaktoren des Electronic Shopping. In D. Ahlert, J. Becker, P. Kenning, & R. Schütte (Hrsg.), *Internet & Co. Im Handel; Strategien, Geschäftsmodelle, Erfahrungen* (S. 29–50). Berlin: Springer.

Schobesberger, A. (2007). *Multichannel-Retailing im Einzelhandel; Entwicklung, Motivation, Einflussfaktoren.* Berlin: VDM Publishing.

Schögel, M. (2010). *Multichannel Marketing – Erfolgreich in mehreren Vertriebswegen, Bd IV der Reihe GfM-Manual.* Zürich: Werd-Verlag.

Schögel, M., & Schulten, M. (2006). Wertorientierte Kundensteuerung in Mehrkanalsystemen. *Thexis, Fachzeitschrift für Marketing, 4,* 37–42.

Scholz, H. (Hrsg.). (2010). Was ist ein mobiles Endgerät? http://www.mobile-zeitgeist.com/2010/03/09/was-ist-ein-mobiles-endgeraet/. Zugegriffen: 27. Dez. 2010.

Schramm-Klein, H., Wagner, G., Neus, F., Swoboda, B., & Foscht, T. (2014). *(R)Evolution des Mehrkanalhandels – Von Multi-Channel- über Cross-Channel- zu Omni-Channel-Retailing.* Frankfurt a. M.: Deutscher Fachverlag.

Schramm-Klein, H., Wagner, G. (2016). Disruption im Mehrkanalhandel: Transformation von Multi- über Cross- zu Omni-Channel-Retailing. In G. Heinemann, M. Gehrckens, U. Wolters,

& dgroup (Hrsg.), *Digitale Transformation oder digitale Disruption? Vom Point-of-Sale zum Point-of-Decision im Digital Commerce.* Wiesbaden: Springer-Gabler.

Schröder, H. (2005). *Multichannel-Retailing; Marketing in Mehrkanalsystemen des Einzelhandels.* Berlin: Springer.

Schröder, H., & Schettgen, G. (2006). Multi-Channel-Retailing und kundenbezogene Erfolgsrechnung. *Thexis, Fachzeitschrift für Marketing, 4,* 43–46.

Schrödter, J. (2003). *Kundenbindung im Internet.* Köln: Eul.

Schulz, U. (2006a). Kriterien für gute Navigation. www.bui.haw-hamburg.de, August 2006 (updated).

Schulz, U. (2006b). Usability-Kriterien für „Silversurfer" (Senioren). www.bui.haw-hamburg.de, August 2006 (updated).

Schulz, U. (2007). Web Usability. www.bui.haw-hamburg.de, Juli 2007 (updated).

Schürmann, J. (2012). Die mobile Revolution – Kernfaktoren für ein erfolgreiches Mobile-Business, Vortrag auf dem Mobile-Gipfel vom 26.7.2012 in Düsseldorf.

Schwarz, T. (2007). *Leitfaden Online-Marketing, 28 innovative Praxisbeispiele.* Waghäusel: Marketing-Börse.

Schwarz, T. (2008). *Praxistipps Dialog Marketing – vom Mailing bis zum Online-Marketing.* Waghäusel: Marketing-Börse.

Schwarz, T. (2014). *Marketing Automation. Wie Sie effizienter werben.* Waghäusel: Marketing-Börse.

Schwarz, T. (Hrsg.). (2014). *Digital-Commerce, Online den Umsatz steigern: Wie Multichannel, Social Web und Mobile den Handel verändern.* Waghäusel: Marketing-Börse.

Seo-United. (2011). Ausgaben für Social Media. http://www.seo-united.de/blog/internet/ausgaben-fuer-social-media.htmvom04.04.2011. Zugegriffen: 4. Juli 2012.

Simply-local.de. (2014). Wer sind Wir? Die Idee. Homepage von simply-local.de vom 19.6.2014. http://simply-local.de/wer-sind-wir/. Zugegriffen: 19. Juni 2014.

Shopmacher. (Hrsg.). (2012). *E-Commerce lohnt sich nicht.* Gescher: Shopmacher.

Siebers, B. (2011). Vertrauensbildende Maßnahmen steigern den Umsatz. Shopanbieter.de-Blog. http://www.shopanbieter.de/news/archives/4542-vertrauensbildende-massnahmen-steigern-den-umsatz/. Zugegriffen: 28. Okt. 2010.

Spiegel.de. (2014). Onlinehändler: Zalando steigert Umsatz um 50 Prozent. Spiegel.de 2014. http://www.spiegel.de/wirtschaft/unternehmen/zalando-online-kaufhaus-steigert-umsatz-um-50-prozent-a-953483.html. Zugegriffen: 25. Aug. 2014.

Spindler, C., Heinemann, G. (2016). Le Fashion Disrupteur – Die Erfolgsgeschichte von vente-privee. In G. Heinemann, M. Gehrckens, U. Wolters, & dgroup (Hrsg.), *Digitale Transformation oder digitale Disruption? Vom Point-of-Sale zum Point-of-Decision im Digital Commerce.* Wiesbaden: Springer-Gabler.

Spreadshirt.de. (2014). Mission von Spreadshirt. http://Spreadshirt.de/mission-C69. Zugegriffen: 27. Aug. 2014.

Statista. (2013). Mediennutzung versus Werbeausgaben. socialnetworkstrategien 2012. http://www.socialnetworkstrategien.de/wpcontent/uploads/2012/10/infografik_685_Mediennutzung_versus_Werbeausgaben_in_den_USA_n.jpg. Zugegriffen: 24. Aug. 2014.

Statista. (2014a). Ausgaben für Online-Werbung steigen zweistellig. t3n.de 2014. http://t3n.de/news/wp-content/uploads/2014/04/online-werbung_online-ads_werbe-etat-595×423.jpg. Zugegriffen: 24. Aug. 2014.

Statista. (2014b). Anzahl der Online-Girokonten in Deutschland. http://de.statista.com/statistik/daten/studie/168809/umfrage/anzahl-online-und-offlinespieler-computerspiele/. Zugegriffen: 24. Aug. 2014.

Statista. (2014c). Online- und Offline-Spieler Computerspiele. http://de.statista.com/statistik/daten/studie/39539/umfrage/anzahl-online-gefuehrten-konten-in-deutschland/. Zugegriffen: 24. Aug. 2014.

Statista. (2015a). Anzahl der Online-Käufer in Deutschland 2013 und Prognose bis 2018 (in Millionen). http://de.statista.com/statistik/daten/studie/348595/umfrage/prognostizierte-anzahl-der-online-kaeufer-in-deutschland/. Zugegriffen: 4. Aug. 2015.

Statista. (2015b). Anzahl der Internet-Nutzer im Vergleich zur Gesamtbevölkerung in Deutschland im April 2015 (in Millionen). http://de.statista.com/statistik/daten/studie/151619/umfrage/anzahl-der-internetnutzer-in-den-letzten-drei-monaten-und-gesamtbevoelkerung-in-deutschland/. Zugegriffen: 4. Aug. 2015.

Statista. Mobile Internetnutzer. (2016). Anzahl der Mobiltelefonnutzer, die das mobile Internet nutzen in den Jahren 2012 bis 2014 sowie eine Prognose bis 2019 (in Milliarden). http://de.statista.com/statistik/daten/studie/172505/umfrage/anzahl-der-personen-weltweit-die-mobil-das-internet-nutzen. Zugegriffen: 22. Feb. 2016.

Statista. Betriebssysteme. (2016). Marktanteile der mobilen Betriebssysteme am Absatz von Smartphones in Deutschland von Februar bis April in den Jahren 2015 und 2016. http://de.statista.com/statistik/daten/studie/198435/umfrage/marktanteile-der-smartphone-betriebssysteme-am-absatz-in-deutschland/. Zugegriffen: 23. Juni 2016.

Statista. Girokonten. (2016). Anzahl der Online-Girokonten in Deutschland in den Jahren 2009 bis 2014 (in 1.000). http://de.statista.com/statistik/daten/studie/39539/umfrage/anzahl-der-online-gefuehrten-konten-in-deutschland/. Zugegriffen: 23. Juni. 2016.

Statista. Computernutzer. (2016). Anzahl der Computernutzer (private und/oder berufliche Nutzung) in Deutschland von 2013 bis 2015 (in Millionen). http://de.statista.com/statistik/daten/studie/168951/umfrage/anzahl-der-computernutzer-in-deutschland/. Zugegriffen: 23. Juni 2016.

Statista. Internetnutzung. (2016). Anteil der Internetnutzer in Deutschland in den Jahren 2001 bis 2015. http://de.statista.com/statistik/daten/studie/13070/umfrage/entwicklung-der-internetnutzung-in-deutschland-seit-2001/. Zugegriffen: 23. Juni 2016.

Statista. Online-Käufer. (2016). Prognostizierte Anzahl der Online-Käufer in Deutschland. http://de.statista.com/statistik/daten/studie/348595/umfrage/prognostizierte-anzahl-der-online-kaeufer-in-deutschland/. Zugegriffen: 23. Juni 2016.

Statista. Top Hundert. (2016). Umsatz der 100 größten Online-Shops in Deutschland. http://de.statista.com/statistik/daten/studie/170530/umfrage/umsatz-der-groessten-online-shops-in-deutschland/. Zugegriffen: 23. Juni 2016.

Steinmann, C., & Ramseier, T. (2008). Community und Marke: Die Bedeutung von Communities im postmodernen Markenmanagement. In H. Kaul & C. Steinmann (Hrsg.), *Community Marketing – Wie Unternehmen in sozialen Netzwerken Werte schaffen* (S. 33–51). Stuttgart: Schäffer-Poeschel.

Stracke, T. (2005). Profilieren statt ignorieren: Internet-Nutzer zwingen Hersteller zum Umdenken. *Direkt Marketing, 11,* 24–27. http://www.pangora.com/versions/de/assets/mentasys_in_der_Direktmarketing-0511.pdf. Zugegriffen: 14. Okt. 2009.

Strategicmarketingadvisors. (2011). To what extend do you trust the following forms of advertising, Nielsen Global Trust. http://www.strategic-marketingadvisors.com/images/reviews.jpg. Zugegriffen: 20. Aug. 2013.

Süddeutsche.de. (2014a). Der Online-Handel bedroht die Innenstädte. Süddeutsche.de vom 17.2.2014. http://www.sueddeutsche.de/news/wirtschaft/verbraucher-der-online-handel-bedroht-die-innenstaedte-dpa.urn-newsml-dpa-com-20090101-140217-99-02325. Zugegriffen: 20. Feb. 2014.

Süddeutsche.de. (2014b). Börsengang des Modehändlers Zappos, das bessere Zalando. Süddeutsche.de vom 1.10.2014. http://www.sueddeutsche.de/wirtschaft/boersengang-des-modehaendlers-zappos-das-bessere-zalando-1.2153368. Zugegriffen: 15. Juli 2015.

Tapscott, D. (2008). „Unternehmen sind heute nackt", Interview. Handelsblatt Nr. 181 vom 17. September 2008, S. 14.

Tesco. (2014). Annual Report and Financial Statements 2013.

Thalia. (2013). *Umsatz und Ergebnisentwicklung von Macy's, interne Strategieunterlage*. Hagen.

Textilwirtschaft. Farfetch. (2016). Eine Adresse, 400 Läden, in: Textilwirtschaft vom 23. Juni 2016. http://www.textilwirtschaft.de/suche/show.php?src=40&ids[]=365019&a=1. Zugegriffen: 3. Juli 2016.

Textilwirtschaft. Inditex. (2016). Inditex: Deutlich mehr Umsatz und Gewinn. http://www.textilwirtschaft.de/business/Inditex-Deutlich-mehr-Umsatz-und-Gewinn_101427.html. Zugegriffen: Juni 2016.

Textilwirtschaft. Yoox. (2016). Yoox Net-a-Porter: Dickes Umsatzplus. http://www.textilwirtschaft.de/business/Yoox-Net-a-Porter-Dickes-Umsatzplus_101022.html. Zugegriffen: 23. Juni 2016.

Thelen, K. (2009). Eignung des Mobile-Shopping für Bekleidung. Studienarbeit an der Hochschule Niederrhein, Fachbereich Textil- und Bekleidungstechnik, Mönchengladbach.

Thieme, J. (2006). *Versandhandelsmanagement – Grundlagen, Prozesse und Erfolgsstrategien für die Praxis. 2., aktualisierte und ergänzte Auflage*. Wiesbaden: Gabler.

Thomann. (2015). Angenehm Thomann. In Homepage Thomann. http://www.thomann.de/de/compinfo.html?sid=c6f1bdbf841567a3281e91bcccfe5e9a. Zugegriffen: 15. Aug. 2015.

Tode, H., & Schaap, J. D. (2013). Virale Beschleunigung durch „Social Media" – am Beispiel der Parfümerie Douglas GmbH. In G. Heinemann, M. Gehrckens, K. Haug, & dgroup (Hrsg.), *Digitalisierung des Handels mit ePace – Innovative E-Commerce-Geschäftsmodelle unter Timing-Aspekten* (S. 91–104). Wiesbaden: Springer-Gabler.

Tollmien, S. (2011). The Outernet – Meet Your Future Client, Vortrag von Achim Himmelreich auf dem Online-Handels-Kongress 2011 am 18./19. Januar 2011 in Bonn.

Turowski, K., & Pousttchi, K. (2004). *Mobile Commerce – Grundlagen und Techniken*. Berlin: Springer.

Unterberg, B. (2008). Consumer Generated Advertising; Konsumenten als Markenpartner in der Werbung. In H. Kaul & C. Steinmann (Hrsg.), *Community Marketing – Wie Unternehmen in sozialen Netzwerken Werte schaffen* (S. 203–216). Stuttgart: Schäffer-Poeschel.

Viellehner, K. (2014). Internationalisierung im E-Commerce – Deutsche Online-Händler hinken hinterher. internetworld.de vom 21.1.2014. http://www.internetworld.de/e-commerce/internet/deutsche-online-haendler-hinken-hinterher-298123.html. Zugegriffen: 26. Aug. 2014.

von der Forst, F. (2013). Beschleunigte Internationalisierung von Pure Plays – Glossybox als Erfolgsbeispiel für einen globalen Ramp-up. In G. Heinemann, M. Gehrckens, K. Haug, & dgroup (Hrsg.), *Digitalisierung des Handels mit ePace – Innovative E-Commerce-Geschäftsmodelle unter Timing-Aspekten* (S. 235–254). Wiesbaden: Springer-Gabler.

von Kunhardt, F. (2012). Aus SoLoMo-Fans werden Kunden, Vortrag auf dem Mobile Gipfel 2012, managementforum, 27.6.2012, Düsseldorf.

von Kunhardt, F. (2013). Beschleunigte Conversion – Sellaround-Widgets als modernes Verkaufsinstrument im Zeitalter des SoLoMo. In G. Heinemann, M. Gehrckens, K. Haug, & dgroup (Hrsg.), *Digitalisierung des Handels mit ePace – Innovative E-Commerce-Geschäftsmodelle unter Timing-Aspekten* (S. 293–308). Wiesbaden: Springer-Gabler.

WAMS – Welt am Sonntag. (3. August 2014). Tage der offenen Tür. *Welt am Sonntag, 31,* 59.

Weave. (2012). Social Commerce. Heft 5.12.: Trends – Social Commerce, S. 223–225.

webhelps. (2011). Internetwerbung-immer-wichtiger. http://www.webhelps.de/blog/2011/02/28/internetwerbung-immer-wichtiger/. Zugegriffen: 13. Aug. 2012.

Wegener, M. (2008). Erfolg durch kundenorientiertes Multichannel-Management. In H.-C. Riekhoff (Hrsg.), *Retail Business in Deutschland, Perspektiven, Strategien, Erfolgsmuster*. (2. Aufl.; S. 197–218). Wiesbaden: Gabler.

Weinberg, T. (2010). *Social Media Marketing, Strategien für Twitter*. Köln: Facebook & Co, O'Reilly.

Wiecker, M. (2002). Endgeräte für mobile Anwendungen. In W. Gora & S. Rötther-Gerigk (Hrsg.), *Handbuch Mobile-Commerce – Technische Grundlagen, Marktchancen und Einsatzmöglichkeiten*. Berlin: Springer.

Wikipedia. (2012). E-Commerce. http://en.wikipedia.org/wiki/E-commerce. Zugegriffen: 9. Dez. 2012.

Wikipedia. (2013). Social. http://en.wikipedia.org/wiki/Social. Zugegriffen: 20. Aug. 2013.

Wikipedia. (2014a). Wiki. http://en.wikipedia.org/wiki/Wiki. Zugegriffen: 28. Aug. 2014.

Wikipedia. (2014b). Blog. http://en.wikipedia.org/wiki/Blog. Zugegriffen: 28. Aug. 2014.

Wikipedia. (2014c). Tag. http://en.wikipedia.org/wiki/Tag_(Informatik). Zugegriffen: 28. Aug. 2014.

Wikipedia. (2014d). Amazon. http://en.wikipedia.org/wiki/Amazon. Zugegriffen: 28. Aug. 2014.

Wikipedia. (2015). Vente Privee.com. https://de.wikipedia.org/wiki/Vente-privee.com. Zugegriffen: 15. Juli 2015.

Williams Sonoma. (2015). Williams-Sonoma, Inc. 2014. Investor Presentation by Julie Whalen and Pat Connolly.

Williams Sonoma. (2016). Williams-Sonoma, Inc, 2015. Investor Presentation by Julie Whalen and Pat Connolly.

Wirtz, B. W. (2013). *Multi-Channel-Marketing, Grundlagen – Instrumente – Prozesse* (2. Aufl.). Wiesbaden: Springer-Gabler.

Wittkötter, M., & Steffen, M. (2002). Customer Value als Basis des CRM. In D. Ahlert, J. Becker, R. Knackstedt, & M. Wunderlich (Hrsg.), *Customer Relationship Management im Handel; Strategien – Konzepte – Erfahrungen* (S. 73–83). Berlin: Springer.

Wiwo. (2014). Wer stoppt die Jeff-Bezos-Maschine? Gastkommentar von Gerrit Heinemann. Wiwo.de vom 1.4.2014 http://www.wiwo.de/unternehmen/handel/amazon-wer-stoppt-die-jeff-bezos-maschine/9693266.html. Zugegriffen: 1. April 2014.

Wiwo (2015). Das Ende von Online-Only – Warum die reale Welt für Online-Händler so sexy ist. Wiwo.de vom 17. September 2014. http://www.wiwo.de/unternehmen/handel/das-ende-von-online-only-warum-die-reale-welt-fuer-online-haendler-sexy-ist/10848746-all.html. Zugegriffen: 12. Aug. 2015.

Wolter, A. (2012). Desktop war gestern – Mobile ist die Gegenwart! – Auch für die Zukunft? Vortrag auf dem Mobile-Gipfel 2012 am 26.6.12 in Düsseldorf.

Xing. (2016). Mobile Shopping is doubling in China each year. In Xing vom 22. Feb. 2016. http://www.xing-news.com/reader/news/articles/204923?newsletter_id=11385&xng_share_origin=email. Zugegriffen: 22. Feb. 2016.

Yooxgroup. (2015). To create a leading online luxury fashion retailer worldwide. Key Transaction Highlights. Milan, 31 March 2015. http://www.yooxgroup.com/document/yoox-net-a-porter-merge/. Zugegriffen: 15. Juli 2015.

Zaharia, S. (2006). Multi-Channel-Retailing und Kundenverhalten – Ein Beitrag zur Erklärung des Kundenverhaltens in Mehrkanalsystemen des Einzelhandels aus verhaltenswissenschaftlicher Sicht, Dissertation, Essen.

Zalando. (2013). E-Commerce for shoes and fashion – Zalando Partner Program. Berlin.

Zalando. (2014). Ergebnis 2 Quartal 2014. www.zalando.de/presse/. Zugegriffen: 25. Aug. 2014.

Zalando. (2015). Zalando setzt 2015 weiter auf Wachstum. Pressemitteilung vom 5. März 2015. https://corporate.zalando.de/de/geschaeftsbericht-2014-0. Zugegriffen: 15. Juli 2015.

Zalando. (2016). Geschäftsjahr 2015: Zalando wächst weiter stark, Pressemitteilung vom 1. März 2016. https://corporate.zalando.de/de/geschaeftsbericht-2014-0. Zugegriffen: 15. Juli 2016.

Zander, C. (2011). Möglichkeiten des Cross-Channel-Management unter besonderer Berücksichtigung der Integration des M-Shopping, Studienarbeit, Hochschule Niederrhein, Mönchengladbach.

ZDNet. (2013). Android erreicht fast 75 % Marktanteil. http://www.zdnet.de/88154889/gartner-android-erreicht-fast-75-prozent. Zugegriffen: 22. Aug. 2013.

Zeit.de. (2014). Apple ist das wertvollste Unternehmen der Welt. Zeit.de vom 3.7.2014. http://www.zeit.de/wirtschaft/2014-07/teuerste-unternehmen-weltweit-apple-exxon-mobile. Zugegriffen: 25. Aug. 2014.

Zenner, A. (2012). Wie finde ich das richtige Shopsystem. Die relevanten Kriterien. In Shopmacher (Hrsg.), *eCommerce lohnt sich nicht*. Gescher: Shopmacher.

Zentes, J., Swoboda, B., & Morschett, D. (2004). *Internationales Wertschöpfungsmanagement*. München: Vahlen.

Zentes, J., Hilt, C., & Domma, P. (2007). *Global Sourcing im Einzelhandel – Low Cost Sourcing – Direct Sourcing – Speed Sourcing*. Frankfurt a. M.: Deutscher Fachverlag.

Zentes, J., Swoboda, B., & Morschett, D. (2008). *Internationale Fallstudien* (3. Aufl.). Wiesbaden: Springer.

Zobel, J. (2001). *Mobile Business und M-Commerce – Die Märkte der Zukunft erobern*. München: Carl Hanser.

Zoll, S. (2012). Markenshops im Multi-Channel-Handel – wie Hersteller von einem eBay Markenshop profitieren. In G. Heinemann, M. Schleusener, & S. Zaharia (Hrsg.), *Modernes Multi-Channeling im Fashion-Handel* (S. 142–151). Frankfurt a. M.: Deutscher Fachverlag.

Zoll, S., & Maks, S. (2016). Mönchengladbach bei eBay – Wie Online-Marktplätze dem Handel helfen, den digitalen Wandel zu meistern. In G. Heinemann, M. Gehrckens, U. Wolters, & dgroup (Hrsg.), *Digitale Transformation oder digitale Disruption? Vom Point-of-Sale zum Point-of-Decision im Digital Commerce*. Wiesbaden: Springer-Gabler.

Zooplus. (2015). Geschäftsmodell. In Homepage Zooplus. http://investors.zooplus.com/de/zooplus-geschaeftsmodell.html. Zugegriffen: 15. Aug. 2015.

Zooplus. (2016). Factsheet. Wachstumstarkes Geschäftsmodell. In Homepage Zooplus. http://investors.zooplus.com/de/zooplus-geschaeftsmodell.html. Zugegriffen: 23. Juni 2016.

Zukunftsdeshandels. (2014). Über das Projekt. http://www.zukunftdeshandels.de/ergebnisse. Zugegriffen 25. Aug. 2014.

zukunftsinstitut. (Hrsg.). (2014). *Sales Trends – Strategien für den erfolgreichen Handel von Morgen*. Frankfurt a. M.: Studie der zukunftsinstitut GmbH.

Sachverzeichnis

G. Heinemann, *Der neue Online-Handel,* DOI 10.1007/978-3-658-15384-7

21676905R00204

Printed in Poland
by Amazon Fulfillment
Poland Sp. z o.o., Wrocław